평생 교육 경영론

Lifelong Education Management

김인숙
리상섭
박제일
최손환
김창환
공저

양서원

PREFACE

머리말

인공지능(AI), 빅데이터, 사물인터넷(IoT) 등 신기술이 이끄는 4차 산업혁명은 기존의 생산방식과 산업구조뿐만 아니라, 인류의 생활양식 전반에 걸쳐 큰 변혁을 초래할 것으로 예상된다. 이러한 기술의 진보로 인해 기존 일자리 수는 감소하고 새로운 일자리 창출 및 직업의 다양화, 일하는 방식의 변화가 급격하게 이루어짐으로써 평생학습의 요구와 중요성이 증대되고 있는 시점이다. 일자리와 노동시장은 1차적으로 개인의 기초적인 생존과 관련된 영역이기 때문에 4차 산업혁명에 따른 거대한 변화는 사회의 주요 현안으로 부각되고 이에 대한 개인, 사회조직 및 정부의 관심이 높아지고 있다. 이와 같이 평생학습은 개인의 성장 요구를 넘어 시대·사회 변화와 함께 인적자원개발과 새로운 일자리 창출 등의 국가경쟁력을 확보하기 위해서도 그 필요성이 강조되고 있는 실정이다.

평생학습 문화를 정착시키기 위해서는 평생교육 관련 기관에 대한 운영뿐만 아니라 범국가적 차원에서의 평생교육 발전을 위한 사회적 여건, 지원체제 및 정책에 이르는 부분까지 고려하여 관심을 가져야 할 것이다. 따라서 평생교육경영은 유관 기관에 대한 운영의 범위를 초월하는 개념으로 접근해야 한다. 거시적 관점에서 평생교육경영은 공익 관점의 교육기관으로서 역할을 인식하고, 그 가치를 충실히 구현해 나가야 한다.

이 책은 초기에 평생교육과 인적자원개발 전문가 관점에서 학부와 대학원의 평생교육(평생교육사) 유관 학과나 전공에 개설된 '평생교육경영론' 과목의 교재를 집필하고자 하는 동기에서 출발하였다 그러나 이 책의 내용은 대학과 대학원의 평생교육(평생교육사)과 인적자원개발 실무자 육성 차원에서 구성하였으나 평생학습, 평생학습사회와 평생교육경영에 관심이 있는 일반 청소년 및 성인과 평생학습 관련 현장전문가도 사용할 수 있도록 하였다.

이 책의 집필에는 평생교육경영 분야에 대해 보다 넓고 깊게 바라보기 위해 최대한 다양한 교육 관련 분야의 전공과 분야의 저자들이 참여하여 집단지성을 발휘하였다. 이 책의 저자는 이론과 실제의 경험이 있는 대학교수, 다양한 유관 업무 경험을 가진 현장전문가, 동시에 만간과 공공 분야를 아우를 수 있도록 구성한 것이다.

이 책은 전체 3부로 구성되어 있다. 제1부는 평생교육경영의 기초, 제2부는 평생교육경영의 과정, 제3부는 평생교육경영의 실제이다. 전체 3부는 총 13개의 장으로 구성되어 이론과 실제가 조화롭게 구성되어 있다.

제1부는 평생교육경영의 기초로 총 3장으로 구성되어 있다. 제1장은 평생학습사회와 평생교육경영을 다루며, 제2장은 우리나라 평생교육정책에 대해 알아보고, 제3장은 평생교육기관과 평생교육경영을 다루고 있다. 제2부는 평생교육경영의 과정으로 총 6장으로 구성되어 있다. 제4장은 경영마인드와 리더십을 다루고, 제5장은 평생교육기관의 경영기획과 경영전략을 알아보고, 제6장은 인적자원관리에 대해 알아보고, 제7장은 마케팅 및 서비스를 다루며, 제8장은 평생교육 프로그램 개발과 운영에 대해 살펴보고, 제9장은 평생교육 프로그램 평가에 관해 알아본다. 제3부는 평생교육경영의 실제로 총 4장으로 구성되어 있다. 제10장은 평생교육과 인간관계를 다루고, 제11장은 평생교육과 학습상담에 대해 알아보고, 제12장은 생애경력개발과 평생교육경영을 탐구하며, 제13장은 평생학습 네트워크와 평생교육경영 관련 내용을 사례를 통해 탐색한다.

이 책의 내용 가운데 일부는 저자의 이전 출간 저서의 내용을 발췌, 수정 보완 및 요약한 것이며, 다른 일부는 학술논문, 연구보고서 형태로 발간된 내용 가운데 일부를 수정·발췌한 것이다. 이미 출간된 글에서 발췌한 부분을 밝히면 다음과 같다.

제8장과 제9장은 '리상섭, 김인숙, 박제일, 최손환, 김창환(2017), 『4차 산업혁명 시대의 최신 직업진로설계』의 제13장'과 '이찬, 리상섭, 신제구, 이성엽, 전기석(2017), 『인적자원개발론: HRD 이론과 실제』의 제4장과 제7장'의 내용 가운데 일부를 발췌하여 수정 · 보완하였다. 10장의 '5절 한국형 4-캐릭터 유형론에 따른 인간관계'는 '임승환, 박제일(2015), 『LCSI의 이해와 활용』(림스연구소) 2장'의 내용 가운데 일부를 발췌하여 요약하였다.

12장은 '서울시평생교육진흥원 웹진 다들', '서울시평생교육진흥원(2018), 『2018 서울 평생교육 컨설팅 스토리북』, '서울시평생교육진흥원(2017), 『학습동아리운영매뉴얼』', '국가평생교육진흥원(2018), 『평생교육백서』', '김은석 외(2017), 『생애 경력개발을 위한 정책 지원 방안 연구』(한국고용정보원)', 그리고 '김흥국(2000), 『경력개발 이론의 평가와 연구방향, 인적자원개발연구』' 등에서 발췌하여 재구성하였다. 13장은 '국가평생교육진흥원(2018), 『2018 평생교육백서』(국가평생교육진흥원)와 www.all.go.kr(평생학습계좌제 홈페이지)의 내용 가운데 일부를 발췌하여 재구성하였다.

이 책이 나오기까지 오랜 시간 동안 함께 고생하신 저자들께 감사드리며, 본서의 출판을 제안한 박세원 대표님, 출판을 함께 해준 관계자 여러분께 감사드린다.

저자 일동

CONTENTS

Part 01 평생교육경영의 기초

Part 02 평생교육경영의 과정

Part 03 평생교육경영의 실제

Part

01

평생교육경영의 기초

Chapter 01

평생학습사회와 평생교육경영

평생교육은 1967년 유네스코의 성인교육 추진위원회에서 처음 언급하며 교육의 개념으로서 가장 포괄적이고 다원적인 의미를 내포하며 등장하였다. 그 이후 1970년대의 유네스코 기본교육사업으로 채택되어 전 세계적으로 널리 파급되었다. 우리나라도 1980년 헌법에 '국가의 평생교육진흥의무'를 명문화하며 평생교육에 관심을 가지기 시작했으며 최근 들어서는 빠른 속도로 평생교육체제가 구축되고 있다. 사실 그동안 평생교육은 학교교육에 비해서 상대적으로 국가의 관심이 적어 행・재정적인 지원이 미흡했던 것이 사실이다. 하지만 시대・사회의 변화와 더불어 전 국민의 관심이 고조되고, 인적자원개발과 새로운 일자리 창출 등의 국가경쟁력을 확보하기 위해서 그 필요성이 강조됨에 따라 매우 빠르게 성장하고 있다. 특히 보다 많은 사람들에게 교육의 기회를 제공한다는 의미에서 그 중요성이 더욱 부각되고 있다. 본 장에서는 평생학습사회가 어떤 시대・사회적인 배경에 의해서 등장하였으며, 이렇게 등장한 평생교육은 어떤 특징을 가지고 있는지 살펴보고자 한다.

1. 미래사회와 교육의 변화

2016년 3월에 세기의 대결이라고 일컬어지는 이세돌 선수와 알파고의 바둑 대결이 있었다. 알파고의 승리로 경기는 끝났고, 경기 결과에도 놀랐지만 알파고의 등장은 우리에게 많은 자극을 주었다. 그 이후 알파고에 버금가는 혁신적인 것들이 우리가 제대로 인식하지 못하는 사이에 우리 곁에 아주 가까이 와 있다는 사실을 깨닫기 시작했다. 물론, 알파고가 등장하기 이전에도 1997년 IBM의 딥블루가 체스 세계챔피언에게 승리한 바 있으며, 2011년 IBM의 인공지능 컴퓨터 왓슨도 퀴즈쇼에서 인간을 압도적인 차이로 따돌리며 우승한 바 있다. 이 당시에도 대결의 결과도 그랬지만, 컴퓨터가 단순한 계산도구가 아니라 인간의 언어로 된 질문을 이해하고 해석한 다음 해답을 찾아가는 과정 또한 충격적이었다. 2019년에는 구글의 알파스타가 컴퓨터게임 스타크래프트 2에서 프로게이머를 상대로 승리했다는 소식도 있었다.

2016년 세계경제포럼에서는 2025년이 되면, 인터넷에 연결된 의류와 스마트글라스, 인터넷과 연결된 가정용 기기, 로봇 약사의 등장, 3D 프린터로 제작된 간 이식, 자율주행자동차, 기업 감사의 30%를 인공지능이 수행하고, 신호등이 없는 스마트시티의 건설이 현실화된다고 말한 바 있다. 또한 『UN미래보고서 2040』에서는 10년 내로 상용화될 것으로 DNA 나노봇, 사물인터넷, 증강현실, 빅데이터, 3D프린터 등을 소개하면서 인간을 둘러싸고 있는 환경이 과학기술의 발달로 급격하게 변화하고 있다는 사실을 강조하고 있다. 이처럼 미래사회는 지금까지 우리가 상상할 수 없었던 모습으로 변화하고 있는 것이 사실이다.

1) 산업혁명과 사회의 변화

(1) 산업혁명

산업혁명(産業革命, Industrial Revolution)은 18세기 중반에서 19세기 초반까지 영국에서 시작된 기술의 혁신과 이로 인해 일어난 정치, 경제, 사회, 문화 등 사회 전반의 큰 변화를 말한다. 클라우스 슈밥(2016)은 『클라우스 슈밥의 제4차 산업혁명』에서 오늘날을 사회는 혁명에 가까운 급진적이고 근본적인 변화가 나타난다고 말했다. 역사 속에서 혁명은 신기술과 새로운 세계관이 경제체제와 사회구조를 완전히 변화시키고 있으며, 그 준거의 틀이 되는 역사를 통해서 볼 때 이러한 갑작스러운 변화는 수년에 걸쳐서 전개된다고 한다.

그동안 산업혁명의 역사적 의의를 보면, 약 1만년 전 주로 수렵과 채집생활을 하던 인류는 농경생활이라는 첫 번째 큰 변화를 맞이하게 된다. 이는 곡류를 재배하고 몇몇 동물을 가축으로 키우는 데 성공하면서 시작된 일이었다. 농업혁명은 생산과 운송, 그리고 의사소통을 목적으로 한 인간과 가축의 노력이 맞물려 발생하게 된 것이다. 농업혁명으로 인하여 점차 식량 생산이 나아지면서 인구도 늘어나 많은 사람이 정착하게 되었으며, 그 결과 곳곳에 여러 도시가 생겨나서 도시화가 이루어진 것이다.

농업혁명 이후, 18세기 중반부터 일련의 산업혁명이 발생하였다. 산업혁명 때문에 인간의 노동력이 기계의 힘으로 옮겨가는 엄청난 변화가 일어났다. 1760~1840년경에 걸쳐 발생한 제1차 산업혁명은 철도 건설과 증기기관의 발명을 바탕으로 기계에 의한 생산을 이끌었다. 증기기관의 발명 덕분에 생산성이 급격하게 향상된 시기이기도 하다. 특히, 직물, 증기력, 제철의 발견은 산업혁명의 비약적인 발전을 가져왔다고 할 수 있다. 이때 다양한 기계의 발명과 기술의 혁신이 있었고, 석탄과 철을 주원료로 하는 철강산업의 발달이 이어졌다. 제1차 산업혁명 덕분에 인간의 노동력이 기계로 옮겨가기 시작하는 대변화가 시작된 것이다.

그 이후 1870년부터 기존 산업의 성장과 함께 철강, 석유, 화학, 전기, 자동차산업과 같은 신규 산업의 확장에 기반을 둔 제2차 산업혁명이 시작되었다. 이 당시는 경공업 중심에서 중화학공업 중심으로 산업형태가 바뀌게 되었다. 제2차 산업혁명은 영국 이외에도 독일, 프랑스, 미국의 공업 생산력이 올라서 영국과의 상대적인 개념으로 국가의 기술 혁신을 강조할 때 사용된다. 이 시대에는 화학, 전기, 석유 및 철강 분야에서 기술 혁신이 진행되었다. 소비재를 대량생산하는 구조적 측면의 발전도 있었고, 식료품 및 음료, 의류 등의 제조 기계와 더불어 가공, 운송 수단의 혁신, 심지어 오락 분야에서도 영화, 라디오와 축음기가 개발되어 대중의 요구에 부응했을 뿐만 아니라 고용의 측면에서도 크게 기여하였다.

제3차 산업혁명은 반도체와 컴퓨터, 인터넷의 보급으로 정보기술이 급격하게 발달한 1970년대에 시작된 것으로 정보혁명이라고도 한다. 이때는 인터넷의 발달로 다양한 정보 공유가 가능하게 되었다. 드디어 정보통신사회로 들어선 것이다. 이를 디지털 혁명이라고 말하기도 하는데, 아날로그 전자 및 기계 장치에서 현재 이용하고 있는 각종 디지털 기술, 개인용 컴퓨터, 인터넷, 정보통신기술(ICT)에 이르는 기술의 발전을 가져왔다.

위키백과사전을 보면 경제의 패러다임 변화로 인해 제3차 산업혁명이 시작되었다고 말한다. 즉, 20세기 초 전기커뮤니케이션의 발전은 석유 동력의 내연기관과 만나면서 제2차 산업혁명을 일으켰다. 그 결과로 나타나는 공장의 전기화는 대량생산 제품의 시대를 열었다. 20년 동안 시멘트 고속도로가 미국 전역에 깔렸고, 수많은 가구가 몇 년 전만 해도 고립된 시골 마을로 치부하던 교외 지역의 새로운 공동체로 이주하기 시작했으며, 수천 킬로미터의 전화선, 라디오, 텔레비전이 등장하여 광범위한 커뮤니케이션을 창출했다. 그로부터 수십 년이 지난 현재, 석유 동력 중심의 제2차 산업혁명은 석유 고갈을 가져왔고, 환경오염으로 인해 지구온난화를 가속해 왔다. 이와 같

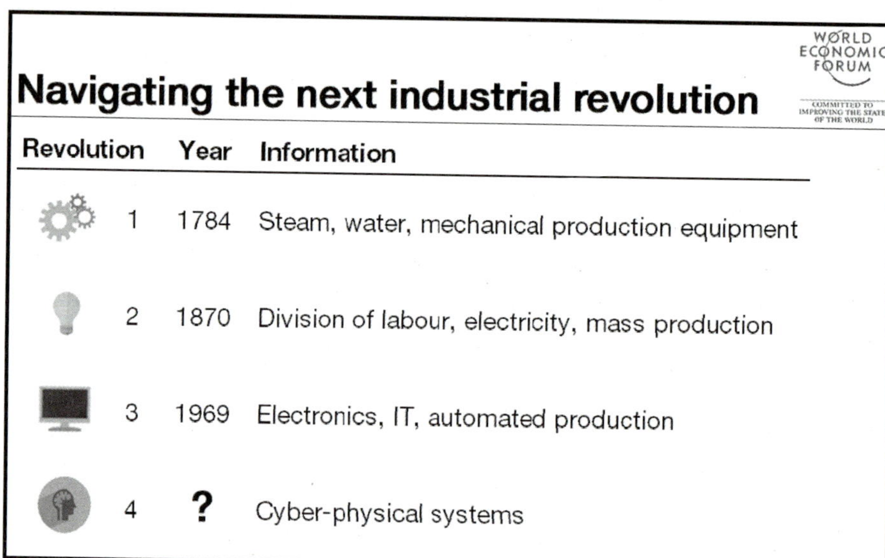

Navigating the next industrial revolution

Revolution	Year	Information
1	1784	Steam, water, mechanical production equipment
2	1870	Division of labour, electricity, mass production
3	1969	Electronics, IT, automated production
4	?	Cyber-physical systems

그림 1-1 산업혁명 개관

출처: 『World Economic Forum』 Image

은 이유로 새로운 형태의 산업혁명이 요구되었고 제러미 리프킨을 대표로 한 학자들이 제3차 산업혁명이란 제목을 가지고 인터넷 커뮤니케이션 기술과 재생 가능한 에너지의 결합을 요구하였다. 제3차 산업혁명은 자신의 가정과 직장, 공장에서 직접 녹색에너지를 생산하여 지능적인 분산형 전력 네트워크, 즉 인터그리드로 서로 공유하는 특징이 석유 동력시대의 집중되어 있던 권력을 분산시켜 수평적 권력의 시대가 되게 하였다.

제1차에서 제3차 산업혁명을 간단히 정리하면, 제1차 산업혁명 덕분에 인간의 노동력이 기계로 옮겨가기 시작하는 대변화가 시작된 것이다. 그 이후 1870년부터 기존 산업의 성장과 함께 철강, 석유, 화학, 전기, 자동차산업과 같은 신규 산업의 확장에 기반을 둔 제2차 산업혁명이 시작되었다. 이 당시는 경공업 중심에서 중화학공업 중심으로 산업 형태가 바뀌었다. 제3차 산업혁명은 반도체와 컴퓨터, 인터넷의 보급으로 정보기술이 급격하게 발달한 1970년대에 시작되었다. 이때는 인터넷의 발달로 다양한 정보의 공유가 가능하게 되었다. 즉, 제1차 산업혁명은 18세기 증기기관의 발명으로 인한 기계화, 제2차 산업혁명은 19~20세기 초반 전기의 발견으로 인한 산업화, 제3차 산업혁명은 20세기 후반 컴퓨터와 인터넷의 발명으로 인한 정보화의 시대라고 할 수 있다.

(2) 제4차 산업혁명과 시대의 특성

최근 뜨거운 감자로 떠오르는 제4차 산업혁명은 정보통신기술(ICT)의 융합으로 이루어 낸 시대로 18세기 산업혁명 이후로 네 번째로 중요한 산업시대를 의미한다. 위키백과사전에 따르면, 이 혁명의 핵심은 인공지능, 로봇공학, 사물인터넷, 무인 운송수단, 3차원 인쇄, 나노기술과 같은 분야에서 새로운 기술 혁신이라고 일컫는다. 제4차 산업혁명은 2016년 1월 20일 스위스 다보스에서 열린 세계경제포럼에서 처음 언급된 개념으로, 제3차 산업혁명을 기반으로 한 디지털과 바이오산업, 물리학 등의 경계를 융합하는 기술혁명이라고 설명하였다.

사실 3D 프린터, 사물인터넷, 자율주행자동차, 빅데이터, 인공지능 등 제4차 산업혁명의 핵심 키워드들은 우리 삶의 아주 가까운 곳에 와 있다. 미국의 누군가는 3D 프린터로 피자를 만들어 먹었다거나 중국의 누군가는 자동차를 만들었다는 뉴스나, 사물인터넷으로 집안의 난방 온도와 조명을 조절하거나 커피물을 끓이고, 음성인식 비서로봇 광고는 쉽게 볼 수 있다. 자율주행자동차는 현재 모의 운행 중이며, 빅데이터는 각종 산업 현장뿐만 아니라 우리 삶에 직접적으로 관여하고 있다. 제4차 산업혁명의 대표적인 이기(利器)인 인공지능(AI)만 보더라도 그 변화와 성장의 정도는 우리가 상상하는 그 이상이다.

실제로 클라우스 슈밥(2016)은 『제4차 산업혁명』에서 이전과는 구별되는 4차 산업혁명의 특징으로 다음을 들고 있다. 첫째는 속도이다. 제1~3차 산업혁명과는 달리, 제4차 산업혁명은 선형적 속도가 아닌 기하급수적인 속도로 전개 중이다. 이는 우리가 살고 있는 세계가 다면적으로 서로 깊게 연계되어 있으며, 신기술이 그보다 더 새롭고 뛰어난 역량을 갖춘 기술을 만들어 냄으로써 생긴 결과이다. 둘째는 범위와 깊이이다. 제4차 산업혁명은 디지털 혁명을 기반으로 다양한 과학기술을 융합해 개개인뿐만 아니라 경제, 기업, 사회를 유례없는 패러다임 전환으로 유도하였다. '무엇'을 '어떻게' 하는 것의 문제가 아니라 우리가 '누구'인가에 대해서도 변화를 일으키고 있다. 셋째는 시스템 충격이다. 제4차 산업혁명은 국가 간, 기업 간, 산업 간, 그리고 사회 전체 시스템의 변화를 수반한다. 이로 인해 빅데이터 활용이 활발해지고 수요에 따라 공급이 이루어지기도 하지만 반대로 빅데이터 분석을 통해 새로운 공급과 수요를 동시에 조절할 수 있다. 따라서 단순히 제4차 산업혁명 시대에는 수요와 공급을 동시에 관리하는 플랫폼이 발생하고 결국 어떠한 플랫폼을 형성해서 정보를 수집할 것인가가 산업의 주요 관심사가 될 것으로 예상된다.

제4차 산업혁명에서의 컴퓨터 하드웨어와 소프트웨어, 네트워크가 핵심인 디지털 기술은 우리에게 더는 새로운 개념이 아니다. 이는 이미 제3차 산업혁명을 이끈 개념들이기 때문이다. 그러나 제3차 산업혁명 이후 더욱 정교해지고 통합적으로 진화한 디지털 기술은 현재 사회와 세계 모든 경제의 변화를 이끌고 있다. 매사추세츠 공과대학의 에릭 브린욜프슨 교수와 앤드루 맥아피 교수는 이런 현상을 제2의 기계시대라 칭하였다. 그는 증기기관의 개발로 인간의 육체적 능력을 강화했던 것을 제1의 기계시대라면, 정보통신기술의 발전으로 인간이 정신적 능력을 강화하는 것이 제2의 기계

시대라는 것이다. 『제2의 기계시대』에서는 오늘날 세계는 디지털 기술의 영향력이 자동화로 완벽한 힘을 갖추고 전례 없는 새로운 것들을 만들어 내기 시작하는 변곡점의 시기에 있다고 말한다.

이러한 시대에 독일에서는 인더스트리 4.0에 대한 논의를 진행하고 있다. 2011년 하노버 박람회에서 처음 등장한 인더스트리 4.0은 기술이 글로벌 가치사슬 구조를 근본적으로 어떻게 바꾸게 되는지 설명하는 용어이다. 제4차 산업혁명은 스마트 공장의 도입을 통해, 전 세계적으로 제조업의 가상 시스템과 물리적 시스템이 유연하게 협력할 수 있는 세상을 만들 수 있다. 그러면 상품의 완전한 맞춤 생산이 가능해지고 새로운 운영 모델이 발생할 수 있다.

이처럼 제4차 산업혁명은 단순히 기기와 시스템을 연결하고 스마트화하는 데 그치지 않고 훨씬 더 넓은 범주까지 아우르고 있음을 알 수 있다. 유전자 염기서열분석에서 나노기술, 재생가능에너지에서 퀀텀 컴퓨팅까지 다양한 분야에서 거대한 약진이 동시다발적으로 일어나고 있다. 이 모든 기술이 융합하여 물리학, 디지털, 생물학 분야가 상호 교류하는 제4차 산업혁명은 종전의 그 어떤 산업혁명과도 근본적으로 궤를 달리하고 있다는 점을 우리는 인식해야 한다.

권정민(2017)은 제4차 산업혁명 시대의 가장 큰 특징으로 초연결성의 확대를 들고 있다. 예를 들어, 뉴스가 시민기자, SNS 이용자들에 의해 실시간으로 전달되고 확산되는 1인 미디어 시대를 보더라도 쉽게 알 수 있다. 초연결성으로 인해 참여민주주의, 생산과정의 민주화 등 새로운 기회가 발생한다. 또한 가짜뉴스의 범람, 비윤리적 방송 등으로 인한 사회적 문제가 야기될 수 있다. 이러한 시대에는 특히 사회적 문제 예방 및 해결을 위해 비판적 사고능력, 시민정신, 글로벌 사고 등이 반드시 필요한 시대가 되었다.

다음으로, 불확실성의 증폭을 들 수 있다. 현재는 하루가 다르게 세상이 변하고 있는데 이로 인하여 예측할 수 없는 미래와 사회의 급격한 변화로 인한 불안감이 증폭된다. 이는 새로운 환경에 적극적으로 대처할 수 있는 자기주도적 능력과 예상하지 못한 문제에 대한 해결능력이 필요한 시대가 되었다는 것을 의미한다. 불확실성은 빠른 변화로 인하여 예측이 어렵기 때문에 나타나는데 이에 따른 적응력과 유연한 대처가 필요하다. 또한, 인공지능의 고도화로 단순 노동이 기계로 대체되는 현상이 가속화되었는데, 인공지능 기술의 보편화에 따른 개발자의 윤리의식이 더욱 중요한 사회가 되었다. 이러한 시대에는 학문 간 융합과 혁신을 위한 통섭적 이해, 소통, 공감 등 협업능력이 무엇보다 중요한 요소가 되었다.

이처럼 과거의 산업혁명보다도 제4차 산업혁명에서 출현하는 신기술과 광범위한 혁신은 더욱 빠르고 폭넓게 확산 중이다. 제1차 산업혁명을 대표하는 기계 부품인 '축'이 유럽 이외의 지역으로 보급되는 데 120년 가까운 시간이 걸렸다. 반면 인터넷이 전 세계에 확산되기까지에는 10년도 채 걸리지 않았다. 이처럼 제4차 산업혁명은 앞선 세 번의 산업혁명도 그러했지만, 모든 면에서 강력하고 엄청난 영향력을 행사하고 있다.

2) 사회의 변화와 교육패러다임의 전환

우리는 지금까지 이루어진 산업혁명으로 인해 기계의 힘에 많은 도움을 받기 시작하였다. 이러한 도움으로 인해 우리는 노동으로부터 일부 자유로워져서 육체적 혹은 정신적으로 여유를 가지기 시작했다. 특히 오늘날과 같이 급변하는 사회 속에서의 불안정으로 인하여 우리는 끊임없이 새로운 것을 배우면서 사회에서 필요로 하는 역량을 갖추어 가고 있다.

이는 사회의 변화와 더불어 교육의 모습 또한 변해가는데, 그 모습은 김용현 등(2018)의 학교교육과 사회교육의 발전 추이에서 사회의 변화에 따라 교육의 핵심과 체제가 어떻게 바뀌어가는지를 설명한 대목에서 알 수 있다. 그는 원시사회, 산업혁명과 그 이후, 1950년대, 1970년대, 1990년대, 2000년대로 나누어서 설명하는데 연도별 구분 속에는 우리 사회에서 이루어진 산업혁명으로 인한 사회의 변화에 따른 흐름으로 이해해도 된다. 세부적으로 살펴보면 다음과 같다.

(1) 원시사회

원시사회는 학교교육이 출현하기 이전 시대이기 때문에 빌리모리아(R. Billimoria)가 제시한 '토속적 교육(Indigenous Patterns of Education)'이 대표적인 교육 형태였다. 원시사회에서는 토속적 교육인 사회교육을 통해 사회적 · 문화적 전통이나 직업적 기능과 기술을 한 세대로부터 다른 세대로 전승하고 발전시켜 온 것이다. 따라서 사회교육이 지배한 시대라 특징지을 수 있다.

(2) 산업혁명과 그 이후

산업혁명과 그 이후 시대의 교육에 대한 발전추이를 보면, 18세기 영국에서 시작되어 세계 여러 지역으로 확산된 산업혁명은 기술적 · 사회경제적 · 문화적 그리고 심리적 측면에서 다양한 변화를 가져왔다. 특히 산업생산에서 노동자들은 종전에 손으로 다루는 연장 대신 기계를 조작하는 새롭고, 당시로서는 매우 독특한 기술을 습득해야 했다. 이러한 산업사회에서 새로운 기술을 습득, 대량생산에 적합한 기능 인력을 양성해야 하는데, 당시 사회교육의 형태인 도제식 훈련제도와 길드제도로서는 대규모 인력 양성이 불가능하여 공적인 교육제도인 초등교육제도를 도입하기 시작하였다. 영국에서는 1870년에 이를 완성하고, 그 이후 제2차 세계대전 시기인 1940년대까지 선진국을 중심으로 중등교육제도와 대학 등 고등교육제도를 대대적으로 발전시키기에 이르렀다(다음백과사전). 따라서 이 시기에는 현대적 시설과 자격 · 능력을 겸비한 교수요원 그리고 잘 인쇄된 교재 등이 지원하는 학교교육제도가 사회교육을 대체하여 지배한 사회라 특징지을 수 있다. 이처럼 산업혁명이 현대 형태의 교육제도와 학교 형태를 갖추도록 한 계기가 되었다고 볼 수 있다.

(3) 1950~1960년대

산업혁명 이후 지난 2세기 동안 선진국을 중심으로 확대 · 발전을 거듭해 오던 학교교육은 제1차 세계대전, 1930년대의 세계 경제공황, 제2차 세계대전 등을 거치면서 학교교육의 실효성에 대한 강한 비판이 제기되었다. 특히 미국의 경우 1957년 10월 소련(현재의 러시아)이 최초의 우주선인 스푸트니크 1호를 발사하자, 우주경쟁에서 소련에 뒤처진 이유를 미국의 학교교육제도에서 찾기 시작하였다. 이에 학교교육 자체가 지니고 있는 다양한 문제를 지적하면서 앞으로의 교육은 학교교육뿐만 아니라 이를 보충 · 보완해 주거나 지속적인 교육프로그램을 제공해 주는 사회교육(Nonformal Education)

제도의 활성화가 시급하다고 주장하는 학자들이 대거 등장하게 되었다. 즉, 쿰스(P. Coombs)의 '학교교육 위기론', 일리치(I. Illich)를 중심으로 하는 '탈학교론', 프레이리(P. Freire)의 '은행교육론' 등이 대표적인 예이다.

이러한 학자와 이론의 등장으로 1950~1960년대는 사회교육에 대한 독자적 이론 개발과 학교교육과의 차별성을 강화한 시기라고 볼 수 있다. 이 시기에 그동안 학교교육에 밀려 소홀히 취급되어 오던 사회교육에 대한 재발견 작업과 더불어 사회교육에 대한 각종 이론과 현장 적용을 강화하게 된 것이다. 미시간주립대와 시카고대를 중심으로 사회교육에 대한 현대적 이론이 정립되었고, 코넬대에서는 지역개발(Rural Development)에 중점을 두고, 플로리다주립대에서는 성인교육(Adult Education) 분야를 그리고 매사추세츠주립대에서는 사회교육 전반에 대한 이론 개발과 개발도상국가들에 대한 지원 업무를 담당하는 등 각 대학별로 특성화된 영역을 발전시킴으로써 사회교육의 독자적인 학문적 토양을 마련하게 되었다. 아울러 미시간 주의 플린트시에서 이 시기에 시작한 지역사회학교(Community School)는 학교를 중심으로 하는 사회교육의 새로운 모델로서 등장하였다.

(4) 1970~1980년대

1950년대와 1960년대에 걸쳐 학교교육에 대한 문제점이 제기되고 사회교육에 대한 다양한 이론이 등장한 것을 배경으로 해서 1970~1980년대는 평생교육의 이념이 대두된 시기라고 할 수 있다. 유네스코(UNESCO)의 성인교육국장이던 랭그랑(P. Lengrand)은 1965년 12월에 유네스코 성인교육 발전을 위한 국제위원회에 '평생교육(Education Permanante, Lifelong Education)'이라는 보고서를 제출하였다. 랭그랑은 그 보고서에서 인간은 태어나 죽을 때까지 평생을 통해 교육받을 권리가 보장되어야 한다. 그리고 이것을 위해 새로운 교육제도들이 만들어져야 한다. 이제 파편화되고 분절되어 있는 교육제도들은 인간의 종합적 발달이라는 축을 중심으로 해체되고 재구성되어야 하며, 이것은 가히 교육의 혁명을 의미하는 것이다(한숭희, 2006)라고 평생교육체제의 도입을 주장하였다. 그의 평생교육에 대한 건의는 1972년 일본의 동경에서 개최된 제3차 세계성인교육회의에서 평생교육의 개념과 원리가 채택되어 세계 여러 나라에 빠른 속도로 전파되는 계기를 마련하였다.

평생교육의 이념이 점차 확산되면서 그동안 각자의 학문적 영역에만 관심을 두어 오던 학교교육과 사회교육 관련 학자들은 학습자들의 교육기회 확대와 수업의 질 향상을 위하여 상호협력적 관계를 구축하게 되었다. 우리나라의 경우에도 일정한 학교교육을 받을 기회를 잃은 사람들을 위하여 학교교육체제 밖에 공민학교, 고등공민학교, 방송통신고등학교, 산업체부설학교 및 야간특별학급, 방송통신대학교, 개방대학 등 방계학제 교육기관을 설립·운영하여 학교교육체제를 보충·보완해 주는 관계를 형성하고 있다.

한편 기존의 초·중·고등학교에는 노인교실, 어머니교실, 전국주부교실중앙회의 주부교실, 스카우트연맹·한국청소년연맹·한국해양소년단연맹 등 청소년단체 활동 그리고 전문대학과 대학 등 고등교육기관에는 사회(평생)교육원이 설립되어 다양한 프로그램을 제공하는 것이 대표적인 예에 속한다. 또한 학습자 중심의 다양한 교육과정과 교수-학습방법을 개발해 온 사회교육 분야에서 이를 학교교육기관에 제공하는 등 상호교류를 촉진하였다. 그러나 이 시기의 협력적 관계는 학교교육과 사회교육이 각자의 독립성을 견지하는 가운데 필요한 협조 내지 협력을 한 상황이라고 특징지을 수 있겠다.

(5) 1990년대

1990년대는 학교교육과 사회교육의 협동(Collaboration)시기라고 할 수 있다. 1970년대와 1980년대는 학교교육과 사회교육이 상호 적극적인 협력시기라기보다는 '이심동체(二心同体)'와 같았다면, 1990년대는 학교교육과 사회교육이 더욱 긴밀한 협조관계로 발전한 시기라고 할 수 있다. 예를 들면, 미국의 고등학교는 질병으로 인하여 정규수업을 받지 못하였거나, 외국의 학교에서 전학을 와서 학점이 부족한 학생에 대하여는 지역교육청에서 주로 야간에 운영하는 '성인학교'에서 소속 학교의 승인을 얻어 학점을 이수하는 때에는 정규학점으로 인정해 주어 학생들의 수학 편의를 제공하고 있다. 이 경우, 해당 학생들은 주간의 정규수업 이외에 야간에 별도의 수업을 들어야 하는 부담이 있기는 하지만, 소속 학교에서 유급을 하지 않고 사회교육기관에서 이수한 학점을 인정받아 다른 학생들과 함께 정상적인 졸업을 하도록 도와주는 매우 유익한 제도이다. 그러나 우리나라의 현실은 이러한 협동적인 제도가 도입되지 않아 여기에 해당되는 학생들은 소속 학교를 떠나 검정고시를 보거나, 학력인정 평생교육시설이나 대안학교로 옮겨야 하는 실정이다.

(6) 21세기 지식 · 정보화시대

마지막으로 21세기 지식 · 정보화시대인 오늘날은 학교교육과 사회교육의 통합(Integration)적 발전 시기라고 볼 수 있다. 이는 21세기 지식 · 정보화 사회를 선도하기 위해서는 모든 국민에게 다양한 평생학습기회를 제공하는 '평생학습사회'를 건설해야 하기 때문에 학교교육과 사회교육이 마치 '일심동체(一心同体)'와 같이 융합적 교육기회를 제공하는 것을 이른다. 우리의 경우, 학점은행제(credit banking system)가 도입되어 전문학사와 학사학위가 정규 전문대학과 대학교 이외에 전문대학과 대학교의 사회교육원 또는 평생교육원, 대학부설 전산원, 학원, 공공직업훈련원, 민간직업전문학교, 중요무형문화재기관, 기능대학, 평생교육시설, 원격교육기관 등에서 소정의 학점을 이수하게 되면 소속 전문대학이나 대학의 총장 또는 교육부장관 명의의 학위를 받을 수 있도록 하고 있다. 또한 원격교육의 경우에도 한국교육방송공사에서 수능과외방송을 제공하고 있고, 고등교육기관에서는 원격수업을 통해 학점을 부여하거나 평생교육법과 고등교육법에 의해 설립되는 원격대학과 사이버대학은 전문학사 또는 학사학위를 수여하는 기관이다. 한편, 전문대학과 대학교에서는 단기 특별과정이나 시간제 등록 제도를 실시하여 지역사회 주민들에게 고등교육 기회를 넓혀 주고 있다. 미국의 경우 현재 많은 대학에서 토요일과 일요일에 수업을 하는 주말대학(Weekend College)을 개설하여 직장인과 지역사회 주민들에게 교육기회를 확대해 주고 있다.

특히 최근에는 평생교육체제지원사업을 통하여 대학마다 성인학습자만을 위한 입학전형을 개발하여 모집하는 등 산업혁명 당시 만들어진 학교교육에 대한 벽이 많이 허물어지는 모습을 볼 수 있다. 이러한 모습은 학교교육과 사회교육이 양자의 벽을 과감히 허물고 우리 국민에게 평생교육의 기회를 더욱 확대하는 데 힘을 합치고 있는 모습이라고 말할 수 있다.

혹자는 미래 교육의 전망으로 비형식교육의 비중이 확대될 것이라고 말한다. 가르치는 사람과 배우는 사람이 학교와 같은 공식적 장소에서 잘 짜여진 교육체계로 진행하는 교육을 형식교육(Formal Education)이라고 하고, '비형식교육(Informal Education)'은 의도성, 체계성, 지속성이 결여되거나 매우 약하며 학교교육 이외의 다양한 형태로 이루어지는 교육을 말하며 학교 밖 교육이라고도 한다. 하지만 오늘날 비형식교육은 앞서 언급한 학교교육과 사회교육의 통합적 발전으로 인하여 이제 그 개념을 구분하여 정의하기에는 어려움이 있다. 오늘날은 교실 수업이 감소하고, 온라인 교육과 재택학습 및 탐방학습이 확대되며, 지식축적보다는 지식 활용능력이 중요해지기 때문에 일생동안 배우고 새로 배우기를 거듭하는 평생교육이 중요한 시대가 되었기 때문이다.

2. 평생교육과 평생교육경영

1) 미래사회와 평생교육의 일상화

지금 우리는 제4차 산업혁명 시대를 살고 있다. 제4차 산업혁명은 그동안의 산업혁명과는 다르게 생활 전반에서 엄청난 변화와 혁신을 체감하게 한다. 특히 진행 속도와 범위, 규모, 그리고 발전 정도와 전파 속도는 그 어느 때보다 빠르다. 이처럼 급변하는 사회에서 살아가기 위한 지식과 기술의 수명은 상당히 단축될 것이다. 따라서 새로운 지식을 배우고 새로운 기술을 학습해야 할 필요성은 더욱 증가하고 있다(최손환, 2019).

임진혁 등(2016)은 지능정보사회에서 교육의 시대적 특징을 네 가지 측면에서 언급하고 있다. 그가 제시하는 첫 번째 특징은 미래사회에서 평생교육이 필요하다는 점을 쉽게 알 수 있는 대목이고, 두 번째 특징은 평생교육이 가속화될 수 있었던 배경을 설명한다. 세 번째 특징은 한 번 교육으로 끝나는 것이 아니고 시대 · 사회의 변화에 따라 필요한 교육을 언제든 받아야 한다는 점을 설명한다. 네 번째 특징은 평생교육의 질적 강화를 위한 방향이라고 볼 수 있으며 동시에 학교교육 또한 이 부분을 놓쳐서는 안 될 것이다.

첫 번째 특징으로 앞서 제4차 산업혁명의 특징에서 언급한 바 있는 불확실성의 시대이기 때문에 직업이 수시로 바뀔 수 있다는 점을 들고 있다. 경제학자 갤브레이스(Galbraith, 1977)가 1970년 오일쇼크 당시를 불확실성의 시대(the age of uncertainty)라 부른 이래, 다양한 이유에서 사회의 불확실성에 대한 인식은 지속되고 있고, 지능정보화 역시 시대적 불확실성을 가하는 결정적 배경 중의 하나가 되었다. 특히 세계경제포럼(WEF, 2016)은 인공지능 등 제4차 산업혁명이 다가오면서 기존 직업 중 상당수가 사라지고 전 세계 7세 이하의 아동의 65%는 현재 존재하지 않는 새로운 직업을 가질 것으로 예상한다고 언급한 바 있다. 프레이와 오스본(Frey & Osborne, 2013) 역시 자동화 기술 발전으로 인하여 20년 이내 현재 직업의 47%가 사라질 것이라 경고한 바 있다. 이러한 상황이기 때문에 학령기에 교육받은 후 한 번 가진 직업으로 평생을 살아가기에는 불가능한 시대가 되어버렸다. 이는 사회의 변화에 발맞추기 위해서 지속적으로 교육받을 필요가 있다는 것을 의미한다.

두 번째 특징으로 세계통합교육과정을 이용한 온라인 학습의 시대가 펼쳐진다는 점을 들고 있다. 정보기술의 발달로 인해 고등교육 분야와 평생교육 분야에서는 온라인교육이, 초·중등교육에서는 세계통합교육과정이 각각 미래 교육의 메가트렌드가 될 것으로 전망하고 있다. 대변혁의 시대에는 음성인식기술을 바탕으로 인류의 언어를 자유자재로 말하고, 듣고, 읽을 수 있는 컴퓨터가 등장하여 원하는 작업은 물론 서로 다른 언어를 사용하는 상대방과 실시간 소통할 수 있는 통번역 시스템 구축이 가능하다. 3D 학습 콘텐츠를 이용하여 쉽게 대체될 수 있는 속성을 지닌 수학과 이론과학, 세계사, 세계지리 영역의 교육을 우선하여 교육에 기술 적용이 예상되고, 나아가 세계통합교육과정의 구상으로 이어질 수 있다. 콘텐츠 선정의 주요 준거로서 범용성과 가변성에 대한 고려가 커질 것이다. 즉, 콘텐츠의 활용 기회가 넓을수록 또는 콘텐츠의 변화 속도가 빠를수록 온라인 학습 가능성은 높아진다. 이는 면대면 교육이 아닌 온라온 학습이 가능한 시대가 됨으로써 평생교육이 일상화될 수 있음을 알 수 있는 대목이다.

세 번째 특징으로 상상력과 집단지성에 기반을 둔 실용학습의 시대라는 점을 들고 있다. 앞으로의 시대에는 상상력을 기반으로 하는 창의력과 감성교육이 대세가 될 것이고, 특히 기억력보다는 상상력에 중점을 두는 교육의 시대가 될 것이다. 대용량 정보저장장치가 이미 기억을 해야 하는 부담을 줄여주고 있고, 심지어 영화에서나 볼 수 있듯이 정보를 인간의 뇌로 직접 전송하는 기술도 시도 중이다. 이에 미래에는 기계가 할 수 없는 영역에 관심이 커질 수밖에 없고, 그중 대표적인 것이 상상력이다. 집단지성(Collecitive Intelligence)은 다양한 분야의 전문가들이 굳이 같은 시간에 동일한 장소에 모일 필요 없이 각자의 활동 공간에서 네트워킹 시스템을 활용하여 실시간으로 공통 관심사를 가진 다른 사람과 온라인 공간에 모여 쟁점이 되는 현안 문제를 토론하면서 합리적인 결론을 도출해 낼 수 있다는 의미이다(Flew, 2008). 집단지성은 인터넷 기술의 개발 동기가 되었고, 첨단 과학기술 분야에서 이미 활발히 적용 중이다. 현재 전 세계적으로 확산되고 있는 MOOC(Massive Online Open Courese)의 출발도 개인의 학습과 집단지성을 연동한 온라인교육 즉 cMOOC(constructivist MOOC)에서 출발하였다.

개개인의 상상력과 창의력이 집단지성으로 연출되기 해서는 학습의 방향이 중요하고, 앞으로의 시대에는 실용성 또는 적시성(just in time)이 중요한 역할을 할 것이다. 과거에는 언젠가 쓸모 있을 것이라는 판단 아래 힘들게 학습(learn)하였지만, 이제는 쓸모가 없게 되어버리고(unlearn), 다가올 미래에는 그때그때 필요로 하는 지식이나 경험을 실용학습(just in time learning) 방식으로 습득하는 형태로 학습의 개념이 진화할 것이다. 조선 후기에 태동하던 조선의 실학이 '지금 당장 나에게 필요로 하는 것을 배우는 것'으로 정의되었던 점을 고려한다면 미래사회의 적시적 학습은 전통적 관점에서 실학 또는 실용학습과 일맥상통한다. 학습의 적시성과 실용성을 효과적으로 해내기 위해서는 문제해결 능력과 문제해결에 필요한 정보에 효과적으로 접근할 수 있는 능력이 필수적이다. 자신에게 지금 당장 필요로 하는 정보가 무엇인지 설정하고, 이를 체계화하며, 수많은 정보를 탐색하고, 관련 정보를 선택하는 등의 과정은 문제해결력의 기본이다.

네 번째 특징으로 경험 중심의 감성교육 시대라는 점을 들고 있다. 차가운 이성 즉 논리에 기반한 과학기술의 발전에 대응하여 부각되는 또 다른 영역으로서 경험에서 나오는 감(感)과 주관적 속성을 지닌 감성(感性)이 있다. 이 둘의 공통인 속성은 표준화가 매우 어렵다는 점이다. 아무리 과학기술문명이 발전한다고 해도 시행착오와 실패를 포함한 다양한 경험을 통해 형성되는 마음속의 느낌을 기계와 로봇이 가질 수는 없을 것이다. 가령 피아노를 연주할 때, 같은 곡을 연주하면서도 연주자에 따라서 듣는 사람의 마음에는 다른 느낌이 전달될 수도 있으나, 연주 로봇은 음과 박자를 정확하게 연주할 수는 있을지 몰라도 감정을 이입한 연주는 어려울 것이다. 감성의 계발과 소통은 다양성에 대한 인식과 태도와 직결되고, 하나의 사물이나 현상을 두고서 옳고 그름을 따지기보다는 다양한 생각을 할 수 있는 역량이 필요하다. 경험 중심의 감성교육은 한마디로 장인정신의 계승 차원에서 이루어졌던 도제교육 모형과 연결되고, 이는 대규모 · 집합식 교육을 벗어나 학습자가 주체적으로 판단, 선택하고 그 과정과 결과에 책임을 지는 형태의 교육을 지향하게 될 것을 의미한다.

2) 평생교육의 전개

(1) 평생교육의 보편화

오늘날 전 지구적으로 인구 생태학적 변화가 급격히 전개되고 있다. 이 같은 변화를 이끄는 것은 의료기술과 생활수준 개선으로 인간 수명의 연장과 저출산, 핵가족화에 동반한 고령화사회의 급격한 진행이다. 고령화사회에 늘어나는 중고령자에게 그들의 생애주기별, 사회계층별 학습 수요를 충족하여 제2 인생 설계를 위한 학습 지원을 다각적으로 구성하여 지원하는 것이 필요한 시대가 된 것이다(김미령 외, 2015). 이처럼 사회환경과 인구 생태학적인 변화는 새로운 개념의 학습시대가 펼쳐져야 하는 당위성을 제공하고 있다. 이 부분이 바로 평생교육이 보편화되어야 한다는 사실을 쉽게 알 수 있는 대목이다.

우리 사회는 90년대 후반 IMF 이후 모든 국민들이 노력하여 상당한 양적인 성장을 하였다. 하지만 최근 들어서 양적인 성장에 부합하는 질적인 성장과 변화가 있어야 함에도 불구하고 그러지 못하고 있다. 김태준 등(2016)의 연구에서는 우리 사회의 발전에 가장 큰 저해요인으로 잠재성장률 감소와 일자리 수 부족, 글로벌 경쟁력의 약화, 저출산에 따른 인구절벽의 도래와 생산인구 감소, 고령인구 증가에 따른 초고령사회로의 진입 등을 들고 있다. 특히 고령인구의 증가는 향후 한국사회가 당면하게 될 다양한 문제의 근간이 되는 것으로서 가장 시급히 해결해야 할 국가적인 난제로 여겨지고 있다. 우리나라는 2000년 전체 인구 중 65세 이상 인구비율이 7% 이상인 고령화사회(ageing society)를 넘어, 2026년경에는 전체 인구 중 65세 이상 인구비율이 20% 이상인 초고령사회(super-aged society)로 진입할 것으로 예상하고 있다(김태준 외, 2016). 이러한 현실은 우리 사회의 질적인 변화와 성장에 큰 걸림돌이 될 수도 있다.

이러한 걸림돌이 디딤돌이 될 수 있도록 평생교육이 제 역할을 해야 한다. 김미령 등(2015)의 주장처럼 중고령자들에게 적절한 교육을 통하여 질적인 변화를 꾀해야 할 것이다. 특히 권대봉 등(2008)의 연구에서는 한국사회에는 다른 나라와는 차별화된 특별히 적극적인 지원이 필요한 사회집단과 계층군이 있는데 이들은 베이비붐 세대, 다문화 배경 인구, 조기 퇴직자, 경력단절 여성, 실직 중고령자 등이다. 이들은 각기 다른 생애주기와 그에 따른 필요에 놓여 있으며 이들에게 적합한 맞춤형 평생학습의 기회 제공으로 그들의 후반기 인생을 행복하고 보람되게 설계할 수 있도록 지원하는 행복한 삶을 위한 평생학습 설계와 맞춤형 평생학습 기회 제공, 학습과 일의 연계체제 구축, 학습과 사회참여 연계체제 구축이 필요하다.

1980년대 평생교육과 관련된 법(당시는 사회교육법)이 제정된 이후 2018년 제4차 평생교육진흥종합계획이 세워지기까지 우리나라의 평생교육은 많은 발전을 이루어 왔다. 사실 그동안 평생교육은 일반인들에게 문화와 여가교육, 스포츠교육 등 취미나 여가를 즐기는 것으로 인식되기도 했다. 하지만, 2013년 '100세 시대 국가 평생학습체제 구축'이 국정과제로 설정되면서 이를 실행하기 위하여 이전과는 다르게 평생교육이 대학과 지역사회 학습기관이 협력하고 연계하는 모습으로 나타나면서 좀 더 견고한 교육체계를 갖추기 시작했다.

(2) 평생교육의 강화와 필요성 변화

김태준 등(2016)의 연구에 따르면 현재 전 세계적으로 고령화가 진행되고 있다는 사실을 쉽게 알 수 있다. UN에서는 한 국가의 총 인구 중 65세 이상 인구 비중이 7%

이상이면 고령화사회, 14% 이상이면 고령사회, 20% 이상이면 초고령사회로 분류하고 있다. 인구구조에서 고령인구의 증가 속도는 각 국가별로 상이하게 나타나고 있다.

표 1-1 주요국의 고령화 단계 및 소요 연수

	도달연도			소요연수	
	고령화사회 (7% 이상)	고령사회 (14% 이상)	초고령사회 (20% 이상)	고령화사회 → 고령사회 도달	고령사회 → 초고령사회 도달
한국	2000	2017	2026	17	9
일본	1970	1994	2005	24	11
독일	1932	1972	2010	40	38
미국	1942	2014	2032	72	18
프랑스	1864	1979	2018	115	39

출처: 김주영 등(2012)의 자료

위의 〈표 1-1〉에서 보는 바와 같이, 미국은 1942년 고령화사회에 도달하였고, 2014년 고령사회에 도달하였으며, 2032년경에 초고령사회에 도달할 것으로 예측되고 있고, 프랑스는 1864년 고령화사회에 진입하였고, 1979년 고령사회에 진입했으며, 2018년경에 초고령사회가 될 것으로 예측되고 있다.

우리나라 또한 고령사회를 넘어 초고령사회로 변화하고 있다. 이러한 변화의 속도는 다른 나라에 비해서 급격하게 진행되고 있으며 초고령사회의 도달도 얼마 남지 않았다. 이처럼 세계적인 고령화 추세 속에서, 경제와 사회문제를 해결하기 위한 다양한 방안들이 제시되고 있는데, 대표적인 방법 중에 하나가 구성원들이 평생학습에 적극적으로 참여할 수 있는 제도적 장치를 마련하는 것이다.

김주영 등(2012)은 제조업 인력 고령화와 정년연장의 상황 속에서 기업의 경쟁력을 제고할 수 있는 방안으로 스웨덴의 사례에 기반한 평생교육의 강화를 주장하였다. 평생교육을 통해 근무 형태 조정과 근무시간 단축의 문제를 해결하면서 성인 학습자의 역량을 강화할 것을 제안하였다. 송창용 등(2011) 또한 현재의 인구 고령화로 인해 노동생산성의 제고가 필요하고, 이를 위한 평생학습의 중요성을 강조하였다. 그런데 현재와 같은 평생학습 참여율이 유지된다면, 고령화로 인해 평생학습 참여율이 저조해질 것으로 예측하고, 좀 더 적극적으로 평생교육 시스템을 활성화할 것을 주문한 바 있다.

이처럼 인구구조의 변화와 고령인구 증가에 대응하기 위한 방안으로 평생교육의 중요성이 점점 높아지고 있다. 이는 현재 일을 하고 있는 근로자들이 평생 현역으로서 계속 일할 수 있는 기회를 부여하는 방안일 뿐만 아니라, 퇴직을 하더라도 노인교육과 자기개발 활동을 통해 경제적인 부가급여를 수혜할 수 있는 기회이자, 삶의 질을 제고하면서 즐겁고 행복한 노년시간을 보낼 수 있는 방안이 된다. 이윤경 등(2013)은 평생교육이 삶의 질 향상에 도움이 될 뿐만 아니라 여가복지적인 측면에서 중요한 대책이 될 것이라고 주장하였다. 이를 위해 평생교육 공급주체와 내용을 다양화하고 민간과 공공의 역할 분담체계를 명확하게 확립해야 하고, 향후에는 인구고령화에 대

표 1-2 환경의 변화와 평생교육의 필요성 변화

영역	변화의 내용	평생교육의 필요성 변화
새로운 기술의 발달	첨단 과학기술의 발전과 제4차 산업혁명이 도래함에 따라 구성원의 사회생활과 사고방식이 변화	시간의 흐름에 따라 지속적으로 발전하는 과학기술 활용을 위한 지식, 기술, 태도를 습득할 수 있는 평생교육 시스템 구축이 필요
사회 변동과 직업의 변화	생계유지, 자아실현, 사회적 지위를 유지하는 직업의 내용과 형태가 변화하고, 사회 변동에 따라 새로운 직업 출현	일자리와 직무를 포함한 직업의 형태와 필요능력이 수시로 변화하기 때문에, 미래 직업세계에 대응할 수 있는 평생교육 시스템이 필요
소득불평등의 심화	소득분포에 따른 재분배 기능 약화로 계층 간 경제적 불평등이 심화하고, 양극화 현상이 지속적으로 발생	소득불평등과 양극화 해소를 위해, 구성원의 평생학습 참여율 제고 및 학습 기회와 학습비용을 체계적으로 지원할 수 있는 시스템 필요
인구구조의 변화와 고령화	고령화의 급속한 진전에 따라 인구구조가 변화하고, 고령화에 대응하기 위한 사회적인 비용 투자가 급격하게 확대	급격한 고령인력의 증가에 따라, 지속적인 능력개발과 자기개발 활동을 통해 일할 수 있는 기회 증가와 삶의 질과 만족도 향상을 위한 평생교육 필요
이민자 증가와 사회통합	국내 체류 외국인력의 증가에 따라 이들의 사회적응, 직업기회 제공, 시민의식 함양 등과 사회통합 문제가 부상	장기 체류 외국인력에 대한 사회적응, 직업기초능력, 문해교육, 민주시민교육 등을 체계적으로 제공하는 평생교육을 통해 사회통합 촉진
복지 수요의 확대	사회보험시스템의 확대 요구와 복지프로그램 요구가 증가하면서, 이에 대응하기 위한 사회정책적 방안 마련 시급	복지 수요 확대에 따라 평생교육의 필요성도 동반하여 증가, 평생교육 참여 기회 확대 자체가 복지라는 인식이 증가할 것으로 예측

출처: 김태준 등(2016)의 자료

응하기 위해 보다 체계적인 평생교육시스템 구축의 필요성을 제시하였다.

이처럼 과학기술의 발달과 인구구조의 변화, 그리고 사회 요구의 증대, 이에 따른 사회 제 영역에서의 다양한 질적인 변화는 평생교육이 처음 도입되었을 때와는 또 다른 차원에서의 필요성을 제기하고 있다(〈표 1-2〉 참조). 다양한 영역에서 사회환경이 변하고 이에 부합하는 평생교육이 필요하게 된 것이다.

이처럼 사회환경은 새로운 기술의 발달, 사회 변동과 직업의 변화, 소득불평등 심화, 인구구조의 변화와 고령화, 이민자 증가와 사회통합, 그리고 복지 수요의 증대 등의 관점에서 변화하고 있다. 이에 따라 평생교육은 변화하는 기술을 지속적으로 습득하여 활용할 수 있도록 하고 수시로 변화하는 직업세계에 대응할 수 있도록 해야 한다. 뿐만 아니라 학습기회와 학습비용 차원에서 양극화를 해결해야 할 것이며, 고령인구를 대상으로 능력 및 자기개발을 통하여 지속적으로 일할 수 있는 기회도 만들어 주어야 한다. 또한 다문화가정 등 이민자들의 증가에 따라 이들을 위한 체계적인 우리 사회 적응교육을 시킴으로써 사회통합도 추진해야 한다. 궁극적으로 평생교육을 통하여 복지국가로서 한 발 다가설 수 있고 구성원 모두가 평생교육이라는 복지의 혜택을 받을 수 있도록 해야 한다.

3) 평생교육경영의 등장과 개념

UNESCO는 평생교육학 탄생의 사상적 토대를 제공한 국제기구로서 그동안 UNESCO의 철학과 교육이념은 평생교육 이론과 사업 형성에 적지 않은 영향을 미쳐 온 것이 사실이다. 현재 UNESCO사무국에서 평생교육 부서를 따로 설립하거나 명명하지 않는 것도 이미 UNESCO의 교육은 모두를 위한, 언제 어디서나, 누구나 성별, 인종, 국적, 나이, 종교에 차별 없이 공평하게 교육을 받아야 한다는 이념적 태제를 깔고 있기 때문에 UNESCO의 많은 사업은 평생교육의 관점을 잉태하고 있다(김진희 외, 2015).

UNESCO의 평생교육정책과 사업의 단위가 단순히 성인 문해, 비형식교육에 국한된 것이 아니라, 평생교육을 활성화하기 위한 정책과 거버넌스, 재원과 질 관리를 포괄적으로 다루는 것을 알 수 있다. 아울러 이것은 평생교육이 요람에서 무덤까지 다양한 형태로 이루어지는 자기실현, 직업 및 고용 역량 제고, 시민 참여, 사회 통합의 폭넓은 주제를 다루고 있는 것을 알 수 있다. 2016년 9월에 발간한 GRAALE Ⅲ을 통하여 UNESCO의 정책방향을 살펴볼 수 있다.

표 1-3 UNESCO의 평생교육 5가지 주제

영역	정책적 권고사항
정책 (adult education policy)	정책영역이란 모든 형태의 학습을 포함하는 개념으로서, 정치, 경제, 사회, 문화, 기술, 환경 등에 상관없이 포괄적으로 적용되는 방안을 의미한다. 또한 학습을 하고자 하는 의지가 있는 성인이나, 학습이 이루어져야 하는 성인들을 대상으로 차별 없는 기회가 제공되도록 하는 모든 수단을 의미한다. 또한 어떤 종류의 학제나 경제발전, 인적자원개발, 노동, 건강, 환경, 문화 등의 정책과 연관되어야 가치가 있는 방안들을 검토해야 한다.
이행 (governance structure and processes)	이행영역의 경우, 성인학습자들의 교육을 지원하고, 국가적인 시스템에서 각종 규정과 법률을 다루는 부분을 포함한다. 아울러 지역적, 국가적, 국제적인 수준에서 평생교육 이해관계자들과의 파트너십을 구축하여 글로벌 평생교육이 활성화되도록 해야 한다.
재정 (financing)	재정영역에서 글로벌 평생교육이 활성화되도록, 개별 국가의 평생교육기관, 국제기구, 전 세계의 정부부처 등이 적절한 메커니즘에 따라 성인학습자들의 학습참여를 확대하고 유도하기 위한 경제적인 지원과 자원 배분을 효율적으로 추진할 필요가 있다
참여 (participation and provision)	참여영역에서는 모든 성인학습자들이 형평성에 기초하여 자발적인 참여가 보장되도록 하는 방안을 강구해야 한다. 개별 국가의 사회적, 문화적, 언어적, 경제적, 교육적 배경이 다른 성인학습자들에게 학습의 기회를 제공함으로써, 어떠한 성인학습자도 차별적으로 평생교육에서 배제되지 않도록 해야 한다.
질관리 (ensuring quality)	질관리 영역에서는 글로벌 평생교육 프로그램의 정기적인 모니터링과 평가를 통해 효과적인 정책을 마련할 필요가 있다. 적합한 기준과 체계적인 자료를 바탕으로, 평생교육의 질을 관리할 수 있는 메커니즘을 구축하고, 모니터링과 평가를 통해 질을 지속적으로 유지할 필요가 있다.

출처: UNESCO(2009)의 자료 재구성

UNESCO의 평생교육 5가지 주제를 살펴보면 평생교육학의 이론적 접근을 뛰어넘어 정책, 이행, 재정, 참여, 질관리와 같이 보다 거시적이고 경영적인 관점에서 평생교육을 접근해야 한다는 사실을 알 수 있다.

평생교육경영이란 좁은 의미로는 평생교육기관에 대한 경영이라고 볼 수 있다. 하지만 오늘날 평생교육의 중요성을 생각해 볼 때 단순히 평생교육기관의 경영이라기보다는 좀 더 넓은 의미로 생각해야 할 것이다. UNESCO의 관점처럼 평생교육 관련 전반적인 정책에서부터 이에 대한 이행, 재정적인 투입과 구성원의 참여, 그리고 종합적인 질관리에 이르기까지를 모두 포함해야 한다.

예를 들어 김용현 등(2018)에서 언급한 것처럼, 평생교육을 좀 더 넓은 의미로 경영의 관점에서 본다는 것은 사회의 모든 구성원이 생애의 어느 단계, 어떤 상황에서나 자신이 추구하고자 하는 학습을 지원 · 촉진할 수 있도록 교육활동을 체계적으로 운영함으로써 궁극적으로 개인 및 공동체의 삶의 질을 향상시키는 데 기여하고자 하는 조직화된 노력까지 포함해야 하는 것으로 볼 수 있다. 이처럼 평생교육경영은 두 가지 의미로 생각해 볼 수 있다. 이를 미시적인 관점과 거시적인 관점으로 구분하여 설명한다. 미시적인 관점에서는 평생교육의 역할과 활동을 담당하는 기관이나 조직에 대한 운영을 의미한다. 반면 거시적인 관점에서 평생교육경영은 평생교육 발전을 위한 사회적 여건 및 지원체제에 대한 경영을 뜻하는 것으로 사실상 사회적 수준에서의 평생교육경영을 의미한다. 사회적 수준에서의 평생교육경영은 사회를 구성하는 주요 영역인 국가, 시장, 시민사회, 공동체, 개인 등에 존재하는 다양한 형태의 평생교육조직에 대해서 어떠한 통제적 혹은 촉진적 관점을 가지고 관리하거나 지원함으로써 사회구성원 일반의 평생학습적 요구를 충족시키고 선도해 나가는 것을 말한다. 이렇듯, 미시적 관점에서의 평생교육경영은 단위기관 수준에서의 경영 관점이라면 거시적 관점에서의 평생교육경영은 범국가적 차원에서의 정책적 혹은 행정적 수준에서의 경영 관점을 의미이다.

요 약 및 시사점

본 장은 평생학습사회와 평생교육경영의 기본을 알아보는 장이다. 산업혁명과 사회의 변화 및 제4차 산업혁명과 시대의 특징에 따라 교육패러다임이 자연스럽게 변화하고 이로 인하여 교육에서 평생교육의 개념이 등장하는 과정과 그 속에서 평생교육경영의 개념을 살펴보았다.

4차 산업혁명은 인공지능, 로봇공학, 사물인터넷, 무인 운송 수단, 3차원 인쇄, 나노 기술과 같은 분야에서 새로운 기술 혁신이 일어난 것으로 그 어느 산업혁명보다 급격한 속도와 광범위한 분야에게 우리 삶에 영향을 끼치면 사회를 변화시키고 있다. 이러한 변화와 더불어 교육체제 또한 변화되는 양상을 보이고 있다.

미래교육의 전망으로 비형식교육의 비중이 확대될 것이라고 말하는 학자들도 있다. 예를 들어, 가르치는 사람과 배우는 사람이 학교와 같은 공식적 장소에서 잘 짜인 교육체계로 진행하는 교육을 형식교육(Formal Education)이라고 하고, '비형식교육(Informal Education)'은 의도성, 체계성, 지속성이 결여되거나 매우 약하며 학교교육 이외의 다양한 형태로 이루어지는 교육을 말하며 학교 밖 교육이라고도 한다. 이렇듯 미래에는 지금까지 우리가 알고 있는 학교라는 울타리 내에서만 교육이 이루어지는 것이 아니라 학교 밖에서도 많은 교육이 이루어지며, 급변하는 시대와 사회 속에서 이는 반드시 필요하다는 것이다.

사실 이러한 변화를 이끄는 것은 의료기술과 생활수준 개선으로 인간 수명의 연장과 저출산, 핵가족화에 동반한 고령화사회의 급격한 진행이다. 고령화사회에 늘어나는 중고령자에게 그들의 생애주기별, 사회계층별 학습 수요를 충족하여 제2 인생 설계를 위한 학습 지원을 다각적으로 구성하여 지원하는 것이 필요한 시대가 된 것이다. 우리나라 또한 고령사회를 넘어 초고령사회로 변화하고 있다. 이러한 변화의 속도는 다른 나라에 비해서 급격하게 진행되고 있으며 초고령사회의 도달도 얼마남지 않았다. 이처럼 세계적인 고령화 추세 속에서, 경제와 사회문제를 해결하기 위한 다양한 방안들이 제시되고 있는데, 대표적인 방법 중에 하나가 평생학습을 강화할 수 있는 정책 마련이다.

또한 사회환경은 새로운 기술의 발달, 사회변동과 직업의 변화, 소득불평등의 심화, 인구구조의 변화와 고령화, 이민자 증가와 사회통합, 그리고 복지 수요의 확대 등의 관점에서 변화하고 있다. 이에 따라 평생교육은 변화하는 기술을 지속적으로 습득하여 활용할 수 있도록 하고 수시로 변화하는 직업세계에 대응할 수 있도록 해야 한다.

이러한 시대에 UNESCO는 평생교육학 탄생의 사상적 토대를 제공한 국제기구로서 그동안 UNESCO의 철학과 교육이념은 평생교육이론과 사업 형성에 적지 않은 영향을 미쳐온 것이 사실이다. 최근 들어 UNESCO의 평생교육 5가지 주제를 살펴보면 평생교육학의 이론적 접근을 뛰어넘어 정책, 이행, 재정, 참여, 질관리와 같이 보다 거시적이고 경영적인 관점에서 평생교육을 운영해야 한다는 사실을 알 수 있다. UNESCO의 관점처럼 평생교육의 전반적인 정책에서부터 이에 대한 이행, 그리고 재정적인 투입과 구성원의 참여, 그리고 종합적인 질관리에 이르기까지를 모두 포함해야 한다.

이에 평생교육에 있어서도 경영이라는 개념이 도입되어 평생교육과 평생교육을 담당하는 기관에 대해서 경영이라는 관점에서 관심을 가질 필요성이 대두된 것이다. 평생교육경영이란 좁은 의미로는 평생교육기관에 대한 경영이라고 볼 수 있다. 넓은 의미로는 사회의 모든 구성원이 생애의 어느 단계, 어떤 상황에서나 자신이 추구하고자 하는 학습을 지원 · 촉진할 수 있도록 교육활동을 체계적으로 운영함으로써 궁극적으로 개인 및 공동체의 삶의 질을 향상시키는 데 기여하고자 하는 조직화된 노력으로 볼 수 있다. 이렇듯, 미시적 관점에서의 평생교육경영은 단위기관 수준에서의 경영과 거시적 관점에서의 평생교육경영은 범국가적 차원에서의 정책적 혹은 행정적 수준에서의 경영으로 보고 이 둘 다 고려해야 할 필요가 있다.

연 습 문 제

1. 미래사회의 모습을 상상해 보고, 미래사회를 살아가기 위해서는 어떤 역량이 필요한지 정리해 보자. 그리고 그 역량을 키우기 위해서 어떻게 교육하는 것이 좋은지 각자 작성 후, 이에 대해서 동료들과 논의해 보자.

미래사회의 모습 (그림, 혹은 키워드로 표시)	
미래사회에 필요한 역량	역량을 키우기 위한 교육의 모습, 혹은 방향
역량 ① :	
역량 ② :	
역량 ③ :	
역량 ④ :	
역량 ⑤ :	
역량 ⑥ :	
역량 ⑦ :	

2. 각 산업혁명 단계에서의 가장 큰 특징과 그 단계에서 필요로 했던 교육의 모습을 생각해 보자. 특히 제4차 산업혁명의 특징을 분석해 보고 이 시대에 특히 평생교육이 필요한 이유에 대해서 동료들과 논의해 보자.

3. 오늘날 평생교육에서 '경영'의 개념을 도입하게 된 배경과 평생교육경영이 내포하고 있는 의미를 동료들과 논의해 보자.

참고문헌

권대봉, 노경란, 변정현(2008). **중고령자의 고용과 평생학습**. 서울: 원미사

권정민(2017). **4차 산업혁명시대 교육의 방향**. 한국정보화진흥원.

김미령, 김주현, 김정근, 양흥권, 이현기, 이기영 외(2015). **베이비붐 세대의 노후준비와 삶의 질**. 서울: 학지사.

김용현, 성낙돈, 윤여각, 이상오, 정기수, 강무섭, 송병국, 양병찬, 김진한, 김노마, 이정희, 심의보, 하광호, 정찬남(2018). **평생교육경영론**. 파주: 양서원.

김주영, 조진환(2012). 제조업 인력 고령화와 정년연장. Issue paper. 2012-291. 산업연구원.

김진희, 최정윤, 류은진, 박환보, 안해정, 서기준(2015). Post-2015 글로벌 교육의제 동향 분석. 서울: 한국교육개발원.

김태준, 강구섭, 김진희, 홍영란, 안현용, 이영민, 이은경, 장지은(2016). 21세기 글로벌 교육개혁 동향분석 연구(Ⅳ): 고령사회 대응을 위한 평생교육체제 구축. 연구보고 RR2016-21. 서울: 한국교육개발원.

박영숙, 제롬 글렌, 테드 고든, 엘리자베스 플로레스큐(2013). 유엔미래보고서 2040. 서울: 교보문고.

송창용, 박보경(2011). 고령화 시대의 이슈와 정책 과제. HRD review, 14-16.

오혁진(2002). 평생교육경영학의 지향점과 연구과제. **평생교육학연구**, 18(1), 153-176.

임진혁, 강대중, 류청산, 고영상, 임현민, 최선주(2016). 지능정보사회를 대비한 평생교육 미래발전 전략 구상. 서울: 국가평생교육진흥원.

에릭 브린욜프슨, 앤드류 맥아피 지음, 이한음 옮김(2014). **제2의 기계시대**. 서울: 청림출판.

클라우스 슈밥 지음, 송경진 옮김(2016). **클라우스 슈밥의 제4차 산업혁명**. 서울: 새로운 현재.

최손환(2017). 4차 산업혁명 시대와 대학의 인문교육 방향. 대구한의대학교 국제학술대회 발표원고.

최손환(2019). 평생교육과 대학의 역할변화. 대구한의대학교 한일국제학술대회 발표원고.

Frey, Carl Benedikt., & Osborne, Michael A.(2013). The Future of Employment: How Susceptible Are Jobs to Computerisation?. Working Paper, Oxford Martin Programme on Technology and Employment. Oxford, UK: University of Oxford.

Jarvis, P.(2004). *Adult education and lifelong learning: Theory and practice*(3rd ed.), Oxon, UK: Routledge Falmer.

위키백과 사전(http://ko.wikipia.org)

World Economic Forum

Chapter 02

우리나라 평생교육정책

사물인터넷(IoT), 사이버 물리시스템, 빅데이터, 인공지능(AI) 등 신기술이 이끄는 4차 산업혁명은 기존의 생산방식과 산업구조뿐만 아니라, 인류의 생활양식 전반에 걸쳐 큰 변혁을 초래할 것으로 예상된다. 특히 노동시장과 일자리는 개인의 삶과 관련이 있는 영역으로, 4차 산업혁명에 따른 이들의 변화가 사회의 주요 현안으로 부각됨에 따라 이에 대한 정부와 개인의 관심이 높아지고 있다. 기술 진보로 인해 일자리 수의 감소뿐만 아니라 직업의 다양화와 일하는 방식의 변화가 급격하게 이루어짐으로 인해 평생교육의 중요성과 필요성이 증대되고 있는 시점이다. 이러한 상황에서 그간의 평생교육정책 변화를 통해 미래 평생교육의 정책을 예측해 볼 수 있을 것이며, 관련 법령들을 통해 평생교육정책의 지향점을 파악해 볼 수 있을 것이다. 우리나라 평생교육정책을 살펴보기 위해 먼저 지금까지의 평생교육정책 변화과정을 정리해 보고, 그 이후 평생교육정책을 뒷받침하는 평생교육 관련 법령의 변화를 통해 정책의 지향점을 살펴보고, 제4차 평생교육진흥 기본계획을 통해 정부가 지향하는 교육가치나 방향을 살펴보고자 한다. 더불어 간략하게나마 해외 정책 동향에 대해서 정리하고 현재 우리의 평생교육정책과 비교해 보는 기회가 될 것이며, 다양한 여러 평생교육정책 중 핵심을 이루고 있는 평생교육사제도, 평생학습계좌제, 학점은행제, 독학학위제도의 개념이나 현황 등을 살펴보면서 현장에서 정책들이 어떻게 자리잡고 있는지 검토해 보고자 한다.

1. 평생교육정책 추진 현황

우리나라는 중앙집권식의 평생교육 추진체계에서 지방 중심의 평생교육 추진체계로 변경 중이다. 그 일환으로 광역 시-도 평생교육진흥원 설치 및 운영, 평생학습관 및 평생학습센터의 설치 및 운영, 지역평생학습지원의 활용 강화 등 새로운 거버넌스의 구축이 이루어지고 있다. 또한 지방분권화는 지역 평생교육 활성화 정책과도 연동되어 있다(장경미, 2017).

지역 중심의 평생교육 추진체계 및 거버넌스와 함께 평생학습 결과 인정의 확대 및 고등교육의 평생교육 연계 등도 지난 20여 년 동안 추진해 온 정책방향이면서 또 새로운 방향을 찾고자 하는 영역이 되고 있다. 평생학습 결과 인정은 학점은행제, 독학학위제, 고등교육의 평생교육 연계는 평생학습중심대학 사업으로 구체화되고 있고, 현재는 MOOC 운영, 학습계좌제 활성화, 경험 및 무형식학습의 인정, 대학의 평생교육기관 전환을 위한 장벽 제거 등의 정책이 시도되고 있다. 이 외에도 다문화사회 및 고령화사회의 평생교육 요구 반영, 4차 산업혁명 시대의 평생교육의 역할, 시민교육의 활성화 등 다수의 정책과제가 놓여 있다(장경미, 2017).

평생교육법에서는 학습휴가제, 학습계좌제, 학점운행제, 독학학위제, 평생교육사 자격제도 등의 개별 제도에 대한 조항이 포함되어 있다. 평생교육법 상의 정책과 제도는 그 체제로 명확하다(장경미, 2017).

그러나 국가평생교육진흥원에서 제공하는 정책 범주는 정책이나 제도의 목적이나 특성에 따라 구분되는 특성을 보인다. 지역평생교육 활성화 사업이 있고 그 안에 시-도 평생교육진흥원, 평생학습도시, 평생학습센터에 대한 사업이 포함되는 형태이다(장경미, 2017; 국가평생교육진흥원, 2018). 지역평생교육 활성화는 평생교육 기본계획이나 평생교육진흥위원회 등에 명시적 정책이나 제도가 포함되지 않지만 일부 고등 평생교육 활성화를 위하여 평생교육 단과대학 및 중심대학 지원사업은 국가평생교육진흥원이 사업으로 제시하였고, 독학학위제는 독학에 의한 학위취득에 관한 법률에 규정하고 있다는 점은 특징적이다(장경미, 2017).

자세히 살펴보면 국가평생교육진흥원은 2008년 국가 차원의 국가평생교육진흥을 시행하는 기관으로 설립되었으며, 국가의 평생교육정책 실행을 통한 국민평생교육 활성화에 설립근거 및 목적을 두고 있다. 국민 전 생애 학습을 통해 국가의 포용적 혁신성장에 기여함을 미션으로 학습강국 대한민국의 미래를 열어가는 평생교육 전문기관으로서의 비전을 가지고 다양한 평생교육사업을 추진하고 있다. 국가평생교육진흥원은 ① 지역평생교육활성화, ② 매치업(Macth 業) 프로그램, ③ 평생교육 바우처 지원, ④ 대학의 평생교육체제 지원, ⑤ 평생교육사 자격제도 운영, ⑥ 국가평생학습포털 '늘배움', ⑦ 평생학습계좌제, ⑧ 학점은행제, ⑨ 독학학위제, ⑩ 한국형 온라인 공개강좌 K-Mooc, ⑪ 성인문해교육지원, ⑫ 검정고시 프로그램 운영지원, ⑬ 학부모 자녀교육 역량강화, ⑭ 다문화교육 활성화 지원, ⑮ 장애대학생 교육활동지원, ⑯ 학교협동조합 중앙지원센터 주요 16가지 사업을 수행하고 있다. 각 사업영역은 별도의 제도로서 독립적 지위를 인정받는 평생교육제도이다(교육부, 2017).

평생교육법과 국가평생교육진흥원의 사업범주를 비교하면, 평생교육 추진체계, 평생학습도시, 학습계좌제, 평생학습 결과 인정 및 관리, 평생교육사, 문해교육, 정보화(평생학습포털, K-MOOC, 평생교육통계)가 서로 중복되는 범주였다. 여기에 학습휴가제, 평생교육기본계획, 평생교육기관은 평생교육법에서 고등평생교육 활성화, 학부모교육, 다문화교육은 국가평생교육진흥원에서 차별적으로 제시한 사업과 정책이었다. 법은 구체적으로 조항을 명시해야 한다는 점에서 제도나 사업별로 법조항이 마련되어 있으나 국가평생교육진흥원은 지역평생교육이나 고등평생교육 등 몇 개의 제도나 사업을 묶어서 제시하고 있다는 점이 특징적이었다(장경미, 2017).

2. 평생교육 관련 주요 정책 변화과정

우리나라의 평생교육정책은 정권이 들어설 때마다 핵심적인 교육공약 사항으로서 새로운 패러다임을 가지고 한 사회의 정치적 · 사회적 체제를 유지하고 강화하려면 평생교육이 확충되어야 하기 때문에 평생교육은 다른 어느 교육정책보다도 정치, 사회, 경제와 더 깊은 관련성이 있다고 할 수 있다(권양이, 2018).

1) 국가적인 차원에서의 관심 이전 시기(헌법 명문화 이전 시기)

해방 이후 미군정과 전쟁을 겪으면서 1960년까지는 다양한 변화 속에서 법체계를 정비하거나 정책 도입 등 다양한 평생교육정책적 시도보다는 피폐하고 어려운 삶 속에 있는 국민들을 대상으로 계몽교육이나 문맹퇴치교육 위주로 교육을 실시할 수밖에 없었다. 국민들의 계몽을 위한 교육이나 문맹퇴치교육들이 향후 법적 체제의 토대로 작용할 수 있었다.

그 이후 교육법 제정 등 의무교육의 확대로 중학교의 증설, 일부 고등공민학교의 중학교 개편 등을 통해 공립화가 추진되면서 직업기술교육이 중시되기 시작했다. 또한 기술학교 및 고등기술학교 또한 법제화로 인해 급격한 발전을 이루었다. 대한민국 정부가 수립된 이후, 평생교육이라는 법적 개념하에 시행되지 않았다고 하더라도 학교와 학령기 학생이 아닌 비형식교육 차원의 학습을 지원하고 교육을 시행하기 위한 정책들은 존재해 왔다(권대봉, 2007).

1960년대 초반의 평생교육정책은 혼란스러운 정치환경으로 인해 특별한 형태의 교육정책으로 발전하는 데는 한계가 있었다. 1960년대 초반부터 1979년까지의 평생교육정책은 새마을교육으로 대표될 수 있다. 국가적 차원의 경제발전에 필요한 직업교육이 대단히 강조됨과 동시에 정부주도의 평생교육정책이 수립되는 기초단계였다고 할 수 있다. 직업교육과 과학기술교육, 지역사회 개발 관련 교육의 중요성을 인식하게 되어 지속적인 발전을 이루게 되었다. 그리고 여성의 복지증진을 확대하고 자립기반을 조성하기 위한 제반 교육운동이 조직적으로 전개되어 각 시 · 도에 여성회관이 집중적으로 설립 · 운영되었다. 1972년부터 본격화된 새마을운동과 함께 새마을교육운동도 전개되었으며 한국방송통신대학 설치령에 따라 방송통신교육체제가 확립되었다. 또한 산업체 부설의 중 · 고등학교와 야간 특별학급이 설치되고, 도서관 법제화 추진으로 도서관법이 제정되기도 하였다. 그 당시 교육당국도 경제발전과 성장을 위한 관주도의 비형식교육정책을 지향하면서 체제유지적 사회 안정과 통합을 위한 정책들을 중시하였으며(권대봉, 2007), 1980년대 초반에는 방송통신교육을 통한 평생교육의 기회를 확대하였다는 특징이 있다.

2) 평생교육의 법적 근거 정비 및 평생교육제도 마련 시기

1990년대까지 우리나라 평생교육은 헌법 개정 및 평생교육 관련 법률 제정 등 법적 근거 정비의 시기로 학점은행제 도입 등 고등교육기회 확대 차원의 학력보완제도 마련에 중점을 두는 형태로 정책을 추진해 왔다.

1982년 '사회교육법'을 제정하여 최초의 평생교육(사회교육) 법적 근거를 마련하였으며, 1988년에는 '헌법' 개정을 통해 평생교육에 대한 국가 책무를 마련하였다(헌법 제31조 제5항 국가는 평생교육을 진흥하여야 한다. 제6항 학교교육 및 평생교육을 포함한 교육제도와 그 운영, 교육재정 및 교원의 지위에 관한 기본적인 사항은 법률로 정한다). 1990년에는 고등교육기관에서 교육과정을 이수하지 않고 독학으로 학습한 경우, 시험을 통해 관련 학위를 인정하는 「독학에 의한 학위취득에 관한 법률」을 제정하여 독학학위제도를 시행하였다. 한편 1995년에는 5.31 교육개혁 방안으로 통칭되는 신교육체제 수립을 위한 교육개혁 방안을 마련하기도 하였다.

표 2-1 교육개혁 방안 내 평생교육 주요 내용

기본방향	열린교육사회, 평생학습 기반 구축
주요 내용	학점은행제 도입, 시간제 등록제 실시, 학교 평생교육 기능 확대, 여성·노인 재교육 기회 확대, 원격교육지원체제 구축, 국가멀티미디어교육지원센터 설립, 대학 간·고교 간 전·편입학 확대 등

출처: 교육부(2018)

1997년부터 1998년까지는 교육개혁 방안 실천을 위해 평가인정을 받은 학습과정을 이수한 경우, 학점을 인정하여 전문학사·학사학위를 취득할 수 있도록 지원하는 「학점인정 등에 관한 법률」을 제정하여 학점은행제도를 시행하였다.

3) 중장기 계획 마련 및 지역 평생교육 강화 시기

2000년대 들어서면서부터 평생교육정책은 중장기적인 계획 수립과 추진체계 정비에 초점을 맞추기 시작하였다. 5년 단위 중장기 종합계획을 최초로 마련하였으며, 평

생교육도시 및 국가평생교육진흥원 등을 설립하는 등 평생교육 추진체계 정비와 더불어 문해교육, 방송통신고등학교 등 소외계층에 대한 평생교육 지원체계를 구축하기 시작하였다.

2000년 「사회교육법」을 「평생교육법」으로 전면 개정하면서 2002년에는 평생학습도시(시·군·구)를 최초로 지정하였다('18년 7월 기준 226개 시·군·구를 평생학습도시로 지정 운영하고 있다). 또한 교육인적자원부는 제1차 평생학습진흥종합계획을 마련하여 중장기 계획에 의거한 평생교육정책을 시행하기 시작하였다.

표 2-2 제1차 평생학습진흥종합계획('03~'07)

주요 내용	① (평생학습 지역화) 평생학습마을 및 도시 조성, 평생학습축제 개최 ② (사회통합 증진) 학력인정평생교육시설 및 방송고 지원, 여성 평생교육 진흥 및 국민 문해교육 전개 ③ (지식기반사회 부응) 학점은행제 내실화, 원격대학 확대, 교육계좌제 도입 ④ (직업교육 확대) 사내대학 설치 활성화, 기술계 학원 육성 ⑤ (평생학습기반 구축) 평생교육담당자 전문성 제고, 평생교육 전담 지원기구 설치

출처: 교육부(2018)

2008년에는 「평생교육법」 개정을 통해 국가평생교육진흥원을 설립하고 「평생교육 교육법」에 근거하여 제2차 평생교육진흥기본계획을 수립하였다.

표 2-3 제2차 평생교육진흥기본계획('08~'12)

주요 내용	① (생애단계별 창조적 학습자 육성) 평생학습중심대학사업 신설, 성인 후기 평생학습 구체화, 재직자 교육접근성 증진을 위한 학원 활용 등 ② (평생학습 관련기관 참여 및 연계) 저소득층, 장애인 등 소외계층 평생학습 기회 확대, 다문화 등 소외계층 평생학습 안전망 구축, 풀뿌리 민주시민교육 지원 등 ③ (평생학습 인프라 구축) 평생교육 전담인력 전문성 확보, 평생학습도시 확산 및 내실화, 국가자격체제와 학습계좌제 연계 등

출처: 교육부(2018)

4) 평생교육의 추진체계 완성 및 대학중심 평생교육 활성화 시기

2010년 이후부터는 시·도진흥원, 평생학습센터 등 평생교육의 추진체계를 새롭게 다지는 시기로 대학을 양질의 평생교육을 제공하는 지역평생학습기관으로 육성함과 동시에 IT기술을 활용한 온라인 평생교육을 강화하는 정책의 시기라고 할 수 있다. 2013년에는 제3차 평생교육진흥기본계획을 수립하였고, 2014년부터는 평생학습센터 구축사업을 개시하여 '18년 7월 기준으로 전국 226개 시 · 군 · 구에 설치되어 있다. 또한, 2011년부터 2015년까지는 17개 시 · 도평생교육진흥원 설립을 완료하였으며, 17개 시 · 도 다모아 평생교육정보망도 구축 · 완료하였다. 2016년에는 평생교육 단과대학 지원사업을 신설하여 성인학습자를 전담 지원하는 '단과대학' 운영 9개교를 선정하였다. 2017년에는 평생교육 단과대학 지원사업과 평생학습 중심대학 지원사업을 '대학의 평생교육체제 지원사업'으로 통합 개편하였다.

표 2-4 제3차 평생교육진흥기본계획('13~'17)

주요 내용	① (대학중심평생교육체제) 성인학습자를 위한 대학체제 전환, 지역대학 평생교육 활성화, NCS기반 학습 · 자격 연계 강화 ② (온 · 오프라인 평생학습 통합지원체제 구축) 온라인 평생학습지원체제 구축, 기초-광역 지자체 평생교육 추진체제 강화 등 ③ (사회통합을 위한 맞춤형 평생학습 지원) 세대별 · 대상별 맞춤형 평생학습 지원, 사각지대 없는 소외계층 평생학습 지원, 경력단절 극복 지원 등 ④ (지역사회 학습역량 강화) 학교와 지역을 연계한 평생학습 강화, 지역주민의 인문역량 · 시민역량 강화, 지역 학습공동체 확산 지원

출처: 교육부(2018)

2017년 이후부터의 평생교육정책은 4차 산업혁명으로 인한 기술 혁신에 따라 새로운 직무능력 습득, 빠른 업무환경 적응이 필요하게 되었다. 특히, 변화의 속도가 매우 빠른 만큼 새로운 직무능력을 원하는 시기에 습득할 수 있는 유연한 평생학습체제가 요구되고 있다. 또한, 성인인구 증가에 따라 평생교육에 대한 양적 수요가 확대되고 있다. 이에 중앙정부와 지자체가 연계하여 인적자원의 질적 고도화를 뒷받침할 필요가 있다. 제4차 평생교육진흥기본계획에는 새 정부가 추구하는 국정 비전, 과제, 전략과 새 정부가 추구하는 협치 연정, 네트워크, 통합, 파트너십, 균형 반영 실현을 위한 평생교육 로드맵 구축을 제시하였으며, 교육 공약은 더불어 성장으로 함께하는 대한민국-민생 · 복지 · 교육 강국 대한민국-교육의 국가책임 강화에 집중되어 있다. 국정

5개년 계획을 기준으로 살펴본 평생교육 관련 사업은 교육부에서만 주축이 되어 이루어지는 것이 아니라 고용노동부, 보건복지부, 여성가족부, 문화체육관광부, 농림축산식품부, 국방부, 통일부 등 다양한 부처에서 평생교육의 지향성을 지닌 정책들이 산재되어 있다. 4차 산업혁명으로 대표되는 지능정보사회에서 노정되는 양극화를 극복하는 사회적 포용사회, 평생교육 차원에서 민첩하게 대처하는 책임지는 리더십 확보, 시민이 사회의 주축인 시민사회, 사회적 정의를 추구하는 공정사회를 지향하고 있으며 개인 책임의 중요성을 인정하면서 다양한 기관들과 이해관계자, 새로운 학습공학을 최대한 지지하는 협치 모델로서 기본계획 수립 단계에서부터 시행과 평가에 이르기까지 국가 · 광역 · 기초 수준의 행정라인, 집행라인, 심의라인이 참여하는 참여기획 형태로 추진하고자 한다. 제4차 평생교육진흥기본계획에 대해서는 3장에서 좀 더 상세히 살펴보고자 한다.

〈표 2-5〉의 평생교육법의 주요 개정 내용을 통해 지난 36년간의 평생교육법 변화 추이와 더불어 정책의 변화내용을 한눈에 확인할 수 있다.

표 2-5 평생교육법의 주요 개정

시기	1982~1998 제정 및 3회 개정	1999~2007.10. 3회 개정	2007.12~현재 12회 개정
특징	사회교육법 제정	평생교육법으로 전부 개정	평생교육진흥원 설립 전부 개정, 학습계좌제 운영, 국가평생교육진흥원, 문해교육, 국가문해교육센터, 발달장애인, 평생교육센터 설립
주요 제정 개정 사유 및 주요 내용	헌법 제29조에서는 평생교육의 진흥을 국가의 임무로 규정하고 있으므로 이러한 헌법정신에 따라 사회교육을 제도화하고, 모든 국민에게 평생을 통한 사회교육의 기회를 부여하여 국민의 자질을 향상하게 함으로써 정의로운 민주복지사회의 건설	헌법 및 교육기본법의 규정에 따라 종전의 사회교육법의 제명을 평생교육법으로 변경하고, 사내대학 · 원격대학 등 학교교육과 동일한 학력이 인정되는 새로운 형태의 평생교육시설을 설치 · 운영할 수 있도록 하려는 것임.	평생교육의 활성화를 위하여 국가와 광역 · 기초자치단체 단위의 추진체제를 정비하고, 평생교육의 총괄적인 집행기구로서 한국교육개발원의 평생교육센터 · 학점은행센터, 한국방송통신대학교의 독학학위검정원 3개의 기관을 통합하여 「평생교육진흥원」을 설립하려는 것임.

	과 문화창달에 기여하려는 것임.		문자해득교육의 개념을 단순한 문자해득능력을 넘어 모든 일상생활을 영위하는 데 필요한 기초생활능력을 갖추도록 하는 교육으로 확장 문자해득교육의 진흥을 위해서는 조직적 지원체계의 구축 및 시설지원을 위한 조치가 필요하다는 측면에서 지원체계를 마련 국가와 지방자치단체가 장애인 평생교육에 대한 정책을 수립·시행하도록 하고, 국가장애인평생교육진흥센터를 두도록 하는 등 장애인에 대한 평생교육을 체계적으로 지원
내용	[1982.12.31., 제정] 사회교육법 [1990.12.27., 타법개정] 사회교육법 문교부를 교육부로 변경 [1995.8.4., 타법개정] 사설강습소를 학원 등으로 변경 [1997.12.13., 타법개정] 직할시를 광역시로 변경	[1999.8.31., 전부개정] 평생교육법 [2001.1.29., 타법개정] 교육부를 교육인적자원부로 변경 [2007.10.17., 일부개정] 평생교육시설을 국공립학교의 교원과 같이 운영할 수 있도록 하며 재산관리 및 회계는 사립학교와 동일한 기준으로 적용	[2007.12.14., 전부개정] 평생교육진흥원 설립 [2008.2.29., 타법개정] 교육인적자원부를 교육과학기술부로 변경 [2009.5.8., 일부개정] 학습계좌제 운영, 평생교육사의 자격증 자격 확대 [2011.7.25., 일부개정] 학교교과학습학원은 원격교육방식으로 교육하더라도 평생교육법의 적용을 받지 않도록 함 [2013.3.23., 타법개정] 교육과학기술부를 교육부로 변경 [2013.5.22., 일부개정] 평생교육진흥원을 평생교육사 양성기관으로 함 [2013.12.30., 일부개정] 국가평생교육진흥원 설립을 통한 집행기구 정비

			[2014.1.28., 일부개정] 문자해득교육에서 문해교육의 개념 정의 변경 [2015.3.27., 일부개정] 부당예산집행의 환수근거 명시, 학교형태의 평생교육시설을 법상 학교에 준하여 지원 [2015.3.27., 타법개정] 문화재보호법을 무형문화재 보전 및 진흥에 관한 법률로 변경 [2016.2.3., 일부개정] 국가문해교육센터 설립 [2016.5.29., 일부개정] 국가장애인평생교육진흥센터 설립 [2018.12.18., 일부개정] 사내대학 및 원격대학의 평생교육시설 신고 등의 처리절차 신설

출처: 이희수 평생교육포럼(2017)

3. 제4차 평생교육진흥기본계획(2018~2022)을 통해 살펴본 평생교육정책

1) 기본 방향

개인과 사회가 함께 성장하는 지속가능한 평생학습사회 실현이라는 비전을 가지고 4대 추진전략과 18대 추진과제를 가지고 정책을 추진한다.

2) 추진 전략

(1) (People) 학습자(사람) 중심으로의 패러다임 전환

과거에는 프로그램 공급자와 수요자의 명확한 분리라든지, 학습자의 수동적 학습에서 벗어나 향후에는 학습자 교육수요가 다양화되었고, 학습과정 설계나 결과 활용 및 지식 창출에 학습자가 과거에 비해 폭넓게 참여하고 있고 평생학습 정책 패러다임을 평생교육 프로그램 중심에서 사람(학습자) 중심으로 전환하고자 하는 방향으로 추진하고 있다.

(2) (Participation) 지속적이고 자발적인 참여 확대

과거에는 학습자들이 자발적 동기 부족으로 일회성 학습이 다수였고, 학습자 참여의 지속성이 부족한 상황에서 향후에는 관심 있는 분야에서 내적 동기를 가지고 스스로 학습계획을 수립하여 장기간에 체계적 학습을 실시하는 방향으로 추진하고 학습의 지속성, 자발성 등을 함양하기 위한 정책수단을 마련하는 방향으로 추진하고 있다.

(3) (Prosperity) 개인과 사회의 동반 번영 지원

과거에는 평생교육을 여가선용, 노후생활 및 복지 관점에서 접근하였다면, 향후에는 개인의 사회변화 대응, 역량개발 수단으로 평생학습을 활용하여, 양질의 인적자원 축적, 지속가능한 성장토대를 마련하는 인적자본 투자 관점으로 정책전략을 접근하고 있다.

(4) (Partnership) 기관 및 제도 간 연계 · 협력 강화

과거에는 평생교육기관별 독립적 프로그램 운영과 기관 및 제도 간 장벽이 존재했다면, 향후에는 중앙-지방 간, 지자체 간, 기관 간 유기적 협력을 통해 학습자의 수요에 대응하고 학습결과(학위, 학점)-자격 간 상호 연계를 위한 제도 정비의 방향으로 계획하고 있다. 기관 간 네트워크 구축이나 제도 간 연계를 전제로 정책을 설계하고 추진하고 있다.

3) 주요 추진과제

(1) 국민 누구나 누리는 평생학습

① 전 국민 평생학습권 보장

시간적 · 경제적 제한 완화로 평생학습권 실질적 보장, 학습능력 진단 및 진로설계 컨설팅을 제공하여 수준과 적성에 맞는 학습참여를 유도하고 고령자, 고졸취업자, 다문화가족, 경력단절여성 등 학습자 여건을 고려한 맞춤형 학습지원을 첫 번째 과제로 선정하였다.

② 소외계층을 위한 평생학습사다리 마련

희망하는 모든 국민에 양질의 생활 · 문해교육을 지원하고 방송통신중 · 고등학교를 통한 수준 높은 학력보완교육을 제공함과 동시에 장애인, 저소득층 등 소외계층이 학습을 통해 자립할 수 있도록 실질적인 평생교육 기회 확대를 두 번째 과제로 선정하였다.

(2) 일자리와 함께 언제나 누리는 평생학습

① 온라인 평생교육 생태계 구축

4차 산업혁명으로 대변되는 미래사회 변화에 대비하여 4차 산업혁명 관련 콘텐츠를 개발 · 제공하고, 직업교육 MOOC를 새롭게 추가하여 온-오프라인 융합교육을 활성화하고, 대학뿐만 아니라, 정부 · 공공기관 및 민간의 양질의 콘텐츠를 발굴하여 탑재하는 등으로 온라인 평생교육의 생태계를 조성하는 데 기여하는 것을 첫 번째 과제로 선정하였다.

② 산업맞춤형 평생교육 확대

매치업(Match業, 산업맞춤 단기직무인증과정)의 시범운영 및 활성화를 통해 기업 참여형의 직업교육 혁신 모델로 자리매김토록 하고, 전 생애에 걸친 직업교육 역량강화 지원이나 범부처 협업체계 구축 등을 위한 직업교육 마스터플랜을 마련하고 차질 없이 추진하는 것을 두 번째 과제로 선정하였다.

③ 대학의 평생교육 기능 강화

대학의 평생교육 기능 강화를 위한 제도 개선을 지속적으로 추진하고, 성인학습자의 특성을 고려한 특화교육과정을 지속적으로 발굴하고 육성하며, 전문대학을 지역사회의 산업인재를 육성하는 지역의 직업교육 거점기관으로 역량을 강화하는 것을 세 번째 과제로 선정하였다.

(3) 지역 어디서나 누리는 양질의 평생학습

① 지역 단위 풀뿌리 평생학습 역량 강화

평생학습도시에 대한 성과평가제도를 도입하여 특성화를 지원하고, 지역단위 평생학습센터 설치를 확대 추진하고 지역 시설 활용 등 주민의 접근성을 제고하는 방향을 추진하는 동시에 시 · 도 평생교육진흥원 및 평생교육위원회의 역할을 강화하고 평생교육사 양성 및 연수체제 개편을 통하여 전문성을 함양하는 방향으로 지원하는 것을 첫 번째 과제로 선정하였다.

② 평생학습 기반 지역사회 미래가치 창출 지원

지역의 대학(원)과 연계하여 시민역량의 육성을 지원하고, 평생학습도시와 인문도시를 연계하여 지역 단위 인문역량을 강화하고, 지역의 자발적 학습모임들을 활성화하여 '지식창출–활용–환류'로 이어지는 지식 생태계를 구축하고, 창업 등 일자리 연계로 이어지도록 하는 것을 두 번째 과제로 선정하였다.

(4) 기반이 튼튼한 평생학습

① 평생교육 관련 법령 및 제도 개선

변화하는 시대 요구에 맞춘 평생교육법 개정, 평생교육 통계조사(평생학습실태조사, 평생교육기관조사) 방법의 개선과 평생교육정책 추진을 위한 중앙–시 · 도 간, 지자체 간 협력을 강화하는 방향으로 대 · 외적으로는 국제기구와 협력관계를 강화함과 동시에 특수 외국어교육의 접근성을 제고하는 방향으로 지원하는 것을 첫 번째 과제로 선정하였다.

② **평생교육 투자 확대 및 체계적 관리**

중앙-지방 간 균형적 분담 등을 통해 평생교육과 관련한 투자가 확대되도록 추진하고 평생교육 확대에 따라 평생교육정책 및 재원 현황 등을 파악하기 위한 국가 차원의 시스템을 구축하는 것을 두 번째 과제로 선정하였다.

표 2-6 주요 추진과제

대과제	중과제		소과제
1. 국민 누구나 누리는 평생학습	전 국민 평생학습권 보장	성인의 자발적 평생학습 지원	유급학습휴가훈련 지원, 인생전환기 성인의 평생교육 컨설팅 지원 등
		학습자 여건에 맞는 맞춤형 학습	고령자, 고졸취업자, 다문화 가족, 경력단절여성 등 맞춤형 프로그램
	소외계층을 위한 평생학습사다리 마련	문해·학력보완 기회 확대	생활 문해교과서 개선·보급, 각 학업중단계층에 적합한 유연한 교육과정 운영
		소외계층의 실질적 평생학습기회 확대	평생교육바우처 지원, 장애인 맞춤형 평생학습 지원(프로그램 개발, 시설 설립 등)
2. 일자리와 함께 언제나 누리는 평생학습	온라인 평생교육 생태계 구축	4차 산업혁명 시대, 직업 변화에 대비하여 한국형 온라인 공개강좌(K-MOOC) 개선	전문대학과 직업훈련기관과의 연계를 통한 강좌 개발, 4차 산업혁명시대에 맞는 강좌 개발
		개인맞춤형 교육 위한 온라인 생태계 구축	다양한 유·무료 콘텐츠 의 공유와 유통이 가능한 시스템 구축, 빅데이터를 이용한 학습자 맞춤형 콘텐츠 제공
	산업맞춤형 평생교육 확대	매치업(Match業, 산업맞춤 단기직무인증 과정) 프로그램 운영	대학생,구직자,재직자 등을 대상으로 해당분야 대표기업이 직무능력을 인증하는'매치업프로그램'운영

대과제	중과제		소과제
		미래직업교육추진단 구성·운영 및 직업교육 마스터플랜 마련	민간합동추진체계를 통한 효과적인 교육 제공
	대학의 평생교육 기능 강화	고등교육기관의 성인친화적 교육 확대	다양한 학위모델 도입, 시대 변화에 따른 학점은행제 개편
		전문대학의 평생·직업교육 허브화	중·고등 직업교육 연계 제도화, 전문대학과 지역기관과 연계
3. 지역 어디서나 누리는 양질의 평생학습	지역단위 풀뿌리 평생학습 역량 강화	지역단위 평생교육 활성화	평생학습도시, 평생학습센터 지속 확대 및 지원
		지역의 자생적 평생교육 역량 강화	평생학습기관의 질 제고, 평생교육사 양성과정 개편 등
	평생학습 기반 지역사회 미래 가치 창출 지원	지역단위 시민역량 강화 지원	대학-지자체 간 연계 강화, 인문특화 평생학습도시 육성, 주민참여제도 등
		지역사회의 자발적 평생학습 실현	우수 자발적 학습모임에 대한 재정적 지원 등
4. 기반이 튼튼한 평생학습	평생교육 관련 법령 정비 및 제도 개선	평생교육 관련 법령과 통계 정비	평생교육법 개정, 조사대상기관 확대 등
		평생교육정책 추진체계의 내실화	평생교육진흥위에 지역·전문가 참여 확대, 정례 협의체 운영
		국제협력 확대 및 특수외국어 교육 확산	EBS, K-MOOC, 위탁교육 프로그램 등 운영
	평생교육 투자 확대 및 체계적 관리	투자 확대 및 소요재원의 전략적 방안 및 가이드라인 마련	-
		국가평생교육투자알리미 구축(19년)	-

출처: 교육부(2018)

4. 평생교육 관련 해외 정책 동향

독일은 2004년 연방 정부와 16개 주정부에서 지역 특성에 따라 지역 연계 시민대학,

성인평생교육정책 수립을 위한 연구 지원, 학습지역사업, 정치교육 등을 운영하였다(평생교육진흥원, 2008). 아울러 2017년 「독일연방교육장려법」 제정을 통해 청년들의 재정독립 및 직업생활을 지원하고 있다(교육부, 2018).

스페인은 2015년 평생학습을 위한 계획전략(Plan estratégico: Aprendizaje a lo largo de la vida) 보고서를 마련하여 추진 중에 있으며, 시민대학(Popular University, PU)을 통해 지역사회의 사회적 · 문화적 · 언어적 배경과 교육수준에 관계없이 구성원에게 교육기회를 제공하고 있다(교육부, 2018).

미국의 성인학습은 「인력투자법(WIA)」과 「성인교육 및 가족문해교육법(AEFLA)」에 기반, 성인 · 직업교육 간 연계 · 통합 제공에 노력을 기하고 있다. '14년 오바마 행정부에 의해 인력혁신 및 기회법(WIOA)을 제정 · 공포하여 미국의 핵심 인력 훈련 프로그램의 향상을 도모한다(교육부, 2018).

캐나다의 성인교육프로그램과 정책들은 도나 지방정부, 연방의 각 부처 및 기관, 평생학습에 관련된 비정부기구(NGO)와 함께 추진된다. 평생학습과 성인학습에 대한 관심은 성인문해, 접근성 확대를 통한 참여 확대, 질 개선, 다양한 사전학습 존중, 정보기술의 보다 더 효과적인 활용, 연구와 자료로부터 도출된 정책과 성인학습과의 조화이다(평생교육진흥원, 2008).

대만은 대학 노인 단기기숙학습계획('08), 러닝대학('08) 및 고령자교육전문가양성('13), 러닝교육전문가 양성('12) 등 고령사회 대비 노인교육정책을 추진하고 있다(교육부, 2018).

영국은 2000년까지 공공재정에 의해 제공되는 16세 이후 교육훈련기회는 계속교육재정위원회와 산업훈련위원회 및 지방교육당국이 분담하여 기획하고 재정지원을 했고 2001년 LSC(Learning and Skills Council) 기구가 설치되었다. 영국은 평생학습과 교육기회 확대의 중추적인 기관으로 대학의 적극적인 참여가 있었고 대학의 문호를 개방하며 고등교육을 받아들일 수 있는 기회를 넓혀가고 있다(평생교육진흥원, 2018).

일본은 1990년대 이후 평생교육의 주체를 시민 · 민간기업 중심으로 활성화하였으며, 2006년 「교육기본법」 전면개정에 따라 "교육진흥기본계획"을 수립하여 평생교육에서 국가정책들을 다수 포함하여 추진하고 있다(교육부, 2018). 한일평생교육을 비교해 보면 한국의 평생교육은 65세 이하의 성인 대상이 특징인 반면에 일본은 60세 이상의 고령자를 대상으로 하고 있다는 점이 가장 큰 차이다(임영언, 2018).

5. 평생교육사 제도

평생교육사란 평생교육법 제24조에 따라 평생교육의 기획, 진행, 분석, 평가 및 교수 업무 등을 수행하는 평생교육 현장전문가다.

1) 주요직무

평생교육법 시행령 제17조(직무범위) 평생교육사는 평생교육 진흥을 위하여 다음 각 호에 해당하는 직무를 수행한다고 규정하고 있다.

① 평생교육 프로그램의 요구분석 · 개발 · 운영 · 평가 · 컨설팅 ② 학습자에 대한 학습정보 제공, 생애능력개발 상담 · 교수 ③ 그 밖에 평생교육 진흥 관련 사업계획 등 관련 업무

2) 종사분야 및 배치기준

종사분야로는 시 · 도 평생교육진흥원 등 평생학습 전담기구, 시 · 도 교육청 등 평생학습 행정기구, 평생교육시설이나 주민자치센터 등 기타 평생교육을 목적으로 하는 기관 등에 배치된다. 평생교육사는 「평생교육법」에 따른 공공 및 민간영역 평생교육 기관에서 평생교육 관련 정책/사업 및 평생교육 프로그램 등을 기획 · 운영하고 있으며, 주민자치센터 · 도서관 등 다른 법령에 따라 평생교육을 주된 목적으로 설립된 기관에서도 지역주민의 평생학습 참여를 위한 다양한 활동을 한다.

표 2-7 평생교육사 배치대상기관 및 배치기준(법 제22조 관련)

배치대상	배치기준
1. 진흥원, 시·도진흥원	• 1급 평생교육사 1명 이상을 포함한 5명 이상
2. 장애인평생교육시설	• 평생교육사 1명 이상
3. 시·군·구평생학습관	• 정규직원 20명 이상 : 1급 또는 2급 평생교육사 1명을 포함한 2명 이상 • 정규직원 20명 미만 : 1급 또는 2급 평생교육사 1명 이상
4. 법 제30조에서 제38조까지의 규정에 따른 평생교육시설(학력인정 평생교육시설은 제외한다), 「학점인정 등에 관한 법률」 제3조 제1항에 따라 평가인정을 받은 학습과정을 운영하는 교육훈련기관 및 법 제2조 제2호 다목의 시설·법인 또는 단체	• 평생교육사 1명 이상

3) 자격제도

평생교육사 이수과정을 통하여 자격제도를 운영한다. 국가자격증인 평생교육사는 1·2·3급으로 구분되며, 이수방법에 따라 승급과정과 양성과정으로 구분하며 승급과정은 일정 자격요건을 갖춘 평생교육사 자격증 소지자가 상위 급수로 승급하기 위해 이수하는 연수과정(1급 승급과정, 2급 승급과정)이며, 양성과정은 대학, 학점은행기관 등 평생교육사 양성기관에서 운영하는 관련과목을 이수하여 일정 학점 이상 취득하는 과정(2급, 3급 진입 가능)이다. 2017년 12월 기준으로 1급 자격증 소지자는 693명, 2급 자격증 소지자는 116,532명, 3급 자격증 소지자는 7,593명이다. 이 중 3,133명이 평생교육기관별로 배치되어 활동 중이다.

4) 자격요건

평생교육사의 등급, 직무범위, 이수과정, 연수 및 자격증의 교부절차 등에 필요한 사항은 대통령령으로 정하고, 법 제24조 제4항에 따른 평생교육사의 등급은 1급부터 3급까지로 구분한다. 평생교육사의 등급별 자격요건은 〈표 2-8〉과 같다.

표 2-8 평생교육사의 등급별 자격요건(제15조 및 제16조 제2항 관련)

등급	자격기준
평생교육사 1급	평생교육사 2급 자격증을 취득한 후, 교육부장관이 정하는 평생교육과 관련된 업무(이하 "관련업무"라 한다)에 5년 이상 종사한 경력이 있는 자로서 진흥원이 운영하는 평생교육사 1급 승급과정을 이수한 자
평생교육사 2급	1. 「고등교육법」 제29조 및 제30조에 따른 대학원에서 교육부령으로 정하는 평생교육과 관련된 과목(이하 "관련과목"이라 한다) 중 필수과목을 15학점 이상 이수하고 석사 또는 박사학위를 취득한 자. 다만, 「고등교육법」 제2조에 따른 학교(이하 "대학"이라 한다)에서 필수과목을 이수한 경우에는 선택과목으로 필수과목 학점을 대체할 수 있다. 2. 대학 또는 이와 같은 수준 이상의 학력을 인정할 수 있는 기관, 「학점인정 등에 관한 법률」에 따라 평가인정을 받은 학습과정을 운영하는 교육훈련기관(이하 "학점은행기관"이라 한다)에서 관련과목을 30학점 이상 이수하고 학위를 취득한 자 3. 대학을 졸업한 자 또는 이와 같은 수준 이상의 학력이 있다고 인정되는 자로서 다음 각 목의 어느 하나에 해당하는 기관에서 관련과목을 30학점 이상 이수한 자 가. 대학 또는 이와 같은 수준 이상의 학력을 인정할 수 있는 기관 나. 법 제25조 제1항에 따른 평생교육사 양성기관(이하 "지정양성기관"이라 한다) 다. 학점은행기관 4. 평생교육사 3급 자격증을 보유하고 관련업무에 3년 이상 종사한 경력이 있는 자로서 진흥원이나 지정양성기관이 운영하는 평생교육사 2급 승급과정을 이수한 자
평생교육사 3급	1. 대학 또는 이와 같은 수준 이상의 학력을 인정할 수 있는 기관, 학점은행기관에서 관련과목을 21학점 이상 이수하고 학위를 취득한 자 2. 대학을 졸업한 자 또는 이와 같은 수준 이상의 학력이 있다고 인정되는 자로서 다음 각 목의 어느 하나에 해당하는 기관에서 관련과목을 21학점 이상 이수한 자 가. 대학 또는 이와 같은 수준 이상의 학력을 인정할 수 있는 기관 나. 지정양성기관 다. 학점은행기관 3. 관련업무에 2년 이상 종사한 경력이 있는 자로서 진흥원이나 지정양성기관이 운영하는 평생교육사 3급 양성과정을 이수한 자 4. 관련업무에 1년 이상 종사한 경력이 있는 공무원 및 「초·중등교육법」 제2조 제1호부터 제5호까지의 학교 또는 학력인정 평생교육시설의 교원으로서 진흥원이나 지정양성기관이 운영하는 평생교육사 3급 양성과정을 이수한 자

5) 이수과목

평생교육사 필수과목은 평생교육실습을 포함한 5과목이고 선택과목은 평생교육 실천 영역의 8과목, 평생교육 방법 영역의 13과목으로 총 21과목이다. 필수과목으로는 평생교육론, 평생교육방법론, 평생교육경영론, 평생교육 프로그램개발론, 평생교육실습(4주 현장실습 포함)이다. 선택과목으로는 실천 영역(아동교육론, 청소년교육론, 여성교육론, 노인교육론, 시민교육론, 문자해득교육론, 특수교육론, 성인학습 및 상담), 방법 영역(교육사회학, 교육공학, 교육복지론, 지역사회교육론, 문화예술교육론, 인적자원개발론, 직업 · 진로설계, 원격-이러닝, 사이버-교육론, 기업교육론, 환경교육론, 교수설계, 교육조사방법론, 상담심리학)이다. 이 중 2급은 선택 5과목, 3급은 선택 2과목을 이수하여야 한다. 선택과목은 각 영역에서 1과목 이상을 선택하여 이수하여야 한다.

자세한 내용은 국가평생교육진흥원 사이트를 참조하면 된다(https://lledu.nile.or.kr/system/subject/).

6. 평생학습계좌제

평생교육법 제23조에 따라 국민의 다양한 학습경험을 온라인 학습계좌에 누적 · 관리하고, 이를 학력 · 자격인정과 연계하거나 고용정보로 활용함으로써, 학습이수 결과에 대한 사회적 인정 및 활용 기반을 확대하기 위한 제도다. 2017년 12월 기준으로 평가인정 학습과정은 23,630개이며, 학습이력등록은 215,061건이고 학습계좌 개설자 수는 66,592명으로 활성화되어 있다. 이러한 학습계좌제를 통해 개인의 평생학습 이력에 대한 사회적 인정 및 활용이 가능하며, 학습자의 학습선택권을 보장함과 동시에 자기주도적 학습설계를 촉진하는 역할을 한다. 더불어 취업이나 창업자료로 활용이 가능하며, 검정고시 응시과목 면제 등 학력취득 연계자료로 활용할 수 있다.

1) 계좌제 운영(법 23조)

교육부장관은 국민의 평생교육을 촉진하고 인적자원의 개발 · 관리를 위하여 학습계좌(국민의 개인적 학습경험을 종합적으로 집중 관리하는 제도를 말한다)를 도입 · 운영할 수 있으며, 학습계좌에서 관리할 학습과정을 대통령령으로 정하는 바에 따라 평가인정할 수 있다.

2) 계좌제 수록 범위

학습자의 인적사항, 학력, 경력, 자격, 평생교육이수경력, 개인활동사항을 등록하면 학습이력관리시스템을 통한 개인별 학습이력이 누적관리된다. 자세한 내용은 국가평생교육진흥원 사이트 내 평생학습계좌제 홈페이지를 참조하면 된다(http://www.all.go.kr).

7. 학점은행제

학점은행제는 「학점인정 등에 관한 법률」에 의거하여 학교에서뿐만 아니라 학교 밖에서 이루어지는 다양한 형태의 학습 및 자격을 학점으로 인정받을 수 있도록 하고, 학점이 누적되어 일정 기준을 충족하면 학위취득을 가능하게 함으로써 궁극적으로 열린 학습사회, 평생학습사회를 구현하기 위한 제도이다. 또한 학점은행제는 평생학습체제 실현을 위한 제도적 기반으로서 학교교육은 물론 다종다양한 평생교육의 학습결과를 사회적으로 공정하게 평가인정하고, 그 교육의 결과를 학교교육과 평생교육 간에 상호 인정하며, 이들이 상호 유기적으로 연계를 맺도록 함으로써 개개인의 학습력을 극대화할 수 있도록 하는 제도다. ① 만학의 꿈을 펼치길 희망하는 경우 ② 새로운 전공 분야를 공부하고자 하는 경우 ③ 중도 포기한 학업에 아쉬움이 남는 경우 ④ 대학원 진학 준비를 위한 학위 취득을 희망하는 경우 ⑤ 자격증을 학점으로 인정받기 원하는 경우 ⑥ 국가무형문화재 전수교육을 학점으로 인정받기 원하는 경우 ⑦ 각종 자격 취득을 원하는 경우 ⑧ 시험 응시를 위한 자격요건 충족을 희망하는 경우 이용 가능한 제도다.

1) 학점은행제 도입배경

1995년 5월, 대통령 직속 교육개혁위원회는 열린 평생학습사회의 발전을 조성하는 새로운 교육체제에 대한 비전을 제시하면서, 학점은행제를 제안하였으며 학점인정 등에 관한 법률 등 관련 법령을 제정하고 1998년 3월부터 시행하게 되었다. 국민의 평생학습권 보장 및 학습경험의 다양화 측면에서 또한 대학교육 불수혜 집단을 위한 대안적 방식의 대학 학력 취득 기회 제공 측면에서 교육 부문 간 균형 발전을 위한 평생교육 이수 결과의 제도적 인정 측면에서 교육력 극대화를 위한 평생교육과 학교교육 간의 연계 강화라는 측면에서 도입되었다.

학점인정 등에 관한 법률(제8조 제1항-학력인정-) 제7조에 따라 일정한 학점을 인정받은 자는「고등교육법」제2조 제1호에 따른 대학이나 같은 법 제2조 제4호에 따른 전문대학을 졸업한 자와 같은 수준 이상의 학력이 있는 것으로 인정한다.

2) 평가인정

'평가인정'은 교육훈련기관에서 개설하는 학습과정에 대하여 대학(교)에 상응하는 학점을 부여할 수 있는지를 평가하여 인정하는 것을 말한다.

평가인정 대상기관으로는 ① 전공과를 둔 고등기술학교 · 특수학교 ② 대학 및 전문대학에 준하는 각종학교 중 학력인정이 되지 않는 각종학교 ③ 공개강좌 또는 전공심화(특별)과정을 둔 전문대학 ④ 대학(교) 부설 평생(사회)교육원 등 평생교육시설 ⑤「학원의 설립 · 운영 및 과외교습에 관한 법률」제6조에 따라 설립된 학원 ⑥「근로자직업능력 개발법」제2조 제3호에 따른 직업능력개발 훈련시설 ⑦「산업기술혁신 촉진법」에 의한 전문생산기술연구소 등 ⑧「문화재보호법」제41조 제2항에 따른 전수교육을 실시하는 시설 ⑨ 국가 또는 지방자치단체가 소속 직원 또는 일반인 등을 대상으로 교육훈련을 실시하기 위하여 설치한 시설로서 교육훈련기관으로서의 별도의 승인이나 신고 없이 운영되고 있는 시설 ⑩ 기타 교육부장관이 평가인정 대상기관으로 적합하다고 인정하는 평생교육시설 또는 직업교육훈련기관

3) 평가인정 학습과정

평가인정 학습과정은 수업환경(시설, 강사 요건, 운영실적 등)이 일정 기준 이상임을 교육부로부터 승인받은 교육훈련기관(대학 또는 전문대학 부설 평생교육원, 직업전문학교, 학원, 각종 평생교육시설 등)에서 개설한 학습과정에 대하여, 대학에 상응하는 질적 수준을 갖추었는가를 법령에 따라 평가받은 과목으로, 이수 시 학점으로 인정받을 수 있다. 이수 방법은 학점은행제 홈페이지 상단의 [교육훈련기관 조회]에서 평가인정 학습과정이 개설된 교육훈련기관을 검색할 수 있다. 단, 평가인정 학습과정의 운영 제반 사항(이수기간, 수강비용 등)은 각 교육훈련기관의 자체적인 방침에 의해 결정된다. 따라서 평가인정 학습과정 수강에 대한 세부적인 사항은 각 교육훈련기관 홈페이지를 통해 확인하고 학습을 진행하여야 한다.

4) 학점인정 기준

100점 만점에 60점(D⁰) 이상 또는 PASS 취득, 출석률 80% 이상인 학습과목에 한해 인정하며(단, 2005년 10월 27일 이전에 종강한 학습과목은 성적 70점 이상, 출석률 80% 이상이어야만 학점 인정 가능하다), 대학 및 대학 부설 평생교육시설에서 설치 · 운영하는 학습과정의 경우 소속대학의 학칙에 따라 별도 적용한다. 1년/1학기 최대 이수학점, 1개 교육훈련기관 최대 인정학점을 적용하고 학점은행제 중복과목 및 대체과목 처리기준으로 적용한다.

5) 취득 및 기관현황

제도 시행 이후 학습자 등록현황은 2018년 12월 기준으로 전문학사 포함하여 1,534,856명

에 달하며, 학위 취득자 현황은 제도 시행 이후 2018년 12월 기준으로 672,043명이 취득을 했으며, 교육훈련기관은 다양한 형태를 포함하여 2018년 12월 기준으로 435기관이 운영 중이다. 기타 자세한 내용은 국가평생교육진흥원 사이트 내 학점은행제 홈페이지를 참조하면 된다(http://www.cb.or.kr).

8. 독학학위제

독학학위제는 「독학에 의한 학위취득에 관한 법률」에 의거하여 국가에서 실시하는 학위취득시험에 합격한 독학자(獨學者)에게 학사학위를 수여함으로써 평생교육의 이념을 구현하고 개인의 자아실현과 국가사회의 발전에 이바지하는 것을 목적으로 하는 제도이며, 대학교를 다니지 않아도 스스로 공부하여 학위를 취득할 수 있으며, 일과 학습의 병행이 가능하여 시간과 비용을 최소화할 수 있다. 언제나, 어디서나 학습이 가능한 평생학습시대의 자아실현을 위한 제도다.

독학학위제는 고등학교 졸업 이상의 학력을 가진 사람이면 누구나 시험에 응시할 수 있으며, 학위취득시험은 4개의 과정(교양과정, 전공기초과정, 전공심화과정, 학위취득 종합시험)으로 이루어져 있으며 각 과정별 시험을 모두 거쳐 학위취득 종합시험에 합격하면 학사학위를 취득할 수 있다.

1) 전공분야 (11개 전공)

독학학위제 전공분야(11개 전공)에는 국어국문학, 영어영문학, 심리학, 경영학, 법학, 행정학, 가정학, 유아교육학(3, 4과정 응시 가능), 컴퓨터과학, 전보통신학(3, 4과정 응시 가능), 간호학(4과정만 응시 가능)이 있다. 폐지전공에는 중어중문학, 농학, 수학(기존 학적자만 응시 가능)이 있다.

2) 시험과정 및 응시자격

평가영역		학사학위 취득		응시자격
학위취득자가 갖추어야 할 소양과 전문지식 및 기술을 종합평가	4 과정	학위 취득 종합시험	6 과목	1~3과정 합격 또는 면제한 자. 대학의 3년 수료자 및 105학점 이상 취득자. 3년제 전문대학 졸업자. 학점은행제 105학점 이상 취득자 등
전공영역에 관하여 보다 심화된 전문적인 지식 및 기술을 평가	3 과정	전공심화과정 인정시험	6 과목	고등학교 졸업 이상 학력 소지자
전공영역 학문연구에 필요한 공통적인 지식 및 기술을 평가	2 과정	전공기초과정 인정시험	6 과목	고등학교 졸업 이상 학력 소지자
대학의 교양과정 수료자가 갖추어야 할 일반적인 교양을 평가	1 과정	교양과정인정 시험	5 과목	고등학교 졸업 이상 학력 소지자

3) 응시자격

(1) 시험과정별 응시자격

「독학에 의한 학위취득에 관한 법률」 일부개정(2015.03.27)에 따라 2016년부터 고등학교 졸업 이상의 학력을 가진 사람이면 누구나 1~3과정(교양과정, 전공기초과정 및 전공심화과정) 시험에 자유롭게 응시가 가능하다. 단, 학사학위 취득을 위한 마지막 과정인 학위취득 종합시험에 응시하기 위해서는 1~3과정 시험에 모두 합격(면제)하거나, 학위취득 종합시험 응시 자격에 충족해야 한다.

(2) 교양과정 · 전공기초과정 및 전공심화과정 인정시험(1~3과정) 응시자격

① 고등학교 졸업자

② 「초 · 중등교육법 시행령」 제98조 제1항에 따라 상급학교의 입학에 있어 고등학

교를 졸업한 사람과 같은 수준의 학력이 있다고 인정되는 사람

③ 「평생교육법」 제31조 제2항에 따라 지정된 학력이 인정되는 학교 형태의 평생교육시설에서 고등학교 교과과정에 상응하는 교육과정을 마친 사람

④ 「보호소년 등의 처우에 관한 법률」 제29조에 따른 소년원학교에서 고등학교 교육과정을 마친 사람

(3) 학위취득 종합시험(4과정) **응시자격**(단, 응시하고자 하는 전공과 동일전공인정 학과에 한함)

① 교양과정 인정시험, 전공기초과정 인정시험 및 전공심화과정 인정시험에 합격(면제)한 사람

② 대학(「고등교육법」 제2조 제2호·제3호 및 제5호에 따른 학교와 다른 법령에 따라 설립된 대학을 포함한다) 및 이에 준하는 각종학교(학력인정학교로 지정된 학교만 해당한다)에서 3년 이상의 교육과정을 수료하였거나 105학점 이상을 취득한 사람

③ 수업연한이 3년인 전문대학을 졸업한 사람 또는 이와 같은 수준의 자격이 있다고 인정되는 사람(전문대학 졸업예정자는 응시 불가)

④ 「학점인정 등에 관한 법률」 제7조에 따라 105학점(전공 16학점 포함) 이상을 인정받은 사람

⑤ 외국에서 15년 이상의 학교교육 과정을 수료한 사람

4) 합격 결정

교양과정 인정시험, 전공기초과정 인정시험 및 전공심화과정 인정시험에서 각 과목 100점을 만점으로 하여 전(全) 과목 60점 이상을 득점하면 합격이다. 시험 응시원서 접수 시, 총점합격제와 과목별 합격제 중 자유롭게 선택하여 시험에 응시할 수 있으나 단, 과목별 합격제로 응시하였던 사람이 다시 총점합격제로 응시할 경우에는 기합격 과목은 모두 불인정한다. 기타 자세한 내용은 국가평생교육진흥원 사이트 내 독학학위제 홈페이지를 참조하면 된다(https://bdes.nile.or.kr).

요 약 및 시사점

본 장에서는 사물인터넷(IoT), 사이버 물리시스템, 빅데이터, 인공지능(AI) 등 신기술이 이끄는 제4차 산업혁명은 기존의 생산방식과 산업구조뿐만 아니라, 인류의 생활양식 전반에 걸쳐 큰 변혁을 초래할 것으로 예상되는 사회변화 속에서 평생교육의 중요성과 정책방향에 대해서 살펴보았다. 특히 노동시장과 일자리는 개인의 삶과 관련이 있는 영역으로, 4차 산업혁명에 따른 이들의 변화가 사회의 주요 현안으로 부각됨에 따라 이에 대한 정부와 개인의 관심이 높아지고 있고 이러한 노력들이 결국 평생교육의 다양한 정책으로 이어지고 있는 걸 볼 수 있었다.

우리나라뿐만 아니라 일본 등 다양한 나라들에서도 사회변화와 고령화 등에 발맞추어 비슷하게 정책방향에 대한 고민들을 하고 있는 것을 엿볼 수 있었다. 그간의 평생교육정책 변화를 통해 미래 평생교육의 나아가야 할 방향을 예측해 보고 향후 우리는 어떻게 대비하고 정책을 만들어가야 하는 것인지 판단해 보는 좋을 기회였을 것이다. 관련 법령들을 통해 평생교육정책의 지향점을 파악하고 지금까지의 평생교육정책 변화과정을 정리하면서 평생교육의 중요성과 평생교육이 정책으로만 그치는 것이 아니라 현장에서 많은 이들에게 도움이 되는 방향으로 나아가고 발전을 도모하고 있는 상황에서 평생교육정책의 중요성을 다신 한 번 확인하는 계기가 되었다.

사 례

전 국민의 역량개발을 지원하겠습니다. 교육부는 미래 직업교육훈련의 혁신 방향과 중장기 전략을 담은 '평생직업교육훈련 혁신 방안'을 사회관계장관회의에서 확정하여 발표하였다.

1. 평생직업교육훈련 정책 패러다임의 전환

구분	AsIs	To Be
정책지향	**입직 단계 중심**의 직업교육훈련 **양적 확대**에 초점	생애 통합적 평생직업교육훈련 질적 수월성 제고
교육 및 훈련과정	**주입식 단순 기능 숙달**에 초점 (특정 실무 역량)	미래 핵심역량에 중점 (직업기초역량+특정 실무역량)
교육훈련 체계	**단선적 · 분절적 · 경직적인** 직업교육 훈련 체계 (학제 간, 학습과 일의 분절적 형태)	전 생애에 걸친 다양하고 유연하고 개방적인 직업교육훈련 체계 (학제간, 학습과 일의 연계 시스템)
교육훈련 프로그램	**'평균인' 맞춤형 교육** 학위중심의 프로그램	수요자 맞춤형 교육 다양한 학위 및 비학위 프로그램
교육훈련 선택 주도권	공급자 (교육훈련기관), 사업주	수요자 (학생 및 재직자), 개별 근로자 (노조도 참여)
수요자 · 공급자	**(수요자) 학령기 학생 및 재직자** (공급자) 직업교육훈련기관 중심	(수요자) 모든 국민 대상 (공급자) 직업교육훈련기관, 기업, 지역사회 등 모든 이해관계자
교육훈련 시기	학령기에 집중하여 고강도 교육 (입직을 위한 취업준비에 초점)	생애 단계별 고른 배분 (입직전 및 입직 후도 학습 강조)
산업영역과의 관계	산업수요와의 연계 미흡 교육과 노동시장 정보의 괴리 존재	산업수요와의 연계 강화 신뢰성 높은 직업교육정보 생성/관리
취약계층 지원	**직업교육훈련 사각지대 존재** **적극적인 취약계층 지원 부족**	직업훈련 소외계층 맞춤형 지원 및 교육훈련-복지-고용의 통합적 지원
질 관리	느슨한 학사관리 및 직업훈련기관에 대한 성과평가 부족	지속적인 모니터링 및 평가기준 강화 등 엄격한 성과관리
정부의 역할	**부처별 분절적 정책** **중앙정부 주도의 정책추진**	부처 간 연계 및 통합적인 정책 중앙정부와 지방정부와 역할 분담
직업교육의 목표	지속적인 **경제성장**에 기여	경제성장 및 사회통합에 기여

2. 예상되는 미래 변화 모습

초 · 중학생
- **진로설계**: 주기적인 진로상담 및 이력관리
- **직업관확립**: 직업윤리, 직업관 교육과 다양한 진로 · 직업 체험 통해 직업관 체득

고등학생 (중등직업교육)
- **유연한 교육**: 자율학교 지정 및 학점제 도입으로 원하는 과목 수강, 융합교육활성화
- **핵심 · 기초역량 함양**: 다양한 수업활동을 통해 창의력 · 문제해결력 등 핵심역량을 기르고, 직업기초능력 함양
- **현장성 높은 교육**: 산업 및 직업구조에 맞는 학과 · 교육과정, 전문성 높은 교원

대학생 (고등직업교육)
- **고숙련 교육**: 연계교육(아우스빌둥, IBM P-TECH 등), 심화교육을 통한 고숙련 교육 실시, 폴리텍 청년 하이테크 과정 확대
- **실무교육 강화**: 전문대학 폴리텍 교원의 전문성 강화, 선도형 전문대학 육성

재직자
- **학습권 보장**: 유급휴가훈련제 등 학습권 보장 강화
- **수요자 중심 교육훈련**: 근로자 내일배움카드 확대
- **다양한 교육훈련**: K-MOOC, 스마트 직업 훈련 플랫폼 매치업(한국형 나노디그리) 등 온 · 오프라인을 통해 언제 어디서든 역량 개발

후학습자
- **접근성 확대**: 성인 대상 입학전형제도, 학사제도 운영
- **후학습과정 확대**: 직업 산업체 근로자 → 전문대에서 맞춤형 후학습 제공, 국립대 후학습 과정 확대

신중년 ~ 은퇴자
- **여건 마련**: 유급휴가훈련제 활용 등 은퇴준비 여건 마련
- **생애 설계**: 진로탄력성 프로그램 및 상담 · 컨설팅 제공
- **2모작 준비**: 특화 교육훈련 프로그램 확대, 사회적 경제 기업 진출 지원

직업교육훈련 소외계층
- [중소기업] 훈련지원센터 지정 · 운영
- [고용보험 미적용자] 지원 확대로 사각지대 완화
- 비정규직, 영세자영업자 맞춤형 지원 확대
- [경력단절여성] 여성친화과정 확대
- [장애인] 평생직업교육훈련 인프라 확대

인프라
- 컨트롤타워를 통한 정책연계 · 조정 (국가산학연협력위원회)
- 다양한 성장경로 제시 및 상담 · 컨설팅 제공
- 직업교육훈련에 대한 재정투자 확대
- 사회적 캠페인, 노동인권 교육과정 포함 등 직업교육훈련 인식 개선

교육부 보도자료(2018. 7. 27)

연습 문제

1. 4차 산업혁명시대에 평생교육정책은 어떻게 변화하고 있는지 정리한 다음 팀원과 함께 공유해 보자.

2. 해외 평생교육정책을 비교해 보고 향후 고령화사회에서 우리나라의 평생교육정책은 어떠한 방향으로 변화하여야 하는지 생각한 다음 팀원과 함께 공유해 보자.

3. IT 기술을 활용한 평생교육의 확산 측면에서 정책들은 어떠한 것들이 있는지 팀원과 함께 공유해 보자.

참고 문헌

교육부(2017). 제4차 평생교육진흥 기본계획 수립을 위한 연구.

교육부(2018). 제4차 평생교육진흥 기본계획(안).

교육부(http://www.moe.go.kr) - 보도자료, 정책.

교육부 보도자료(2018.2.22.). "미래를 대비하는 평생교육청사진 제시-4차 평생교육진흥기본계획 발표."

교육부 보도자료(2018.7.27.). "전 국민의 역량개발을 지원하겠습니다."

국가평생교육진흥원(2018). 독일 평생교육 정책동향.

국가평생교육진흥원(2018). 북미 평생교육 정책동향.

국가평생교육진흥원(2018). 일본 평생교육 정책동향.

국가평생교육진흥원(2018). 2018 평생교육백서.

국가평생교육진흥원(2018). 2018년 평생교육정책포럼 자료집.

권대봉(2007). 한국 평생교육정책의 변화와 특징 분석. **평생교육학 연구**, 13권 4호.

권양이(2018). 한국 평생교육정책의 변천 탐구. **평생학습사회**, 14권 2호. 한국방송통신대학교 원격연구소.

문한나, 윤수린, 박동진(2018). 4차 산업혁명시대의 근로자 경력개발 지원방안, 한국직업능력개발원 연구보고서.

이황원(2008). **법적 관점에서 살펴본 평생교육론**. 파주: 교육과학사.

임영언(2018). 한일 평생교육정책의 특성 비교 고찰. 동북아시아문화학회 국제학술대회 발표자료집.

장경미(2017). 평생교육 정책연구 동향 분석. **성인교육학회지**, 20권 4호.

국가평생교육진흥원 (http://www.nile.or.kr)

Chapter 03

평생교육기관과 평생교육경영

제4차 산업혁명으로 기술 변화, 사회·문화 변화, 인구통계학적 변화 등 사회 전반적인 변화가 교육현장에 많은 변화를 일으키고 있다. 평생교육 현장에 상당한 파급효과를 주는 노동시장에 가져올 변화 중 하나는 새로운 직업이 생겨나고 기존의 직업은 사라지게 되는 현상이라고 할 수 있다. 향후 10~20년 사이 기술진보(AI의 발달 등)에 따른 고용 대체로 단순서비스 직종이나 하물며 변호사와 같은 전문직군들의 직업도 사라질 위험이 있다는 다양한 경고가 나오고 있는 상황이다. 이러한 상황에서 노동력의 증가와 감소 현상이 다양한 직업군에 나타나게 될 것이며, 이로 인해 노동자들의 경력개발은 중요하게 작용할 것이고 평생교육기관들의 역할은 증대될 수밖에 없다. 노동자들의 이직욕구와 경력개발 욕구는 증대될 것이고 이직률은 높아지고 이에 대한 준비를 위해 평생교육기관의 역할은 더욱 증대될 것이고 그로 인한 평생교육기관 경영의 중요성도 더욱 증대될 것이다. 따라서 이 장에서는 4차 산업혁명으로 촉발된 변화의 흐름에서 평생교육기관에 대한 개념을 정리하고 효율적인 기관경영을 위한 다양한 내용을 살펴보고자 한다.

1. 평생교육기관의 개관

1) 평생교육기관의 정의

평생교육과 관련해서는 다양한 정의가 있으나, 평생교육법에서는 평생교육에 대해서 명확하게 정의내리고 있다.

평생교육이란 학교의 정규교육과정을 제외한 학력보완교육, 성인 문자해득교육, 직업능력 향상교육, 인문교양교육, 문화예술교육, 시민참여교육 등을 포함하는 모든 형태의 조직적인 교육활동을 말한다.

문자해득교육이란 일상생활을 영위하는 데 필요한 문자해득(文字解得)능력을 포함한 사회적 · 문화적으로 요청되는 기초생활능력 등을 갖출 수 있도록 하는 조직화된 교육프로그램을 말한다.

평생교육법에서는 평생교육기관에 대해서도 명확하게 정의내리고 있다.

평생교육기관이란 아래의 어느 하나에 해당하는 시설 · 법인 또는 단체를 말한다.

가. 이 법에 따라 인가 · 등록 · 신고된 시설 · 법인 또는 단체

나. 「학원의 설립 · 운영 및 과외교습에 관한 법률」에 따른 학원 중 학교교과교습학원을 제외한 평생직업교육을 실시하는 학원

다. 그 밖에 다른 법령에 따라 평생교육을 주된 목적으로 하는 시설 · 법인 또는 단체

2) 평생교육기관의 성격

평생교육기관은 어느 특정 연령대를 위해서만 존재하는 것이 아니고 전 연령층을 대상으로 다양한 교육을 실시하고 있다. 그로 인해 평생교육기관은 학교교육기관과는 차별화되는 성격을 가지고 있다.

최은수 · 배석영(2011)은 평생교육기관의 성격을 다음과 같이 서술하고 있다.

(1) 교육이 모든 연령층에 개방되어 있다. 대상자를 어느 한 연령층에 국한하고 있지 않고 모든 국민을 교육의 대상자로 삼고 개방되어 있다.

(2) 교육과정이나 교육기간이 학교교육에 비해 비교적 탄력적이다. 평생교육기관의 교육과정과 내용, 방법, 시간 등은 평생교육실시자의 재량에 달려 있다.

(3) 교육내용이 국민 개개인의 실생활과 밀접하다. 평생학습자들은 자신의 삶에 필요한 부분을 체득하고 보충하기 위하여 학습에 임하는 경우가 대부분이다.

(4) 교육기간은 학교교육에 비해 단기이다. 평생교육은 실생활에 바로 적용할 수 있는 시급한 것들이 대부분을 이루고 있기 때문에 기간이 비교적 짧게 설정되어 있다.

(5) 평생교육기관의 경영은 탄력적이고 융통성이 많은 것이 특징이다.

(6) 평생교육기관이 다루는 교육내용은 매우 광범위하고 다양하다. 교육내용은 실제 생활에 바탕을 두고 개설되는 경우가 많기 때문에 범위가 매우 광범위하고 다양하게 구성되어 있다.

(7) 많은 평생교육기관들이 재정적으로 매우 열악하다. 기관들이 대부분 비영리를 추구하고 공공성을 우선으로 하기 때문에 열악한 환경에 놓여 있는 것이 현실이다.

2. 법적 근거에 따른 평생교육기관 분류

1) 평생교육법에 의한 설치 기관

평생교육법에 의해서 설치된 평생교육기관은 학교 및 8개 평생교육시설, 국가평생교육진흥원 및 광역시 · 도 평생교육진흥원, 시 · 군 · 구 평생학습관, 장애인평생교육시설을 포함한다. 학교 및 8개 평생교육시설은 초 · 중등학교 및 대학을 포함하는 학교, 학교 부설 평생교육시설, 학교 형태의 평생교육시설, 사내대학 형태의 평생교육시설, 원격대학 형태의 평생교육시설, 사업장 부설 평생교육시설, 시민사회단체 부설 평생교육시설, 언론기관 부설 평생교육시설, 지식 · 인력개발 관련 평생교육시설이다 (평생교육법 제29~38조). 학교 형태의 평생교육시설은 초 · 중등교육 형태 평생교육기관과 고등교육 형태의 평생교육기관으로 구분된다. 국가평생교육진흥원, 광역시 · 도 평생교육진흥원, 시 · 군 · 구 평생학습관도 평생교육법 (제19~21조)에 의해 평생교육 프로그램 운영, 평생교육 상담, 평생교육 정보 제공 등 평생교육기관으로서의 역할이 부여된다. 이상의 평생교육기관은 교육부장관 또는 교육감 등의 허가, 인가, 신고 등을 통하여 평생교육기관으로 등록된다.

2) 학원 설립 · 운영 및 과외교습 관련법에 의한 설치 기관

「학원의 설립 · 운영 및 과외교습에 관한 법률」에 따라 설치된 직업교육훈련 학원도 평생교육기관에 해당된다(학원설립 · 운영 및 과외교습에 관한 법률 제2조). 입시 및 검정, 보충학습, 교습소 등의 학원 기능을 제외한 경우에 평생교육기관으로 등록이 가능하다.

3) 기타 법에 의한 설치 기관

「평생교육법」과 「학원의 설립 · 운영 및 과외교습에 관한 법률」이 아닌 타 법에 의하여 규정되는 기관이다. 우선 「학점인정 등에 관한 법률」에 의해서 학점은행제 운영기관은 평생교육기관으로서의 지위를 갖는다. 학점은행제로 대표되는 학점 등에 대한 인정은 프로그램 평가와 함께 프로그램 운영 기관 평가도 포함하여 학점인정 프로그램 운영 기관을 평가 · 인정하고 있다.

표 3-1 법적 근거에 따른 평생교육기관 분류

법적 근거		해당기관	기관 유형
평생교육법	제19~21조	평생교육진흥원, 평생학습관	비형식
	제29조	학교(초 · 중등학교, 대학교)	준형식
	제30조	학교부설 평생교육시설	비형식
	제31조	학교 형태의 평생교육시설	준형식
	제32조	사내대학 형태의 평생교육시설	비형식
	제33조	원격대학 형태의 평생교육시설	비형식
	제35조	사업장 부설 평생교육시설	비형식
	제36조	시민단체 부설 평생교육시설	비형식
	제37조	언론기관 부설 평생교육시설	비형식
	제38조	지식 · 인력개발 관련 평생교육시설	비형식

법적 근거		해당기관	기관 유형
학원설립운영 및 과외교습에 관한 법률	제2조	학원(입시 · 검정 및 보충학습, 교습소 제외)	비형식
학점인정 등에 관한 법률	제3조 등	평가인정 운영기관	준형식
지방자치법	제9조 제2항	시 · 군 · 자치구의 주민자치센터	미구분
동법 시행령	제8조		
도서관법	제2조	도서관	
문화예술진흥법	제12조	문화시설	
동법시행령	제19조		
문화예술교육지원법	제2조		
지방문화원진흥법	제8조	지방문화원	
문화예술교육지원법	제2조		
박물관 및 미술관진흥법	제4조	박물관, 미술관	
사회복지사업법	제34조	사회복지관	
노인복지법	제36조	노인복지관	
장애인복지법	제58조	장애인복지관	
청소년활동지원법	제10조	청소년 수련시설	
과학관의 설립 · 운영 및 육성에 관한 법률	제5조	과학관	
근로자직업능력개발법	제2조	직업능력개발 훈련시설	

출처: 국가평생교육진흥원, 2018 평생교육백서(2018)

3. 평생교육시설의 유형 분류

1) 평생교육법과 다른 법령에 의한 평생교육기관의 유형

평생교육법과 다른 법령에 의한 평생교육기관의 유형은 다음 〈표 3-2〉와 같다.

표 3-2 평생교육법과 다른 법령에 의한 평생교육기관의 유형

구분	기관 유형	예시
평생교육법	국가평생교육진흥원	국가평생교육진흥원
	국가 · 지자체 평생학습 추진기구	광역시 · 도청 / 시 · 군 · 구청 / 시 · 도교육청 / 지역 교육청 내 평생학습센터 또는 평생교육 업무담당 부서 등
	평생학습도시	시 · 군 · 구 평생학습센터 또는 평생교육 전담부서 등
	시 · 도 평생교육진흥원	부산평생교육진흥원, 인천평생교육진흥원, 광주평생교육진흥원, 대전평생교육진흥원, 울산평생교육진흥원, 경기평생교육진흥원, 충북평생교육진흥원, 충남평생교육진흥원, 대구평생교육진흥원, 세종평생교육진흥원, 강원평생교육진흥원, 전북평생교육진흥원, 전남평생교육진흥원, 경북평생교육진흥원, 경남평생교육진흥원, 제주평생교육진흥원('18.1. 기준)
	시 · 군 · 구 평생학습관	평생학습관, 공공도서관, 문화원, 연수원 · 수련원, 박물관, 복지관 등(교육청으로부터 일정 기간 지정받은 기관)
	문자해득교육프로그램 지정기관	문자해득교육프로그램 설치 · 지정 기관('11년 지정 시작)
	평생교육 관련사업 수행학교	대학평생교육활성화사업, 학교평생교육사업(지역과 함께 하는 학교사업, 방과후학교 사업 등) 수행
	평생교육시설 신고 · 인가 기관	유 · 초 · 중등 학교 부설 / 학교 형태 / 사내대학 형태 / 원격대학 형태 / 사업장 부설 / 시민사회단체 부설 / 언론기관 부설 / 지식 · 인력개발 관련 평생교육시설
	평생교육 관련사업 수행학교	대학평생교육활성화사업, 학교평생교육사업(지역과 함께 하는 학교사업, 방과후학교 사업 등) 수행
	평생교육시설 신고 · 인가 기관	유초중등 학교부설/ 학교형태/ 사내대학형태/ 원격대학형태/ 사업장부설/ 시민사회단체부설/ 언론기관부설/ 지식 · 인력개발 관련 평생교육시설

구분	기관 유형		예시
그 밖의 다른 법령	평생직업교육학원		학원설립운영등록증상 평생직업교육학원 형태 등록 여부 확인(학교교과교습학원 형태는 인정 불가)
	기관형 교육기관	주민자치기관	시·군·구민회관, 주민자치센터 등
		문화시설기관	도서관, 박물관, 미술관, 과학관, 문화예술교육시설 및 단체 등
		아동관련시설	아동직업훈련시설, 아동복지관, 지역아동(정보)센터 등
		여성관련시설	여성인력개발센터, 여성(복지, 문화)회관 등
		청소년관련시설	청소년지원센터, 청소년수련시설, 청소년문화의집 등
		노인관련시설	노인교실, 노인복지(회)관 등
		장애인관련시설	장애유형별 생활시설, 장애인복지관 등
		다문화가족관련시설	다문화가족지원센터 등
		사회복지시설	종합사회복지관 등
	훈련·연수형 교육기관	직업훈련기관	공공직업훈련시설, 지정직업훈련기관 등
		연수기관	공무원연수기관, 일반연수기관 등
	시민사회 단체형 교육기관	비영리민간단체	전국문해·성인기초교육협의회, 한국평생교육학회 등
		비영리사(재)단법인	한국평생교육사협회, 한국문해교육협회 등
		청소년단체	한국청소년연맹, 청소년단체협의회 등
		여성단체	여성회, 여성단체협의회 등
		노인단체	대한노인회, 전국노인평생교육, 단체연합회 등
		시민단체	NGO, YMCA, YWCA, 환경운동연합 등
기 타			그 밖의 평생교육을 주된 목적으로 하는 시설 및 단체

출처: 국가평생교육진흥원(2018). 2018 평생교육백서.

2) 평생교육법에 의한 평생교육기관 유형(평생교육법 제2조 제2항 제1호)

평생교육법에 의한 평생교육기관 유형은 다음 〈표 3-3〉과 같다.

표 3-3 평생교육법에 의한 평생교육기관 유형

기관 유형	근거법령	기관 정의	제출 증빙서류
국가 및 지자체 (평생학습추진기구)	평생교육법 제5조	• 지자체	평생교육관련 운영 조례
		• 평생학습도시(전담기관)	평생학습도시 운영 조례 및 전담기관 조직도
		• 교육청	평생교육 관련 운영 조례
시 · 도 평생교육진흥원	평생교육법 제20조	• 해당 지역의 평생교육기회 및 정보의 제공, 평생교육 프로그램 운영	시 · 도 평생교육진흥원 운영조례 및 사업자 등록증
시 · 군 · 구 평생학습관	평생교육법 제21조	• 주민을 대상으로 평생교육 프로그램 운영과 평생교육 기회를 제공	평생학습관 지정서
학교의 평생교육	평생교육법 제29조	• 학교를 중심으로 평생교육의 이념에 따라 교육과정과 방법을 수요자 관점으로 개발 · 시행	-
학교 부설 평생교육시설	평생교육법 제30조	• 학생, 학부모와 지역 주민을 대상으로 교양의 증진 또는 직업교육을 위한 평생교육시설	평생교육시설신고증
학교 형태의 평생교육시설	평생교육법 제31조	• 교육과정 및 시설 등이 초 · 중 · 고등학교와 유사한 시설로서 초 · 중 · 고등학교에 진학하지 못한 학습자를 위한 평생교육시설	평생교육시설신고증
사내대학 형태의 평생교육시설	평생교육법 제32조	• 학교법인 설립 없이 일정기간 사내교육을 이수하면 학력, 학위가 인정되는 평생교육시설	평생교육시설신고증

기관 유형	근거법령	기관 정의	제출 증빙서류
원격대학 형태의 평생교육시설	평생교육법 제33조	• 정보통신매체를 이용하여 특정 또는 불특정 다수인에게 원격교육을 실시하거나 다양한 정보를 제공하는 평생교육시설	평생교육시설신고증
사업장 부설 평생교육시설	평생교육법 제35조	• 사업장에서 고객을 대상으로 설치, 운영하는 평생교육시설	평생교육시설신고증
시민사회단체 부설 평생교육시설	평생교육법 제36조	• 시민사회단체가 소속 회원 외에 일반 시민을 대상으로 설치, 운영하는 평생교육시설	평생교육시설신고증
언론기관 부설 평생교육시설	평생교육법 제37조	• 일간신문, 통신, 주간신문 또는 월간잡지인 정기간행물을 발간하는 기관과 방송을 행하는 법인의 부설 평생교육시설	평생교육시설신고증
지식·인력개발 관련 평생교육시설	평생교육법 제38조	• 지식정보의 제공과 교육훈련을 통한 인력개발을 주된 내용으로 하는 지식·인력개발사업을 진흥·육성하는 평생교육시설	평생교육시설신고증

출처: 국가평생교육진흥원(2018). 2018 평생교육백서.

3) 평생직업교육학원(평생교육법 제2조 제2항 제2호)

표 3-4 평생직업교육학원

기관유형	근거법령	기관 정의	제출 증빙서류
평생직업 교육학원	학원의 설립, 운영 및 과외교습에 관한 법률 제2조의 2	• 학교교과교습학원 외에 평생교육이나 직업교육을 목적으로 하는 학원	평생직업교육학원 등록증

출처: 국가평생교육진흥원(2018). 2018 평생교육백서

4) 그 밖에 다른 법령에 의한 평생교육기관 유형(평생교육법 제2조 제2항 제3호)

그 밖에 다른 법령에 의한 평생교육기관 유형은 다음 〈표 3-5〉와 같다.

표 3-5 그 밖에 다른 법령에 의한 평생교육기관 유형

기관유형	근거법령	기관 정의	제출증빙서류
공무원 연수기관	공무원교육훈련법 제10조	• 공무원교육훈련을 효율적으로 운영하기 위한 소속 공무원을 교육훈련하는 전문 교육훈련기관	(관련내용 확인이 가능한 증빙)
공공직업 훈련시설	근로자직업능력 개발법 제11조	• 국가 · 지방자치단체 및 「근로자직업능력 개발법 시행령」 제2조로 정하는 공공단체직업능력개발훈련을 위하여 설치한 시설	직업능력개발훈련 시설 지정신청서
국방부 (육 · 해 · 공군)	군인복무규율 제2조	• 내무생활 · 근무 · 교육훈련, 기타 병영을 중심으로 이루어지는 모든 활동을 운영하는 시설	-
국악원	문화예술진흥법 시행령 [별표 1]	• 전통 국악의 발전을 위하여 설치된 교육 시설 및 전수시설	(관련내용 확인이 가능한 증빙)
노인관련시설	노인복지법 제23조의 2	• 노인교실 : 노인들에 대하여 사회활동 참여 욕구를 충족시키기 위하여 건전한 취미생활 · 노인건강유지 · 소득보장 기타 일상생활과 관련한 학습프로그램을 제공함을 목적으로 하는 시설 • 노인복지회관 : 노인의 교양 · 취미생활 및 사회참여활동 등에 대한 각종 정보와 서비스를 제공하고, 건강증진 및 질병예방과 소득보장, 재가복지, 그 밖에 노인의 복지증진에 필요한 서비스를 제공함을 목적으로 하는 시설	노인복지시설 설치 신고필증
다문화가족 지원센터	다문화가족지원법 제6조	• 다문화가족 지원을 위한 다문화가족 지원 정책의 시행을 위해 전문인력과 시설을 갖춘 법인 및 단체	다문화가족지원 센터 지정서
도서관	도서관법 제2조	• 도서자료를 수집, 정리, 분석, 보존하여 공중에게 제공함으로써 정보이용, 조사, 연구, 학습, 교양, 평생교육 등에 이바지하는 시설	도서관인정서

기관유형	근거법령	기관 정의	제출증빙서류
문화예술 교육시설 및 단체	문화예술교육 지원법 제1조	• 문화예술교육을 주된 기능의 하나로 실시하는 법인 또는 단체와 이에 준하는 법인 또는 단체로서 「문화예술교육지원법 시행령」 제2조에서 정하는 것	지역문화예술 교육지원센터 지정서
문화의 집	문화예술진흥법 시행령 [별표 1]	• 지역주민이 생활권역에서 문화예술을 이해하고 체험하며 직접 참여할 수 있도록 하기 위한 것으로서 관련 프로그램과 지식 및 정보를 제공하는 복합문화공간	(관련내용 확인이 가능한 증빙)
미술관	박물관 및 미술관진흥법 제4조	• 문화, 예술의 발전과 일반 공중의 문화향유 증진에 이바지하기 위하여 박물관 중에서 특히 서화, 조각, 공예, 건축, 사진 등 미술에 관한 자료를 수집, 관리, 보존, 조사, 연구, 전시, 교육하는 시설	미술관 등록증
박물관	박물관 및 미술관진흥법 제4조	• 문화, 예술의 발전과 일반 공중의 문화향유 증진에 이바지하기 위하여 역사·고고(考古)·인류·민속·예술·동물·식물·광물·과학·기술·산업 등에 관한 자료를 수집·관리·보존·조사·연구·전시·교육하는 시설	박물관 등록증
보건소	지역보건법 제9조	• 지방자치단체 내의 국민건강증진, 보건교육, 구강건강, 영양관리사업 등을 위해 설치된 시설	(관련내용 확인이 가능한 증빙)
비영리 민간단체	비영리민간단체 지원법	• 영리가 아닌 공익활동을 수행하는 것을 주된 목적으로 하는 민간단체	비영리민간단체 등록증 * 주된 사업에 교육 기능이 명시된 기관만 가능
성폭력 상담소	성폭력방지 및 피해자보호 등에 관한 법률 제11조	• 국가 및 지방자치단체가 성폭력 예방을 위한 홍보 및 교육 등을 위해 설치·운영하는 시설	성폭력피해상담소 신고증
아동복지시설	아동복지법 제16조	• 아동직업훈련시설 : 아동복지시설에 입소되어 있는 만 15세 이상의 아동과 생활이 어려운 가정의 아동에 대하여 자활에 필요한 지식과 기능을 습득시키는 것을 목적으로 하는 시설	아동보호전문기관 운영위탁 지정서

기관유형	근거법령	기관 정의	제출증빙서류
여성관련시설 (여성인력 개발센터)	양성평등기본법 제47조	• 남녀평등의 촉진, 여성의 사회참여 확대 및 복지 증진을 위하여 「양성평등기본법 시행령」 제28조에서 정하는 시설	여성인력개발센터 지정서
자원봉사센터	자원봉사활동 기본법 제15조	• 자원봉사활동 개발 · 장려 · 연계 · 협력 등 사업을 수행하기 위하여 법령과 조례 등에 의하여 설치된 기관 · 법인 · 단체	(관련내용 확인이 가능한 증빙)
장애인 복지시설	장애인복지법 제58조	• 장애인 생활시설 : 장애인이 필요한 기간 생활하면서 재활에 필요한 상담 · 치료 · 훈련 등의 서비스를 받아 사회복귀를 준비하거나 장애로 인하여 장기간 요양하는 시설 • 장애인 지역사회재활시설 : 장애인을 전문적으로 상담 · 치료 · 훈련하거나 장애인의 여가 활동과 사회참여 활동 등에 편의를 제공하는 장애인복지관, 의료재활시설, 체육시설, 수련시설 및 공동생활 가정 등의 시설 • 장애인 직업재활시설 : 일반 작업환경에서는 일하기 어려운 장애인이 특별히 준비된 작업환경에서 직업훈련을 받거나 직업생활을 할 수 있도록 하는 시설 • 장애인 유로복지시설 : 장애인이 필요한 치료, 상담, 훈련 등 편의를 제공받고 그에 소요되는 모든 비용을 납부하여 운영자에게 납부하여 운영하는 시설	장애인복지시설 설치 · 운영 신고서
전수회관	문화예술진흥법 시행령[별표 1]	• 지방 고유의 무형문화재를 지속적으로 교육 전수하고 보존할 수 있는 시설	(관련내용 확인이 가능한 증빙)
종합사회복지관	사회복지사업법 시행규칙 [별표 2]	• 지역사회를 기반으로 일정한 시설과 전문 인력을 갖추고 지역주민의 참여와 협력을 통하여 지역사회복지문제를 예방하고 해결하기 위하여 종합적인 복지서비스를 제공하는 시설	사회복지시설 신고증

기관유형	근거법령	기관 정의	제출증빙서류
주민자치센터	주민자치센터설치 및 운영조례준칙 제5조	• 주민편의 및 복리증진을 도모하고 주민자치 기능을 강화하여 지역공동체 형성을 위해 주민이 이용할 수 있도록 읍·면·동에 설치된 각종 문화, 복지, 편익시설과 프로그램을 총칭	해당 주민자치센터 설치 및 운영조례
지방문화원	지방문화원진흥법 제8조	• 지역문화의 진흥을 위한 지역문화사업을 수행하기 위하여 「지방문화원진흥법」에 따라 설립된 법인	지방문화원설립 인가증
지정직업훈련기관	근로자직업능력 개발법 제3조	• 직업능력개발훈련을 위하여 설립, 설치된 직업훈련원, 직업전문학교 등의 시설	직업능력개발훈련 시설 지정서
청소년관련시설	청소년기본법 제3조 청소년활동진흥법	• 청소년수련관 : 다양한 수련거리를 실시할 수 있는 각종 시설 및 설비를 갖춘 종합수련시설	청소년수련시설 등록증
		• 청소년문화의집 : 간단한 수련활동을 실시 할 수 있는 시설 및 설비를 갖춘 정보·문화·예술 중심의 수련시설	
청소년단체	청소년기본법 제48조	• 청소년육성을 주된 목적으로 설립된 법인 또는 「청소년기본법 시행령」 제2조에서 정하는 단체	(관련내용 확인이 가능한 증빙)

출처: 국가평생교육진흥원(2018). 2018 평생교육백서.

5) 평생교육기관의 설치자

평생교육기관의 설치자는 다양한 평생교육 프로그램을 실시하여 지역사회 주민을 위한 평생교육에 기여하여야 한다(평생교육법 제28조 제1항).

(1) 평생교육기관 설치자의 자격제한

다음의 어느 하나에 해당하는 자는 평생교육기관의 설치자가 될 수 없다고 규정하고 있다.

① 피성년후견인 또는 피한정후견인

② 금고 이상의 실형을 선고받고 그 집행이 종료(집행이 종료된 것으로 보는 경우를 포함한다)되거나 집행이 면제된 날부터 3년이 경과되지 아니한 자

③ 금고 이상의 형의 집행유예를 선고받고 그 유예기간 중에 있는 자

④ 법원의 판결 또는 다른 법률에 따라 자격이 정지 또는 상실된 자

⑤ 행정처분에 따라 인가 또는 등록이 취소되거나 평생교육과정이 폐쇄된 후 3년이 경과되지 아니한 자

⑥ 임원 중 제(1)부터 제(5)까지의 어느 하나에 해당하는 자가 있는 법인

(2) 평생교육기관 설치자의 학습자 보호

평생교육기관의 설치자는 특별시 · 광역시 · 도 · 특별자치도(이하 "시 · 도"라 한다)의 조례로 정하는 바에 따라 평생교육시설의 운영과 관련하여 그 시설의 이용자에게 발생한 생명 · 신체상의 손해를 배상할 것을 내용으로 하는 보험가입 또는 공제사업에의 가입 등 필요한 안전조치를 하여야 한다.

(3) 학습자의 학습비 반환 조치 마련

평생교육기관의 설치 · 운영자는 학습자의 보호를 위하여 다음 각 호의 어느 하나에 해당하는 경우에는 대통령령으로 정하는 바에 따라 학습비 반환 등의 조치를 하여야 한다.

① 행정처분에 따라 평생교육시설의 설치인가 또는 등록이 취소되거나 평생교육과정이 폐쇄 또는 운영정지된 경우

② 평생교육기관의 설치 · 운영자가 교습을 할 수 없게 된 경우

③ 학습자가 본인의 의사로 학습을 포기한 경우

표 3-6 평생교육기관 학습비 반환기준

<table>
<tr><th colspan="2">구분</th><th>반환사유 발생일</th><th>반환금액</th></tr>
<tr><td colspan="2">1. 인가 및 등록취소, 폐쇄 또는 운영정지의 경우</td><td>수업을 할 수 없거나, 수업 장소를 제공할 수 없게 된 날</td><td>이미 낸 학습비를 일할 계산한 금액</td></tr>
<tr><td rowspan="6">2. 본인 의사로 학습 포기 경우</td><td rowspan="4">가. 학습비 징수기간이 1개월 이내인 경우</td><td>1) 수업 시작 전</td><td>이미 낸 학습비 전액</td></tr>
<tr><td>2) 총수업시간의 1/3이 지나기 이전</td><td>이미 낸 학습비의 2/3에 해당하는 금액</td></tr>
<tr><td>3) 총수업시간의 1/3이 지난 후부터 1/2이 지나기 이전까지</td><td>이미 낸 학습비의 1/2에 해당하는 금액</td></tr>
<tr><td>4) 총수업시간의 1/2이 지난 후</td><td>반환하지 아니함</td></tr>
<tr><td rowspan="2">나. 학습비 징수기간이 1개월을 초과하는 경우</td><td>1) 수업 시작 전</td><td>이미 낸 학습비 전액</td></tr>
<tr><td>2) 수업 시작 이후</td><td>반환사유가 발생한 그 달의 반환 대상 학습비(가목에 따라 산출된 반환 대상 학습비를 말한다)와 나머지 달의 학습비 전액을 합산한 금액</td></tr>
</table>

비고

1. "학습비 징수기간"이란 징수된 총학습비에 따른 총수업일을 말한다.
2. "총수업시간"이란 학습비 징수기간 중의 총수업시간을 말한다.
3. 반환금액의 산정은 반환사유가 발생한 날까지 경과된 수업시간을 기준으로 한다.

6) 평생교육기관 형태별 현황

2017년 기준으로 교육기관 형태별 기관 현황은 〈표 3-7〉과 같다.

표 3-7 기관형태별 현황

교육기관 형태별		2017년 기관수 (개)
계	총계	12,585
준형식 평생교육 기관	소계	1,040
	고등공민학교	3
	고등기술학교	7
	각종학교(초중고)	51
	근로청소년을 위한 특별학급	4
	방송통신중학교	20
	방송통신고등학교	42
	학교형태 학력인정평생교육기관(초등학교)	3
	학교형태 학력인정평생교육기관(중학)	5
	학교형태 학력인정평생교육기관(고등)	27
	학교형태 학력인정 평생교육시설학교(통합)	17
	방송통신대학	1
	산업대학	2
	기술대학(대학과정)	1
	기술대학(전문대학과정)	-
	각종학교(대학과정)	2
	사이버대학(대학과정)	17
	사이버대학(전문대학과정)	2
	원격대학(대학과정)	1
	원격대학(전문대학과정)	1
	기능대학	9
	전공대학	3
	사내대학(대학과정)	3
	사내대학(전문대학과정)	5
	특수대학원	814
비형식 평생교육 기관	소계	11,545
	초·중등 학교부설	5
	대학(원)부설	412
	원격형태	949
	사업장부설	424
	시민사회단체부설	515
	언론기관부설	707
	지식인력개발형태	579
	시·도평생교육진흥원	17
	평생학습관	435
	학원	7,502

출처: 통계청

4. 평생교육기관의 경영

불확실성이 높고 풀어야 할 문제의 범위와 성격이 복잡해지는 요즘 같은 때 부분해법만 가진 경영자는 한계에 봉착할 수밖에 없다. 그래서 21세기 경영자는 한정된 자기 분야를 초월해서 관련 영역 전체를 조망할 수 있는 지적 시야를 필요로 한다(윤석철, 2005). 특별히 학교에서 배운 내용만으로는 실제 삶의 구체적 맥락에 적절하게 대처하는 데 한계가 있으며, 현재 삶의 구체적 상황에서 학습한 내용만으로는 현실에 대한 왜곡된 정보와 가치관을 가질 수 있는 상황(김한별, 2012)에서 평생교육의 중요성은 더욱 증대되고 있는 실정이다. 평생교육의 중요성은 이러한 사회적 변화와 관련될 때 더욱 강조되고 있으며, 평생교육기관의 경영은 사회변화를 주도적으로 이끌어가야 한다는 측면에서 매우 중요하다.

4차 산업혁명 시대의 변화 속에서 평생교육은 질적 · 양적으로 확대되고 있으며, 다양한 프로그램과 내용들이 개발 · 운영되고 있다. 이러한 상황에서 평생교육기관을 합리적으로 운영하고 경영한다는 것은 상당히 어려운 문제이며, 이를 위해서는 평생교육기관을 보다 전문적으로 이끌기 위한 경영의 개념이 반드시 필요하다.

1) 평생교육기관 경영의 중요성 대두 배경

오혁진(2011)은 이와 같이 평생교육기관 경영이 중요시되는 배경을 다음과 같이 서술하고 있다.

첫째, 평생교육기관의 규모 확대로 인한 체계적 운영의 필요성이다. 평생교육기관의 규모가 대체로 커지고 있고, 국가나 지자체, 기업, 대학 등과 같은 거대한 조직이 평생교육의 설립주체가 됨에 따라 평생교육기관의 규모가 커지고 있는 경향이다. 따라서 규모가 커진 기관을 체계적 · 효율적으로 관리하기 위한 평생교육기관 경영의 중요성이 그만큼 커지고 있다.

둘째, 평생교육기관 간의 경쟁 심화이다. 최근 같은 지역 안에서도 대학부설 평생교육원, 시 · 군 · 구민회관을 비롯, 읍 · 면 · 동 단위의 주민자치센터, 백화점 및 언론기관의 문화센터, 종교기관에서 운영하는 각종 평생교육 프로그램과 온라인 원격교육 기관들도 우리의 일상생활 속으로 파고들고 있는 실정이다. 이에 따라 학습자를 유치하고 경영환경 속에서 생존하기 위한 경영의 필요성이 더욱 커지게 된 것이다.

셋째, 평생교육에 대한 국가 재정적 지원의 부족이다. 정부지원은 늘어나고 있지만 선진국에 비해 여전히 미흡한 상태이다(교육부 홈페이지, 재정: 예산정보 2017년 기준 교육분야 전체 예산 중 평생교육 분야는 1.1% 차지, 6,195억 원). 그로 인해 민간 평생교육기관은 국가지원 이외에 재정적인 자립을 위한 체계적인 경영의 도입이 절실히 요구되고 있다.

넷째, 책무성에 대한 사회적 요구의 증가이다. 최근 국가적으로 정부기관 및 정부의 지원을 받는 각종 기관에 대해 책무성을 중시하는 경향이 강하다. 기관 운영의 성과와 효율성에 대한 엄정한 평가를 통해 재정적 지원을 차등화하는 경향이 강화되고 있으며, 이는 평생교육기관의 경우도 마찬가지이다.

이와 같이 평생교육기관의 양적 · 질적 성장과 평생교육의 공공성 측면과 국가재정의 엄정한 집행 등 다양한 사회적 요구에 부응할 수 있도록 평생교육 종사자들과 평생교육기관이 경영에 많은 관심을 기울이고 접근해야 할 것이다.

2) 평생교육경영의 개념

평생교육경영은 '평생교육'과 '경영'의 두 가지 조합이다. 이 용어 자체가 다소 애매한 의미를 가지고 있다. 어느 부분을 강조하느냐에 따라 굉장히 다르게 해석될 수 있다. 기관의 경영이라는 측면으로 바라볼 것이냐 아니면 평생교육의 원리를 활용한 경영이라는 측면으로 바라볼 것이냐에 따라 많이 다를 것이다. 이 장에서는 간단하게 두 의미의 차이를 살펴보고, 평생교육기관의 경영이라는 측면에서 지속적으로 논의하고자 한다.

(1) 평생교육기관의 경영

평생교육경영을 평생교육기관의 경영으로 바라보는 관점이다. 평생교육기관에서 조직의 목표를 효율적으로 달성하기 위해 조직을 어떻게 운영하고 경영할 것인지에 대한 것을 의미한다. 기관의 설립목적에 따라 목적을 달성하기 위하여 각종 자원(프로그램이나 인적구성원 등)들을 얼마나 효율적으로 분배하고 활용하는지를 보는 과정이라고 볼 수 있다.

(2) 평생교육경영

평생교육경영을 '평생교육의 원리'에 따라 경영의 관점에서 이해하는 것이다(오혁진, 2011). 평생교육의 원리가 더 강조되는 관점으로 4차 산업혁명 시대를 살아가는 조직 구성원이라면 누구나 지속적인 학습과 성장을 통해 발전을 꾀할 수밖에 없다. 이러한 상황에서 학습조직 논의, 상호 존중과 공유, 협력, 지속적인 학습 등과 같은 평생교육의 원리가 조직에 도입되지 않으면 안 된다는 것을 반영한 개념이다.

이와 같이 평생교육경영의 개념은 두 가지 측면으로 생각해 볼 수 있다. 이러한 두 가지 측면을 정리하여 비교하여 보면 〈표 3-8〉과 같다. 이 두 가지 개념은 서로 충돌하기보다는 조화로운 발전을 이루는 것이 필요하다. 조직의 효과성이나 효율성을 추구하는 경영학적 기법과 평생에 걸친 학습의 중요성을 강조하는 평생교육학적 원리들이 상호 보완하여 발전한다면 점점 더 증대되고 있는 평생교육기관들의 경영에 긍정적인 신호를 줄 수 있을 것이다.

표 3-8 평생교육경영 개념의 두 가지 차원

구분	평생교육기관의 경영	평생교육원리에 의한 조직경영
대상기관	평생교육기관 및 조직	일반조직(평생교육기관 포함)
추구하는 가치	평생교육기관 안의 인적·물적 자원의 효율적 활용을 통한 기관 목표의 달성	조직 구성원의 학습과 참여를 통한 개인 및 조직의 발전
중요성 부각 이유	평생교육기관의 규모 확대, 평생교육기관 간의 경쟁과 책무성 증가로 인한 체계적 경영의 필요성 인식	조직 내 인간적 가치와 조직의 발전을 위한 평생학습의 중요성 인시
주요 참조 분야	일반 경영학	평생교육학

출처: 오혁진(2011)

(3) 평생교육기관 경영의 함의

앞에서 살펴본 것과 같이 두 가지 측면의 관점에서 바라볼 수 있지만 특별히 평생교육기관 경영의 측면에서는 다음과 같은 함의가 포함되어 기관 운영을 합리적으로 운영하는 것이 필요할 것으로 보인다.

첫째, 평생교육기관을 운영함에 있어 수지균형을 맞출 수 있도록 한다는 것이다(김용현 외, 2011). 평생교육기관 대부분이 열악한 환경에서 운영되고 있기 때문에 적자재정이 되지 않도록 노력하는 것이 필요하다.

둘째, 평생교육기관을 운영함에 있어 해당 평생교육기관의 지속가능한 발전이 극대화될 수 있도록 조직적 기반과 역량을 강화해 나간다는 것이다(김용현 외, 2011). 지속가능성과 함께 기관 설립 목적 달성이 동시에 추구되도록 해야 한다.

셋째, 평생교육기관이 공급하는 교육 프로그램이 교육 수요자의 필요와 기대를 최대한 충족시킬 수 있도록 한다는 것이다(김용현 외, 2011). 학습자 삶의 질 향상이 궁극적인 기관의 목적이 되도록 노력하는 것이 필요하다.

넷째, 평생교육기관이 지역사회의 평생교육 발전을 이끌어 나가는 데 적극적으로 참여함으로써 사회적 지도력을 발휘하여야 한다는 것이다(김용현 외, 2011). 지역사회와 공존하고 프로그램들을 공유하는 등의 노력을 통하여 공동체의 삶의 질 향상에도 이바지하는 노력이 필요하다.

5. 평생교육기관 경영의 요소와 특성

1) 평생교육기관 경영의 요소

평생교육기관의 경영활동을 구성하는 요소들은 일반 기업의 경영활동 구성요소(인사, 조직, 재무, 생산, 마케팅 등)과 일맥상통하는 부분도 있겠지만, 평생교육기관만의 특성이 반영된 요소들이 있다. 평생교육기관들이 경영을 통해 수행해야 할 과제 요소에는 기본적인 ① 프로그램 ② 구성원들의 인사관리 ③ 정부 보조금 및 학습비 등 재무, 예산

관리 ④ 평생학습자들을 많이 유치할 수 있는 마케팅이 있다.

(1) 프로그램

기업경영의 입장에서 보면 이익을 만들어 주는 생산품에 해당하는 것으로 평생학습자들에게 제공하는 프로그램이다. 프로그램은 사실 평생교육기관 경영에서 가장 중요한 요소라 할 수 있다. 이러한 프로그램을 학습자들에게 제공하고 종합적으로 관리하는 프로그래밍은 아주 중요한 경영의 요소이다. 여기에는 프로그램의 개발, 프로그램의 계열화, 수요를 반영하고 내 · 외부 환경적인 요인에 따른 과정 개설과 폐지 등을 말한다.

(2) 인사관리

21세기 특히 4차 산업혁명 시대에서 가장 중요한 부분을 차지하는 인재관리 및 인재양성도 평생교육기관 경영에서 중요한 요소다. 기관 입장에서는 반드시 배치해야 하는 평생교육사 배치 등 유능하고 합리적이며 조직의 비전과 일치되는 인재를 구하고 적재적소 배치하고 교육시키는 일들을 다 포함한다. 결국, 인사관리는 첫 번째 제시된 프로그램과도 밀접한 관련을 맺는 요소라 할 수 있다. 그리고 평생교육기관의 경우 학습자 관리도 인사관리의 한 영역이라 볼 수 있다. 평생교육사가 개별 과정의 학습자를 관리하는 측면뿐만 아니라 기관 전체적인 학습자 DB관리 등도 포함한다. 뿐만 아니라 학습자 집단의 조직화, 학습자 정보의 관리, 학습자를 위한 취업과 자격증 취득을 위한 사후서비스 제공, 수요자인 학습자의 의견수렴 및 피드백, 학습자를 위한 각종 서류 발급 및 증명서 발급 등이 포함된다고 할 수 있다.

(3) 예산관리

평생교육기관에 배정되는 정부예산이 나날이 늘어나고 있는 상황에서 기관 운영을 위한 예산관리는 경영의 측면에서 아주 중요하다. 중앙정부나 지자체 및 각종 정책들을 수행하면서 받을 수 있는 예산의 규모 측정과 학습자들의 학습비 등을 관리하고 적재적소에 배치하고 활용하는 것이다. 더불어 예산의 편성과 지출 등을 통하여 관리하고 점점 증대되고 있는 평가에 의한 차등 보조금 배분들에 대해서 집중하는 것도 해야 할 일 중 중요한 일이다.

(4) 마케팅

기업경영에 있어서는 수요가 한정되어 있는 시장 점유율 싸움이나 생산성 향상이 없는 노사분규 등 제로섬 게임에서 살아남기 위해 치열하게 노력하는 분야가 마케팅이다. 평생교육기관 입장에서도 점점 더 증대되고 있는 각종 기관들과 치열한 경쟁을 하는 입장에서 기관이 가지고 있는 최적의 프로그램을 어떻게 학습자들에게 알리느냐도 굉장히 중요한 경영의 요소이다. 다만, 평생교육기관은 기업처럼 치열한 경쟁을 통한 수익성에 신경을 쓰기보다는 연대와 공유를 통한 사회적 가치나 공공성에 기반한 제로섬이 아닌 새로운 프런티어 전략으로 학습자들의 삶의 질 향상이나 국민들의 평생학습의 중요성을 심어줄 수 있는 방향으로 마케팅 전략을 꾸미는 것이 필요할 것이다. 기관 입장의 마케팅에는 특정 평생교육 프로그램이나 과정에 참여하고자 하는 학습자들의 수요와 규모 파악, 프로그램에 대한 요구 분석, 피드백, 평생교육기관 홍보 및 프로그램 홍보 등이 포함된다.

평생교육기관의 형태나 규모에 따라 일부가 전담해서 진행하는 경우도 있고, 점점 규모가 커짐에 따라 이러한 요소들을 하나의 과제로 삼고 별도의 임무를 부여하는 기관들도 점점 더 많아지고 있는 상황이다.

지금까지 얘기한 경영의 구성요소와 별도로 평생교육기관의 경영과제들을 성공적으로 수행하기 위해서는 과정에 대한 구성요소와 단계별 내용들도 검토함이 필요하나, 이 내용은 프로그램과 과정개발에 대한 논의가 이어지는 다른 장에서 좀 더 깊이 논의하도록 한다.

2) 평생교육기관 경영의 특성

평생교육기관 경영의 특성은 일반적인 기업경영 특성과는 확연히 구분될 수밖에 없는데, 학습자들의 삶의 질 향상과 더불어 수익성보다는 공공성이나 사회적 가치의 실현이라는 관점에서 살펴볼 수 있다.

최은수, 배석영(2011)은 평생교육기관 경영의 특성을 다음과 같이 정의하고 있다. 첫째, 평생교육기관의 핵심활동인 교수-학습 활동을 지원하고 촉진한다. 주요활동은 시대적 흐름에 맞는 새로운 프로그램을 개발하고, 활발하게 운영하여 조직이 활성화 될 수 있도록 하고, 평생학습자들의 지적 욕구와 갈증을 해결할 수 있도록 효과적인 교수-학습 활동을 지원하는 것이 가장 중요한 활동이다.

둘째, 교수-학습활동이 효과적이고 효율적으로 이루어질 수 있도록 계획, 의사결정, 리더십, 관리 및 실행, 그리고 평가하는 활동으로 구성되어져 있다. 평생교육 조직의 핵심활동인 교수-학습활동이 보다 효과적이고 효율적으로 운영될 수 있도록 잠재된 평생학습자들을 발굴하고 분석하여 현실에 필요한 프로그램을 개발하고 효율적인 운영이 될 수 있도록 철저한 계획과 의사결정이 이루어져야 한다. 더불어 조직의 리더십 발휘와 합리적인 관리와 실행, 평가가 이루어지는 일련의 활동들이다.

셋째, 여러 사람들의 노력과 자원이 함께 결합되는 집단적 과정이다. 평생교육 조직은 단순히 조직을 구성하고 있는 구성원들로만 운영되는 것이 아니라 평생학습자와 조직의 운영에 도움을 주는 지원자, 그리고 봉사자들이 함께 어우러져 이끌어 가는 집단적 과정이다.

넷째, 평생교육 조직의 교육활동을 지원하고 조장하는 활동이기 때문에 평생교육 조직의 특성과 밀접한 관련을 맺고 있다. 평생교육 조직의 교육활동이 원만하게 이루어질 수 있도록 재정적 재원을 확보하는 일로부터 교육프로그램의 개발, 잠재 평생학습자의 발굴과 유치, 훌륭한 프로그램 리더의 발굴 및 초빙 등 다양한 평생교육경영 활동이 전개되는데, 이러한 활동들은 평생교육 조직의 특성과 매우 밀접한 관련을 맺고 있다.

요 약 및 시사점

본 장에서는 평생교육기관의 다양한 유형과 더불어 평생교육기관의 경영에 대해 살펴보았다. 평생교육기관이란 평생교육을 목적으로 설립된 시설 · 법인 또는 단체를 말하는데, ① 평생교육법에 따라 인가 · 등록 · 신고된 시설 · 법인 또는 단체 ② 「학원의 설립 · 운영 및 과외교습에 관한 법률」에 따른 학원 중 학교교과교습학원을 제외한 평생직업교육을 실시하는 학원 ③ 그 밖에 다른 법령에 따라 평생교육을 주된 목적으로 하는 시설 · 법인 또는 단체들을 일컫는다. 기관의 유형으로는 첫째, 평생교육법에 의해서 설치된 평생교육기관은 학교 및 8개 평생교육시설, 국가평생교육진흥원 및 광역시 · 도 평생교육진흥원, 시 · 군 · 구 평생학습관, 장애인평생교육시설을 포함한다. 둘째, 「학원의 설립 · 운영 및 과외교습에 관한 법률」에 따라 설치된 직업교육훈련 학원도 평생교육기관에 해당된다. 셋째, 「평생교육법」과 「학원의 설립 · 운영 및 과외교습에 관한 법률」이 아닌 타 법에 의하여 규정되는 기관들을 분류하였다. 평생교육기관은 ① 교육이 모든 연령층에 개방 ② 교육과정이나 교육기간이 학교교육에 비해 비교적 탄력적 ③ 교육내용이 국민 개개인의 실생활과 밀접 ④ 교유기간은 학교에 비해 단기 ⑤ 평생교육기관의 경영은 탄력적이고 융통성 ⑥ 교육내용은 매우 광범위하고 다양 ⑦ 재정적으로 매우 열악 등의 특성을 가지고 있다.

평생교육경영을 평생교육기관의 경영으로 바라볼 수 있으며, 평생교육기관에서 조직의 목표를 효율적으로 달성하기 위해 조직을 어떻게 운영하고 경영할 것인지에 대한 것을 의미하며, 기관의 설립목적에 따라 목적을 달성하기 위하여 각종 자원(프로그램이나 인적구성원 등)들을 얼마나 효율적으로 분배하는 과정이라고 볼 수 있다는 것까지 살펴보았다. 더불어 다양한 평생교육기관의 경영요소와 특성에 대해서도 살펴보면서 공공성에 기반한 평생교육기관의 경영을 짚어볼 수 있었다.

요 약 및 시사점

제6회 대한민국 평생학습박람회 개최
전 국민 평생학습 참여동기 부여 및 성과 공유의 장 마련

- 대한민국 평생학습박람회는 전국의 300여 개 평생학습 관련기관과 국민이 참여하여 평생교육의 성과를 공유하고, 국민의 평생학습 참여 동기를 일깨우는 행사이다.

※ (참고) 최근 박람회 개최 현황 (2016년 이후 2년 주기(격년제)로 변경)

회차	1회(2012년)	2회(2013년)	3회(2014년)	4회(2015년)	5회(2016년)
개최지	대전	충북 제천	경기 일산	서울	경남 거창

- 올해는 국가 정책과 지역의 평생교육 실행 전략, 기관과 학습자의 우수사례를 소개하고 평생교육 진흥을 위해 국가와 지자체, 산업체, 교육기관이 협업하는 명실상부한 국가 수준의 박람회로 준비하였다.
- 제6회 대한민국 평생학습박람회는 "평생학습, 사람을 빛나게 하다!"라는 주제로, 전시마당, 부대행사, 외부박람회 등으로 진행된다.
- 전시마당에서는 평생교육 관련 제도와 정책, 각 기관별 · 분야별 평생교육 프로그램을 소개하고, 이를 체험하는 7개 마당*으로 구성하였다.

* (화합) 교육부 주제관 및 시 · 도별 통합관 / (창의) 대학 평생교육 홍보관
(소통) 여성 · 장애인 · 다문화, K-MOOC, 우수동아리 등 분야별 전시관
(나눔) 마을기업 등, (지혜) 인문학 기관, (희망) 공공기관, (문해) 시화전 등

- 부대행사로 평생교육 국제세미나, 평생교육강의 경연대회, 평생학습 동아리 경연대회, 평생학습아고라 등 다채로운 행사가 진행된다.

부대행사	세 부 내 용
평생교육국제세미나	△ 독일, 일본, 우루과이의 전문가를 초청하여 '시민과 평생학습', '지역과 평생학습', '통일과 평생학습' 등을 주제로 세미나 개최
평생교육강의 경연대회	△ 우수 평생교육 강사들을 한자리에 모아 교안 구성 및 발표 심사
평생학습 동아리경연대회	△ 전국 21개 평생학습동아리의 학습 결과 공유 및 경연
평생학습아고라	△ 평생학습을 주제로 한 토크 콘서트

교육부 보도자료(2018. 10. 25)

연습 문제

1. 우리가 살고 있는 주변에는 어떤 유형의 평생교육기관들이 있는지 정리한 다음 다양한 유형에 대해 팀원과 함께 공유해 보자.

2. 평생교육기관의 특성에 대해서 논의해 보고 특성별로 주변에 구체적인 기관들을 예시로 들어 팀원과 함께 공유해 보자.

3. 평생교육기관 경영은 수익성과 공공성 2가지 가치가 충돌하는 경우가 많이 발생한다. 2가지 가치 충돌 시 극복하기 경영전략은 어떤 것들이 필요할지 평생교육기관 경영 특성과 연결지어 팀원과 함께 공유해 보자.

참고문헌

교육부, 한국교육개발원(2017). 2017년 평생교육통계자료집. <http://kess.kedi.re.kr/index>. (2018.1.16.).

교육부 보도자료(2018.10.25.). "제6회 대한민국 평생학습박람회 개최-전 국민 평생학습 참여 동기 부여 및 성과 공유의 장 마련"

국가법령정보센터(http://www.law.go.kr)

국가평생교육진흥원(2018). 2018 평생교육백서

국가평생교육진흥원(http://www.nile.or.kr)

김용현, 정기수, 장무섭, 김노마, 김진한, 성낙돈, 송병국, 심의보, 양병찬, 윤여각, 이상오, 정찬남, 조병규, 하광호(2011). **평생교육경영론**. 파주: 양서원.

김한별(2012). **평생교육론**. 서울: 학지사.

문한나, 윤수린, 박동진(2018). 4차 산업혁명시대의 근로자 경력개발 지원방안, 한국직업능력개발원 연구보고서.

오혁진(2011). **평생교육경영학**. 서울: 학지사.

윤석철(2005). **경영 · 경제 · 인생 강좌 45편**. 서울: 위즈덤하우스.

이황원(2008). **평생교육론**. 파주: 교육과학사.

정승민(2016). **법적 관점에서 살펴본 평생교육경영론**. 서울: 한국방송통신대학교.

최은수, 배석영(2011). **평생교육경영론**. 파주: 양서원.

Part

02

평생교육경영의 과정

Chapter **04**

경영마인드와 리더십[1)]

단순하게 생각해 보면 평생교육경영은 평생교육기관이 추구하는 바에 맞게 효율적으로 수행하여 제 역할을 할 수 있게끔 운영하는 것을 의미한다. 하지만 평생교육이 그 어느 때보다 강조되고 있는 시점에 관련 기관에 대한 운영뿐만 아니라 범국가적 차원에서의 평생교육 발전을 위한 사회적 여건 및 지원체제 등 사회적 수준에서의 정책에 이르는 부분까지 고려하여 평생교육 문화를 정착시켜 나가는 데까지 관심을 가져야 할 것이다. 이런 의미에서 평생교육경영은 해당 기관에 대한 운영의 범위를 초월하는 개념으로 접근해야 할 것이다. 물론 앞서 언급한 바와 같이 거시적 관점에서의 평생교육경영을 실현하기 위해서는 무엇보다도 먼저 단위기관으로서 하나하나의 평생교육기관이 제 역할을 수행해야 할 것이다. 특히 평생교육기관은 공익을 추구하는 교육기관으로서 그 가치를 충실히 구현해 나가야 한다. 평생교육경영 또한 이 부분에 초점을 맞출 필요가 있다. 이러한 필요성에 따라 본 장에서 평생교육경영의 과정 중 평생교육과 관련한 경영한 마인드와 리더십에 초점을 맞추어 살펴보고자 한다.

1) 권두승 등(2016)의 평생교육경영론 제5장 평생교육기관 경영자론, 김용현 등(2018)의 평생교육경영론 제5장 평생교육기관의 리더십 및 의사결정, 윤정일 등(2016)의 교육행정학원론 제4장 리더십론 등의 자료를 참고하여 재구성하였음

1. 평생교육과 경영

평생교육의 중요성이 강조되고 있는 오늘날 평생교육 관련 기관들은 사회를 유지하고 발전시키는 데 필요한 사회기관임에 분명하다. 조직은 자신을 위해 존재하는 것이 아니라 특수한 사회적 목적을 달성하고 사회와 개인의 구체적인 욕구를 충족시키기 위해 존재한다. 피터 드러커는 『자본주의 이후의 사회』에서 앞으로의 사회는 조직들의 사회가 되는데 공동체, 즉 지역사회와 가족은 존속 그 자체가 목적이지만 각종 조직은 보다 넓은 의미의 사회를 구성하는 요소로서 사회적 필요에 따라 존재의의를 부여받는다고 강조한 바 있다.

특히, UNESCO에서 평생교육의 5가지 주제를 보더라도 평생교육이 학문이나 단순한 실행 그 이상의 관점에서 다루어져야 한다는 사실을 쉽게 알 수 있다. 평생교육과 연관된 기관의 경영도 마찬가지이다. 경영도 그 자체가 목적이 아니라, 그를 통하여 달성하고자 하는 비전이 무엇이고 과업이 어떤 것이냐가 중요하다. 이러한 점에서 우리는 경영을 과업 속에서 그리고 과업을 통해서 정의해야 할 필요가 있다고 하는 피터 드러커의 주장을 이해할 필요가 있다. 평생교육경영은 평생교육 조직으로 하여금 맡은 바 역할을 다하고 또한 사회에 공헌할 수 있도록 하기 위해서 '경영은 조직의 특수한 목적과 사명을 달성한다', '경영은 조직이 수행하는 작업과 인적자원의 생산성을 높인다', '조직이 사회에 미치는 영향과 책임을 파악하고 관리한다'는 세 가지 과업에 관심을 가져야 한다(Drucker, 2006; 권두승 외, 2016 재구성). 조직의 구성원 모두가 관심을 가지고 이에 부합하도록 생각하고 행동하는 것도 필요하지만 결국 이러한 과업에 관심을 가지고 방향을 설정하는 경영자의 태도 또한 중요하다.

1) 경영과 경영자

프랑크 아르놀트(Frank Arnold, 2010)는 경영에 대한 지식은 개인, 조직, 사회에서 성공하는 데 핵심적인 요소라고 말한 바 있다. 조직에서 일하는 모든 사람은 인간과 조직의 효율성이 근본적으로 무엇에 좌우되는가를 알아야 한다. 이를 아는 사람은 스스로 성공할 수 있다. 성공은 목표를 세우고 그것을 달성하는 것이다. 이러한 성공은 경영에 대한 지식을 통해서 가능하다. 경영에 대한 지식을 습득해야 제대로 일하고 성공적인 결과를 얻을 수 있다. 경영에 대한 지식은 성공에 대한 지식이다. 또한 가장 기초적이고 심오하며, 실제적이고 효과적인 지식이다. 이러한 지식을 갖추면 개인적인 목표도 달성할 수 있을 뿐만 아니라 조직을 효율적으로 만드는 데 크게 기여할 수 있다. 따라서 경영의 의미를 파악하는 일은 중요하다.

(1) 경영의 의미

요즘에는 일반 기업체뿐만 아니라 정부공공기관은 물론 학교, 병원 등 비영리기관이나 단체에서도 경영이라는 말을 많이 사용하고 있다. 이것은 과거와는 분명 다른 모습이다. 지금까지 경영이라고 하면 으레 영리추구를 중심으로 하는 기업체에서만 사용하는 개념으로 이해했기 때문이다(조동성, 2018). 하지만 경영의 의미에 대해서 오늘날은 다양한 형태로 해석하기 시작하면서 그 대상의 폭이 넓어졌다.

경영분야의 세계적인 석학인 피터 드러커는 『변화리더의 조건』에서 경영의 몇 가지 원칙을 아래와 같이 정리하면서 경영에 대해서 보다 구체적으로 이해할 수 있도록 하였다(권두승 외, 2016 재인용).

경영이란 인간에 관한 것이다. 경영의 과업은 서로 다른 기술과 지식을 가진 사람들로 하여금 공동의 성과를 올릴 수 있도록 하는 것이다. 각자의 강점을 활용하여 공동의 목표를 달성할 수 있도록 하고, 각자의 약점이 목표를 달성하는 데 장애가 되지 않도록 만들어 주는 것이다. 이것이 바로 조직이 해야 할 모든 것이며, 경영이 그토록 중요하고 결정적인 요소가 되는 이유이기도 하다.

경영은 공동의 목표를 위해 사람들을 통합하는 것이다. 따라서 경영은 문화와 매우 깊은 관련이 있다. 경영자가 수행하는 과업 그 자체는 어디에서나 다 똑같다. 하지만 그 과업을 어떻게 수행하느냐 하는 점에 있어서는 현격하게 다를 수 있다.

모든 기관은 구성원들이 공동의 목표와 가치관을 가질 것을 요구한다. 공동의 목표와 가치관이 없는 기관이란 단지 사람들의 집합에 지나지 않을 뿐 기관으로서 존재할 수 없다. 기관은 단순 명료한 공동의 목표를 필요로 한다. 기관의 사명은 공동의 비전을 제공할 수 있을 정도로 충분히 명확해야 하며, 또한 충분히 포괄적이어야 한다. 비전을 구체화하기 위한 목표들은 모든 구성원들에게 분명하게 주지되어야 하며, 계속해서 재확인되어야 한다. 경영의 첫 번째 과제는 공동의 비전과 목표, 그리고 가치관에 대해 깊이 생각하고, 결정하고, 구성원들에게 제시하는 것이다.

경영은 조직과 그 구성원들이 새로운 요구와 기회, 그리고 변화에 맞추어 성장하고 발전할 수 있도록 해주어야 한다. 모든 기관은 배우는 기관(learning institution)이자 가르치는 기관(teaching institution)이다. 그리고 학습과 개발은 모든 경영계층에 확립되어야 하고, 절대로 중단되어서는 안 된다.

모든 기관은 서로 다른 여러 종류의 작업을 하는 데 필요한 온갖 기술과 지식을 가진 사람들로 구성되어 있다. 따라서 기관은 구성원 간의 의사소통과 개인의 책임을 바탕으로 조직되지 않으면 안 된다. 모든 구성원은 자신이 달성하고자 하는 목표가 무엇인지 깊이 생각해야 한다. 그리고 그것을 다른 사람에게 확실히 이해시켜야 한다.

수익률 혹은 등록생 수(평생교육기관에 있어서 등록생 수는 기업의 판매량과 같은 의미를 지닌 것으로 이해)와 같은 것은 그 자체만으로는 경영과 기관에 대한 적절한 성과측정지표가 될 수 없다. 시장 점유율, 혁신, 생산성, 인적자원개발, 서비스 품질, 재무상태 등의 모든 것이 기관의 성장에 그리고 기관의 생존에 결정적인 영향을 미친다. 영리조직과 마찬가지로 비영리조직도 역시 그들의 사명과 관련하여 구체적인 성과를 측정할 수 있다. 마치 인간이 자신의 건강과 능력을 평가하기 위해서 다양한 측정방법을 필요로 하는 것처럼, 기관도 자신의 건강과 성과를 평가하기 위해 다양한 측정방법을 필요로 한다. 성과는 기관과 기관경영의 한 부분으로 구체화되어야 하고, 성과는 반드시 측정되어야 한다. 그리고 그 성과는 끊임없이 개선되어야만 한다.

가장 중요한 것은 경영의 결과가 언제나 기관의 외부에 나타난다는 사실이다. 기관의 결과란 곧 고객의 만족을 의미한다. 병원의 경우에는 환자의 치료율이고, 평생교육기관의 경우에는 학습자의 만족도를 나타내기도 하며, 흔히 이것을 프로그램의 등록률이라든가 탈락률로도 나타나기 마련이다.

이처럼 피터 드러커가 말하는 경영의 몇 가지 원칙을 핵심 키워드로 정리해 보면,

인간, 공동의 목표, 가치관, 통합, 구성원의 요구, 기회, 변화, 책임, 서비스, 만족 등으로 정리할 수 있다. 이러한 용어들은 일반적인 교육에서 추구하는 바와 일맥상통한다고 해석할 수도 있다. 이에 경영을 이러한 맥락에서 이해한다면 평생교육경영의 의미도 보다 잘 파악할 수 있을 것이다.

(2) 경영자의 역할

위키백과사전의 정의에 따르면 경영은 가장 단순한 의미로 조직을 관리하고 운영하는 것이다. 이를 조직의 목적과 연관시켜 보면 조직의 목적을 달성하기 위한 일체의 과정을 경영이라고 할 수 있다. 여기에서 말하는 조직은 가계, 기업, 기관 또는 다른 어떤 형태의 조직도 될 수 있다. 또한 경영은 조직의 비전과 목표를 달성하기 위하여 계획하고, 실행하며, 이를 평가하는 일련의 동태적 과정으로 볼 수 있다. 하지만 이런 기관이나 단체는 비인격체이며 이와 같은 활동을 스스로 할 수 없다. 조동성(2018)에 따르면 즉, 기관이 하나의 조직체로서 유지·발전하기 위해서는 그 기관의 방향을 결정짓고, 경영활동을 직접 수행하는 주체가 있어야 하며, 이러한 역할을 담당하는 인격체가 바로 경영자이다.

따라서 경영자는 경영을 총괄하면서 경영에 대한 책임을 지게 된다. 이러한 입장에 서게 되면 경영자는 그것이 영리기관이든 비영리기관이든 상관없이 기관경영에 이어서 중요한 역할을 담당하고, 기간 내 구성원의 역할 및 행동을 규정하는 책임자로서 기관경영에 있어서 없어서는 안 되는 가장 중요한 요소라고 볼 수 있다(권두승 외, 2016). 또한 앞에서 소개한 경영의 원칙과 핵심 키워드인 인간, 공동의 목표, 가치관, 통합, 구성원의 요구, 기회, 변화, 책임, 서비스, 만족 등과 관련하여 직접 수행함으로써 의미를 부여하는 역할을 하는 인격체가 바로 경영자인 것이다.

특히 과거 육체노동자에게는 하루에 몇 켤레의 구두를 만들 수 있는가와 같은 능력이 중요했다. 그러나 오늘날 지식기반사회에 있어서는 이러한 물리적인 제품이 아닌 지식, 아이디어, 정보를 창출하는 것이 중요하다. 그런데 이러한 것들은 그 자체만으로는 쓸모가 없다. 실제 작업활동과 행동에 적용되지 않는 위대한 지혜는 무의미한 데이터에 지나지 않는다. 따라서 지식사회에 있어서 경영자에게는 이러한 것들을 활용하여 목표를 달성하는 능력이 중요하다. 지능, 근면성, 상상력, 지식 등이 아무리 뛰어나도 이러한 실행 능력, 목표달성 능력이 따라주지 않으면 그것은 아무것도 하지 않은 것과 마찬가지이다. 여기에서 경영자의 역할이 강조된다. 특히, 일의 효율을 높이고 목표를 달성하는 데 타고난 사람은 없다. 다시 말해 지능이 높다거나 열심히 일한다거나 지식이 많다고 해서 일을 잘할 수 있는 것은 아니다. 오히려 몇 가지 습관이 목표를 달성하는 데 중요하다고 피터 드러커가 주장하는 이유는 여기에 있다(피터 드러커, 2020).

조직이나 기관에는 기관장부터 팀장, 과장 등 여러 경영자가 있을 수 있다. 각각의 경영자는 수행하는 역할이나 그 역할을 수행하는 데 필요한 자질이 다르다. 고전적 조직이론가인 민츠버그는 경영자의 역할론에서 경영자의 역할에 대해서 설명하고 있다. 이를 정리하면 다음과 같다(김종재, 2007).

먼저 경영자는 크게 대인관계 역할(interpersonal roles), 정보처리 역할, 의사결정적 역할로 크게 나눌 수 있다. 대인관계 역할은 대표자의 역할, 리더의 역할, 연결자로서의 역할로 나눌 수 있고, 정보처리 역할은 정보수집자적인 모니터의 역할, 정보보급자적인 역할, 대변자적 역할로 나눌 수 있고, 의사결정적 역할은 기업가적 역할, 문제해결자적 역할, 자원배분자적 역할, 협상자적 역할로 나눌 수 있다.

- 대인관계 역할
  - 대표자의 역할(대표자) : 조직의 대표자로서 행사에 참여하고 사회적 의무를 다하는 일
  - 리더의 역할(리더) : 부하들의 동기부여, 업무지침의 제시, 직원의 격려, 갈등 해소 등을 포함
  - 연결자로서의 역할(연락자) : 경영자는 상하(상사와 부하) 간, 좌우(기관과 기관, 시설과 시설, 부서와 부서, 라인과 스탭), 내외(조직 외부 및 조직 내부) 간의 관계에 있어서 연결고리 역할
- 정보처리 역할
  - 정보수집자적인 모니터의 역할(탐색자) : 의사결정의 신속성과 정확성을 위해

기관 운영에 필요한 정보를 지속적으로 직·간접적으로 수집하고 이를 관찰하는 일

- 정보보급자적인 역할(전파자) : 조직 내 부하직원들에게 필요한 정보를 보급하는 일
- 대변자적 역할(대변인) : 조직 밖으로 정보를 전달하는 일

• 의사결정적 역할
  - 기업가적 역할(기업가) : 조직을 위해 조직과 환경을 탐색하고 발전과 성장을 창시하는 일
  - 문제처리자적 역할(문제해결자) : 조직이 중요하거나 예기치 못했던 문제에 직면할 때 바람직한 해결을 도모하는 일
  - 자원배분자적 역할(자원배분자) : 각종의 조직 내 자원들을 적절히 배분하는 일
  - 중재자적 역할(협상자) : 중요한 협상 시에 조직을 대표해서 중재하는 일

이처럼 경영자는 조직 혹은 기관의 목적을 설정하고 이를 달성하기 위해서 다양한 역할을 수행한다. 위키백과사전을 보면 경영의 절차에 따라 계획, 조직, 지휘, 통제의 기능을 제대로 수행함으로써 조직의 목적을 달성할 수 있는데 이를 경영 기능의 보편성(universality of management)이라고 말한다. 조직 내에서 경영자는 계획(planning), 조직(organizing), 지휘(leading), 통제(controlling)의 기능을 순환적으로 수행한다고 말한다.

계획의 기능은 경영자의 주된 기능임과 동시에 여타 기능의 기반을 이루는 과정으로서 미래 활동에 관하여 현재에 의사결정을 하는 총체적인 과정으로서 조직목적을 명백히 하고 이들 목적을 달성하기 위한 전반적인 전략을 수립하고, 제반 활동을 통합하고 조정하기 위해 보다 큰 계획으로 발전시키는 역할을 수행하는 일이다. 이러한 기능은 조직의 목적을 달성하기 위하여 매우 중요하다. 예를 들어, 어떤 자원이 필요한지를 결정하고, 기관이 필요로 하는 구성원의 수와 유형을 찾아내고, 업무가 제대로 수행될 수 있는 조직환경의 기반을 개발하며 탐색하고, 필요하다면 조정 등을 통해 수정하도록 하는 등의 활동이다.

조직의 기능은 조직구조를 설계하는 데 중점을 두는 기능으로 어떤 과업이 수행되

어야 하며, 누가 그 과업을 수행하고, 그 과업이 어떻게 집단화되고 누가 누구에게 보고하며 조직의 어디에서 의사결정이 이루어져야 하는가 등을 결정하는 역할을 수행한다.

지휘의 기능은 흔히 지시화, 영향화 또는 동기부여화라고도 불리는데 이 기능은 계획을 수립하고 조직구조를 만들고 구성원을 채용한 다음, 조직을 이끌어 가는 역할을 수행한다.

통제의 기능은 경영자의 의지 등을 통하여 조직 내에서 수행되고 있는 제반 경영활동의 결과를 측정하고 그것을 이미 설정한 성과목표와 비교해 보고, 필요하면 수정하는 기능을 말한다. 여기에는 성과기준을 설정하고, 이 기준에 대한 현재의 성과를 측정하고, 그 목표와 성과 사이에 차이가 있으면 그를 보완하고 수정하기 위한 역할을 수행한다.

워런 버핏(Warren Buffett)은 효율적인 경영을 위한 일곱 가지 원칙을 이야기하면서 경영자의 역할은 이 원칙을 이해하고 실천함으로써 더 높은 성과를 올리도록 노력해야 한다고 말한다(프랑크 아르놀트, 2011).

① 경영은 사람에 달려 있다. 경영의 첫 번째 과제는 사람들과 함께 성과를 올릴 수 있는 상태를 만드는 것이다. 이 과정에서 기존의 자원이 고객을 위해 유용하게 변화된다. 이러한 과정의 목표는 사람들의 장점을 최대한 끌어올리고 약점은 최소화시키는 것이다.

② 모든 조직은 공동의 목표와 가치를 가지고 책임을 져야 한다. 기업사명은 확실한 이미지로 전달되어야 한다. 기업사명을 충족시켜야 한다는 목표는 분명하고 간결하다. 하지만 기업의 목표와 가치는 그저 확립한 후 골똘히 연구하는 것이 아니라 직접 실행하면서 체험해 보아야 한다.

③ 효과적인 경영을 실현하는 사람들은 전 세계 어디에서나 비슷하게 행동한다. 무엇을 하는가는 동일하다. 그러나 어떻게 하는가 하는 방식의 문제에서는 다르다. 노동자를 한 조직에서 능률적으로 일하도록 하기 위해 각 나라의 독특한 문화에 따라 경영의 과제를 유용하게 변형할 수는 있지만, 각 나라마다 경영에 대

해 새롭게 정의한다면 잘못된 것이다.

④ 경영은 물론 사업체 전체를 대상으로 이루어진다. 하지만 노동자 개개인을 대상으로 경영을 하는 경우도 있다. 노동자는 계속 자신을 계발해야 한다. 노동자의 지속적인 자기계발은 모든 분야에서 일어나고 있다. 이 과정은 중단되어서는 안 된다.

⑤ 조직에서 일하는 노동자의 지식과 능력은 업무실적만큼 천차만별이다. 그러므로 조직이 제대로 돌아가려면 의사소통이 원활해야 하고 개인의 책임을 확실히 해야 한다. 개개인은 자신의 실적과 목적을 명심하고 자신의 동료도 달성해야 할 목표를 알고 있는지 점검해야 한다. 반대로 동료 역시 자신이 목표 달성을 위해 제대로 일하고 있는지 살펴보는 상호적인 관계가 중요하다.

⑥ 경영을 할 때는 재무제표 따위를 살피기보다 더 멀리 내다봐야 한다. 시장에서 차지하고 있는 위치, 생산성, 직원의 재능, 재무비율 등이 본질적으로 중요하다. 처음에는 회사의 재정규모가 그다지 중요하지는 않다. 이러한 많은 요소들은 정확히 측정할 수는 없지만 올바르게 평가하는 법을 배울 수는 있다.

⑦ 궁극적으로 목표는 고객만족이다. 핵심적으로 말해, 성과는 기업 밖에서 발생하며 기업은 단지 비용을 치른다.

2) 평생교육기관과 경영마인드

사적으로 이루어진 비공적인 조직도 그러하지만, 특히 공식적인 조직 혹은 기관은 특정한 공통목적을 달성하기 위하여 만들어졌고 협동적인 분업체제를 갖추고 있기 마련이다. 모든 조직은 부여받은 역할에 따라 제각기 다른 목적을 추구한다. 평생교육기관은 교육기관이며 동시에 공공의 특정 목적을 달성하기 위한 기관이며, 사설로 운영되는 영리기관도 있지만 공공재의 효율적인 배분을 목적으로 하는 비영리기관이다.

사실 우리나라의 경우 평생교육에 대한 관심이 미약하던 시대에는 평생교육기관은 영세한 규모로 운영되어 조직적 기반과 가용할 수 있는 자원이 취약하고 행·재정적인 지원체제 또한 그렇게 체계적이지 않았다. 하지만 지금은 평생교육의 개념이 처음으로 등장했던 시대에 비해서 평생교육기관의 규모는 엄청나게 성장하였다. 이제 평생교육기관은 주먹구구식의 운영 차원을 뛰어넘어 경영의 관점으로 접근해야 할 만큼 중요한 역할을 수행해야 한다.

(1) 평생교육기관의 경영

우리나라의 평생교육기관은 1990년대를 거치며 일시에 많은 평생교육기관이 설립 · 운영됨에 따라 평생교육기관의 재정적 기반, 인적자원 기반, 특성화 전략, 의사결정력, 평생교육 영역에서의 전문성과 지도성 등을 우수하게 갖추기 어려웠다. 그 결과 평생교육기관들이 동일한 범주의 학습자를 대상으로 대동소이하거나 상당히 중복되는 프로그램을 운영하면서 경쟁을 심화시켜 나가지 않을 수 없게 되었다. 이러한 상황이 평생교육기관의 운영에서 경영 개념을 필요로 하게 된 직접적인 계기가 되었다고 해야 할 것이다(김용현 외, 2018).

최은수 등(2017)에서 제시한 평생교육기관 경영의 특성과 활동과정 등을 정리하면 다음과 같다. 평생교육기관의 경영은 영리를 목적으로 하는 기업의 경우와는 달리 공익을 우선으로 하기 때문에 이익보다는 기관의 유지와 발전뿐만 아니라 기관의 활동이 수혜자들에게 미치는 영향까지 생각하면서 경영을 해야 한다. 물론 수익사업을 목적으로 설립된 평생교육기관인 경우에는 이익의 개념을 염두에 두어야겠지만, 그렇다 하더라도 공익의 관점도 고려해야 하고 평생교육의 이념을 우선적으로 생각해야 하고, 국민들에게 양질의 교육프로그램을 제공한다는 사명을 펼쳐야 한다.

이에 평생교육기관의 경영에서 고려해야 할 몇 가지 특성은 다음과 같다. 우선 교육기관이기 때문에 교수-학습활동을 지원하고 촉진해야 한다. 평생교육기관의 핵심활동이 교수-학습활동이다. 따라서 평생교육기관은 이와 같은 활동이 원만하게 이루어질 수 있도록 다양한 지원과 촉진활동을 펼쳐야 한다. 예를 들면, 시대적 흐름에 맞는 교육프로그램을 개발하고, 프로그램이 활성화될 수 있도록 지원하여 조직의 운영이 원활하게 이루어지도록 해야 한다. 평생교육기관의 경영 흐름은 교수-학습활동을 중심에 두고, 교수-학습활동이 효과적이고 효율적으로 이루어질 수 있도록 계획, 의사결정, 리더십, 관리 및 실행, 평가, 그리고 피드백 활동으로 구성된다.

다음으로 평생교육기관의 경영은 집단적 과정이다. 평생교육 조직은 단순히 조직을 구성하고 있는 구성원들로만 운영되는 것이 아니라 조직의 운영에 도움을 주는 지원자, 그리고 봉사자들이 함께 이끌어가는 집단적 과정이다. 물론, 가장 중요한 수혜자인 평생학습자 또한 경영에 있어서 관심을 두고 집단적 과정에 포함시켜야 한다.

평생교육기관의 경영활동은 교육활동을 지원하고 조장하는 것이 주요 업무이기 때문에 평생교육 조직의 특성과 밀접한 관련이 있다. 평생교육조직을 이끌어간다는 것은 전통적인 학교조직을 이끌어가는 것과는 많은 차이를 가지고 있다. 학교교육은 국가가 추구하는 교육목표를 달성하기 위해 중앙행정기관인 교육부의 지휘감독하에 행정적 절차에 의한 관리 · 운영이 최선이다. 그러나 평생교육 조직은 주무 행정부처가 교육특성에 따라 다르고, 궁극적인 교육목표는 같다고 할 수 있으나 실제적인 목표 역시 조직의 특성에 따라 다르기 때문에 단순한 관리와 운영의 개념으로는 조직을 유지하고 발전시키기 어려운 특성을 가지고 있다.

또한 오늘날 평생교육기관의 규모가 확장되고 기관의 수가 늘어나게 됨으로써 치열하게 경쟁하게 됨에 따라 평생교육에 투입되는 여러 가지 물적 · 인적 · 재정적 자원을 보다 체계적이고 효과적이고 효율적으로 관리해야 한다.

평생교육기관을 보다 체계적이고 효과적이며, 효율적으로 관리하여 안정적인 기관으로 만들어가기 위해서는 경영관리의 기능을 이해하고 경영기법을 적용해야 한다. 경영활동의 과정을 계획, 조직화, 인적자원관리, 과정관리, 재무관리, 지휘, 평가의 단계로 나누어 과정별로 살펴보면 다음과 같다.

① 계획(plan)

경영관리의 첫 번째 단계로서 계획은 전체적인 기획 아래 평생교육기관 운영자가 조직의 목표를 설정하고 어떤 방법으로 목표를 달성할 것인가를 구체적으로 결정하는 과정이다. 이때 조직의 비전을 세우고 청사진을 마련하여 장 · 중 · 단기 발전과제 등을 설정할 수 있다.

② 조직화(organization)

조직화란 기관 운영자가 설정한 목표를 달성할 수 있도록 부서 및 기구 등의 조직

체계를 만들고 업무의 성격에 따라 조직 구성원을 적절히 배치하여 업무를 수행할 수 있도록 사무분장 및 권한 등을 조정하는 일련의 과정을 말한다.

③ **인적자원관리**(human resource management)

조직화를 통해 구성된 조직의 구성원들을 보다 체계적이고 합리적으로 관리하여 각자의 역량을 발휘할 수 있도록 할 필요가 있다. 따라서 조직이 추구하는 목표의 달성을 위해 필요로 하는 인력을 보충하고 유지, 개발, 활용하는 계획적이고 조직적인 관리활동을 하는 과정을 말한다.

④ **과정관리**(program process management)

평생교육기관의 핵심 업무는 평생교육 프로그램의 운영이다. 따라서 과정관리는 프로그램의 기획, 개발, 운영, 평가, 환류 등을 관리하는 단계로 매우 중요하다. 평생교육기관의 성격과 시대의 흐름에 적합한 프로그램을 개발하고 운영하는 것은 결코 쉬운 일이 아니다. 따라서 기존의 프로그램을 어느 수준까지 운영할 것인가? 어느 시점에서 새로운 프로그램을 개발하여 도입할 것인가? 과연 이 프로그램은 어느 정도 기관의 운영에 기여하고 있는가? 등을 측정하여 과정 운영에 반영할 필요가 있다. 또한 각각의 프로그램이 어느 단계에 머물고 있으며, 머물고 있는 단계의 수준에 따라 다양한 과정운영 전략을 수립할 필요가 있다.

⑤ **재무관리**(financial management)

평생교육기관의 가장 어려운 부분이 재정과 관련된 것이다. 따라서 효율적인 자금관리는 기관 운영에 커다란 영향을 미친다. 예산의 확보에서 배분까지 합리적인 의사결정이 이루어져야 한다. 더불어 부족한 예산을 보충하기 위한 다양한 활동도 함께 생각해야 함은 물론이다.

⑥ **지휘**(leading)

지휘는 평생교육기관의 특성에 따라 구성원들에게 동기부여를 함으로써 기관 운영에 적극 참여할 수 있는 동기를 부여하는 과정이다. 이 과정에서는 목표관리(MBO: management by object)나, 균형성과평가제도(BSC: balance score card)와 같은 기법을 활용하여 동기를 자극하고 목표달성에 다가설 수 있도록 환경을 만들어 가는 활동이 이루어진다.

⑦ **평가**(evaluation)

목표달성을 위한 활동이 이루어진 이후에는 설정된 목표의 준거에 따라 평가를 하게 된다. 이와 같은 평가는 동기부여에 따른 보상이 이루어지기도 하고 인사관리의 지표로 활용되기도 한다. 평가를 통해서 피드백 과정을 거쳐 지나온 과정을 재점검할 수 있는 기회를 갖도록 한다. 과정관리단계에서 운영한 프로그램을 평가하고 환류하기도 하지만, 전체 평가단계에서 평생교육기관에서 운영한 프로그램 전체를 평가하기도 한다. 종합적인 평가단계에서는 프로그램에 대한 평가뿐만 아니라 기관 자체에 대한 평가도 수행한다.

(2) 평생교육기관 경영자의 자질

경영자는 조직 내에서 조직목표와 개인목표를 합치시키고 기관경영에 관한 의사결정을 내리기 때문에 다른 구성원에 비해서 더 많은 무게가 놓여 있다. 신유근(2011)은 경영자의 일반적인 자질에 대해서 기술적 자질, 인간적 자질, 개념적 자질로 구분하여 설명하고 있다. 평생교육기관의 경영자도 이와 같은 자질을 갖출 필요가 있다.

① **기술적 자질**(technical skill)

이는 특정 과업을 달성하는 데 있어서 경험 · 교육 · 훈련을 통해 얻은 지식 · 방법 · 기술 · 장비 등을 이용할 줄 하는 능력을 의미한다. 기술적 자질은 특정 사안을 기획하거나 각종 문명의 이기(利器)를 능수능란하게 다룰 줄 아는 능력이라고 볼 수 있다.

② **인간적 자질**(human skill)

이는 조직 내에서 사람들과 협력하여 일하고, 또 타인들을 통해 일을 처리해 나가는 능력을 의미한다. 인간적 자질은 종업원들에게 동기를 부여할 줄 알고, 효과적인 리더십을 발휘할 줄 알며, 사람들에게 일을 시키거나 혹은 사람들과 함께 일하는 데 있어서 요구되는 능력이나 판단력이라고 볼 수 있다.

③ **개념적 자질**(conceptual skill)

이는 추상적 또는 일반적 사고를 이해하고 이를 특정 상황에 결합시키는 능력을 의미한다. 개념적 자질은 환경 및 전체 조직의 복잡성을 명료하게 파악하여 대처할 수 있고, 조직 구성원들의 활동이 어떻게 조직목표에 연결되는가를 이해할 수 있는 능력과 판단력을 의미한다.

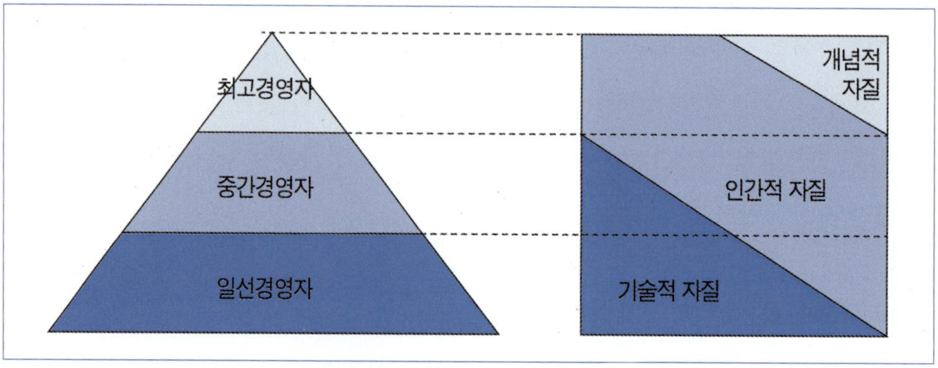

그림 4-1 경영계층과 필요한 자질

출처: 권두승 외(2016)의 자료

이처럼 기술적 자질, 인간적 자질, 개념적 자질은 일반적인 경영에서 갖추어야 할 자질이나 평생교육기관의 경영자도 예외는 아닐 것이다. 변화하는 시대에 있어서 다양한 각종 평생교육기관과 경쟁해야 할 뿐만 아니라, 기관의 비전과 이념 실현은 물론 기관의 지속적인 성장과 발전을 도모하기 위해서는 일상적이고, 사건적인 업무보다는 창의적인 업무에 보다 많은 시간을 할애해야 한다. 특히 평생교육기관과 같이 교육활동을 중심으로 운영되는 기관에 있어서는 조직 내에서 인간성 상실의 문제 등이 곧바로 교육프로그램 운영 등과 관련하여 학습자인 고객들에게 그대로 전달되는 경향이 크기 때문에 인간적 자질이 더욱더 요구되고 있다.

우리 주변의 기관을 살펴보면 성장하고 발전하는 기관이 있는가 하면 그렇지 못하고 정체되어 있거나 혹은 문제가 발생하여 실패하는 기관이 있다. 성장하고 발전하는 기관의 경영자와 실패하는 기관의 경영자는 분명히 차이가 있을 것이다. 이와 관련해서 성공적인 경영자와 실패하는 경영자의 개인적 특성과 과업수행 태도를 비교한 표가 있다.

표 4-1 성공하는 경영자와 실패하는 경영자

성공적인 경영자	실패하는 경영자
• 비전에 관한 능력이 뛰어나다. • 의사결정 능력이 뛰어나다. • 인간과 조직에 관한 능력이 뛰어나다. • 네트워크를 잘 활용한다. • 도전성에 기초한 강력한 실천력이 있다.	• 실행에 약하다. • 조직원의 헌신을 이끌어 내기보다는 프로세스 자체에 집착한다. • 제한된 정보에 의존한다. • 인기에 연연한다. • 스스로 낮은 수준의 기준에 만족한다. • 숫자를 놓친다. • 미련에서 벗어나지 못한다. • 후계자 육성에 실패한다.
Economy 21 중에서	LG경제연구소 주간경제 615호 중에서

이처럼 성공하는 조직에는 그 기관의 경영자들이 공통적으로 갖추고 있는 자질이 분명히 있다. 이는 평생교육기관의 경영자도 예외가 되어서는 안 된다. 짐 콜린스(Jim Collins, 2005)도 성공하는 기관의 경영자들이 지니는 특성들을 제시하고 있다. 이를 살펴보면 다음과 같다.

① 1단계 : 능력이 뛰어난 개인

능력이 뛰어난 개인은 재능과 지식, 기술, 좋은 작업 습관으로 생산적인 기여를 한다.

② 2단계 : 합심하는 팀원

합심하는 팀원은 집단의 목표달성을 위해 개인의 능력들을 바치며, 구성된 집단에서 다른 사람들과 효율적으로 일한다.

③ 3단계 : 역량 있는 관리자

역량 있는 관리자는 이미 검정된 목표를 효율적으로 추구할 수 있는 방향으로 사람과 자원을 조직한다.

④ 4단계 : 유능한 리더

유능한 리더는 저항할 수 없는 분명한 비전에 대한 책임의식을 촉구하고 그것을 정력적으로 추구하게 하며 보다 높은 성취기준을 자극한다.

⑤ 5단계 : 5단계의 경영자

5단계의 경영자는 개인적 겸양과 직업적 의지를 역설적으로 융합하여 지속적인 큰 성과를 일구어 낸다.

5단계의 경영자는 다섯 단계의 계층구조 가운데 최상위의 단계에 해당되며 이들은 높은 수준의 개인적 겸양과 직업적 의지를 갖추고 있다. 이들에게 있어서 가장 중요한 것은 각 단계의 구성원들이 각자의 자리에서 제 역할을 할 수 있도록 도와준다. 예를 들어 개인은 능력을 충분히 발휘할 수 있도록 도와주고, 팀원들은 단합하여 일할 수 있도록 유도하며, 중간관리자들도 효율적으로 조직을 관리할 수 있게 역량을 갖출 수 있도록 하고, 고급관리자들 역시 리더로서 보다 높은 성취를 이룰 수 있도록 장을 펼쳐 준다.

(3) 평생교육경영의 사회적 책임

오늘날 사회는 기업의 사회적 책임(CSR : Corporate Social Responsibility)을 강조하고 있다. 기업의 사회적 책임이란 기업이 사회의 한 구성원으로서 사회를 위해 수행하는 공헌활동을 말한다. 즉, 기업이 기업을 운영할 때 법적인 책임과 윤리적인 책임을 다할 뿐만 아니라 더 나아가 적극적으로 소속한 사회의 부족한 부분을 찾아 이를 보완하는 데 도움을 주는 일련의 활동이라고 정의하는 학자도 있다.

우리나라는 교육과 관련하여 헌법 제31조 제1항, 교육기본법 제3조, 제4조, 평생교육법 제4조 제1항 등에 의하여 국민들의 학습권을 보장하고 있다. 평생교육기관은 경제원리에 의하여 경영관리에도 관심을 가져야 하겠지만, 국가 평생교육정책이나 지역사회 혹은 시대사회적 요구에 부응하는 프로그램을 운영하며 공적인 기구로서의 역할도 수행해야 할 것이다. 또한 교육기관으로서의 사회적 책무성도 가져야 할 것이다.

평생교육기관은 경영의 관점에서 그 기관의 이익만을 추구할 것이 아니라 장기적인 관점에서 그 지역이 속한 지역사회의 구성원을 대상으로 하는 프로그램이 많기 때문에 지역사회가 발전해야 기관도 발전할 수 있다는 생각을 잊어서는 안 된다. 지역사회가 존재하고 건강해야지 프로그램을 운영하고 수익을 창출할 수 있기 때문이다. 이에 평생교육기관은 보다 적극적으로 사회적 정의나 공공성 등을 인식하여 사회적 공헌에 이바지할 수 있도록 해야 할 것이다. 예를 들어, TV 광고로도 유명한 유한킴벌리의 모토 '우리 강산 푸르게 푸르게'는 기업의 대표적인 사회공헌 활동이다. 이 활동을 통해서 기업의 경영활동에도 긍정적인 효과가 있었을 뿐만 아니라 기업을 대표하는 중요한 이미지로 정착되었다.

오늘날은 윤리경영이라는 용어가 낯설지 않다. 윤리경영이란 회사경영 및 기업활동에 있어 '기업윤리'를 최우선가치로 생각하며, 투명하고 공정하며 합리적인 업무 수행을 추구하는 경영정신이다. 이익의 극대화가 기업의 목적이지만, 기업의 사회적 책임도 중요하다는 의식과 경영성과가 아무리 좋아도 기업윤리 의식에 대한 사회적 신뢰를 잃으면 결국 기업이 문을 닫을 수밖에 없다는 현실적인 요구를 바탕으로 한다. 국제적으로는 국제표준화기구(ISO) 산하 소비자정책위원회가 '기업의 사회적 책임(Corporate Social Responsibility)'에 관한 표준안 작업을 승인함으로써 윤리경영을 ISO 9000(품질인증), ISO 14000(환경보호 인증)과 같은 범주에 포함시키려 하고 있다. 이처럼 국제경제사회 외에서 '기업윤리'가 21세기에 기업들이 갖추어야 할 기업경쟁력으로 대두되어 윤리경영의 필요성이 높아지고 있으며, 이에 따라 국내 기업들도 윤리경영 전담부서를 설치하는 등 윤리경영을 도입하고 있다(시사상식사전).

이에 따라 평생교육 관련 협회나 기관들도 운영 윤리와 관련하여 강령을 만들거나 행동지침을 마련하고 있다. 대부분의 협회나 기관에서 공통적으로 주장하고 있는 평생교육기관이 추구해야 할 윤리적 내용으로 신뢰(정직), 존중, 배려(돌봄), 책임, 정의와 공평, 시민 · 사회적 의식, 선행, 자기자각/반성, 포괄적 철학, 다원주의, 능력이나 자질을 소개하고 있다. 또한 평생교육 관련 협회나 학회에서 평생교육기관에서 강조하는 사회적 책임의 내용으로는 질 높은 교육프로그램 실시, 균등한 교육서비스 제공, 이익 또는 이해관계 추구 탈피, 학습자 기밀 유지, 학습자의 요구 존중, 정책이나 결과가 가져올 결과 제시, 정직한 홍보, 객관적 평가 실시, 학습자 참여기회, 권한 부여, 학습자에게 해가 되는 행동 피함, 담당자의 전문능력 향상, 좋은 학습환경 마련, 법과 관련 규정의 준수, 강령 제정 및 준수 등을 제시하고 있다.

2. 평생교육과 리더십

21세기 사회에서 가장 중요한 키워드 중의 하나는 리더십이다. 오늘날 교육현장과 단위학교에서도 자율성이 강조되기 때문에 리더십이 중요한 요소로 등장한다. 물론 리더십은 학생들의 삶과 문화에도 긍정적인 영향을 미친다는 연구가 종종 있다. 평생교육 현장도 예외는 아니다. 최근 들어 평생교육이 그 어느 때보다 중요하고 평생교육에 참여하는 사람이 늘어나고 있기 때문에 평생교육에 관여하는 경영자의 리더십은 반드시 갖추어야 할 자질 중의 하나이다. 그들이 어떤 리더십을 가지고 기관을 운영하는가에 따라서 조직의 문화가 달라질 수 있기 때문이다. 물론 경영자에게만 리더십이 필요한 것은 아니다. 구성원 하나하나도 리더십을 갖춤으로써 조직 전체가 성장할 수 있을 것이다.

1) 리더십론

리더십(leadership)은 학자나 속인을 막론하고 오랫동안 많은 사람의 깊은 관심을 끌어온 주제이다. 그 용어 속에는 무적의 군대를 호령하거나, 대제국을 통치하거나, 한 국가의 운명을 좌우한 강력하고도 정력적인 인물의 이미지가 담겨 있다. 우리의 역사는 대부분 이 군사적 · 정치적 · 종교적 · 사회적 지도자들에 대한 이야기로 구성되어 있고, 우리 문화의 사상적 근원을 설명해 주고 있는 많은 전설과 신화의 내용도 대부분 이 용감하고 지혜로운 지도자의 이야기로 점철되어 있다. 이처럼 오래전부터 사람들이 리더십에 매료되어 왔던 것은 그것이 대단히 흥미롭고 신비스러운 과정일 뿐만 아니라, 그에 못지않게 우리 생활에 직 · 간접적으로 많은 영향을 미치고 있기 때문이다(윤정일 외, 2016).

(1) 리더십의 개념

21세기 정치학대사전에는 리더십의 개념을 집단의 목표달성을 위해 집단 내의 어떤 구성원이 다른 행동에 대해 적극적인 영향력을 미치는 과정, 즉 지도자로서의 능력이나 지도력, 통솔력, 자질 등을 말하고 넓은 의미에서는 집단의 특성 전반에 대한 영향이라고 정의하고 있다. 하지만, 리더십의 개념 정의는 리더십을 연구하는 학자들의 수만큼이나 많다고 할 정도로 다양하다. 사실 수많은 연구에도 불구하고 리더십은 분명하게 정의하기 어려운 개념으로 남아 있다. 리더십에 관한 수많은 정의를 1개의 범주로 구분하여 제시하고 있는 스토고딜(Stogdill)의 분석은 리더십의 개념이 얼마나 다양한가를 잘 보여준다.

- 집단적 행동의 핵심 과정
- 지도자의 특성과 그 영향
- 복종을 유도하는 기술
- 영향력의 행사
- 특정한 행동 혹은 행위
- 설득의 기술
- 권력 혹은 권위
- 목표를 성취하는 수단
- 상호작용의 영향
- 특정한 분화된 역할
- 구조와 절차의 창출

윤정일 등(2016)을 보면, 사실 리더십의 개념을 명확하게 정의하지 않더라도 이미 조직연구의 기술적 어휘가 되어 있고, 베니스는 리더십은 마치 미인과 같다고 하면서 그것은 바로 정의하기는 어렵지만, 보면 안다고 말한 것처럼 이미 일상적인 용어가 되었다. 대체로 리더십이라는 용어에는 직무나 직책의 속성, 개인의 특성, 실제 행위라는 세 가지 요소가 포함되어 있고, 상대가 되는 집단이나 개인이 관련되어 있다. 리더십은 지도자뿐만 아니라 추종하는 개인이나 집단을 전제하고 있다. 추종자나 집단이 없으면 지도자는 있을 수 없다. 지도자 위치에 있는 사람일지라도 항상 권력과 영향력을 행사하는 것은 아니며, 어떠한 지위나 상황에서 리더십을 발휘하였던 사람이 다른 지위나 상황에서는 리더십을 발휘하지 않는 경우가 종종 있다. 그래서 리더십은 지도자의 위상, 행위, 개인적 특성에만 달려 있는 것이 아니라, 집단과 상황의 특성에 의존하며, 그 내용은 다양할 수밖에 없다.

이렇게 보면 리더십은 그 개념을 명확하게 정의하기는 어렵지만, 그렇다고 아주 불가능한 것은 아니다. 그런 관점에서 리더십이 가진 내포 개념을 중심으로 리더십의 개념을 정리해 보면 다음과 같다.

- 리더십은 조직 목적의 달성을 위해 영향력을 행사하는 집단과정이다.
- 리더십은 지도자의 특성, 행위, 조직 상황이라는 다양한 요소의 함수관계로 나타낼 수 있다.
- 리더십은 두 사람 이상의 관계에서 권력(power)이 불평등하게 배분되어 있는 상태를 전제한다. 그래서 리더십은 집단에 영향력을 발휘할 수 있는 권위(authority)를 가지고 있는 지도자와 관련된 속성이다.
- 지도자(leader)는 고립해서 존재하지 않는다. 리더십은 추종자들(follower)이 지도자의 영향을 받겠다고 동의하여야 한다는 사실을 전제한다.

(2) 리더십 특성과 유형

스토고딜(Stogdill, 1948)은 1904년부터 1947년 사이에 수행된 리더십 특성에 관한 연구 120개를 검토하여 리더십과 연관된 인간적 특성을 다음과 같이 다섯 개의 범주로 분류하여 제시하였다.

- 재능(capacity) : 지능, 기민성, 언어의 유창성, 독창력, 판단력
- 성취(achievement) : 학문, 지식, 운동경기의 성취
- 책임(responsibility) : 신뢰, 솔선, 인내력, 적극성, 자신감, 성취욕
- 참여(participation) : 활동성, 사교성, 협동성, 적응성, 유머
- 지위(status) : 사회경제적 위치, 인기

유클(Yukl, 1989)은 성공적인 지도자와 연관되어 있는 특성과 기술을 다음과 같이 요약하여 제시하였다.

표 4-2 성공적인 지도자와 연관된 특성과 기술

특성	기술
• 상황적응력 • 사회적 환경에 대한 민감성 • 야망과 성취 지향성 • 자기주장 능력 • 협동성 • 결단성 • 신뢰성 • 지배욕 • 정력(높은 활동성) • 변함없는 소신 • 자신감 • 강한 인내력 • 책임감	• 인지적 기술 • 상황 파악 능력 • 기발한 능력 • 사교술 • 유창한 화술 • 과업수행 기술 • 조직력 • 설득력 • 세련된 매너

출처: 윤정일 외(2016)

이처럼 지도자의 특성이나 자질은 학자에 따라 다르나 일반적으로 신장, 인내력, 건강, 용모, 지능, 자신감, 우월감, 판단력 등으로 종합되고 있으며, 이러한 자질을 소유한 자는 지도자가 될 수 있다고 보는 경우도 있다. 물론 리더십의 특성은 연구자의 관심에 따라서 다르게 나타나며 또한 과업환경이나 상황 요소를 모두 고려한 리더십의 공통 특성을 도출하기에는 어려움이 있다. 단지 보편적으로 통용될 수 있는 리더십의 특성을 일부 도출할 수 있을 뿐이다.

이러한 특성을 바탕으로 지도자가 어떻게 행동하는가를 알아보면 리더십을 좀 더 이해할 수 있다. 왜냐하면 지도자의 개인적 특성과 자질은 그의 리더십 행위나 유형에 영향을 미치기 때문이다. 윤정일 등(2016)은 리더십 유형을 연구한 사례를 소개하고 있다.

① 권위적 · 민주적 · 자유방임적 리더십 유형

아이오와 대학에서는 권위적 지도자(authoritarian leader), 민주적 지도자(democratic leader), 자유방임적 지도자(laissez-faire leader)를 연출하고 그 영향을 실험하였다.

표 4-3 아이오와 대학의 연구에서 각 지도자 행동 유형의 차이

행위	권위적 지도자	민주적 지도자	자유방임적 지도자
정책 결정	지도자 단독 결정	집단적 결정	정책 없음(집단이나 개인적 결정에 대하여 완전 자유)
과업기술과 활동 설정	지도자 단독 결정	지도자 암시-집단 결정	개인에 일임
계획 수립	지도자 단독 결정	계획 수립에 필요한 전망을 할 수 있도록 충분한 정보를 제공	체계적인 계획 수립이 없음
분업과 과업 할당	지도자가 명령	집단 결정에 일임	지도자가 관여하지 않음
평가	지도자 단독 수행 지도자 개인의 칭찬과 비판	객관적 기준에 의한 평가	평가 없음(다른 집단 구성원에 의한 임의적 평가)

출처: 윤정일 외(2016)

이 실험을 통해 리더십의 세 가지 유형 중 민주적 지도자를 가장 선호하고, 권위적 지도자를 가장 싫어한다는 결과가 나왔다. 권위적 지도자의 경우는 공격적인 행동이나 냉담한 행동을 유발하였고, 자유방임적 지도자가 지도한 집단에서는 좌절과 방향감각의 상실, 우유부단한 행동이 관찰되었다. 권위적 지도자의 생산성은 초기에는 급격히 상승하였으나 시간이 흐름에 따라 급격히 저하되었다.

② 구조성과 배려성 차원에 의한 리더십 유형

오하이오 주립대학에서는 조직의 목표를 달성하는 데 효과적인 지도자 행위에 초점을 두고 구조성 차원(initiating structure)과 배려성 차원(con-sideration)에서 연구를 진행하였다.

구조성은 지도자가 조직 수행 목표에 초점을 두고, 과업을 조직하고 설정 · 할당하며, 과업집단의 성취를 평가하는 정도를 말한다. 따라서 구조성 중심 지도자는 구성

원 각자에게 기대되는 역할을 분명히 하고, 임무를 배정하고, 미리 계획을 세우고, 일 처리 방법과 절차를 확립하며, 결실을 보기 위해 일을 추진한다.

배려성은 지도자가 신뢰, 존경, 온화, 지원, 집단 구성원에 대한 관심을 나타내는 정도를 말한다. 따라서 배려성 중심 지도자는 구성원의 아이디어를 청취하고, 친절하고, 사람들과 자주 만나며, 모든 직원을 공평하게 취급하고, 피고용자의 아이디어를 자주 활용한다.

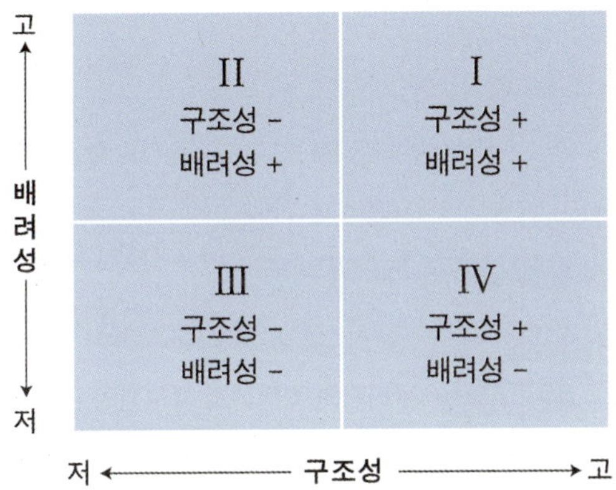

그림 4-2 구조성과 배려성 차원에 의한 리더십 유형

출처: 윤정일 외(2016)

구조성과 배려성을 조합하면 [그림 4-2]와 같이 네 가지 유형이 나오는데 이 중 구조성과 배려성이 높은 I 유형이 가장 효과적이다. 특히 존경받지 못하는 지도자는 구조성과 배려성이 모두 낮은 경우가 많다.

③ 직무 중심과 종업원 중심 리더십 유형

미시건대학에서는 효과적인 지도자와 비효과적인 지도자를 식별할 수 있는 일관된 행동 양태를 발견하기 위해서 연구를 하였다. 연구결과 특징적인 리더십은 직무 중심 리더십(job-centered leadership)과 종업원 중심 리더십(employee-centered leadership)으로 나눌 수 있다고 보았다. 직무 중심 지도자의 행동은 구조성 차원이 높은 지도자의 행동과 유사하다. 직무 중심 지도자는 종업원의 과업수행과 과업성취를 위한 방법을 강조한다. 또한 이들은 과업의 표준을 엄격하게 설정하고, 과업을 세심하게 조직하며, 종업원이 따라야 할 상세한 작업방법을 규정하고, 종업원의 작업을 면밀히 조언한다.

한편, 종업원 중심 지도자의 행동은 배려성이 높은 지도자의 행동과 대단히 유사하다. 이러한 지도자는 종업원의 개인적인 욕구충족과 인간관계의 개선을 강조한다. 종업원 중심 지도자는 종업원과 우호적인 관계를 갖는 경향이 있으며, 개인적인 의사결정 대신에 집단 의사결정 방법을 택하고, 높은 성취 목표를 설정하고 구성원을 격려하며, 세심하고 신중하게 구성원을 대하려고 노력한다.

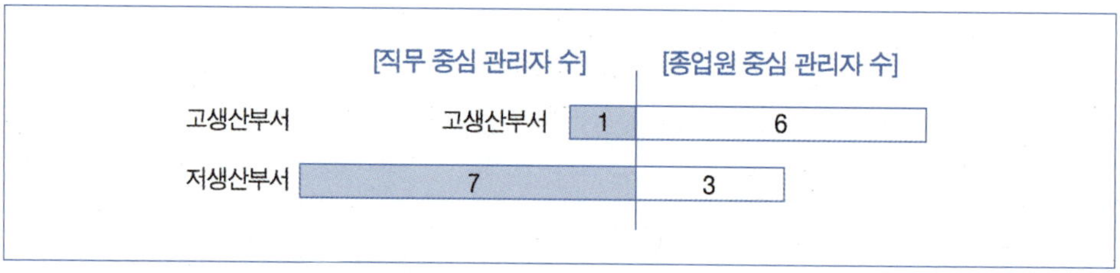

그림 4-3 관리자의 리더십과 생산성의 관계

출처: 윤정일 외(2016)

리커트(Likert, 1961)는 구성원의 만족감과 높은 수행목표를 지닌 효과적인 작업집단을 만드는 데 최선을 다하는 관리자를 종업원 중심 관리자로 보고, 생산성을 높이기 위해 구성원에게 끊임없이 압력을 가하는 관리자를 직무 중심 관리자로 볼 때 직무 중심 관리자가 있는 부서의 생산성이 떨어지는 것을 발견하였다. 즉, 생산성이 높은 부서의 관리자는 구성원에게 조직의 목적이 무엇이며, 무엇을 달성해야 하는지를 잘 설명한 후에 그 수행방법을 구성원에게 위임하고 있으며, 이러한 방법이 세밀한 것까지 간섭하는 관리방법보다 생산성을 높인다는 사실을 발견하였다.

(3) 새로운 리더십론

윤정일 등(2016)은 리더십 특성론, 리더십 행위론, 상황적 리더십론 이후에 이러한 이론을 수정 · 보완하며 등장한 리더십 대용 상황모형, 변혁적 리더십, 카리스마적리더십, 슈퍼리더십 등을 소개하고 있다.

① 리더십 대용 상황모형

상황적 리더십 이론은 리더십이 상황에 의존하기는 하지만 여전히 공식적 리더십이 필요하다는 점을 가정하며 기본 틀을 지도자 행동, 상황, 효과성(결과)의 개념으로 풀이한다. 리더십 대용 상황모형은 작용할 수 있는 상황 변인을 구성원의 특성, 과업의 특성, 조직의 특성으로 구분하고 있다. 구성원의 특성은 구성원의 능력, 훈련, 경험과 지식, 전문 지향성, 보상에 대한 무관심 등이며, 과업의 특성은 구조화된 일상적 과업, 내재적 만족을 주는 과업, 과업에 의해 제공하는 피드백 등이고, 조직의 특성은 역할과 절차의 공식화, 규정과 정책의 신축성, 작업집단의 응집력, 행정가와 구성원 사이의 공간적 거리 등이다(Kerr & Jermier, 1978).

리더십 대용 상황모형은 과업수행이 지도자가 가지고 있는 그 어떤 것에 의존하지 않고 구성원, 과업, 조직 특성 등에 달려 있다는 점을 강조한다. 예컨대, 구성원이 높은 능력과 경험 그리고 식견을 가지고 있고, 수행절차가 분명하며 일상적으로 수행하는 과업일 경우에는 지도자의 리더십이 거의 필요가 없을 것이다. 이 모형은 구성원의 태도, 행동, 역할지각 등이 어떻게 결정되는지를 이해하기 위해서는 지도자 행동과 그 대용상황을 모두 고려하는 것이 필요하다는 점을 제시하고 있다.

② 변혁적 리더십 이론

변혁적 리더십(transformational leadership) 이론은 배스(Bass, 1985)에 의해 발전하였다. 그는 거래적 정치지도자와 변혁적 정치지도자에 대한 번의 아이디어를 토대로 이 이론을 발전시켰는데, 전자는 봉사와 그 대가로서 보상을 상호 교환함으로써 구성원을 동기화하는 반면, 후자는 단순히 수행의 대가로 어떤 인센티브를 교환하는 것을 넘어 구성원으로 하여금 조직목적에 헌신하도록 하고, 의식과 능력 향상을 격려함으로써 자신과 타인의 발전에 보다 큰 책임을 가지고 변혁하고 높은 성취를 이루도록 유도한다. 이 이론은 네 개의 I를 조합한 네 가지 개념을 토대로 이루어져 있다.

- 이상적인 완전한 영향력(idealized influence): 이는 지도자가 높은 기준의 윤리

적 · 도덕적 행위를 보이고, 목표 수행과정에서 발생하는 위험을 구성원과 함께 분담하며, 자신보다 타인의 욕구를 배려하고, 개인의 이익이 아니라 조직의 이익을 위해 행동하는 것을 토대로 구성원의 존경과 신뢰를 받고 칭송을 얻는다.

- 감화력(inspirational motivation) : 이는 조직의 미래와 비전을 창출하는 데 사람들을 참여시키고, 구성원이 바라는 기대를 분명하게 전달함으로써 조직의 문제를 해결할 수 있고, 조직이 발전할 수 있다고 믿도록 구성원의 동기를 변화시켜 단체정신, 낙관주의, 열성과 헌신 등을 이끌어 낸다.
- 지적인 자극(intellectual stimulation) : 이는 일상적인 생각에 대해 의문을 제기하고 문제들을 재구조화하며 종래의 상황을 새로운 방식으로 접근함으로써 구성원들이 혁신적이고 창의적이 되도록 유도한다.
- 개별적인 배려(individualized consideration): 이는 성취하고 성장하려는 개개인의 욕구에 특별한 관심을 보임으로써 새로운 학습 기회를 만들어 구성원이 잠재력을 계발하고 자신의 개인적 발전을 모색하며, 그에 대해 책임을 지도록 한다.

변혁적 리더십은 사람들이 이상적인 지도자의 특성으로 마음속에 그리고 있는 리더십과 가깝다. 변혁적 지도자는 단순히 거래적 행동으로 시간을 소비하는 것이 아니라 구성원의 기대와 동기를 지속적으로 자극하여 높은 수행과 발전을 유도한다.

③ 카리스마적 리더십 이론

베버는 카리스마(charisma)의 의미를 사회과학의 개념으로 확립시켜서 보통의 인간과는 다른 초자연적 · 초인간적 재능이나 힘을 카리스마라 지칭하고 탁월한 비전, 가능성 있는 해결책, 압도하는 인간적 매력을 소유한 지도자가 구성원의 헌신적인 복종과 충성을 바탕으로 나타내는 강력한 영향력을 카리스마적 리더십으로 본 것이다. 하우스와 호웰은 이를 정교하게 발전시켜 카리스마적 지도자의 인성 특성으로 성취지향성, 창의성과 혁신성, 높은 열정과 참여, 자신감, 높은 사회적 욕구, 높은 수준의 업무 참여와 모험 성향, 민감성과 배려심으로 본다.

하지만 이러한 것만이 카리스마적 리더십을 형성하는 것은 아니다. 카리스마는 다른 사람들의 신념, 가치, 행동, 그리고 수행에 강력한 영향력을 행사하고 확신시키는 지도자의 능력을 말한다. 따라서 카리스마적 리더십은 카리스마적 특성을 가진 지도자와 그에 영향을 받은 구성원의 관계에서 나오는 것으로 보고 있다. 이에 따라 카리스마적 지도자는 지도자가 성공하고 있고 능력을 가지고 있다는 느낌을 구성원 사이에 불러일으키는 행동을 한다. 이러한 행동에는 다음과 같은 것들이 있다(Hoy & Miskel, 2012).

- 미래 비전의 제시
- 인상관리
- 자기희생
- 개인적인 모험 감수
- 구성원들이 모방할 행동모형의 제시
- 탈인습적인 행동
- 권력의 분담

이러한 행동은 집단의 과업수행과 관련된 강한 동기를 유발한다. 예컨대, 마음을 사로잡는 미래 비전의 제시는 업무수행의 의미를 부가해 주고, 구성원들에게 열정과 자극을 일으킨다. 또한 인상관리는 지도자가 내린 결정에 대한 신뢰를 증대시키고 구성원들의 자발적인 충성을 증대시킨다. 이러한 행동을 통해 지도자는 구성원들의 욕구, 가치, 선호, 포부를 개인 차원의 관심에서 집단 차원의 관심으로 바꾸어 놓으며, 구성원들이 지도자의 비전에 전념하게 하고, 기대 이상의 수행 성과를 이끌게 한다.

2) 평생교육에서의 리더십

(1) 교육 리더십과 교육 리더

오랫동안 교육 리더십 연구를 해온 이병진(2003)의 자료를 보면, 그는 교육 리더십을 정의하기가 어렵다는 사실을 토로하면서 교육 리더십을 교육을 위한 리더십으로 정의하고, 교육당국, 학교장, 그리고 교사가 교육의 목적을 달성하기 위해서 발휘하는 리더십이라고 설명하고 있다. 교육 리더십이 가져야 할 요소를 중심으로 개념을 정리하면 교육자가 교육자로서의 권위와 기술을 발휘하여 구성원의 배움을 자극하고 학교 또는 특정 조직을 학습 공동체로 만드는 활동으로 정의할 수 있다. 이 정의 속에 포함하고 있는 요소를 중심으로 나누어 설명하면 다음과 같다.

첫째, 교육 리더십의 주체는 교육자이다. 종래 많은 교육 리더십 연구는 학교장을 리더십 행사의 주체로서 상정하고 있다. 그런데, 학교장뿐만 아니라 교사 역시 리더십을 행사하는 주체이다. 리더십이야말로 교사의 중요한 자질이 된다. 더 나아가 교육행정을 관장하는 행정가들에게도 교육 리더십이 요청된다.

둘째, 교육 리더십의 목적은 개인 차원과 기관 차원에서 설정할 수 있다. 교육의 궁극적인 목적은 끊임없이 학습을 유발하는 것이다. 과거의 교육에 관한 리더십은 학생의 학습만을 관심범위에 두었지만, 교육 리더십은 학생은 물론이고 자기 자신을 포함한 모든 조직 구성원의 배움에 관심을 둔다. 또 개인을 넘어 공동체 내에서 학습이 인간관계를 매개하고 조직 운영에 학습이 깊이 들어올 수 있도록 하는 일에 관심을 갖는다.

셋째, 교육 리더는 교육자로서의 권위와 기술을 활용하여 목적달성에 접근한다. 교육자로서의 권위는 잘 가르치거나, 잘 가르칠 수 있도록 하는 일로 입증된다. 교육자는 사람을 대상으로 배움을 자극하는 일을 하기 때문에, 인간관계에 관한 기술을 배우고 가르치는 일에 관한 기술은 교육자에게 필수적이다. 중요한 것은 교육자에게 필요한 기술은 단순한 기술이 아니라, 사람에 대한 사랑과 앎의 가치에 대한 존중과 결합될 때 의미를 갖는 인격화된 기술이어야 한다.

이병진(2003)은 교육 리더십의 영역 및 교육 리더가 수행해야 할 기본 역할을 정리하면서 그 범위를 학교의 목적과 기능에 관계된 일, 학교 조직과 관리 개선, 학교교육과정의 개선, 학교의 봉사적 역할 개선, 학교 내외의 교육적 인간관계, 학교의 평가개선 등으로 정리한 바 있다. 그 내용을 보면 다음과 같다.

첫째, 자기학습(self learning)은 교육 리더십의 필수이다. 교육 리더의 중요한 역할은 타인의 학습을 자극하고 지원하는 일이다. 타인의 학습을 독려하는 최선의 방법은 자신이 학습의 본을 보이는 것이다. 또 교육 리더는 복잡한 상황에서 원칙적이면서도 융통성 있게 대응할 수 있어야 하는데, 이 능력은 학습을 통해서 배양된다.

둘째, 교육 리더는 개인과 조직에 목적의식(purposing)을 불어넣는다. 교육 리더는 배움을 통하여 개인 삶의 변화를 도모하고, 학교를 단순한 조직이 아닌 가치 공동체로 변화시킨다. 교육 리더는 '나는 어떤 삶을 살고자 하는가?', '우리 학교는 어디로 나아가야 하는가?'라는 질문을 통하여 조직의 비전을 설정하고, 개인과 학교 조직의 변화를 꾀한다. 이 과정에서 필수적인 활동이 목적의식을 불어넣는 것이다. 목적의식이 있는 개인과 학교는 장래의 방향을 정립할 수 있다.

셋째, 교육 리더에게는 교육프로그램을 개발하는 능력이 요청된다. 사람마다 다양한 교육적 요구가 있고, 기관의 발전 방향에 부합하는 다양한 교육프로그램이 있을 수 있다. 교육 리더는 개인과 기관의 발전 요구에 부합하는 교육프로그램을 개발하고 운용할 수 있어야 한다.

넷째, 교육 리더에게는 인간관계 능력이 요청된다. 교육은 사람 간의 인격적 결합에 다름 아니며, 교육 리더는 단순히 원만한 인간관계를 유지하는 수준을 넘어서 교육적 인간관계를 형성한다. 기관장은 학교 내에서 배움과 가르침을 통한 인격적 결합의 중심축이 되며, 흔히 리더십의 중요한 요소로 일컬어지는 동기유발은 리더와 구성원 간의 인간관계의 내용이기도 하다.

다섯째, 기술적 관리 능력(managerial skill) 역시 교육 리더에게 필요하다. 학교 조직을 효율적으로 운영하는 일과 학교 내에서 교육적 가치를 정립하는 일이 반드시 상충관계에 있는 것은 아니다. 관리능력은 학교의 교육 리더에게도 필요하다.

여섯째, 교육 리더는 문화형성자이어야 한다. 교육적인 학교는 사람이 아니라, 공동체의 규범과 문화에 의하여 운영된다. 최고의 교육 리더는 학생들 간의 학습문화와 교사들 간의 전문적 공동체 문화, 학교의 독특한 풍토를 형성한다. 최고의 교육조직에는 문화가 사람을, 공유된 규범이 지시와 감독을 대체한다.

여기에서 제시한 여섯 가지의 교육 리더가 수행해야 할 역할은 일반 학교에 한정 된 것이 아니라 평생교육기관에서도 충분히 적용할 수 있는 내용이기 때문에 학교장을 기관장 혹은 경영자로 해석하고, 학교를 평생교육기관으로 생각하며 이해해도 된다.

(2) 평생교육 리더십의 유형

평생교육기관 경영에 있어서 경영자의 리더십을 이해하기 위해서는 무엇보다도 평생교육 분야의 리더십을 분류하고, 그 유형별 특성을 살펴보는 것이 필요하다. 이에 따라 에델슨의 분류에 근거하여 평생교육의 리더십 유형을 프로그램 리더십, 정책 리더십, 정치적 리더십, 대인 리더십, 그리고 전문적 조직의 리더십으로 구분하여 살펴보면 다음과 같다(Edelson, 1992; 권두승 외, 2016; 김용현 외, 2018).

① 프로그램 리더십

평생교육기관은 교육을 수행하는 기관이다. 따라서 평생교육기관에서 중심이 되는 것은 프로그램이며 프로그램은 그 기관의 계획된 사업수행 여부 및 기관의 존립 여부를 결정짓는 중요한 부분이다. 이처럼 평생교육기관에서 평생교육 프로그램의 개발 및 공급은 기관의 존립에 있어서 핵심적인 위치를 차지하고 있다.

평생교육기관의 경영자는 기본적으로 프로그램을 검토하거나, 분석해 보는 수준을 넘어서서 프로그램의 필수적인 요소라고 볼 수 있는 프로그램의 질이 지니고 있는 중요성을 이해할 수 있어야 할 뿐만 아니라, 경쟁적 전략이라든가 프로그램에 대한 포트폴리오를 편성해야 한다는 점에서도 프로그램에 대한 리더십을 발휘할 수 있어야 한다. 따라서 평생교육경영자는 등록관리, 수입과 지출, 직원과 강사 확보와 같은 문제에만 관심을 두어서는 안 된다. 평생교육 프로그램의 전문성을 깊이 인식하고, 다른 분야와는 다른 리더십을 개발해야 하며, 이를 실천에 옮길 수 있어야 한다. 실제로 프로그램 리더십은 평생교육에 대해서 충분히 이해하고 미래 비전을 가진 상태에서 평생교육 운영체계에 대한 현장 지식을 갖추고 평생교육에 대한 지식을 계속적으로 습득해야만 더욱더 개발될 수 있는 것이다.

② 정책 리더십

평생교육의 중요성이 부각됨에 따라 평생교육기관은 사설기관이라고 하더라도 정부 정책 기조를 포함하여 관련 조직 및 환경과 연계되어 있다. 따라서 평생교육기관의 경영자는 해당 기관의 경영계획과 정책개발을 위한 출발점으로써 정부의 정책기조와 관련 정책 현안들을 제대로 파악해야 하며, 이를 바탕으로 새로운 계획과 기관의 정책을 개발해 나가야 한다. 평생교육기관 경영자는 평생교육기관 정책개발의 리더로서 기관의 새로운 정책개발이라든가 비전을 개발하도록 하고, 그러한 정책개발을 기관의 구성원들로 하여금 새롭게 추진하도록 하는 리더십을 발휘할 필요가 있다.

③ 정치적 리더십

평생교육기관의 최고경영자와 하위부서에 있는 일선 경영자 또는 실제 프로그램을 운영하는 리더도 그 자신이 책임지고 있는 조직의 임무와 활동에서 목표달성과 성과향상을 위하여 정치적으로 행동해야 할 상황이 있다. 예를 들어, 기업 연수원은 모기업체인 그룹의 하위체제이므로 그룹 차원에서 제공하는 주어진 임무와 역할을 수행하고 있으며, 연수원에 교육생을 보내는 다른 하위체제인 일반회사와의 경쟁 내지는 상황에 따라서 갈등관계가 성립할 수 있다. 이러한 측면은 대학에 부설되어 있는 평생교육원이라든가, 법인 형태로 운영되면서 중앙정부라든가 지방정부로부터 교육시설을 위탁받아 운영하는 평생교육기관의 경우도 마찬가지이다. 이러한 조직의 경영자는 모조직체 또는 정부기관과의 정치적 능력을 발휘해야만 조직을 성장시킬 수 있다.

이것은 결국, 평생교육기관 경영자가 기관의 내부 환경에 대한 내부 역량만을 중심으로 리더십을 발휘해야 하는 것이 아니라, 기관의 외부 환경에 대한 대외적 관계에서도 리더십을 발휘해야 한다는 것을 의미한다. 또한 평생교육기관 경영자는 내부 자원에 대한 조직관리, 갈등관리, 재무관리 등에 있어서도 정치적 역량을 발휘하여 구성원들이 함께 조직의 목표를 효과적으로 달성할 수 있도록 해야 한다.

④ 대인적 리더십

대인적 리더십은 평생교육기관 경영자가 조직 내 · 외에서 지녀야 할 인간관계와 관련된 리더십을 의미한다. 기관의 경영자이지만 평생교육에서의 리더십은 팀워크가 중요하기 때문에 일이 시작되고 마무리되는 단계에서 조정자로서 역할을 해야 한다. 이러한 상황에서 조직의 위계질서를 강조하면서 권위적인 관계를 형성한다면 올바른 조정과 적절한 피드백이 불가능할 것이다. 올바른 리더십은 구성원들로 하여금 과업수행에 있어서 자율적인 책임을 갖도록 하는 데 있다. 특히 평생교육기관의 구성원들은 전문가 집단이기 때문에 전문가로서 갖추어야 할 자유와 책임을 스스로 인식할 수 있다. 이러한 점을 고려하여 평생교육기관이 고도의 지식 공유 조직이고 전문화된 조직이기 때문에 교육담당자들에 대한 인간적인 배려를 통하여 적절한 대인관계 리더십을 만들어 나가야 할 것이다.

⑤ 전문적 조직 리더십

다른 분야도 비슷한 양상을 보이겠지만 평생교육 분야는 특히 각 기관이 독립적으로 존재하는 것이 아니라 다양한 영역에서 협력체제로 연결되어 있다. 하지만 경우에 따라서 전문 조직체는 지식을 독점하며 폐쇄적인 성격을 갖추고 있다. 평생교육기관도 전문성을 띤 조직이라는 점을 감안하면 충분히 폐쇄적일 수 있다. 하지만 범국가적인 차원에서 공공의 이익을 위한 기관이라는 점을 감안하여 평생교육기관 경영자는 타 기관과의 협력적 체제를 이끌어 낼 수 있어야 한다.

또한, 평생교육기관 경영자는 앞서 언급한 것처럼 평생교육기관이 하나의 전문적인 교육조직체라는 것을 감안하여, 평생교육기관이 전문적 조직으로서 제대로 된 기능을 수행할 수 있도록 해야 한다. 전문조직으로서 독립적으로도 높은 성과와 만족을 이끌어 내면서 이와 동시에 타 기관과의 협력을 통하여 모두가 함께 높은 성과와 만족을 이끌어 내고 성장할 수 있어야 한다.

전문적 조직체로서 평생교육기관의 경영자는 구성원들에게 평생교육기관의 운영, 프로그램의 개발, 조직 구성원의 역량 강화 등과 같은 영역에서 생길 수 있는 여러 문제, 도전, 그리고 이슈에 관한 관심을 유도할 수 있어야 하고, 그러한 기회를 다양한 차원에서 제공해야 한다. 이에 평생교육기관을 발전시키고자 하는 경영자는 개인의 전문성 함양은 물론 조직체의 전문성 개발을 위해 노력하여야 하며, 전문조직체인 관련 협의체 등에 참여하여 그 조직체를 확대하고 활성화시킬 수 있는 책무성을 수용할 수 있어야 한다.

결국 일반적인 교육 리더십이든 아니면 평생교육 리더십이든, 교육적 리더십은 교육에 대한 전문적인 지식에서 나오는 것이다. 즉, 교수-학습, 프로그램 개발, 교육기관의 운영 등에 대한 전문적인 지식과 능력을 통하여 효과적인 교육이 이루어질 수 있도록 하는 전문가가 갖추어야 할 덕목인 것이다.

요약 및 시사점

본 장은 경영마인드와 리더십을 알아보는 장이다. 오늘날 평생교육 관련 기관은 사회를 유지하고 발전시키는 데 필요한 사회기관이고 자신을 위해 존재하는 것이 아니라 특수한 사회적 목적을 달성하고 사회와 개인의 구체적인 욕구를 충족시키기 위해 존재한다. 따라서 경영마인드를 통하여 인간, 공동의 목표, 가치관, 통합, 구성원의 요구, 기회, 변화, 책임, 서비스, 만족 등의 관점에서 평생교육기관과 관련된 모든 구성원이 성장할 수 있도록 할 필요가 있다.

평생교육기관의 경영에서 고려해야 할 특성은, 우선 교육기관이기 때문에 교수-학습 활동을 지원하고 촉진해야 한다. 예를 들면, 시대적 흐름에 맞는 교육프로그램을 개발하고, 프로그램이 활성화될 수 있도록 지원하여 조직의 운영이 원활하게 이루어지도록 해야 한다. 평생교육기관의 경영 흐름은 교수-학습활동을 중심에 두고, 교수-학습활동이 효과적이고 효율적으로 이루어질 수 있도록 계획, 의사결정, 리더십, 관리 및 실행, 평가, 그리고 피드백 활동으로 구성된다.

평생교육기관의 경영자는 기술적 자질, 인간적 자질, 개념적 자질을 기본적으로 갖춰야 한다. 또한 변화하는 시대에 있어서 다양한 각종 평생교육기관과 경쟁해야 할 뿐만 아니라, 기관의 비전과 이념 실현은 물론 기관의 지속적인 성장과 발전을 도모하기 위해서는 일상적이고, 사건적인 업무보다는 창의적인 업무에 보다 많은 시간을 할애해야 한다. 특히 평생교육기관과 같이 교육활동을 중심으로 운영되는 기관에 있어서는 조직 내에서 인간성 상실의 문제 등이 곧바로 교육프로그램 운영 등과 관련하여 학습자인 고객들에게 그대로 전달되는 경향이 크기 때문에 인간적 자질이 더욱더 요구되고 있다.

사실 평생교육기관은 경영의 관점에서 그 기관의 이익만을 추구할 것이 아니라 장기적인 관점에서 그 지역이 속한 지역사회의 구성원을 대상으로 하는 프로그램이 많기 때문에 지역사회가 발전해야 기관도 발전할 수 있다는 생각을 잊어서는 안 된다. 지역사회가 존재하고 건강해야지 프로그램은 운영하고 수익을 창출할 수 있기 때문이다. 이에 평생교육기관은 보다 적극적으로 사회적 정의나 공공성 등을 인식하여 사회적 공헌에 이바지할 수 있도록 해야 할 것이다.

평생교육기관의 경영자에게는 일반적으로 기관을 경영한다는 측면에서 필요한 리더십도 갖춰야 하겠지만 교육 리더십도 필요하다. 교육 리더십은 교육자가 교육자로서의 권위와 기술을 발휘하여 구성원의 배움을 자극하고 학교 또는 특정 조직을 학습 공동체로 만드는 활동으로 정의할 수 있다. 교육 리더가 수행해야 할 기본 역할로 교육기관의 목적과 기능에 관계된 일, 조직과 관리 개선, 교육기관 교육과정의 개선, 교육기관의 봉사적 역할 개선, 교육기관 내외의 교육적 인간관계, 교육기관의 평가 개선 등에도 관심을 가져야 한다.

오늘날은 평생교육기관의 역할과 기능이 중요해짐에 따라 평생교육경영자에게 원하는 리더십을 프로그램 리더십, 정책 리더십, 정치적 리더십, 대인 리더십, 그리고 전문적 조직의 리더십으로 나누어 설명하고 있다. 프로그램 리더십은 기본적으로 프로그램을 검토하거나, 분석해 보는 수준을 넘어서서 프로그램의 필수적인 요소라고 볼 수 있는 프로그램의 질이 지니고 있는 중요성을 이해하고, 경쟁적 전략이라든가 프로그램에 대한 포트폴리오를 편성하는 것 등 프로그램에 대한 리더십을 발휘할 수 있어야 한다. 정책 리더십은 해당 기관의 경영계획과 정책개발을 위한 출발점으로서 정부의 정책기조와 관련 정책 현안들을 제대로 파악해야 하며, 이를 바탕으로 새로운 계획과 기관의 정책을 개발해 나가야 한다는 것이다. 정치적 리더십은 평생교육기관의 최고경영자와 하위부서에 있는 일선 경영자 또는 실제 프로그램을 운영하는 리더도 그 자신이 책임지고 있는 조직의 임무와 활동에서 목표달성과 성과향상을 위하여 정치적으로 행동해야 할 상황에서 리더십을 발휘해야 한다는 것이다. 대인적 리더십은 평생교육기관 경영자가 조직 내·외에서 지녀야 할 인간관계와 관련된 리더십을 의미한다. 마지막으로 전문적 조직 리더십은 전문적 조직체로서 평생교육기관의 경영자는 구성원들에게 평생교육기관의 운영, 프로그램의 개발, 조직 구성원의 역량 강화 등과 같은 영역에서 생길 수 있는 여러 문제, 도전, 그리고 이슈에 관한 관심을 유도하고, 조직체의 전문성 개발을 위해 노력하여야 하며, 전문조직체인 관련 협의체 등에 참여하여 그 조직체를 확대하고 활성화시킬 수 있어야 한다.

연 습 문 제

1. 『12 위대한 경영의 요소』에는 피고용자와의 인터뷰 및 실적에 영향을 미치는 다양한 변수를 분석한 결과 다음과 같은 경영의 12가지 요소를 소개하고 있다.

> ① 회사에서 내게 무엇을 기대하는지 알고 있다.
> ② 업무에 필요한 자료와 장비를 갖추고 있다.
> ③ 능력을 충분히 펼칠 기회가 자주 있다.
> ④ 지난 일주일간 업무성과에 대해 인정과 칭찬을 받았다.
> ⑤ 나를 진심으로 배려하는 누군가가 있다.
> ⑥ 나의 발전을 후원하는 사람이 있다.
> ⑦ 내 의견이 비중 있게 반영된다.
> ⑧ 회사의 목적이 내 업무의 가치를 높여준다.
> ⑨ 팀원 모두가 훌륭한 실적을 위해 최선을 다한다.
> ⑩ 회사에 최고의 친구가 있다.
> ⑪ 지난 6개월간 나의 발전에 관심을 보인 사람이 있다.
> ⑫ 지난 1년간 배우고 성장할 기회가 많이 있었다.
>
> 로드 와그너 · 제임스 하트 저, 김광수 역(2007). 『12 위대한 경영의 요소』 중에서

1-1. 각각의 요소가 무엇을 의미하는지 동료들과 함께 논의해 보자.

1-2. 12가지 요소 중, 자신이 경영자라면 가장 중요하게 생각하는 3가지 경영의 원칙과 그 이유를 정리한 후, 동료들과 함께 공유해 보자.

2. 주변에서 볼 수 있는 성공하는 기관의 경영자와 실패하는 기관의 경영자의 특징을 이야기해 보자

성공하는 기관의 경영자 특징	실패하는 기관의 경영자 특징
① ② ③ ④ ⑤ ⑥ ⑦	① ② ③ ④ ⑤ ⑥ ⑦

3. 평생교육기관의 리더들이 지녀야 하는 행동을 조사해 보고 이에 대해서 동료들과 함께 이야기해 보자.

3-1. 평생교육기관의 리더들이 지녀야 하는 행동들에 대해서 조사해 보자.

3-2. 각각의 행동이 무엇을 의미하는지 동료들과 함께 논의해 보자.

3-3. 추가적으로 평생교육기관의 경영자들은 어떤 부분에서 리더십을 발휘해야 할지 동료들과 함께 공유해 보자.

연 습
문 제

권두승, 최운실(2016). **평생교육경영론**. 파주: 교육과학사.

김용현, 성낙돈, 윤여각, 이상오, 정기수, 강무섭, 송병국, 양병찬, 김진한, 김노마, 이정희, 심의보, 하광호, 정찬남(2018). **평생교육경영론**. 파주: 양서원.

김종재(2007). **경영의 이해**. 서울: 박영사.

백방선(2000). **경영학 원론**. 서울: 무역경영사.

시사상식사전

신유근(2011) **경영학 원론**. 서울: 다산출판사.

이병진(2003). **교육 리더십: 새로운 교육의 패러다임**. 서울: 학지사.

윤정일, 송기창, 조동섭, 김병주(2016). **교육행정학원론**. 서울: 학지사.

조동성(2018). **21세기를 위한 경영학**. 서울: 도서출판 서울경제경영.

로드 와그너·제임스 하트 저, 김광수 역(2007). **12 위대한 경영의 요소**. 서울: 해냄출판사.

짐 콜린스 저, 이무열 역(2005). **좋은 기업을 넘어 위대한 기업으로**. 파주: 김영사.

프랑크 아르놀트 저, 최다경 역(2011). **경영**. 서울: 더숲.

피터 드러커 저, 조영덕 역(2020). **피터 드러커의 자기경영노트**. 서울: 한국경제신문.

피터 드러커 저, 피트 더러커 소사이어티 역(2006). **경영바이블**. 서울: 청림출판.

최은수(2017). 성인교육자 리더십과 리더십 개발연구를 위한 이슈의 개념화와 이론적 틀. **안드라고지 투데이**, 9(3). 107-143

Brockett, R.(1990). Adult education: Are we going it ethically? *Journal of Adult Education,* 19(1), 5-12.

Connelly, R. J., & Light, K. M.(1991). An interdisciplinary code of ethics for adult education. *Adult Education Quarterly*, 41(4), 233-240.

Edelson, P. J.(1992). Rethinking leadership in adult and continuing education. New Directions for Adult and Continuing Education, 56. San Francisco: Jossey Bass.

Gary Yukl(1989). *Leadership in Organizations*. Englewood Cliffs, N.J.: Prentice-Hall.

Ralph M. Stogdill(1948). Personal Factors Associated with Leadership: A Survey of the Literture. *Journal of Psychology*, 25, 35-71.

Rensis Likert(1961). *New Patterns of Management*. New York: McGraw-Hill.

Siegel, I. H.(2000). Toward developing a universal code of ethics for adult educators. *PAACE Journal of Lifelong Learning*, 9, 39-64.

Stever Kerr & John M. Jermier(1978). Substitutes for Leadership: Their Meaning and Measurement. *Organizational Behavior and Human Performance*, 22, 375-403.

Wayne K. Hoy & Cecil G. Miskel(2012). *Educational Administration: Theory, Research and Practice*(9th ed.). New York: McGraw-Hill. 김형관 외 역, **교육행정: 이론, 연구, 실제**. 서울: 원미사.

Chapter 05

평생교육기관의 경영기획과 경영전략[2]

요즘은 조직의 기능과 역할이 점점 복잡해지고 그 규모가 확대됨으로써 구성원 간의 의사소통 및 조직활동에 있어서 전문화가 더욱 요구되는 시대가 되었다. 따라서 경영의 목표와 절차, 그리고 이를 위한 방법과 수단 등이 명확하지 않으면 조직의 성과를 가늠하기 어려운 시대가 되었다. 이에 조직 경영에서 기획의 중요성은 그 어느 때보다 강조되고 있다. 경영기획은 조직의 비전과 구성원의 역할을 분명히 함으로써 조직활동의 혼란과 혼선을 최소화하고 그 결과 경영의 효율성과 생산의 극대화를 가져올 수 있는 좋은 기제이다. 강인준(2010)은 기획단계에서부터 전략이 요구된다고 한 바 있다. 즉, 기획을 성공적으로 추진하기 위해서도 전략이 요청되지만, 기획단계의 수립부터 특별한 전략을 통해 이루어질 수 있어야 한다는 것이다. 이렇게 본다면 기획과 전략은 상호 교호적이며 상호 순환적이다. 최기운(2006)은 경영전략은 경영기획의 핵심 과제라고 하면서 경영기획과 경영전략의 관계를 강조하였다.

2) 김용현 등(2018)의 평생교육경영론 제4장 평생교육기관의 경영기획 및 경영전략, 권두승 등(2016)의 평생교육경영론 제9장 평생교육 경영전략론 등의 자료를 참고하여 재구성하였음

1. 평생교육기관의 경영기획

1) 경영기획

(1) 경영기획의 의미

기획이란 당면한 문제를 해결하기 위한 목표에 따라 예측이 가능한 사건들의 경로와 과정을 통제하려는 의식적 시도로서, 미래 전망, 체계적 고찰, 과학적 조사, 가치의 선택 등을 통하여 현실적이고 구체적인 대안을 수립해 나가는 의사결정 과정이다(Gilbert & Specht, 1977). 드로(Dror, 1971)는 기획을 미래 행동에 대한 의사결정의 준비과정으로 정의했다.

이렇게 본다면, 기획에는 미래 전망, 문제해결, 의사결정 등의 목표가 들어간다. 그러나 의사결정이 대부분 문제를 의식하고 문제해결을 위한 대안을 모색하고 수립하는 과정에서 이루어진다고 본다면 기획을 위한 문제해결과 의사결정 그리고 미래 전망은 모두 같은 의미라고 할 수 있다. 이런 맥락에서 더글라스(Douglass, 1996)는 기획의 의미를 다음과 같이 정리했다(김용현 외, 2018).

첫째, 기획은 활동과정뿐만 아니라 결과에 대한 예측을 가능하게 하여 경영활동의 성공 가능성을 높여준다. 둘째, 기획은 조직의 인적자원 및 물적자원을 효과적으로 예측·통제하게 함으로써 미래 상황에 대한 실질적 대처능력을 제고시켜 준다. 셋째, 기획은 개인과 조직활동의 통제 및 관리기준을 일목요연하게 제시한다. 넷째, 기획은 모든 조직활동에 투입되는 소요경비의 계산에 구체적으로 기여한다. 다섯째, 기획은 조직경영의 운영 전반에 대한 분석적 사고와 평가능력을 제고하게 함으로써 관리자에게 의사결정의 수준을 높여준다.

또한 바우메 등(Baume et al., 2002)이 제시한 경영기획의 특징으로, 첫째, 기획은 미래지향적이다. 둘째, 기획은 지속적인 과정으로 다양한 대안을 지속적으로 탐색하는 과정이다. 셋째, 기획은 결정 수립과 불가분의 관계에 있다. 넷째, 기획은 목적 및 목표지향적이다. 특히 현실성이 수반된 기획을 위해서는 목표를 명확히 하는 것이 관건이다. 다섯째, 기획은 현장성, 현실성, 실현성을 중심으로 이루어진다. 여섯째, 기획은 목표와 수단을 연결시켜 주는 개방성을 가진다. 이를테면 수시로 발생하는 돌발상황에 대처하기 위한 역동성과 가변성을 갖추기 위해서 기획은 확정적이거나 정형적이지 않다. 결국 기획의 개방성을 통하여 다양한 아이디어가 창출되고 우리가 이를 수용할 수 있는 유연성을 얻게 된다. 김규태 등(2015)도 기획의 특징을 이와 유사하게 제시하고 있다.

표 5-1 기획의 특징 비교

바우메 등(2002)	김규태 등(2015)
• 기획은 미래지향적이다. • 기획은 지속적인 과정이다. • 기획은 결정수립과 불가분의 관계이다. • 기획은 목적 및 목표 지향적이다. • 기획은 현장성, 현실성, 실현성이 중심이다. • 기획은 목표와 수단을 연결시켜 준다.	• 기획은 하나의 과정(계속적 활동)이다. • 기획은 준비하는 과정이다. • 기획은 복합적인 결정을 대상으로 한다. • 기획은 행동지향적이다. • 기획은 미래지향적이다. • 기획은 목표 설정을 위한 활동이다. • 기획은 효율적인 수단을 강구하는 과정이다.

한편 기획은 목표달성과도 관련이 있다. 스키모아(1994)에 의하면 기획이란 목표달성을 기대하는 과정으로, 목표기대치를 달성하기 위한 계획을 준비하는 과정이다. 즉 기획이란 목표를 달성하기 위한 계획을 수립하는 과정으로서 지속적으로 계획을 세워가는 활동과 계속적인 과정을 말한다.

이러한 기획의 의미를 종합해서 경영기획의 의미를 유추해 보면, 경영기획은 구체적인 경영목표를 정하고 그 목표에 도달하기 위해 행하는 경영업무의 구상, 방안, 실천, 평가 등 제반 경영관리의 절차와 과정을 의미한다(김용현 외, 2018). 또한 국가직무능력표준에 의하면, 경영기획은 경영목표를 효과적으로 달성하기 위한 전략을 수립하고 최적의 자원을 효율적으로 배분하도록 경영진의 의사결정을 체계적으로 지원하는 일이며, 구체적으로 사업환경 분석, 경영방침 수립, 경영계획 수립, 신규사업 기획, 사업별 투자 관리, 예산 관리, 경영실적 분석, 경영리스크 관리, 이해관계자 관리 등의 업무가 포함된다.

(2) 경영기획의 요소

앞서 언급한 것처럼 국가직무능력표준에서 제시하는 경영기획 업무는 경영목표를 달성하기 위해 전략을 수립하고 최적의 자원을 효율적으로 배분하는 등 경영진의 의사결정을 체계적으로 지원하는 일이다. 이에 올바른 경영기획을 위해서는 다음과 같은 세부적인 업무의 요소들을 수행할 필요가 있다.

표 5-2 경영기획의 업무

하위 업무	업무단위별 요소	
사업환경 분석	• 내부환경 분석하기 • 핵심 성공요소 도출하기	• 외부환경 분석하기
경영방침 수립	• 비전 수립하기 • 핵심가치 수립하기	• 사명 수립하기
경영계획 수립	• 전략방향 수립하기 • 사업계획수립하기	• 경영목표 수립하기 • 사업별 경영계획 조정하기
신규사업 기획	• 신규사업 아이템 발굴하기 • 신규사업 투자계획 수립하기	• 신규사업 타당성 검토하기 • 신규사업 성과 평가하기
사업별 투자 관리	• 사업별 투자계획 수립하기 • 사업별 투자실적 분석하기	• 사업별 투자타당성 검토하기
예산 관리	• 예산편성 지침 수립하기 • 예산 조정·편성하기	• 예산소요 파악하기 • 예산계획대비 실적 분석하기
경영실적 분석	• 점검 계획 수립하기 • 경영실적 분석하기	• 경영실적 측정하기 • 경영실적 피드백하기
경영리스크 관리	• 경영리스크 파악하기 • 경영리스크 사전대응계획 수립하기 • 경영리스크 대응하기	• 경영리스크 위험도 측정하기 • 경영리스크 사전대응활동 점검하기
이해관계자 관리	• 투자자 관리하기 • 관계사 관리하기	• 협력사 관리하기 • 유관기관 관련업무 하기

출처: 국가직무능력표준 홈페이지(www.ncs.go.kr)에서 재구성

① 사업환경 분석

사업환경 분석이란 기관의 내부환경 분석과 외부환경 분석과정을 거쳐 사업의 핵심 성공요소를 도출하는 과정이다. 내부환경 분석방법으로는 SWOT 분석기법과 맥킨

지 7S분석기법 등을 들 수 있다. SWOT 분석기법은 기업의 환경분석을 통해 강점(strength)과 약점(weakness), 기회(opportunity)와 위협(threat) 요인을 규정하고 이를 토대로 전략을 수립하는 기법이다. 맥킨지 7S분석기법은 전략(Strategy), 기술(Skill), 공유가치(Shared Value), 구조(Structure), 시스템(System), 종업원(Staff), 스타일(Style) 등의 7S 항목을 중심으로 조직 혁신과 같은 내부 조직개발 활동을 기하고자 할 때 사용하는 모델이다.

외부환경 분석기법인 PEST 분석기법은 기업을 둘러싼 외부환경요인을 정치(Politics), 경제(Economics), 사회(Social), 기술(Technology) 등 4가지 요인으로 거시환경을 분석하는 것을 말한다. 또한 외부환경 분석에서 말하는 글로벌 거시환경의 주요 분석요소에는 글로벌 환경, 시장환경, 산업 전망, 글로벌 정치환경 등이 포함되고, 국내 거시환경의 분석요소로는 사회, 문화, 기술, 경제, 생태환경, 정책적 측면을 들 수 있다.

핵심성공요소의 도출을 위해서는 기업의 내부환경 분석과 외부환경 분석 결과를 바탕으로 하여 주요 시사점을 도출하는 작업이 선행되어야 한다. 핵심성공요소는 한 기관의 활동이 성공하기 위해서 갖추거나 수행되어야 할 주요 요소를 의미하며, 한 기관이 선택한 전략의 방향뿐만 아니라 산업 · 경제의 전반적인 구조에 의해 결정된다.

② 경영방침 수립

경영방침 수립은 기관 경영을 위한 비전과 사명을 도출하고 이에 기반한 기관 구성원들의 핵심가치를 제시하는 과정이다. 경영방침 수립은 경영진의 철학과 기업이념을 잘 표현할 수 있어야 하고, 경영활동의 핵심사항으로 쉽게 이해하고 인지할 수 있도록 간결하게 표현되어야 한다. 경영방침과 핵심가치를 적용하고 이를 전파하기 위하여 구체화된 활동방침을 수립하고 실행을 지원해야 하며, 최고 경영자의 경영의지와 경영진의 의사결정 사항을 포함한다. 일체감 조성방법(동기부여 방법론)은 비전 도출 · 확산에 있어서 내부적 · 외부적 의견에 대한 종합적 고려와 상향식과 하향식 도출 · 공유과정의 적용으로 인하여 비전과 사명 도출, 공유, 확산과정이 구성원 모두가 함께 이루어질 수 있도록 하는 것이 좋다. 핵심가치 수립 시 내부적 가치란 기관 내부(경영자, 구성원)에서 가장 우선순위가 높은 가치를 의미하며, 외부적 가치란 기관 외부(지역, 정부, 사회, 수혜자 등 이해관계자)가 기관에 대하여 기대하는 역할로서의 가치를 의미한다. 핵심가치 도출 시 내부적 가치와 외부적 가치가 상호작용하면서 기관 내·외부의 이해관계자의 기관에 대한 기대를 모두 포괄할 수 있는 가치 수립이 필요하다.

③ 경영계획 수립

경영계획 수립이란 기업의 중장기 경영전략 방향과 연간 경영방침을 설정하고, 그에 따른 경영목표를 수립하며, 이를 달성하기 위한 구체적인 사업계획을 수립·조정하는 과정이다. 중장기 경영전략 수립을 위해서는 외부환경 분석과 내부환경 분석을 고려하여야 한다. 중장기 경영전략 수립을 위한 경영환경 분석기법으로는 SWOT 분석기법을 주로 사용하며, 사업별 포트폴리오에 대한 분석기법으로는 BCG 매트릭스 기법을 사용하여 분석할 수 있다. 중장기 경영전략을 수립하기 위하여 다음 사항을 고려하여야 한다.

- 경영자의 철학과 경영이념
- 경영전략과 목표, 경영전략 방향성
- 동향 분석 결과
- 경쟁자 분석 결과
- 핵심사업에 대한 선택적 대안의 검토결과
- 핵심사업 목표와 평가 관련사항
- 사업계획서 작성 요소

④ 신규사업 기획

신규사업 기획이란 사업을 추진하는 주체가 보유하고 있는 신규사업 아이디어를 투자, 생산, 마케팅과 같은 경영활동 등을 통해 구체화해 나가는 과정을 기획하는 과정이다. 신규사업 아이템 리스트 작성에는 다음과 같은 작업들이 포함된다.

- 사업 가능 아이디어의 나열
- 예비사업 아이디어의 발견

- 예비사업성 분석
- 후보사업 아이디어의 선정

신규사업을 기획할 때 사회조사를 철저히 할 필요가 있다. 사회조사 방법론은 고객 정보 수집을 위한 리서치 기술, 질문지법, 통계분석 프로그램(SPSS) 활용기법 등을 활용하면 좋다. 조사분석은 기업분석, 제품분석, 서비스분석, 경쟁사분석, 전략수립 등에 다양하게 활용하는 것을 포함한다. 이러한 분석을 통하여 신규사업을 기획할 때는 사업을 계획, 실행, 신제품 기획, 추진전략 기획, 부서별 운영 기획, 제안 보고서, 평가 보고서 등을 작성해야 한다.

⑤ 사업별 투자 관리

사업별 투자 관리란 기업 내 각 사업별 투자환경을 분석하여 적절한 투자계획을 세우고, 투자타당성을 검토하며, 투자실적을 분석하는 과정이다. 경영목표와 방침에 대한 정확한 이해가 우선되어야 한다. 이때 경영자는 투자계획에 대한 정책적 · 전략적 판단을 할 수 있어야 하고, 기관의 내적 · 외직 환경 분석에 대한 충분한 이해가 있어야 한다. 투자환경의 분석에 따른 기관 내부의 강점, 약점에 대한 정확한 이해가 전제되어야 한다. 투자계획의 적합성을 판단할 수 있는 적절한 타당성 분석기법을 고를 수 있는 능력이 있어야 한다. 또한 투자실적을 분석하기 위한 다양한 기법에 대한 충분한 이해와 능력이 있어야 한다.

⑥ 예산 관리

예산 관리란 경영목표에 따른 예산편성 지침을 수립한 후, 예산 소요를 파악하고, 예산을 조정 · 편성하여 예산 계획 대비 실적을 분석하는 과정이다. 예산편성 지침 수립은 예산편성의 기본방향, 예산의 적용범위 규정, 예산편성 기준 규정을 포함한다. 예산항목 분류는 대분류 예산항목, 중분류 예산항목, 소분류 예산항목을 포함한다. 예산소요 파악하기는 다음을 포함한다.

- 예산항목별 소요예산
- 사업별 소요예산

- 부서별 소요예산
- 예산규모 확인
- 예산의 목적에 부합하는지 확인

예산편성 기준을 정하고 예산계획을 수립할 때는 아래 사항을 고려하여야 한다.

- 내년도 경영전략
- 내년도 이익목표
- 회계기준법 등 관계법령
- 자본예산(투자)계획, 자금예산계획(현금흐름 포함)
- 환율, 물가 상승률 등 외부 경제지표

각 부서별 소요예산을 파악하여 최적화된 예산인지를 검토한다. 예산 조정 · 편성하기는 예산편성 지침에 부합, 예산 우선순위, 부서별 항목별 금액 협의 · 조정, 부서별 예산을 종합하여 전사예산계획을 편성, 예산을 주기별로 조정하였는지 확인하는 활동을 포함한다. 예산 계획대비 실적 분석하기는 책정된 예산 금액을 올바르게 사용, 책정된 예산항목을 올바르게 사용, 집행된 예산을 취합하여 점검, 차이나는 금액을 차년도 예산 관리에 적용, 차이나는 항목을 차년도 예산 관리에 적용하였는지 확인하는 활동을 포함한다.

⑦ 경영실적 분석

경영실적 분석이란 경영활동의 건전성을 위하여 경영실적, 점검계획 수립, 실적 측정, 경영실적 분석, 경영실적 피드백을 수행하는 과정이다. 경영성과 분석 보고서는 경영목표 달성에 중요한 지표의 목표, 실적 추이, 차이 분석을 포함한다. 경영실적 피드백에는 계수 · 현황자료를 경영층 · 담당자들에게 적시 제공하여 활용할 수 있도록 해야 한다. 핵심성과지표(KPI: Key Performance Indicator)란 사업의 핵심활동을 측정할 수 있는 지표로 변환하는 것을 의미한다.

⑧ 경영리스크 관리

경영리스크 관리란 기관경영에서 발생할 수 있는 리스크를 허용 가능한 수준 이하로 관리하기 위해 리스크 파악, 리스크 위험도 측정, 리스크 사전대응계획 수립, 리스크 사전대응활동 점검, 리스크 대응활동을 수행하는 과정을 의미한다.

핵심 경영리스크 지표(KRI: Key Risk Indicator)란 주요 리스크를 모니터링하기 위해 리스크 특성에 대한 계량적 기준·근거를 제공하는 수단이다. 핵심 경영리스크 지표 운영 정의란 측정해야 할 것이 무엇인가와 측정 지표의 주요 특징에 대한 것으로서 데이터 수집에서의 일관성·신뢰성을 제공하기 위한 방법이다.

경영리스크 관리를 위해서 정치, 경제, 사회, 기술 등 사회 제 영역에서의 변화 요인을 철저히 점검하는 것이 필요하다. 이를 분석하기 위한 방법으로 매트릭스 분석 기법은 행과 열을 이용해 배열해 놓은 자료를 행과 열의 의미를 가지고 분석하는 방법이고, 멀티 보팅(Multi-Voting) 기법은 다수결로 의견을 정하는 데 있어서 한 사람이 하나의 의견만 고르는 것이 아니라 여러 개의 의견에 투표를 함으로써 가장 많은 표를 받은 의견이 채택되는 방법이다. 예측하기 힘든 불확실한 미래에 대응하기 위해서 정치, 경제, 사회, 국제 문제, 자원, 에너지 수급, 법률, 산업구조 따위의 각종 선행지표의 연구와 검토를 해야 한다.

⑨ 이해관계자 관리

이해관계자 관리란 기관의 목표달성에 영향을 미치는 개인 또는 단체를 파악하고, 이들의 특성과 기대사항을 분석하여 체계적으로 대응하는 과정이다. 기관의 목표달성에 영향을 미치는 개인 또는 단체를 이해관계자라고 하며, 투자자, 협력사, 관계사, 유관기관 등을 포함한다. 이해관계자는 전략적으로 관리해야 하는데 이는 관련자로부터 유기적 협조를 이끌어내며, 그로 인해 업무효율성을 기할 수 있는지 여부를 포함한다. 이해관계자와 관련하여 발생한 이슈에 대하여 적합한 해결방안을 결정하는 것은 단순히 업무 효율이나 효과만을 고려하는 것이 아니라 영향을 미치는 이해관계를 고려하여 해결책을 모색하고, 의사결정, 행동에 따르는 다양한 효과를 예측, 대비하는 것을 포함한다.

(3) 경영기획의 수립 절차

경영기획 단계에서는 앞서 언급한 각각의 경영기획 요소 과정을 수립 절차에 따라서 기획함으로써 각 요소뿐만 아니라 경영기획 과정 전체를 살펴볼 수 있다. 윤정일 등(2016)의 기획수립 단계를 재정리하여 제시하면 다음과 같다.

표 5-3 기획의 수립 절차와 내용

절차	내용
기획 이전 단계	• 합리적인 기획체제의 구성 • 기획의 절차 설정 • 기획의 형성과 이행에 참여하는 조직의 재구조화 • 기획에 요구되는 통계나 자료의 수입 분석을 위한 조직 설정
기획단계	• 진단 • 정책형성 • 장래 소요비용의 추정 • 우선순위와 목표 설정 • 실현 가능성 검토
계획 형성 단계	• 광범위한 구성원의 참여 • 계획 시행을 위한 규정 및 행 · 재정적 개혁 • 계획 수행을 위한 구성원의 훈련 • 광범위한 홍보
계획 정교화 단계	• 사업계획의 작성 • 프로젝트의 확인과 형성
계획 실천 단계	• 실질적인 목표, 예산, 세부작업 과정의 치밀한 계획 • 계획의 시행 중 다양한 해결방안 조사 • 계획 당국은 계획의 시행에 관한 기술적 조언 • 세부계획의 수정 및 실천과정의 점검
평가와 수정 및 재계획 단계	• 계획의 결함(비현실적 목표, 불충분한 재원, 부적절한 절차 등) 제시 • 평가결과를 통한 재계획 수립 및 환류

경영에서 계획과 실행, 그리고 평가 및 환류의 과정은 경영기획에 의해서 전체적으로 살펴볼 수 있다. 효율적이고 생산적인 경영관리를 위해서 조직은 경영계획을 수립하고, 이를 실행하고 실천하며, 이에 대해서 평가하고 그 결과를 다시 통제 · 조정하면서 환류하는 등 일련의 경영과정을 설계한다.

2) 평생교육기관의 경영기획

(1) 교육기획

교육기획은 간단히 말해 미래의 교육활동에 대한 사전준비 과정이라 할 수 있다. 즉, 미래의 교육활동에 대비하여 교육목표 달성을 위한 효과적인 수단과 방법을 제시함으로써 교육정책 결정의 효율성과 안정성을 보장해 주는 지적·합리적 과정인 것이다. 따라서 교육기획은 기본적으로 다음과 같은 특성을 가지고 있다(윤정일 외, 2016). 교육기관에서는 경영기획을 할 때 교육적인 관점에서 아래의 내용을 고려하면서 기획해야 할 것이다.

- 미래 지향적인 행동 과정: 기획은 미래를 구상하는 것으로, 앞으로의 활동을 준비하는 과정이다. 주간계획, 월간계획, 연간계획, 장기계획 등과 같이 모든 계획을 실제로 시행하기 전에 이를 준비하고 구성하는 과정이다.
- 지적인 활동: 기획은 어떠한 일을 구체적으로 시행하기 전에 그 목표와 내용, 절차와 방법, 기대되는 성과에 대해 미리 생각해 보는 것이기 때문에 고도의 지성과 전문성을 요구하는 계획과정이다.
- 합리적인 활동: 기획은 목표와 수단 및 방법을 합리적으로 연결하고 이를 통해 목표 달성을 효율화하는 활동이기 때문에 합리적인 정보수집과 판단, 그리고 문제해결 능력을 필요로 한다.
- 사전의 준비과정: 기획은 사전의 준비과정이지 실제적인 시행이나 집행이 아니기 때문에 상황의 변화에 따라 언제든지 수정하거나 보완할 수 있는 특징이 있다.

교육기획의 원리는 학자와 관점에 따라 다르나 몇몇 학자들은 교육기획의 원리로 타당성, 효율성, 민주성, 전문성, 중립성, 적응성, 안정성, 균형성, 통합성, 계속성을 제시하고 있으며, 또한 합목적성, 효율성, 민주성, 전문성, 단순성, 표준화, 적응성, 안정성, 종합성, 중립성, 합리성, 계속성을 제시하고 있다. 이러한 견해를 종합하여 윤정일 등(2016)은 교육기획의 원리나 원칙을 다음과 같이 제시한다.

- 타당성의 원리 : 교육기획은 의도하는 교육목표를 달성할 수 있는 적절한 수단과 방법을 통해 수립되어야 한다.
- 효율성의 원리 : 교육기획은 의도하는 교육목표를 달성할 수 있는 능률적이고 효과적인 수단과 방법을 동원할 수 있도록 수립되어야 한다.
- 민주성의 원리 : 교육기획은 일반 국민과 이해 관련 집단 등의 광범위한 참여를 통해 민주적인 방식으로 이루어져야 한다.
- 전문성의 원리 : 교육기획은 교육전문가들의 적극적인 참여와 지속적인 검토 과정을 거쳐 수립되어야 한다.
- 중립성의 원리 : 교육기획은 교육 자체의 타당성과 효율성에 따라 수립되어야 하며, 어떠한 정치적 · 종교적 · 당파적 이해와 압력에 좌우되어서는 안 된다.
- 융통성의 원리 : 교육기획은 상황의 변화에 탄력적으로 대응할 수 있도록 신축성 있게 수립되어야 한다.
- 안정성의 원리 : 교육기획은 정책의 일관성과 안정성을 유지할 수 있도록 수립되어야 하며, 지나치게 가변적인 계획으로 이루어져서는 안 된다.
- 균형성의 원리 : 교육기획은 안정성과 적응성, 민주성과 전문성 등을 적절하게 유지하는 방식으로 이루어져야 한다.
- 통합성의 원리 : 교육기획은 국가의 타 부문 기획과 통합되도록 이루어져야 하며, 하위부문을 종합적으로 고려하여야 한다.
- 계속성의 원리 : 교육기획은 의도한 교육목적을 실현하기 위해 계속적인 연구와 평가를 통해 수립되어야 한다.

또한 교육기획의 접근방법으로 윤정일 등(2016)은 국가교육기획의 관점에서 이루어지는 사회수요에 의한 접근방법, 인력수요에 의한 접근방법, 수익률에 의한 접근방법을 소개하고 있는데, 이러한 방법을 참고하여 교육기획을 할 때 주체와 강조점, 그리고 적용방법을 생각해 볼 수 있다.

먼저 사회수요에 의한 접근방법(social demand approach)은 교육을 받고자 하는 모든 사람에게 교육의 기회를 부여해야 한다는 원칙하에서 이루어지는 교육기획 방법이다.

이는 교육에 대한 개인적 · 사회적 수요를 기초로 하여 이루어진다는 점에서 교육수요에 의한 접근이라고도 할 수 있다. 이 방법은 교육기획 시에 국가의 인구와 가계소득, 그리고 교육수요를 충분히 예측한 후 계획해 나가는 방법이다. 이 방법은 장차 얼마나 많은 사람이 어떤 유형의 교육을 원할 것인지를 명확하게 알아야 하기 때문에 이를 추정하는 작업이 선행되어야 한다. 교육수요의 양과 유형은 교육비, 가정의 소득, 직업 전망과 기대, 그리고 기타 여러 요인에 의해 좌우되기 때문에 보다 세심한 고려가 필요하다.

다음으로 인력수요에 의한 접근방법(manpower demand approach)은 많은 국가에서 교육계획뿐만 아니라 경제계획 등 국가계획을 수립하는 데에 활용하고 있다. 이 방법은 경제성장에 필요한 인적자본(human capital)의 중요성에 대한 인식을 전제로, 경제성장을 뒷받침하는 인력수요를 예측하고 그에 기초하여 인력수요를 충족시킬 수 있도록 교육적 측면의 공급을 조절해 나가는 방법이다.

수익률에 의한 접근방법(rate of return approach)은 교육을 투자로 보고 그 투자에 대한 경제적 효과를 분석하는 방법으로, 특정 단계 혹은 특정 분야의 교육이나 제도 혹은 운영방법 등에 대한 경제적 수익률을 측정하여 비교수익률이 높은 부문이나 방식을 채택하는 접근방법이다. 이는 국가 혹은 개인이 투입한 교육비용이 그들에게 얼마나 수익을 가져왔느냐를 추정하여 이루어지기 때문에 비용–수익(편익) 접근방법 혹은 비용–효과 분석이라고도 한다. 이 방법은 교육에 대한 투입(교육투입)에 비해 교육에 의해 발생하는 산출(교육산출)의 많고 적음을 밝혀 교육투자의 경제적 효과를 측정하는 데 주된 목적이 있다.

(2) 평생교육기관의 경영기획

교육기획이 평생교육기관에서 운영하는 교육프로그램 및 운영에 대한 미시적인 관점에서의 기획이라면 평생교육기관의 경영기획은 교육기획을 포함한 평생교육기관의 운영 전체에 대한 기획이다.

앞서 언급한 것처럼 기획은 목표를 달성하기 위한 계획을 수립하는 과정이다. 평생교육기관의 경영기획은 일반적으로 보면 기업에서의 경영기획의 범주와 크게 다르지 않다. 다만 평생교육기관에서 경영적인 차원에서 결정한 경영목표와 교육적인 차원에서 결정한 경영목표가 상치될 경우에는 경영기획의 목표, 내용, 방법 등을 다시 살펴보면서 조정할 필요가 있다. 경영기획 차원에서 경영목표를 달성하는 일은 중요하다. 평생교육기관의 경영기획은 경영적인 차원에서의 목표를 달성하는 것도 필요하지만, 교육기관이기 때문에 교육적인 차원에서의 목표를 달성하는 것도 반드시 고려해야 하기 때문이다.

원칙적으로 경영의 궁극적인 목표는 기업의 '이윤추구'이다. 이를 위해 일을 효율적이고 효과적으로 해냄으로써 기업의 생산성을 제고하여 목표달성을 추구하는 것이 경영목표이다. 이를 위해 경영기획이 기여한다. 그러나 평생교육기관 경영에서는 일반적인 경영의 목표와 평생교육의 목표라는 두 마리 토끼를 모두 잡아야 한다. 성공적인 경영을 통하여 교육의 목표를 달성하는 것도 평생교육기관 경영의 목표가 되지만, 평생교육의 목표달성을 통하여 성공적인 경영을 하는 것도 평생교육기관 경영의 목표가 된다. 이를 위하여 평생교육기관 경영에서는 '교육기획'이 매우 중요하며 교육프로그램 기획은 결정적인 역할을 한다. 왜냐하면 일반경영에서는 생산품 내지 생산성이 경영성과를 결정한다면, 평생교육기관 경영에서는 교육, 학습프로그램이 경영성과를 결정하기 때문이다. 물론 경영성과를 내기 위해서는 기획, 생산, 기술, 판매, 마케팅, 홍보 등 제반 경영활동이 모두 중요하지만, 특히 평생교육기관 경영에서는 모든 경영활동이 특정 평생교육기관에 제시하는 교육-학습프로그램의 양적 · 질적 수준을 근거로 이루어질 수밖에 없는 특수성과 고유성이 존재한다(김용현 외, 2018). 물론, 일반경영에서는 생산품과 생산성 향상을 통한 이익의 추구가 중요하고 평생교육기관 경영에서는 교육의 수월성과 좋은 프로그램의 제공을 통한 학습자의 참여 정도와 그들의 성장이 중요한 경영성과로 작용할 수 있다.

(3) 평생교육 프로그램 기획

평생교육기관은 교육기관이기 때문에 그 핵심은 평생교육 프로그램에 있다. 따라서 평생교육 프로그램을 기획할 때 관심을 가져야 하는 부분을 살펴보고자 한다. 물론 앞 절의 교육기획과 기본적으로 일맥상통하며 본 절에서는 김용현 등(2018)이 소개하는 교육프로그램 기획의 유형을 정리한다.

프로그램의 기획은 프로그램의 전체적인 설계도이며 구체적인 실행도이다. 프로그램은 혼자 기획할 수도 있지만 팀이 함께 기획할 수도 있다. 만약 프로그램 기획과정이 없다면 우리는 무엇이 어떻게 진행되고 또한 무엇을 어떻게 진행해야 하는지를 알 수가 없다. 평생교육기관에서는 기관 경영상의 목표과제로서 기본적인 프로그램을 기획한다. 이에 더하여 기관의 주문이나 기관장의 지시로 기획하는 경우도 있다. 어떠한 과제와 미션을 중심으로 프로그램을 기획하고 어떤 방식으로 기획할 것인가에 따라서 프로그램 기획 유형은 달라진다.

① 학습요구 중심의 기획

학습요구 중심의 프로그램 기획은 교육수요자, 즉 학습자의 요구조사 및 요구분석을 통하여 이루어진다. 특히 프로그램에 참여할 학습자들을 대상으로 그들의 학습요구에 대한 조사분석한 결과를 프로그램 기획에 반영하는 방식이다. 이는 학습자들이 바라고 요구하는 내용을 중심으로 프로그램을 기획하겠다는 의도를 가지고 있다. 오늘날 대부분의 평생교육기관에서 이루어지는 프로그램은 학습요구 중심의 기획으로 이루어진다. 왜냐하면 평생교육은 원칙적으로 수익자 부담으로서 학습수요가 자신의 기호대로 선택하는 뷔페식 혹은 카페테리아식으로 접근하기 때문이다.

② 문제해결 중심의 기획

문제해결 중심의 프로그램 기획은 우리 사회가 현실적으로 당면한 시급한 문제를 인식하고 이를 해결하기 위한 목표를 염두에 두고 프로그램을 기획하는 것이다. 이는 위기를 기회로 만드는 프로그램 기획으로서 적절한 방식이다. 문제중심학습을 위한 프로그램 기획이 대표적이며 오늘날의 사회환경 속에서 문제의식과 문제해결 중심의 프로그램은 점점 더 큰 의미를 얻고 있다.

③ 자원활용 중심의 기획

자원활용 중심의 프로그램 기획은 현재 보유하고 있는 가용 자원의 활용 가능성을 중심으로 프로그램을 기획하는 것이다. 즉 지역이나 집단 아니면 기관이나 조직에서 현재 보유하고 있거나 아니면 네트워크를 활용하여 현장에 가용할 수 있는 인적자원과 물적자원을 고려하여 프로그램을 기획한다. 여기서는 가용자원의 획득 여부, 실현성, 구체성, 충실성, 충분성 등에 의해 기획의 수준과 실행력도 결정되며 자원의 한계가 있으면 기획력은 떨어진다. 이러한 한계가 있으면 자원을 외부에서 취득하여 전용하는 아웃소싱(Outsourcing)의 장점이나 자원네트워킹을 잘 활용한다면 이를 극복할 수 있다.

④ 참여 중심의 기획

참여 중심의 프로그램 기획은 프로그램에 관련된 사람, 즉 프로그램을 주도적으로 계획-실행-평가할 운영주체와 프로그램에 참여할 학습자가 기획 작업부터 모두 함께 참여하는 방식으로 프로그램을 기획하는 것이다. 이는 민주적 의사소통의 절차와 방법으로 의사결정을 해 나가는 방식으로 이루어진다. 즉 프로그램을 설계할 때 한두 사람의 전문가나 교육공급자의 연구나 아이디어에 의해서 만드는 것이 아니라, 관련된 보다 많은 구성원이 지속적으로 협력하여 프로그램의 최종적 원형(Prototype)을 만들어 내는 것이다. 브레인스토밍 기법을 활용한 아이디어 산출 및 이에 근거한 의사결정 역시 참여 중심의 기획의 실천이라고 할 수 있다.

2. 평생교육기관의 경영전략

1) 경영전략

(1) 경영전략의 의미

어떤 조직이든 조직의 성장과 발전을 위해서 미래의 청사진을 그려서 중장기적인 발전계획을 세우고 발전계획에 따라서 구체적인 전략을 설계하는 일은 매우 중요하다. 전략이란 기관이 사명을 완수하기 위한 기본적인 방법론이다. 전략은 그리스어 strategia(將帥術)에 어원을 두고 전쟁에 주로 사용된 용어이나 오늘날은 경영의 용어로 전용되어 사용된다.

한국경제신문 기획부(2001)에 따르면 경영전략은 환경 변화에 대한 기업활동을 전체적 · 계획적으로 적응시키는 것으로, 변동하는 기업환경에 능동적으로 대처하여 기업의 존속과 성장을 꾀하는 것이다. 특히 오늘날의 기업경영 현장에서는 급격한 주변 산업환경의 변화 속에서 기업경영 방침의 유지, 발전, 혁신, 향상 등을 위한 제반 경영 활동을 전체적 · 계획적으로 변화, 발전, 적응시키기 위한 특단의 조치를 취해야 할 필요성이 높아지고 있다. 심지어 오늘날 우리는 전략이 살아야 기관과 조직이 산다고 할 정도이다.

챈들러(Chandler, 1962)에 의하면 경영전략이란 기업의 장기 목표와 목적을 결정하고 이 목표들을 수행하기 위해 필요한 행동경로를 채택하고 자원을 할당하는 것이며, 조직 전체의 결속을 위한 조직의 주요 목표, 정책, 그리고 행동양식을 결합하는 계획 또는 실천양식이다. 니와 데츠오(2001)는 경영전략은 회사가 미래에 나아갈 방향을 그리는 것이라고 말한다. 이승주(2006)는 전략과 전술에 대한 이해를 바탕으로 경영전략의 의미를 정리하였다.

- 경영전략은 기관의 기본적인 목표를 달성하기 위한 종합적인 활동계획이다. 이는 일상적인 업무나 기능별 활동과는 구별되는 것으로 미래지향적이며 통합적인 측면을 강조하는 개념이다.
- 경영전략은 기관의 경쟁우위를 구축하고 구체적인 경쟁방식을 선택하는 의사결정이다. 이는 경영전략의 상대성 및 경쟁우위의 중요성을 강조하는 시각이다.
- 경영전략의 핵심은 고객을 위한 가치창조에 있다. 경쟁우위는 결국 자기 기관이 제공하는 고객에 대한 가치가 경쟁기관보다 뛰어날 때 발생한다고 볼 수 있으므로, 고객을 위한 가치창조를 강조하는 견해이다.
- 경영전략은 기관의 한정된 경영자원을 효과적으로 배분하는 의사결정의 패턴이다. 즉 한정된 경영자원을 어떤 사업 및 어떤 활동에 집중할 것인가는 경영성과를 결정하는 중요한 전략적 의사결정이다.

경영전략은 결국 변화하는 환경 속에서 특정 기관이 생존하고, 지속적인 발전을 도모하기 위해서는 그 기관이 지니고 있는 자원을 특정 부문에 집중하여 차별화를 도모하고 그를 통해 경쟁우위를 기하고자 하는 데 궁극적인 의의가 있다. 말하자면 경영전략은 특정 기관이 추구하고자 하는 미래 비전을 달성하기 위해 진행해 나갈 방향성을 제시하는 일종의 시나리오를 의미한다. 이를 위해서는 무엇보다 고객과 경쟁사에 대한 체계적인 이해는 물론 자기 기관에 대한 철저한 분석과 성찰이 전제되어야 한다. 이에 따라 경영전략 수립에 있어서는 무엇보다 고객, 경쟁사, 그리고 자기 기관에 대한 체계적인 분석과 이해가 있어야 하며, 그를 통해서만 효율적이고 바람직한 경영전략 도출이 가능하다(권두승 외, 2016).

(2) 경영전략의 수립과정

경영전략은 다양한 방법을 통해 수립될 수 있는데 전략수립의 기본적인 과정을 설명하면 다음과 같다(이승주, 2006). 무엇보다도 먼저 기관의 비전을 검토해야 한다. 비전이 명확하지 않으면 비전을 먼저 분명하게 만들어야 하며 그 이후에 비전을 자세하고 면밀히 검토하는 것이 필요하다. 비전은 그 기관의 핵심가치와 목적과 직결되기 때문이다.

다음으로 경영전략을 수립하기 위해서는 현상에 대한 객관적인 분석이 선행되어야 한다. 즉, SWOT 분석과 같은 방법을 활용하여 기관의 외부환경과 내부역량에 대한 체계적인 분석을 통해 외부환경의 기회요인과 위협요인, 그리고 기관 내부의 강점과 약점 등을 파악할 필요가 있다.

현상에 대한 객관적인 분석이 이루어지면, 그 다음으로 몇 개의 전략적 대안을 도출한다. 새로운 전략적 대안을 도출하기 위해서는 기존의 관행이나 고정관념에서 탈피하고 과감하고 혁신적인 사고의 발상을 하는 것이 중요하다. 그리고 마지막으로 선정된 전략안이 성공적으로 실행되기 위해서는 현장부서의 적극적인 참여하에 세부적인 활동계획을 세우고, 명확한 책임소재와 일정 계획하에 경영자원의 배분이 이루어져야 한다. 그리고 경영전략의 실행 여부 및 중간결과를 수시로 관리하고 평가할 수 있어야 한다. 이들을 바탕으로 경영전략 수립과정에 따른 경영전략 결정에 필요한 요소들을 간략하게 정리한 다음의 그림과 같다.

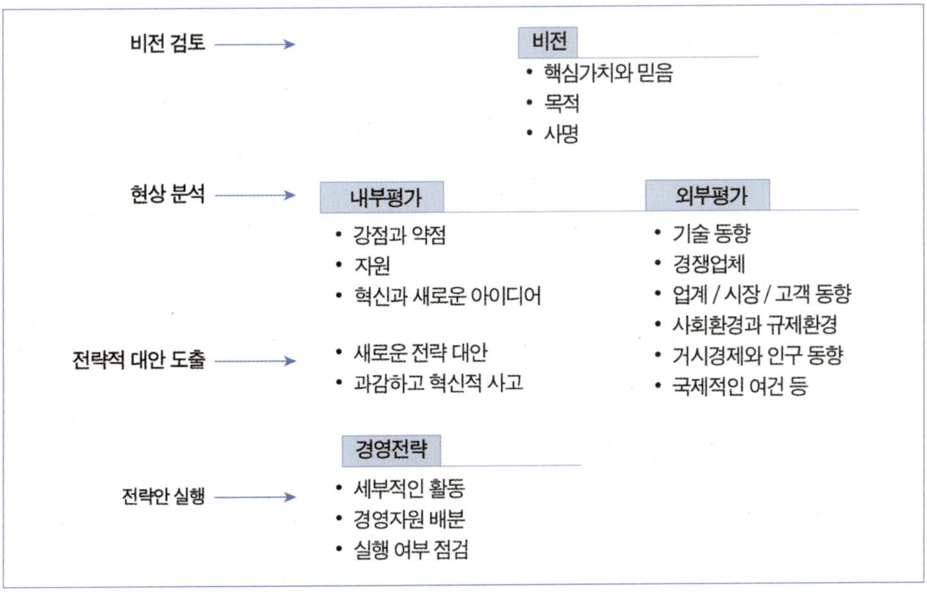

그림 5-1 경영전략 결정에 필요한 단계별 요소

출처: 권두승 외(2016)의 자료 수정 보완

니와 데츠오(2001) 역시 경영전략 수립에 있어서 비전 설정을 우선적으로 강조하고 있으며 경영전략 수립은 비전 달성의 시나리오라고 말한 바 있다. 그가 말한 경영전략의 수립 절차는 다음과 같다.

- 1단계: 임원과의 검토회의 개최
- 2단계: 비전의 수립
- 3단계: 외부환경의 분석
- 4단계: 내부환경의 분석
- 5단계: 비전 달성의 시나리오 작성
- 6단계: 사업전략과 기능별 전략의 통합
- 7단계: 신규 사업계획의 수립
- 8단계: 기존 사업의 선별 집중
- 9단계: 경영조직의 개혁 전략
- 10단계: 경영전략보고서의 작성

핵심적인 내용을 중심으로 경영전략 수립과정을 간단히 정리하면, 제일 먼저 비전을 수립하고 제시하는 것이 중요하다. 다음으로 기관 내부와 기관을 둘러싼 외부 환경을 분석한다. 그리고 분석 후 이를 토대로 정책적 대안을 제시한다. 마지막으로 정책적 대안에 따른 구체적으로 실현가능한 활동계획을 정한다.

한편, 이상오(2008)는 경영전략의 수립과정에서 반드시 3E의 법칙을 적용해야 한다고 말한다. 즉, 구성원들이 참여하고(Engagement), 전략을 정확하게 설명하여 주고(Explanation), 이로 인한 기대치를 명확하게(Clarity of Expectation) 밝혀 줄 필요가 있다는 것이다.

2) 평생교육기관의 경영전략

(1) 평생교육기관의 경영전략 수준

조직 내에서 경영자의 위계수준이 다양한 것과 마찬가지로 평생교육기관의 경영전략 또한 경영자의 위계수준과 같이 경영전략을 수행하는 수준에 따라 달라진다. 평생교육기관의 경영자가 수행하는 업무 내용과 의사결정 수준에 따라 평생교육기관의 경영전략은 기관수준 경영전략, 사업부수준 경영전략, 기능수준 경영전략으로 구분할 수 있다. 이를 각각 살펴보면 다음과 같다(권두승 외, 2016).

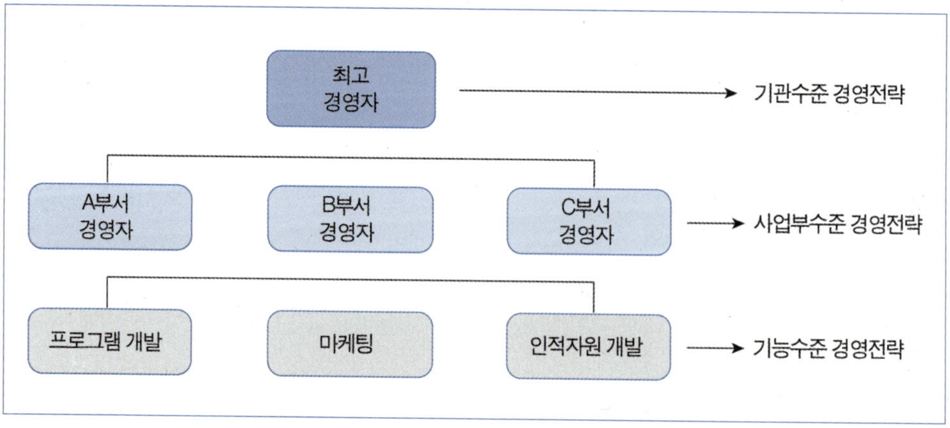

그림 5-2 평생교육기관의 경영전략 수준

출처: 권두승 외(2016)

여기에서 기관수준 경영전략이란 주로 최고 경영자층에 의하여 이루어지는 전략으로써 평생교육기관이 나아갈 발향을 정하는 것을 말한다. 말하자면, 주로 평생교육기관의 비전과 사명, 목적을 정하고, 프로그램의 수준과 사업부수준 경영전략에서 제시하는 여러 형태의 제안들이나 과제들을 검토하고, 관련된 사업 단위 사이의 상호 관련성을 찾아내고 전략적 우선순위에 의한 자원할당과 관련된 과제들을 주로 다룬다.

그리고 사업부수준 경영전략이란 평생교육기관의 주요 프로그램 영역이 전문과정, 자격과정, 그리고 학점은행과정으로 구분된다면 이들 각 프로그램 개발 및 운영 관련 활동을 효과적이고 효율적이며 매력적으로 유도할 수 있는 전략들을 말한다. 말하자면 사업부수준 경영전략이란 조직의 각 사업에 대해서 경쟁시장에서 경쟁하는 구체적인 방법을 다루는 전략을 말한다.

마지막으로 기능수준 경영전략이란 평생교육기관이 경쟁우위를 유지하는 데 필요한 프로그램개발이라든가 마케팅관리 혹은 인적자원개발 등과 관련하여 필요한 기능을 개발하는 과업을 담당한다. 이를 각각 효과적으로 운영하여 궁극적으로 평생교육기관의 구체적인 목적을 달성할 수 있도록 전략을 펼쳐야 한다.

(2) 평생교육기관의 경영전략

오늘날은 평생교육기관을 둘러싼 외적 환경의 변화가 예측하기 어려울 정도로 다양하게 펼쳐진다. 이러한 상황 아래에서는 가능한 미래의 변화양상을 미리 예측하고 그에 맞추어 평생교육기관의 경영영역과 프로그램 및 교육 서비스 공급 영역에서의 경쟁적 우위 확보를 위하여 경영전략을 수립해야 한다. 이는 평생교육기관 그 자체는 물론 기관 경영자의 가장 일차적인 임무이다(권두승 외, 2016).

이처럼 경영전략을 세우는 일은 기관경영의 핵심요소 중의 하나이다. 평생교육기관 역시 교육프로그램 또는 교육서비스, 고객 또는 시장, 재정 후원자 유치 및 기금조성, 인력과 조직, 인프라 등 다양한 영역에까지 신경써서 경영전략을 구상해야 한다. 그리고 각각의 실행계획은 비전을 근본으로 우선 사항을 세분화하여 실천 가능한 단위로 바꾸어 계획하고, 수행하며, 수행 결과에 대하여 측정하는 일련의 지속적인 프로세스를 갖추어야 한다. 실행 계획을 수행해 나가면서 지속적으로 비전과 연결짓고,

끊임없이 노력하며, 탁월한 계획 실천을 위한 환경을 조성하고 이에 대한 목표달성 여부를 점검하는 프로세스를 수립해야 한다.

① 평생교육기관 경영전략의 특수성

평생교육기관의 경영전략 수립은 일반기업이 경영전략과 크게 다르지 않다. 다만 일반기업은 생산성과 기업이윤을 기본적으로 생각한다면 평생교육기관은 수월성 높은 교육을 생각해야 한다는 점에서 차이가 있다. 바로 이 점이 평생교육기관의 경영전략을 세울 때 고려해야 할 부분이다.

교육의 원리를 다양하게 해석할 수 있겠으나 그중의 하나는 분명히 자아실현일 것이다. 평생교육 역시 학습자들이 자아실현하는 데 도움을 주어야 한다. 따라서 평생교육기관의 경영전략은 학습자의 개인적 자아실현에 맞추어야 하며 동시에 평생교육을 통한 개인이 사회 구성원으로서 역할하기 때문에 사회적 자아실현에도 관심을 가져야 한다. 뿐만 아니라 오늘날 평생교육의 중요성이 그 어느 때보다 강조되기 때문에 평생교육기관 자체도 사회의 책무성을 다해야 한다는 점에서 이 또한 중요한 미션이다. 따라서 평생교육기관은 학습자의 개인적 자아실현 및 사회적 자아실현, 기관의 사회적 책무성, 그리고 이러한 과정을 수행하면서 기관의 이윤추구라는 목표를 모두 달성하기 위한 경영전략을 펼쳐야 할 것이다.

② 평생교육기관 경영전략 : 경쟁전략

오늘날과 같이 치열한 경쟁의 시대에 보편적인 경영전략은 앞으로 '경쟁전략'으로 급격하게 변화될 전망이다. 경쟁전략이론의 선두주자인 포터(Poter, 2002)에 의하면 경쟁전략이란 남과 다르게 되는 것에 관한 것이며, 경쟁우위를 지속시키는 유일한 방법은 경쟁우위를 계속 개선하는 것이다. 이처럼 경쟁우위를 점하기 위한 경쟁전략 중 차별화전략과 집중전략을 간략하게 살펴보면 다음과 같다(Kotler, 2001; 권두승 외, 2016).

차별화전략은 가격 이외의 요소에서 다른 경쟁관계 기관의 교육프로그램과 차별화된 요소를 제공하는 전략이다. 차별화전략을 펼치는 기관은 프로그램을 새롭게 개발하거나, 교육서비스를 강화하거나 하는 등 기능을 추가하는 데 드는 비용을 고스란히 교육프로그램 경비에 반영하기 때문에 프로그램 수강료가 높아질 수밖에 없다. 하지만 학습자들이 경쟁기관의 프로그램보다 많은 비용을 지불하면서 그 차이를 구매하도록 하는 것이 차별화전략의 핵심이다. 코틀러는 차별화전략으로서 제품(프로그램) 차별화, 서비스 차별화, 직원 차별화, 채널 차별화 그리고 이미지 차별화를 강조하고 있다.

- 프로그램의 차별화: 프로그램의 질, 신뢰성, 취업 가능성 등
- 서비스의 차별화: 고객에 대한 교육서비스의 내용과 질
- 직원에 의한 차별화: 전문적이고 친절하며 고객에 신뢰를 주는 직원
- 채널에 의한 차별화: 학습자와 기관 간의 의사소통의 통로 및 구조
- 이미지에 의한 차별화: 브랜드, 기관의 아이덴티티 등

집중화전략은 특정 학습자 집단이나 특정 프로그램 또는 지역적으로 한정된 시장만을 대상으로 집중적인 목표로 삼는 전략이다. 따라서 교육산업 전체가 아니라 특정 영역을 대상으로 한다는 점에서 차별화전략과는 성격이 다르다. 그러므로 집중화전략의 핵심이 고객들이 독특한 요구를 가지고 있는 시장에서의 적소를 선택하는 것이다. 적소는 지리적 영역, 프로그램에 대한 특정 요구, 학습자 유형 등에 의해 정의될 수 있다. 집중화전략은 특별한 시장 영역에 독특한 프로그램을 개발 · 제공하는 집중화된 차별화전략과 아울러 특별한 시장 영역에 한정하여 저가격을 추구하는 집중화된 원가우위전략으로 구분할 수 있다. 집중화전략이 효과적인 상황은 다음과 같다.

- 이질적이고 세분된 시장들이 상당수 존재하는 경우
- 세분된 시장이 선도 기관들의 성공에 중요하지 않을 경우
- 세분된 시장이 성장잠재력이 크거나 수익성이 높은 경우

반면 집중화 전략은 다음과 같은 위험성도 존재한다.

- 기술 변화나 학습자의 인식 변화로 세분된 시장이 사라지고 전체 교육기관에 동화되는 경우
- 차별화 기관들이 집중화 기관들의 고객 욕구를 충족시킬 수 있는 교육프로그램을 공급하는 경우

- 경쟁기관이 집중화 기관들의 목표가 되는 특정 시장 영역 내에서 더욱 세분화된 목표시장을 공략함으로써 보다 집중적인 전략을 추구하는 경우
- 넓은 시장을 대상으로 하는 기관들과의 프로그램 등록비용상에 있어서 비용 차이가 특정 시장에 집중하여 얻은 원가상의 이점이나 차별화를 상쇄하는 경우

요 약 및 시사점

본 장에서는 평생교육기관의 경영기획과 경영전략을 다룬다. 오늘날 조직의 기능과 역할이 점점 복잡해지고 그 규모가 확대됨으로써 조직활동에 있어서 전문화가 더욱 요구되기 때문에 경영기획과 경영전략의 중요성이 강조되고 있다. 경영기획과 경영전략의 개념을 보면 경영기획은 경영목표를 달성하기 위해 전략을 수립하고 최적의 자원을 효율적으로 배분하는 등 경영진의 의사결정을 체계적으로 지원하는 일이고, 경영전략은 환경 변화에 대한 기업활동을 전체적 · 계획적으로 적응시키는 것으로, 변동하는 기업환경에 능동적으로 대처하여 기업의 존속과 성장을 꾀하는 것이다.

평생교육기관은 교육기관이기 때문에 교육기획의 특성도 고려해야 한다. 교육기획은 미래의 교육활동에 대한 사전준비 과정이라 할 수 있다. 즉, 미래의 교육활동에 대비하여 교육목표 달성을 위한 효과적인 수단과 방법을 제시함으로써 교육정책 결정의 효율성과 안정성을 보장해 주는 지적 · 합리적 과정인 것이다.

평생교육기관 경영에서는 일반적인 경영의 목표와 평생교육의 목표라는 두 마리 토끼를 모두 잡아야 한다. 성공적인 경영을 통하여 교육의 목표를 달성하는 것도 평생교육기관 경영의 목표가 되지만, 평생교육의 목표달성을 통하여 성공적인 경영을 하는 것도 평생교육기관 경영의 목표가 된다. 이를 위하여 평생교육기관 경영에서는 '교육기획'이 매우 중요하며 교육프로그램 기획은 결정적인 역할을 한다. 프로그램의 기획은 프로그램의 전체적인 설계도이며 구체적인 실행도이다. 프로그램은 혼자 기획할 수도 있지만 팀이 함께 기획할 수도 있다. 만약 프로그램 기획과정이 없다면 우리는 무엇이 어떻게 진행되고 또한 무엇을 어떻게 진행되어야 하는지를 알 수가 없다. 평생교교육기관의 프로그램 기획은 학습요구 중심의 기획, 문제해결 중심의 기획, 자원활용 중심의 기획, 참여 중심의 기획으로 나눌 수 있다.

오늘날은 평생교육기관을 둘러싼 외적 환경의 변화가 예측하기 어려울 정도로 다양하게 펼쳐진다. 이러한 상황 아래에서는 가능한 미래의 변화 양상을 미리 예측하고 그에 맞추어 평생교육기관의 경영 영역과 프로그램 및 교육 서비스 공급 영역에서의 경쟁적 우위 확보를 위하여 경영전략을 수립해야 한다. 이는 평생교육기관 그 자체는 물론 기관 경영자의 가장 일차적인 임무이다 또한 평생교육기관은 교육기관이기 때문에 일반 기업과의 차이도 있다. 예를 들어, 교육의 원리를 다양하게 해석할 수 있겠으나 그중의 하나는 분명히 자아실현일 것이다. 평생교육 역시 학습자들이 자아실현하는 데 도움을 주어야 한다. 따라서 평생교육기관의 경영전략은 학습자의 개인적 자아실현에 맞추어야 하며 동시에 평생교육을 통한 개인이 사회의 구성원으로서 역할을 하기 때문에 사회적 자아실현에도 관심을 가져야 한다. 뿐만 아니라 오늘날 평생교육의 중요성이 그 어느 때보다 강조되기 때문에 평생교육기관 자체도 사회의 책무성을 다해야 한다는 점에서 이 또한 중요한 미션이다. 따라서 평생교육기관은 학습자의 개인적 자아실현 및 사회적 자아실현, 기관의 사회적 책무성, 그리고 이러한 과정을 수행하면서 기관의 이윤추구라는 목표를 모두 달성하기 위한 경영전략을 펼쳐야 할 것이다.

이를 위해서 차별화전략과 집중화전략을 통해서 경쟁력을 확보할 수 있다. 차별화전략은 가격 이외의 요소에서 다른 경쟁관계 기관의 교육프로그램과 차별화된 요소를 제공하는 전략이다. 집중화전략은 특정 학습자 집단이나 특정 프로그램 또는 지역적으로 한정된 시장만을 대상으로 집중적인 목표로 삼는 전략이다.

연습 문제

1. 아래의 그림을 보고 경영기획과 경영전략의 관계에 대해서 동료들과 논의해 보자.

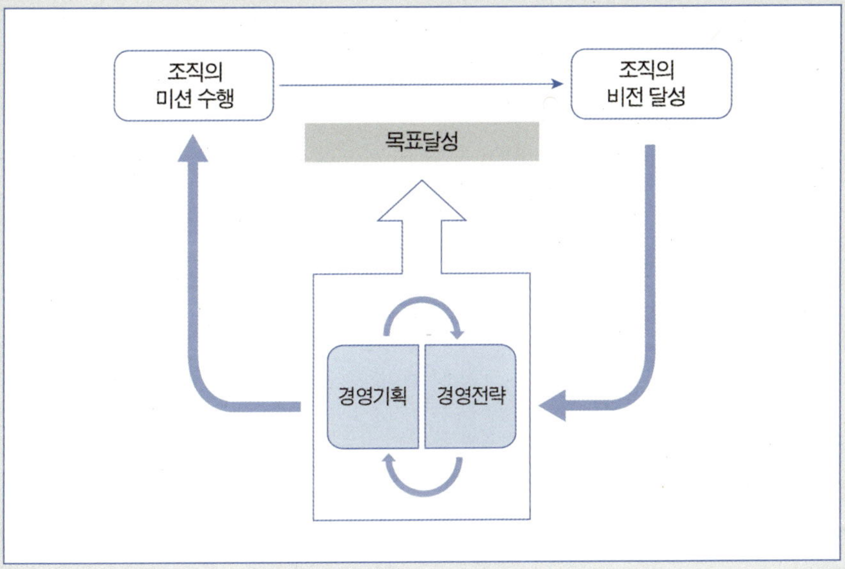

2. 경영기획의 요소와 관련하여 평생교육기관에서 어떤 부분을 고려해야 하는지 동료들과 논의해 보자.

경영기획 요소	평생교육기관에서 고려해야 할 부분
사업환경 분석	· · ·
경영방침 수립	· · ·
경영계획 수립	· · ·
신규사업 기획	예) 어떤 평생교육 프로그램을 기획할 것인가? · ·
사업별 투자 관리	· · ·
예산 관리	· · ·
경영실적 분석	· · ·
경영리스크 관리	· · ·
이해관계자 관리	· · ·

3. 일반기관(예, 기업)의 경영기획과 평생교육기관의 경영기획에 있어서 가장 큰 차이는 무엇이라고 생각하는지 동료와 논의해 보자.

4. 동료들과 팀(4명 내외)을 이루어 평소 만들고 싶었던 평생교육기관을 만들어 보자.
그 다음, 아래의 경영전략 개념을 참고하여 구체적인 경영전략을 세워보자.

(※인터넷 등을 참고하여 다른 경영전략의 개념을 찾고, 그것을 토대로 경영전략을 세워도 됨)

· 설립배경:

· 기관명:

· 비전:

· 주요부서:

· 핵심사업방향:

경영전략이란 기업의 장기목표와 목적을 결정하고, 이 목표들을 수행하기 위해 필요한 행동 경로를 채택하고 자원을 할당하는 것이며, 조직 전체의 결속을 위한 조직의 주요 목표, 정책, 그리고 행동양식을 결합하는 계획 또는 실천양식이다(Chandler, 1962).

구체적인 경영전략

참고 문헌

강인준(2010). **경영기획업무매뉴얼**. 영화조세통람.

권두승, 최운실(2016). **평생교육경영론**. 파주: 교육과학사.

김규태, 박찬호, 유현숙, 장철민, 송현옥, 장기덕, 양인렬, 권민식, 이용진, 신지승(2015). **최신 교육학의 이해**. 파주: 양서원.

김용현, 성낙돈, 윤여각, 이상오, 정기수, 강무섭, 송병국, 양병찬, 김진한, 김노마, 이정희, 심의보, 하광호, 정찬남(2018). **평생교육경영론**. 파주: 양서원.

니와 데츠오 저, 홍성수 역(2001). **경영전략**. 서울: 새로운 제안.

윤정일, 송기창, 조동섭, 김병주(2016). **교육행정학 원론**. 서울: 학지사.

이상오(2008). **리더십 역사와 전망. 인적자원개발 테마연구**. 서울: 연세대학교 출판부.

이승주(2006). **경영전략 실천 매뉴얼**. 서울: 시그마인사이트컴.

최기운(2006). **나초보 기획과 연애하다**. 서울: 서돌.

한국경제신문기획부(2001). **비상경영: 세계 9대 컨설팅사 긴급처방**.

Baume, C., Martin, P., & Yorke, M.(2002). *Managing Educational Development Projects: Effective Management for Maximum Impact*(SEDA Series). Routledge.

Chandler, A. D.(1962). *Strategy and structure: chapters in the history of the industrial enterprise*. Cambridge: M.I.T. Press.

Collins, J. 외 저, 임정재 역(2007). **짐콜린스의 경영전략**. 서울: 위즈덤하우스.

Dror, Y.(1971). *Design for Policy Sciences(Policy sciences book series)*. Elsevier Science Ltd.

Douglass, S. B.(1996). *Managing Yourself*. Here's Life Pub.

Gilbert, N., & Specht, H.(1977). Coordinating Social Services: An Analysis of Community, Organizational and Staff Characteristics(Praeger special studies in U. S. economic, social, and political issue). Praeger Publishers Inc.

Kotler, P. C. 저, 김정구 역(2001). **미래형 마케팅**. 서울: 세종연구원.

Porter, M. E. 저, 김경묵 · 김연성 공역(2002). **경쟁론**. 서울: 세종연구원.

Chapter 06

인적자원관리

본 장에서는 4차 산업혁명 시대의 미래 인재와 평생교육기관의 인적자원관리에 대하여 알아보고자 한다. 특히 인적자원관리 중 인사 원칙, 확보체계, 육성체계, 평가체계, 보상체계에 초점을 두고 논의하고자 한다. 평생교육기관의 인적자원관리는 평생교육기관의 규모에 따라 인적자원관리의 내용의 깊이가 다르게 적용될 수 있다. 본 장에서는 평생교육기관의 규모와는 무관하게 전반적인 평생교육기관의 인적자원관리에 대하여 논의하고자 한다.

인적자원관리는 조직의 인사 원칙을 바탕으로 학자마다 차이는 있으나 크게 확보, 육성, 평가, 보상의 4단계의 인사 운영 틀로 구성되어 있다. 따라서, 평생교육기관의 인적자원관리는 평생교육기관의 인사 원칙을 바탕으로 첫째, 확보 단계에서는 평생교육기관의 조직문화에 맞는 인재를 확보하고, 둘째, 육성 단계에서는 핵심 인재, 사업가, 직무 전문가 등을 육성하며, 셋째, 평가 단계에서는 조직 구성원의 성과와 역량을 평가하고, 넷째, 보상 단계에서는 개인과 조직의 성과에 따라 개인을 보상한다. [그림 6-1]은 인사 운영 틀을 보여준다.

상대적으로 인적자원관리는 평생교육기관보다 조직의 규모가 크고, 조직이 잘 정돈되어 있는 민간 글로벌 기업에 잘 구축되어 있다. 또한, 민간 글로벌 기업의 인적자원관리는 상대적으로 평생교육기관의 인적자원관리와 비교하여 외부에 잘 공개되어 있어 본 장에서는 평생교육기관의 인적자원관리를 민간 글로벌 기업인 LG전자, LG디스플레이, LG화학, LG이노텍의 인적자원관리를 예를 들어 설명한다.

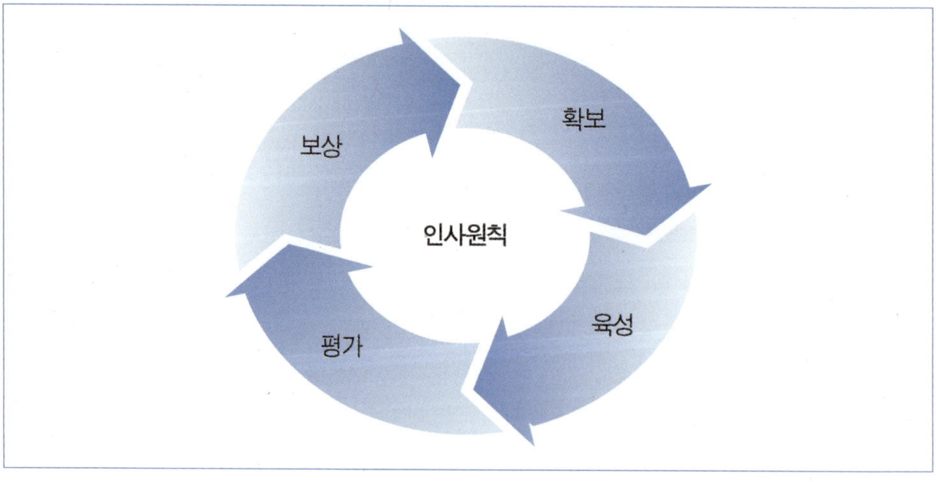

그림 6-1 인사 운영 틀

1. 4차 산업혁명 시대의 미래 인재

리상섭(2019)과 리상섭, 김인숙, 박제일, 최손환, 김창환(2017)은 기술 발전과 인간 생활방식의 변화로 인해 노동시장에서 일자리의 구조적 변화가 촉진된다고 주장한다. 따라서, 리상섭(2019)은 4차 산업혁명 시대에 개인이나 조직이 성공하기 위해서는 첨단기계나 과학기술이 중심이 아닌 인간이 중심이 되어야 한다고 설명한다. 리상섭(2019)은 OECD DeSeCo 프로젝트, 세계경제포럼의 21세기에 필요한 16가지 역량, 제4차 산업혁명 시대 대한민국 미래교육보고서의 4차 산업혁명 시대에 필요한 역량을 정리하여 4차 산업혁명 시대의 미래 인재는 '급변하는 환경에서 타인과 함께 문제를 해결해 나가기 위해 사회가 요구하는 기초 문해 역량을 보유하고 종합적 사고를 할 수 있는 역량'을 갖추어야 한다고 주장한다. 그러므로 4차 산업혁명 시대에는 '관련 기술을 보유한 전문가'와 '해당 문제를 해결하기 위해 종합적인 관점에서 최적의 의사결정을 내릴 수 있는 근로자'가 필요하다(리상섭, 2019; 리상섭, 김인숙, 박제일, 최손환, 김창환, 2017). 따라서, 미래 인재는 학습 민첩성을 갖고 지속적으로 조직 내외에서 평생학습을 실천하며, 빠르게 변화하는 사회에 발맞추어 유연하게 적응할 수 있는 사람이 되어야 한다(리상섭, 2019).

2. 인사 원칙

평생교육기관의 인사 원칙은 평생교육기관의 경영이념을 구체적으로 실현하기 위하여 평생교육기관의 경영이념과 한 방향으로 정렬되어야 한다. 평생교육기관의 인사 원칙은 평생교육기관의 경영이념을 바탕으로 구축해야 하며, 동시에 평생교육기관의 인사 원칙은 평생교육기관의 경영이념을 실현해야 한다. 평생교육기관의 경영이념과 한 방향으로 정렬된 평생교육기관의 인사 원칙을 민간 글로벌 기업인 LG화학의 인사 원칙을 예를 들어 설명하면 다음과 같다. [그림 6-2]는 LG화학의 인사 원칙을 보여준다.

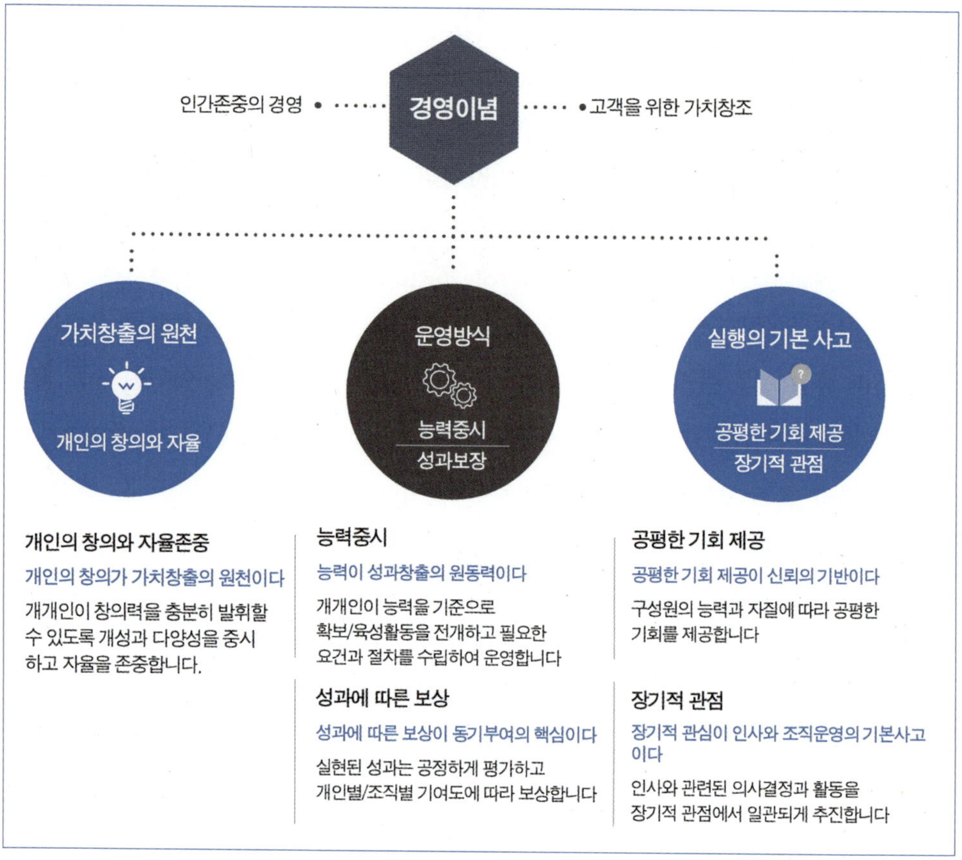

그림 6-2 LG화학의 인사 원칙

출처: LG화학 홈페이지(2019a)

LG그룹의 계열사인 LG화학(2020a)의 인사 원칙은 LG그룹의 경영이념인 인간존중의 경영과 고객을 위한 가치 창조를 실현하기 위해 세워졌다. 좀 더 구체적으로 가치창출의 원천으로 개인의 창의와 자율을 존중하고, 운영방식으로 능력 중시와 성과에 따른 보상을 실시하며, 실행의 기본사고로 공평한 기회 제공과 장기적 관점을 제공한다. 이를 좀 더 구체적으로 살펴보면 다음과 같다(LG화학, 2020a).

첫째, 개인의 창의와 자율 존중은 '개개인이 창의력을 충분히 발휘할 수 있도록 개성과 다양성을 중시하고 자율을 존중함'을 의미한다.

둘째, 능력 중시는 '개개인의 능력을 기준으로 확보/육성 활동을 전개하고 필요한 요건과 절차를 수립하여 운영함'을 의미한다.

셋째, 성과에 따른 보상은 '실현된 성과는 공정하게 평가하고 개인별/조직별 기여도에 따라 보상함'을 의미한다.

넷째, 공평한 기회 제공은 '구성원의 능력과 자질에 따라 공평한 기회를 제공함'을 의미한다.

다섯째, 장기적 관점은 '인사와 관련된 의사결정과 활동을 장기적 관점에서 일관되게 추진함'을 의미한다.

따라서, LG화학의 인사 원칙 사례와 같이 평생교육기관의 인사 원칙은 평생교육기관의 경영이념을 바탕으로 구축해야 하며, 동시에 평생교육기관의 인사 원칙은 평생교육기관의 경영이념을 실현해야 한다.

3. 확보체계

평생교육기관의 확보체계는 평생교육기관의 인재상에 바탕하여 구축되어야 한다. 동시에 평생교육기관의 인재상은 평생교육기관의 경영이념에 바탕해야 한다. 평생교육기관은 조직에서 필요로 하는 인재상을 명확히 하고, 동시에 지원자를 대상으로 적극적이고 장기적으로 관계를 형성하여 평생교육기관의 구직시장에서 지원자와 이해관계자를 대상으로 좋은 명성을 쌓아야 한다. 또한, 평생교육기관의 규모와 임직원 수에 맞는 적절한 채용 프로세스를 구축해야 한다.

1) 인재상

평생교육기관의 인재상을 민간 글로벌 기업인 LG화학의 인재상을 예를 들어 설명하면 다음과 같다. [그림 6-3]은 LG화학의 인재상을 보여준다.

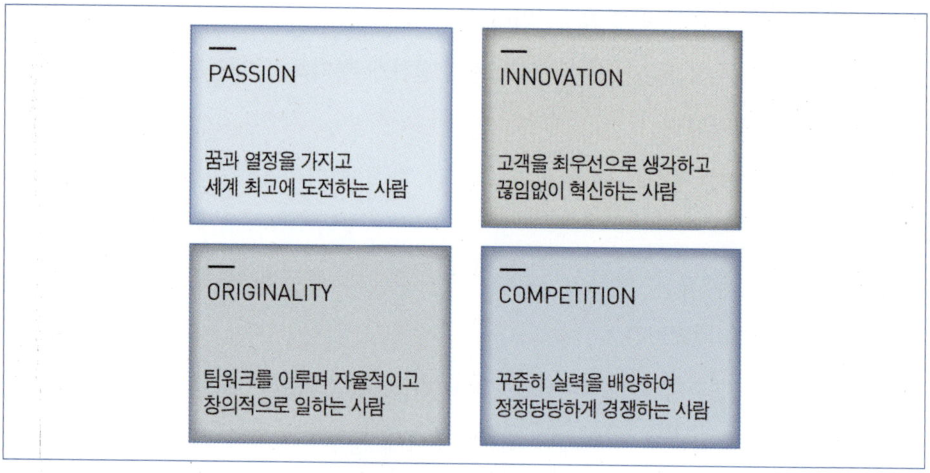

그림 6-3 LG화학의 인재상

출처: LG화학(2020b)

LG화학의 인재상은 LG Way에 대한 신념과 실행력을 겸비한 사람이다(LG화학, 2020b). 좀 더 구체적으로 첫째, 열정으로 꿈과 열정을 가지고 세계 최고에 도전하는 사람, 둘째, 혁신으로 고객을 최우선으로 생각하고 끊임없이 혁신하는 사람, 셋째, 독창성으로 팀워크를 이루며 자율적이고 창의적으로 일하는 사람, 넷째, 경쟁으로 꾸준히 실력을 배양하여 정정당당하게 경쟁하는 사람이다. 따라서, LG화학의 인재상 사례와 같이 평생교육기관의 인재상은 평생교육기관의 경영이념 또는 Way를 바탕으로 구축해야 한다.

2) 채용 프로세스

평생교육기관의 채용 프로세스를 민간 글로벌 기업인 LG화학의 채용 프로세스를 예를 들어 설명하면 다음과 같다. LG화학의 채용 프로세스는 신입사원을 대상으로 한 신입 채용 프로세스와 경력사원을 대상으로 한 경력 채용 프로세스로 구분되어 있다(LG화학, 2019b, 2019c). LG화학의 신입 채용 프로세스와 경력 채용 프로세스를 살펴보면 다음과 같다.

(1) 신입 채용 프로세스

LG화학(LG화학, 2019b)의 신입 채용 프로세스는 다음 [그림 6-4]와 같다. 대졸 신입 사원을 기준으로 한 신입 채용 프로세스는 다음과 같다.

그림 6-4 LG화학의 신입 채용 프로세스

출처: LG화학(2019b)

첫 번째 단계는 지원자의 지원 서류를 바탕으로 지원자의 역량을 판단하는 서류 전형이다.

두 번째 단계는 지원자의 인성과 LG 인재상의 적합도를 판단하는 인성검사와 지원자의 직무 역량을 판단하는 적성검사이다.

세 번째 단계는 지원자의 프리젠테이션 역량과 직무 역량 및 외국어 역량을 판단하는 1차 면접이다.

네 번째 단계는 지원자의 인성을 판단하는 2차 면접이다.

다섯 번째 단계는 최종 합격 통보이다.

(2) 경력 채용 프로세스

LG화학(LG화학, 2019c)의 경력 채용 프로세스는 다음과 같다. [그림 6-5]는 LG화학의 경력 채용 프로세스를 보여준다. 일반 경력을 기준으로 한 경력 채용 프로세스는 다음과 같다.

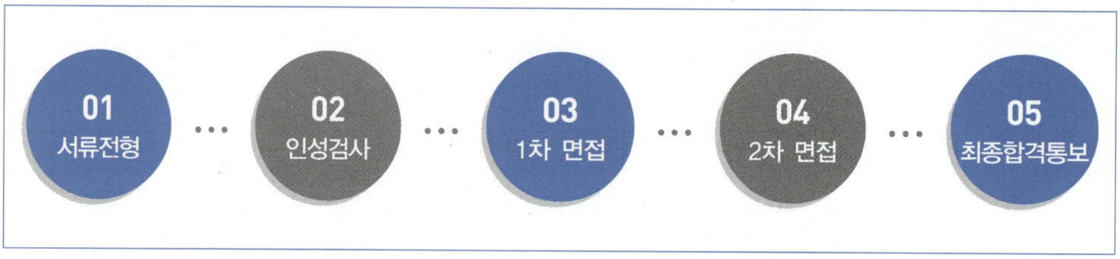

그림 6-5 LG화학의 경력 채용 프로세스

출처: LG화학(2019c)

첫 번째 단계는 지원자의 지원 서류를 바탕으로 지원자의 직무수행경력과 자격을 중심으로 지원자의 역량을 판단하는 서류전형이다.

두 번째 단계는 지원자의 인성과 LG 인재상의 적합도를 판단하는 인성검사이다.

세 번째 단계는 지원자의 경력과 전문성 확인을 통한 직무수행 역량을 판단하는 1차 면접이다.

네 번째 단계는 필요시 지원자의 외국어 역량과 태도와 인성 등을 종합적으로 판단하는 2차 면접이다.

다섯 번째 단계는 최종합격통보이다.

따라서, LG화학의 신입 및 경력 채용 프로세스 사례와 같이 평생교육기관의 채용 프로세스는 평생교육기관의 규모와 임직원 수에 맞게 적절하게 구축해야 한다.

4. 육성체계

평생교육기관의 육성체계는 평생교육기관 임직원의 역량을 강화하기 위해 중장기적인 관점에서 체계적으로 임직원 육성 계획을 수립하고, 동시에 다양한 임직원 육성 프로그램을 지속적으로 제공해야 한다. 평생교육기관에서는 임직원 육성을 위해 리더십 파이프라인을 구축하여 평생교육기관에 필요한 역량을 갖춘 리더를 사전에 확보하고 지속적으로 육성하여 필요인력을 적재적소 투입해야 한다.

주요 위치의 리더를 확보하기 위한 리더십 파이프라인을 구축하기 위해서는 다음과 같은 단계가 필요하다.

첫째, 리더가 필요한 주요 위치를 명확하게 규명한다.

둘째, 임직원의 리더십 발달 수준과 단계를 고려하여 임직원의 내부 육성 또는 선발 여부를 결정한다.

셋째, 임직원의 내부 육성 또는 선발이 불가능할 경우 인재의 외부 영입 여부를 결정한다.

1) 경력개발

학자마다 경력, 경력관리, 경력개발에 대하여 다양한 정의를 제시하고 있으나 리상섭(2018)과 리상섭, 김인숙, 박제일, 최손환, 김창환(2017)은 경력이란 '개인의 일생에 걸친 일과 관련된 개인의 경험과 과정'으로 정의한다. 또한, 경력 관리란 '개인과 개인이 속한 조직이 장기간에 걸쳐 계획적으로 개인의 경력을 설정, 실행, 평가하는 과정'으로, 경력개발이란 '장기간에 걸쳐 개인의 경력을 관리하여 지속적으로 향상시키는 과정'이라고 정의한다(리상섭, 2018; 리상섭, 김인숙, 박제일, 최손환, 김창환, 2017). 따라서, 개인의 경력개발을 위해서는 개인과 개인의 직속상사인 조직이 경력개발의 주체가 되어 유기적으로 함께 협업해야 한다(리상섭, 2018; 리상섭, 김인숙, 박제일, 최손환, 김창환, 2017).

2) 평생교육기관 내 경력개발 실제[3)]

개인의 평생교육기관 내 경력개발은 크게 두 가지 역량을 증진시킬 수 있는 기회이다. 첫째, 자신이 담당하고 있는 업무, 즉 직종과 직무에 대한 직무 전문성 증진과 자신의 업무와 관련된 직종과 직무에 대한 직무 이해도 증진이다. 둘째, 직무 전문성을

3) 리상섭(2018)의 4차 산업혁명 시대 기업 내 경력개발의 이론과 실제의 내용 중 기업 내 경력개발 실제를 발췌 및 수정보완함.

바탕으로 평생교육기관 내 현재 자신의 위치에서 타인, 즉 직속 상사, 동료, 후배, 내부 관련 부서, 외부 협력업체, 고객 등과 함께 원활하게 업무를 수행할 수 있는 리더십 역량의 개발이다. [그림 6-6]은 2019년 6월 LG전자의 2018~2019 지속가능경영보고서에 소개된 LG전자의 임직원 교육체계를 보여준다. 본 장에서는 평생교육기관 내 경력개발에 대하여 상대적으로 외부에 잘 노출되어 있는 민간 글로벌 기업인 LG전자의 다양한 임직원 육성체계 중 교육체계에 대한 논의를 중심으로 이야기하고자 한다.

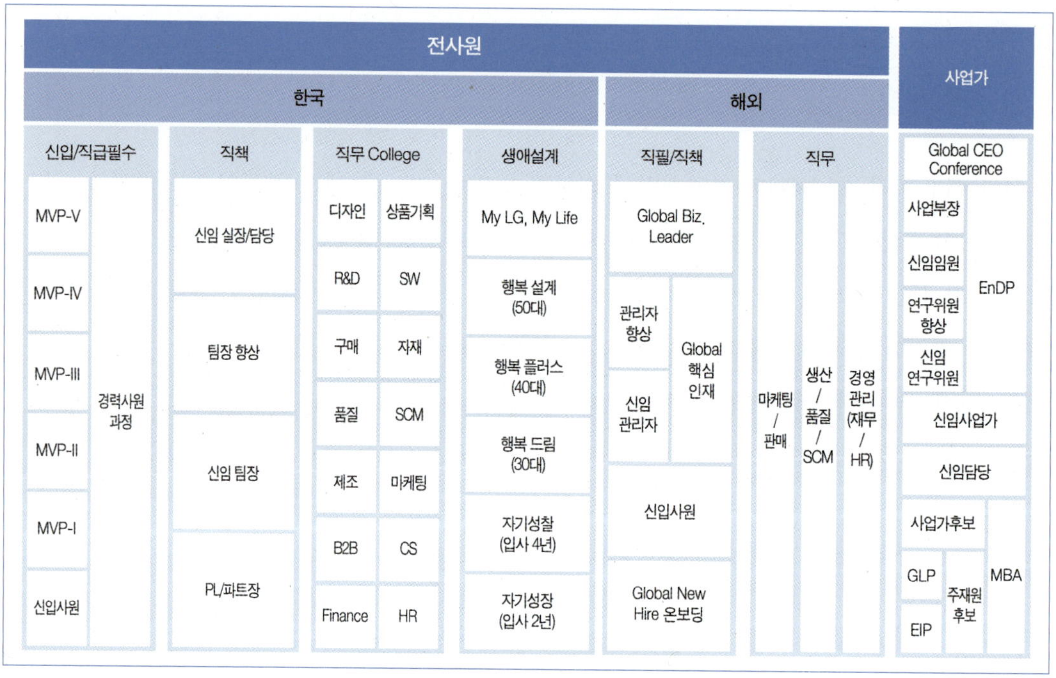

그림 6-6 LG전자 임직원 교육체계

출처: LG전자(2020)

LG전자의 2018-2019 지속가능경영보고서에 제시된 LG전자 임직원 교육체계의 구체적인 내용은 알기 어려우나 일반적인 기업 내 경력개발과 비교하여 평생교육기관 내 경력개발의 사례로 첫째, 직종/직무별 경력개발, 둘째, 경력 단계별 경력개발, 셋째, 핵심 인재 경력개발, 넷째, 기타 경력개발로 구분하여 설명하고자 한다. 여기서 제시되고 있는 LG전자의 임직원 교육체계는 육성체계가 아닌 교육체계만을 의미하며 일반적으로 기업 및 평생교육기관 내 개인의 경력개발은 자신의 업무를 수행하면서 개발되며, 동시에 멘토링/코칭, 프로젝트 등의 다양한 비교육적 해결방법을 통해 개발된다. 일반적인 평생교육기관은 민간 글로벌 기업인 LG전자보다 상대적으로 조직의 규모와 임직원의 수가 적어 아래에 제시된 경력개발 방법이 모두 가능하지 않을 수 있지만, 민간 글로벌 기업 관점에서 평생교육기관의 개인의 경력개발에 대한 시사점을 제시하고자 한다.

(1) 직종/직무별 경력개발

개인이 평생교육기관 내에서 담당하는 자신의 업무는 직무에 해당한다. 평생교육기관 내 경력개발은 직종 내 직무를 각각의 직종 또는 직무별로 3~5년에 걸쳐 직종 또는 직무순환을 통해 배우며, 승진을 할수록 본인의 경력개발 목표에 따라 현재의 직종 내에서 다른 직무로 이동 또는 다른 직종의 다른 직무로 이동하면서 자신의 경력을 개발한다(리상섭, 김인숙, 박제일, 최손환, 김창환, 2017). [그림 6-6]에 제시된 바와 같이 LG전자의 직종/직무별 경력개발은 직무 College를 통해 디자인, R&D, 구매, 품질, 제조, B2B, Finance, 상품기획, SW, 자재, SCM, 마케팅, CS, HR의 14개의 직무교육을 실시하고 있다.

(2) 경력 단계별 경력개발

평생교육기관에 대졸신입사원 또는 경력신입사원으로 입사하는가에 따라 개인의 직급이 달라지나 일반적으로 평생교육기관 내 경력개발은 진급을 통해 경력개발이 진행된다. 평생교육기관 내 진급의 의미를 생애 발달 단계까지 확대하면 경력 단계별 경력개발은 다음과 같이 세 가지 경우가 있을 수 있다. 첫째, 진급에 따른 경력개발, 둘째, 조직 책임자인 팀장 또는 그룹장 이상의 경력개발, 셋째, 기업에 입사하여 은퇴에 이르는 개인의 생애 발달 단계에 따른 경력개발이다.

[그림 6-6]에 제시된 바와 같이 LG전자의 경력 단계별 경력개발은 첫째, 신입/직급 필수(직필)를 통해 직급에 필요한 역량 개발을 신입사원-MVP-I-MVP-II-MVP-III-

MVP-IV-MVP-V 교육과 경력사원과정 교육을 통해 실시하고 있다. 둘째, 직책을 통해 조직 책임자에게 필요한 리더십과 역량 개발을 PL/파트장-신임 팀장-팀장 향상-신임 실장/담당 교육을 통해 실시하고 있다. 셋째, 생애 설계를 통해 입사에서 은퇴에 필요한 역량 개발을 자기성장(입사 2년)-자기성찰(입사 4년)-행복 드림(30대)-행복 플러스(40대)-행복 설계(50대)-My LG, My Life 교육을 통해 실시하고 있다. 특히, LG전자의 경우 타 기업과 비교하여 생애 설계를 통해 임직원의 입사부터 퇴직까지 생애 발달 단계에 따른 종합 해결책을 제시하고 있는 것으로 보인다.

(3) 핵심인재 경력개발

평생교육기관 내 경력개발 중 개인에게 가장 매력적인 요소이면서 동시에 선발되기 어려운 것이 핵심인재 경력개발이다. [그림 6-6]에 제시된 바와 같이 LG전자의 핵심인재 경력개발은 Global CEO Conference를 통해 EIP(Early Identified Pool)-GLP(Global Leadership Pool)-사업가 후보 교육을 통해 실시하고 있다.

(4) 기타 경력개발

LG전자의 경우 개인의 경력개발에 있어 국내(한국)와 해외를 구분하여 한국인과 비한국인의 경력개발을 실시하고 있다. LG전자는 해외에 근무하는 비한국인을 대상으로 직급 필수(직필)/직책과 직무를 따로 구분하여 실시하고 있다. [그림 6-6]에 제시된 바와 같이 LG전자의 해외에 근무하는 비한국인을 대상으로 한 기타 경력개발은 첫째, 직급 필수(직필)/직책을 통해 Global New Hire 온보딩-신입 사원-신임 관리자-관리자 향상-Global Biz. Leader 교육을 실시하고 동시에 신임 관리자와 관리자 향상 교육에 Global 핵심인재 교육을 실시하고 있다. 둘째, 직무를 통해 마케팅/판매, 생산/품질/SCM, 경영관리(재무/HR) 교육을 실시하고 있다.

LG전자의 사례에서 본 것과 같이 평생교육기관 내 개인의 경력개발을 위해서는 기업 내에서 자신의 직종과 직무 전문성을 높이면서 동시에 리더로서 자신의 역량을 지속적으로 개발해 나가야 한다(리상섭, 김인숙, 박제일, 최손환, 김창환, 2017). 평생교육기관의 임직원은 조직 내에서 자신이 경력개발의 주체이기 때문에 각자 개인의 판단에 따라 본인의 평생교육기관 내외의 경력개발 목표에 맞추어 자신의 평생교육기관 내 경력개발 방법을 구체화하고 동시에 실천해 나가야 한다. 결국 4차 산업혁명 시대에는 지속적으로 평생교육기관 임직원의 역량 개발과 함께 임직원의 직무순환에 따른 재교육을 통해 '조직문화가 학습 조직인 조직에서 개인의 학습 민첩성을 바탕으로 현장의 실제 문제를 해결하는 액션 러닝, 선배와 전문가의 코칭과 멘토링, 직무 순환, 교육, 재교육, 일을 통한 도전적인 과제 부여 등을 통해 개인과 조직이 요구하는 경력개발 계획에 맞추어 4차 산업혁명 시대에 필요한 역량을 갖춘 인재를 육성'해야 한다(리상섭, 2019). 따라서, LG전자의 육성체계 사례와 같이 평생교육기관의 육성체계는 평생교육기관의 조직 규모와 임직원 수에 맞추어 적절하게 구축해야 한다.

5. 평가체계

평생교육기관의 평가체계는 개인과 조직이 지속적으로 최고의 역량을 수행할 수 있는 공정한 평가 시스템이 구축되어야 하고 합리적으로 운영되어야 한다. 평생교육기관에 따라 개인과 조직을 대상으로 다른 평가 등급을 사용하기는 하나 일반 민간 글로벌 기업의 경우 S, A, B, C, D 등의 평가 등급을 사용한다. 최근에는 민간 글로벌 기업을 중심으로 개인과 조직을 대상으로 한 평가가 상대평가에서 절대평가로 변화하고 있다. 개인과 조직의 평가등급은 직접적으로 보상 및 인사처리 등의 기준으로 활용되기 때문에 공정하고 합리적인 평가체계가 중요하다.

1) 평가제도

평생교육기관의 평가체계를 민간 글로벌 기업인 LG디스플레이의 평가제도를 예를 들어 설명하면 다음과 같다. [그림 6-7]은 LG디스플레이의 평가제도를 보여준다.

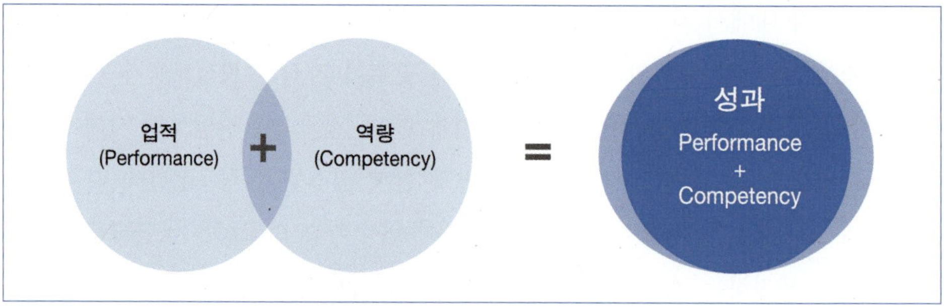

그림 6-7 LG디스플레이 평가제도

출처: LG디스플레이(2020)

LG디스플레이(2020)는 조직의 성과를 창출하고 동시에 구성원의 동기부여를 촉진하기 위해 연초 개인과 조직의 연간 목표를 설정하고, 중간 평가를 통해 개인과 조직에 코칭과 피드백을 실시하며, 연말에 최종 평가를 실시한다. 일반 민간 글로벌 기업의 사무직 평가의 경우 업적 평가와 역량 평가를 합하여 성과 평가를 실시한다. 여기에 추가로 조직에 따라 조직책임자의 경우 리더십 평가를 실시하기도 한다.

업적 평가는 평생교육기관의 사업전략과 정렬된 성과지표를 도출한 후 팀과 조직 구성원의 목표까지 계단식으로 성과지표를 연계한다. 업적 평가의 시기는 평생교육기관의 조직 규모와 조직문화 등에 따라 다르나 반기별 또는 분기별 업적 평가를 통해 업적을 관리하고 조직 구성원에게 피드백을 실시한다. 최근에는 평생교육기관의 업적 평가가 상대평가에서 절대평가로 변화하면서 반기별 또는 분기별 업적 평가와 피드백이 아닌 수시로 업적 평가와 피드백을 실시하기도 한다.

역량 평가는 평생교육기관의 경영이념, 전략 방향, 직군과 직무 특성 등을 반영하여 역량 모형을 구축한다. 역량 모형은 인사 원칙을 중심으로 확보, 육성, 평가, 보상 등의 기초 자료로 활용된다. 역량 평가의 시기는 평생교육기관의 조직 규모와 조직문화 등에 따라 다르나 반기별 또는 분기별 역량 평가를 통해 조직 구성원의 장기적 역량 개발을 위해 피드백을 실시한다. 최근에는 조직 구성원의 역량 개발을 위해 수시로 역량 평가와 피드백을 실시하기도 한다.

리더십 평가는 평생교육기관의 역량 모형 중 리더십 역량 모형에 기반하여 조직책임자의 리더십을 평가한다. 조직 책임자의 360도 평가 즉, 다면평가 시기는 평생교육기관의 조직 규모와 조직문화 등에 따라 다르나 1년에 한 번 조직 책임자의 리더십 역량을 평가한다.

따라서, LG디스플레이의 평가제도 사례와 같이 평생교육기관의 평가제도는 평생교육기관의 조직 규모와 조직문화 등에 맞추어 적절하게 실행해야 한다.

2) 평가 등급의 활용

개인과 조직의 평가등급은 성과주의에 기반한 차별적 보상을 위해 직접적 보상 및 인사처리 등의 기준으로 활용된다.

첫째, 평가 등급은 개인의 연봉인상률을 결정한다. 고정급인 기본연봉은 보상 체계에서 좀 더 구체적으로 설명한다. 올해의 연봉인상률은 개인의 전년도 평가 등급에 따라 개별적으로 차등 인상된다. 일반적으로 하반기 입사자와 같이 다양한 이유로 그해 평가를 받지 않은 평가 미실시자의 성과급은 B등급인 기준등급을 적용하여 연봉인상률을 결정한다.

둘째, 평가 등급은 개인의 진급을 결정한다. 좀 더 구체적으로 개인의 정기 진급 또는 진급기간을 단축한 특별 진급인 조기 진급 시 개인의 평가 등급인 S등급이나 A등급이 반영된다.

셋째, 평가 등급은 개인의 인센티브를 결정한다. 평가 등급을 S등급이나 A등급을 받은 개인에게 적절한 인센티브를 제공하는 기준이 된다. 변동급인 인센티브는 보상 체계에서 좀 더 구체적으로 설명이 되며, 변동급인 정기인센티브, 수시인센티브, 경영성과급 등으로 구성된다.

넷째, 평가 등급은 개인의 인사 관리 기준으로 활용한다. 개인의 평가 등급은 개인의 조직책임자 임명, 고성과자와 저성과자의 구분 등과 같이 개인의 인사 관리 기준에 반영된다.

6. 보상체계

평생교육기관의 보상체계는 공정하고 합리적인 평가 시스템을 바탕으로 개인과 조직의 성과에 따라 공정한 보상 시스템이 구축되어야 하고 합리적으로 운영되어야 한다. 업적 평가와 역량 평가인 성과 평가의 결과는 개인의 차별화된 보상의 근거가 된다. 개인의 업적 평가에 따른 평가 등급에 따라 연봉인상, 진급, 인센티브, 인사 관리 등에 반영되고, 개인의 역량 평가에 따른 평가 등급에 따라 진급과 인사 관리 등에 반영된다. 최근에는 금전과 비금전적인 보상의 총합인 총보상(Total Rewards)의 개념으로 보상체계가 구성된다. 총 보상은 급여(Pay)와 복리후생(Benefits) 등의 금전적 보상과 경력(Careers)과 웰빙(Wellbeing) 등의 비금전적 보상으로 구성된다(Willis Towers Watson, 2020).

1) 급여

금전적 보상인 급여에는 고정급(기본급)과 변동급인 단기 성과에 대한 보상인 단기 인센티브, 장기 성과에 대한 보상인 장기 인센티브 등이 포함된다. 고정급인 기본연봉은 일반적으로 매년 누적되는 방식으로, 1년 단위의 개인의 업적 평가 또는 조직에 따라 개인의 업적 평가에 역량 평가를 포함한 성과 평가 결과에 따라 개인의 연봉인상률이 차등 결정된다. 변동급은 경영성과급(PS: Profit Sharing), 정기인센티브, 수시인센티브 등으로 구성되어 있다. 변동급은 조직의 사업 성과에 따라 임직원 전원에게 지급하는 경영성과급, 조직과 개인의 성과를 연계하여 차등 지급하는 정기인센티브, 성과 우수자, 핵심 인재 등을 대상으로 한 수시인센티브 등으로 구성된다.

평생교육기관의 급여를 민간 글로벌 기업인 LG이노텍(2020a)의 급여를 예를 들어 설명하면 다음과 같다. [그림 6-8]은 LG이노텍의 급여를 보여준다.

LG이노텍(2020a)의 급여는 기본연봉으로 구성된 고정급과 정기인센티브, 수시인센티브, 경영성과급으로 구성된 변동급으로 구성되어 있다. 고정급인 기본연봉은 연봉제이며, 변동급인 정기인센티브는 회사와 개인의 성과를 연계하여 차등지급하고, 수

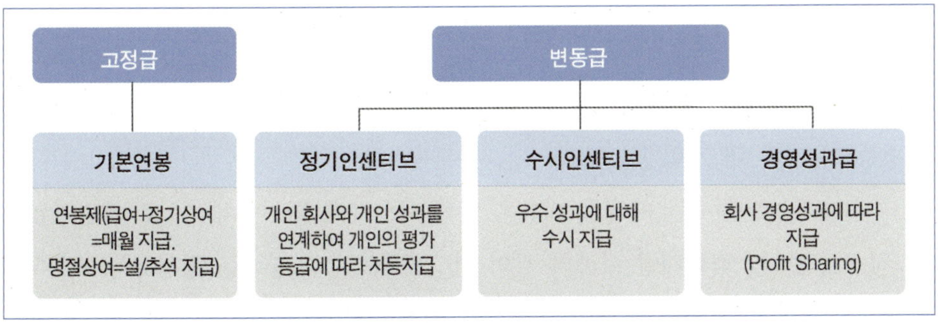

그림 6-8 LG이노텍 급여

출처: LG이노텍(2020a)

시인센티브는 우수 성과에 대해 수시 지급하며, 경영성과급(PS)은 회사 경영성과에 따라 지급한다(LG이노텍, 2020a). 따라서, LG이노텍의 급여 사례와 같이 평생교육기관의 급여는 평생교육기관의 조직 규모와 조직문화 등에 맞추어 적절하게 실행해야 한다.

2) 복리후생

금전적 보상인 복리후생에는 건강검진, 의료보험, 휴양시설 운영, 경조사 지원, 학자금 지원, 의료비 지원 등이 포함된다. 평생교육기관의 복리후생을 민간 글로벌 기업인 LG이노텍(2020b)의 복리후생을 예를 들어 설명하면 다음과 같다. LG이노텍(2020b)은 구성원의 다양한 요구를 반영하여 구성원의 더 나은 삶을 위해 맞춤형 복리후생 제도를 운영하고 있다. 첫째, 더 건강한 삶을 위하여 본인/배우자의 종합검진, 본인/가족의 의료비, 심리상담, 단체보험 등을 운영하고 있다. 둘째, 더 풍요로운 삶을 위하여 선택적 복리후생, 주택융자, 자녀학자금, 경조금 등을 운영하고 있다. 셋째, 더 행복한 삶을 위하여 리프레쉬 휴가, 콘도/생활연수원, 유연근무제, 보육시설 등을 운영하고 있다. 따라서, LG이노텍의 복리후생 사례와 같이 평생교육기관의 복리후생은 평생교육기관의 조직 규모와 조직문화 등에 맞추어 적절하게 실행해야 한다.

3) 경력

비금전적 보상인 경력에는 시련 부여, 경력개발, 교육훈련 등이 포함된다. 경력개발과 평생교육기관 내 경력개발 실제(직종/직무별 경력개발, 경력 단계별 경력개발, 핵심 인재 경력개발, 기타 경력개발)에 대한 자세한 내용은 앞의 육성체계에서 구체적으로 설명되었다. 따라서, LG전자의 경력개발 사례와 같이 평생교육기관의 경력은 평생교육기관의 조직 규모와 조직문화 등에 맞추어 적절하게 실행해야 한다.

4) 웰빙

비금전적 보상인 웰빙에는 워크-라이프 하모니, 조직문화 등이 포함된다. 조직 구성원이 성공적으로 균형잡힌 일과 삶을 살아갈 수 있도록 다양한 정책과 프로그램을 제공하는 워크-라이프 하모니, 열린 조직문화 실천을 통한 소통과 일하고 싶은 조직문화 구축 등이 포함된다. 평생교육기관의 웰빙은 평생교육기관의 조직 규모와 조직문화 등에 맞추어 적절하게 실행해야 한다.

요약 및 시사점

본 장에서는 4차 산업혁명 시대의 미래 인재와 평생교육기관의 인적자원관리에 대하여 알아보았다. 특히 인적자원관리 중 인사 원칙, 확보체계, 육성체계, 평가체계, 보상체계에 초점을 두고 논의하였다.

4차 산업혁명 시대의 미래 인재는 '급변하는 환경에서 타인과 함께 문제를 해결해 나가기 위해 사회가 요구하는 기초 문해 역량을 보유하고 종합적 사고를 할 수 있는 역량'을 갖추어야 한다. 따라서, 미래 인재는 학습 민첩성을 갖고 지속적으로 조직 내외에서 평생학습을 실천하여, 빠르게 변화하는 사회에 발맞추어 유연하게 적응할 수 있는 사람이다.

평생교육기관의 인사 원칙은 평생교육기관의 경영이념을 구체적으로 실현하기 위하여 평생교육기관의 경영이념과 한 방향으로 정렬되어야 한다. 평생교육기관의 인사 원칙은 평생교육기관의 경영이념을 바탕으로 구축해야 하며, 동시에 평생교육기관의 인사 원칙은 평생교육기관의 경영이념을 실현해야 한다.

평생교육기관의 확보체계는 평생교육기관의 인재상에 바탕하여 구축되어야 한다. 동시에 평생교육기관의 인재상은 평생교육기관의 경영이념에 바탕해야 한다. 평생교육기관은 조직에서 필요로 하는 인재상을 명확히 해야 한다. 또한, 평생교육기관의 규모와 임직원 수에 맞는 적절한 채용 프로세스를 구축해야 한다.

평생교육기관의 육성체계는 평생교육기관 임직원의 역량을 강화하기 위해 중장기적인 관점에서 체계적으로 임직원 육성 계획을 수립하고, 동시에 다양한 임직원 육성 프로그램을 지속적으로 제공해야 한다. 평생교육기관에서는 임직원 육성을 위해 리더십 파이프라인을 구축하여 평생교육기관에 필요한 역량을 갖춘 리더를 사전에 확보하고 지속적으로 육성하여 필요인력을 적재적소 투입해야 한다.

평생교육기관의 평가체계는 개인과 조직이 지속적으로 최고의 역량을 수행할 수 있는 공정한 평가 시스템이 구축되어야 하고 합리적으로 운영되어야 한다. 최근에는 민간 글로벌 기업을 중심으로 개인과 조직을 대상으로 한 평가가 상대평가에서 절대평가로 변화하고 있다. 개인과 조직의 평가 등급은 직접적으로 보상 및 인사처리 등의 기준으로 활용되기 때문에 공정하고 합리적인 평가체계가 중요하다.

평생교육기관의 보상체계는 공정하고 합리적인 평가 시스템을 바탕으로 개인과 조직의 성과에 따라 공정한 보상시스템이 구축되어야 하고 합리적으로 운영되어야 한다. 업적 평가와 역량 평가인 성과 평가의 결과는 개인의 차별화된 보상의 근거가 된다. 개인의 업적 평가에 따른 평가 등급에 따라 연봉인상, 진급, 인센티브, 인사 관리 등에 반영되고, 개인의 역량 평가에 따른 평가 등급에 따라 진급과 인사 관리 등에 반영된다.

그러므로 4차 산업혁명 시대의 평생교육기관의 효율적인 인적자원관리 운영을 위해서는 평생교육기관의 경영이념을 바탕으로 인사 원칙, 확보체계, 육성체계, 평가체계, 보상체계가 유기적으로 잘 맞물려 운영되는 것이 필요하다.

사 례

현대차 · 기아차, 직급 체계 축소하고 개인 역량 절대평가한다

직급체계 6단계 → 4단계로 축소
연속 승진도 가능토록 승진연차 폐지

현대자동차와 기아자동차가 9월부터 개인 역량의 절대평가제 도입 등을 골자로 한 새 인사제도를 시행한다고 2일 밝혔다. 새로운 인사제도는 일 중심의 자율적이고 수평적인 문화를 조성하고, 자기주도 성장과 일하는 방식의 변화를 추진하기 위해 마련됐다.

우선 일반직 직급이 기존 6단계에서 4단계로 단순화된다. 5급사원과 4급사원은 G1으로, 대리는 G2, 과장은 G3, 차장과 부장은 G4로 통합된다. 호칭은 G1~G2는 매니저, G3~G4는 책임매니저로 간소화된다. 팀장, 파트장 등 보직자는 기존처럼 직책을 호칭으로 사용키로 했다.

직원 평가방식은 상대평가에서 절대평가로 바꾸고 승진연차 제도는 폐지된다. 현대차그룹은 "기존 상대평가체제에서는 불필요한 경쟁과 비율에 따른 평가등급 할당으로 평가왜곡현상이 불가피했다"며 "절대평가방식에서는 이러한 문제들을 해소하고 직원육성 관점의 성과관리와 상호협업 문화를 조성할 수 있을 것"이라고 설명했다.

상위 직급으로 승진하기 위해 필요한 연수인 승진연차를 폐지해 역량과 전문성을 갖춘 인재들이 조기에 성장할 수 있는 기반도 마련했다. 기존 승진제도는 사원과 대리는 4년의 승진연차, 과장과 차장은 일정수준의 승진포인트가 필요해 연공중심으로 운영됐다. 승진연차를 폐지하며 G3로 승진한 직원이 바로 다음해 G4 승진 대상자가 되는 것도 가능해졌다.

이번 직원 인사제도 개편은 직원 대상 설문조사와 설명회 등의 의견수렴 과정을 거쳐 마련됐으며, 현대차그룹이 최근 도입한 출퇴근 및 점심시간 유연화, 복장 자율화 등의 기업문화 혁신활동과 맞닿아 있다.

현대차·기아차 관계자는 "최근 대내외 경영환경이 급변하고 있어 새로운 전환점이 필요한 시기라는 것을 임직원이 공감하고 있으며, 이를 반영해 인사제도 개편을 추진했다"고 말했다.

또 "전통적 제조업의 인사제도인 연공 중심, 수직적인 위계구조에서 탈피해 새 인사제도를 기반으로 일하는 방식과 의사결정 방식을 변화시켜 미래산업에 빠르게 대응할 수 있는 민첩한 조직체계를 구축할 수 있을 것으로 기대한다"고 덧붙였다.

현대차그룹은 지난 4월 일 중심의 수평적 조직문화 촉진과 발탁인사 등 우수인재에게 성장기회를 부여하기 위해 임원 인사제도를 개편한 바 있다.

출처: 한국경제 2019년 9월 2일(https://www.hankyung.com/car/article/201909022785g)

연습 문제

1. 본인이 근무하는 또는 근무를 희망하는 평생교육기관의 경영이념을 정리해 보고, 이를 바탕으로 평생교육기관의 인사 원칙을 찾아보거나 본인 스스로 구성해 본다. 또한, 이를 바탕으로 평생교육기관의 인재상을 구성해 보고 그 내용을 팀원과 함께 공유한다

2. 본인이 근무하는 또는 근무를 희망하는 평생교육기관의 채용 프로세스를 찾아보거나 본인 스스로 구성해 본다. 1차 면접과 2차 면접에 필요한 인터뷰 문항을 구성해 보고 그 내용을 팀원과 함께 공유한다.

3. 본인이 근무하는 또는 근무를 희망하는 평생교육기관의 임직원 교육체계를 1) 직종/직무별 경력개발, 2) 경력 단계별 경력개발, 3) 핵심 인재 경력개발로 구성해 보고 그 내용을 팀원과 함께 공유한다.

4. 업적평가 또는 업적평가와 역량평가를 반영한 성과평가 시 상대평가와 절대평가의 장단점에 대하여 생각해 보고 그 내용을 팀원과 함께 공유한다.

5. 총 보상의 관점에서 금전적 보상(급여와 복리후생)과 비금전 보상(경력과 웰빙)의 다양한 예에 대하여 생각해 보고 그 내용을 팀원과 함께 공유한다.

참고 문헌

리상섭(2018). 4차 산업혁명 시대 기업 내 경력개발의 이론과 실제. 조성준, 김대영·이민영, 김효선, 리상섭, 최우재 (편), 경력개발 (pp. 103-128). 서울: 박영스토리.

리상섭(2019). 인간중심 경영. 배경한, 배석주, 정태수, 허정윤, 문승기, 송상화, 리상섭, 이장희, 배유석, 정재윤, 나혁준, 박용운, 신규식, 왕지남, 김보현 (편), 스마트공장 경영과 기술: 4차 산업혁명 시대, 제조업 부흥의 핵심 열쇠 (pp. 169-202). 서울: 드림디자인.

리상섭, 김인숙, 박제일, 최손환, 김창환(2017). 4차 산업혁명 시대의 최신 직업진로설계. 서울: 양서원

LG디스플레이(2020) http://www.lgdisplay.com/kor/recruit/compensation?tab=2

LG이노텍(2020a) http://www.lginnotek.com/recruit/recruitment/personnel/personnel_0/

LG이노텍(2020b) http://www.lginnotek.com/recruit/recruitment/personnel/personnel_2/

LG전자(2020) https://www.lge.co.kr/lgekor/company/sustainability/report.do

LG화학(2019a) https://www.lgchem.com/kr/recruit/hr-principle

LG화학(2019b) https://www.lgchem.com/kr/recruit/recruit-process

LG화학(2019c) https://www.lgchem.com/kr/recruit/recruit-process-career

LG화학(2020a) https://www.lgchem.com/recruit/hr/hr-principle

LG화학(2020b) https://www.lgchem.com/recruit/talent

Willis Towers Watson(2020) https://www.willistowerswatson.com/en-US/Solutions/services/total-rewards-strategy

한국경제(2019) https://www.hankyung.com/car/article/201909022785g

Chapter **07**

마케팅 및 서비스[4]

지금은 평생교육에 관심을 가지고 평생학습을 실천하는 사람이 그 어느 때보다 많은 평생교육의 시대다. 이제 이러한 사실을 부정하기는 어렵다. 상황이 이렇다 보니 평생교육기관이 우후죽순으로 늘어나고 있는 추세다. 각 기관에서 제공하는 평생교육 프로그램도 급증하고 있다. 이에 따라 모든 평생교육기관은 평생교육기관 사이에 경쟁 아닌 경쟁을 하게 되었다. 보다 좋은 프로그램을 개발하고 보다 적극적으로 홍보하여 잠재적인 학습자들을 실제적인 학습자로 참여시켜야 하고 이들을 지속적으로 참여할 수 있도록 서비스 정신을 발휘해야 하는 상황이 된 것이다. 이에 평생교육기관은 그동안 기업에서 활용하고 있는 마케팅과 서비스 정신에 관심을 가지게 된 것이다. 따라서 본 장에서는 평생교육기관에서 마케팅과 차별화된 서비스를 어떻게 갖출 수 있을 것인지에 대해서 살펴보고자 한다.

4) 임형식(2016)의 자존감을 높이는 제약영업마케팅 제3장 마케팅이란, 권두승 등(2016)의 평생교육경영론 제10장 마케팅관리론, 최은수(2017)의 평생교육경영론 제12장 평생교육기관의 홍보 및 마케팅 등의 자료를 참고하여 재구성하였음

1. 평생교육과 마케팅

1) 마케팅

오늘날 마케팅(marketing)이라는 용어는 매우 보편화되어 있다. 보통 사람들은 마케팅을 판매활동이나 영업활동 등으로 단순하게 생각하거나 혹은 전문적인 광고를 마케팅이라고 생각하는 경우도 있다. 사실 마케팅이란 고객의 욕구를 충족시키고자 하는 여러 가지 활동을 의미한다. 마케팅이란 본질적으로 고객이 원하는 욕구를 충족시킴으로써 삶의 질을 향상시키고, 궁극적으로는 인간의 행복을 증진시키는 데 목적이 있다. 그러므로 단순한 광고나 판매의 개념을 훨씬 뛰어넘는다.

(1) 마케팅의 의미

임형식(2016)에 따르면 마케팅(marketing)은 19세기 후반 혹은 20세기 초반에 미국을 중심으로 탄생한 학문으로, 물리적 시장(market)에 현재 진행형인 동명사(~ing)를 붙여 만든 신조어이다. 마케팅은 자사의 제품으로 서비스가 경쟁사의 그것보다 소비자에게 우선적으로 선택될 수 있도록 하기 위하여 행하는 모든 제반 활동을 의미한다. 마케팅에서 가장 기본적으로 갖는 개념은 소비자의 니즈(needs)와 원츠(wants)이다. 즉 마케팅은 소비자의 니즈와 원츠를 파악하여 이를 충족시켜 주기 위한 기업의 제반 활동을 다루는 것이다.

마케팅에서는 새로운 시장으로 거듭날 수 있도록 전략적 접근과 더불어 고객이 무엇을 원하는지 읽은 후 최상의 가치를 제공하는 것이 중요하다. 마케팅에 대한 관련 학회의 정의를 통해서 그 의미를 알아보자.

한국 마케팅학회에서 정의하는 마케팅에 대한 정의는 '마케팅은 조직이나 개인이 자신의 목적을 달성시키는 교환을 창출하고 유지할 수 있도록 시장을 정의하고 관리하는 과정'이다. 미국 마케팅학회(AMA: American Marketing Association)에서는 1948년에 '마케팅은 생산자로부터 소비자 또는 사용자에게로 제품 및 서비스가 흐르도록 관리하는 제반 기업 활동의 수행'으로 정의하였고, 그후 1985년에는 '마케팅은 개인이나 조직의 목표를 충족시켜 주는 교환을 창조하기 위해서 아이디어, 제품, 서비스 창안, 가격 결정, 촉진, 유통 등을 계획하고 실행하는 과정'으로 새로운 정의를 내렸다. 그 이후 2004년에는 '마케팅이란 조직과 이해관계자들에게 이익이 되도록 고객 가치를 창조하고 의사소통을 전달하며, 고객 관계를 구축하기 위한 조직적인 기능과 일련의 과정'으로 정의를 내렸다. 일본의 마케팅협회도 1990년에 '마케팅이란 기업 및 여타 조직이 글로벌 관심을 가지고, 고객과의 상호 이해를 주고받으며, 공정한 경쟁을 통해 이루어지는 시장조사를 위한 종합적인 활동'으로 마케팅의 개념을 정의하고 있다.

이와 같이 마케팅은 기업의 입장에서 보면 경영자의 관리 이념 혹은 철학이 기저에 존재하는 되는데, 이러한 관점에서 현대적 마케팅의 관리 이념은 소비자 지향성, 기업 목적 지향성, 전사적 마케팅 지향성, 그리고 사회적 책임 지향성 등 비교적 폭넓은 의미를 담고 있다.

(2) 마케팅 방법

앞에서 살펴본 것처럼 마케팅의 정의가 시대에 따라 달라졌듯이, 마케팅은 사회의 발달과 더불어 구성원의 의식이 달라짐에 따라 마케팅의 초점이 변한다. 마케팅의 초점을 생산 개념의 마케팅 시대, 제품 개념의 마케팅 시대, 판매 개념의 마케팅 시대, 마케팅 개념의 마케팅 시대, 사회적 마케팅 개념의 마케팅 시대로 나누어 보면 그 초점이 어떻게 변해가는지 알 수 있다.

생산 개념의 마케팅 시대는 제품에 비해 공급이 부족하여 소비자들이 제품을 구매하기 어려운 경우, 소비자들의 관심은 주로 그들이 지불할 수 있는 가격으로 그 제품을 구매하는 데 있게 된다. 이러한 경우의 시장 상황을 판매자 시장이라고 하는데, 기업은 생산만 하면 쉽게 판매할 수 있으므로 생산성을 높이고 생산량을 증가시키는 데 관심을 쏟게 된다. 이러한 시대의 마케팅을 생산 개념의 마케팅 시대라고 한다.

제품 개념의 마케팅 시대는 생산 개념하에서의 기업은 생산성의 향상에 주력하게 된다. 이에 따라 공급량이 증대되고 제품 간 차별화는 도외시된다. 결과적으로 기업 간에 제품은 유사해지고 판매하기 위한 경쟁은 점차 치열해진다. 공급이 증대됨에 따라 경쟁이 심화되면서 기업은 자사의 제품에 기능을 더하거나 개성 있는 디자인 등으로 경쟁제품과의 차별화를 기하게 된다. 이렇듯 경쟁사보다 좋은 제품, 차별화된 제품으로 고객을 유인하고자 하는 시대가 제품 개념의 마케팅 시대이다. 생산 개념의 경우와 달리 제품 자체의 특징, 성능, 품질, 기능 등에 초점을 맞추는 마케팅 개념을 일컫는다.

판매 개념의 마케팅 시대는 제품 개념만으로는 시장에 대처할 수 없을 정도로 초공급과잉 시장이 되면서 기업 간의 경쟁이 한층 더 치열해짐에 따라 어떻게든 판매량을 최대화하기 위한 전략이 필요하게 되었다. 이 시기에 등장한 마케팅 개념이 판매 개념의 마케팅 시기이다. 즉 제품의 판매나 촉진활동을 마케팅의 주개념으로 하던 시대의 마케팅 개념을 일컫는다.

마케팅 개념의 마케팅 시대는 최우선적으로 표적 고객의 니즈와 원츠, 즉 욕구에 초점을 맞추는 마케팅 시대를 말한다. 고객의 욕구를 충족시키기 위해 마케팅의 모든 활동을 계획하고 집행하는 소위 고객지향적 마케팅 시대로, 고객을 만족시킴으로써 이익을 실현하는 것을 목적으로 한다.

사회적 마케팅 개념의 마케팅 시대는 기업이 수행한 마케팅 활동의 결과가 장기적으로 사회 전체에 어떠한 영향을 미칠 것인가에 대해 관심을 갖고 가급적 사회의 이익에 기여하고자 하는 시대를 사회적 마케팅 개념의 마케팅 시대라고 일컫는다. 기업의 사회봉사 활동 등이 사회적 마케팅 개념에 입각한 기업활동들로, 궁극적으로는 기업에 대한 소비자의 긍정적 이미지를 이끌어 내기 위한 전략적 마케팅의 일환으로 활용된다.

이처럼 마케팅은 시대의 변화에 따라 그 방향과 초점이 변해가는 모습을 볼 수 있다. 그럼에도 불구하고 마케팅의 기본적인 절차와 공통적으로 관심을 가져야 할 주요 핵심은 있다. 예를 들어, 마케팅을 할 때 첫째 제품과 시장을 조사(Research)하고, 둘째 시장의 세분화(Segment), 목표시장(Target), 그리고 자신의 위치(Positioning)를 분석한 후, 셋째 마케팅 믹스 7P를 실현(Implementation)하는 것이다. 7P는 다음과 같다.

- 제품(Product) : 어떤 제품을 만들거나 팔 것인가?
- 가격(Price) : 어떤 가격으로 팔 것인가?

- 장소(Place) : 어디에서 만들며 어느 장소에서 팔 것인가?
- 판매촉진(Promotion) : 어떻게 홍보하며 판매촉진을 시킬 것인가?
- 사람(People) : 누가 판매할 것이며 누구에게 팔 것인가?
- 절차(Process) : 그 순서나 방법론은 무엇인가?
- 물리적인 증빙(Physical Evidence) : 판매를 위한 생산시설, 판매시설, 물류시설 등은 무엇이 있는가?

7P는 그 자체가 마케팅의 핵심이라고 할 수 있다. 7P 중 가장 보편적으로 사용하는 것이 4P-제품(Product), 가격(Price), 장소(Place), 판매촉진(Promotion)-이다. 7P와 더불어 고객의 입장에서 바라본 로버트 로터본 교수가 정의한 4C를 유기적으로 연결하여 마케팅의 전략을 펼치기도 한다. 4C는 전략은 다음과 같다.

- 고객가치(Customer value)
- 고객비용(Cost to customer)
- 편리성(Convenience)
- 의사소통(Communication)

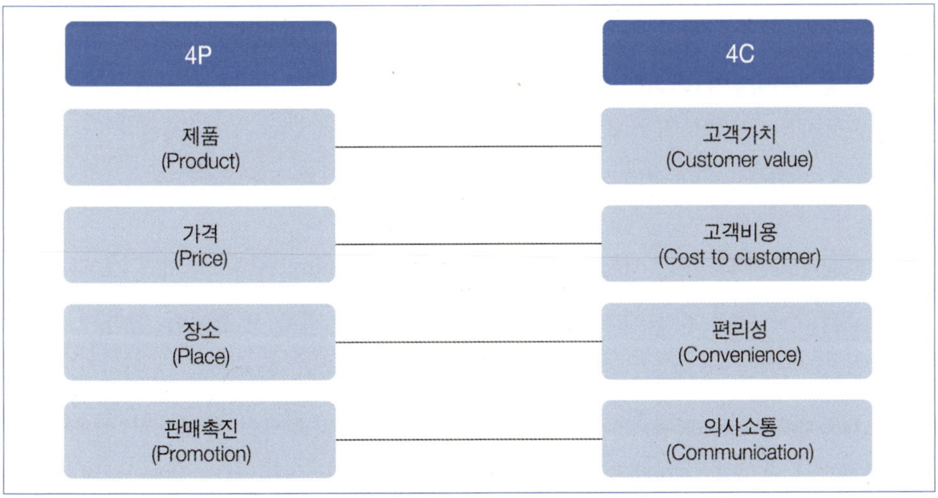

그림 7-1 4P와 4C 전략

출처: 임형식(2016)의 자료에서 재구조화

고객가치(Customer value)의 측면에서 고객은 단순히 소비자가 아니라 기업의 가치를 사는 사람이 된다. 그러므로 기업은 고객의 니즈를 파악하고 고객이 원하는 가치를 찾아내야 한다. 고객비용(Cost to customer)은 기회비용, 처분비용, 사용가치, 소유가치를 고려하여 소비자 입장에서 가격을 책정해야 한다고 강조한다. 편리성(Convenience) 측면에서 소비자의 제품/서비스 구매를 위해 좀 더 편한 플랫폼을 구축해야 한다. 의사소통(Communication) 측면에서 기업은 일방향적인 프로그램이 아닌 쌍방향적인 소통을 해야 한다. 매스미디어와 오프라인 행사에 집중한 고전적 방식 대신 현재와 미래에는 SNS 등의 뉴미디어를 활용한 의사소통 방법으로 새로운 시장을 개척할 수 있다.

이처럼 제품을 만들 때는 고객의 가치를 생각하면서 생산해야 하며, 가격을 책정할 때는 고객 비용 입장에서 정해야 한다. 그리고 제품 생산과 판매 장소는 소비자가 편리하게 구매하고 서비스 받을 수 있는 편리성을 고려해야 한다. 그리고 판매를 촉진하는 방법으로 다양한 의사소통 방식을 모두 동원할 필요가 있다.

1981년에는 미국의 버나드 붐스와 메리 비트너가 여기에 3P를 추가했다. 3P란 과정(Process), 물리적 환경(Physical Evidence), 사람(People)을 말한다. 과정은 서비스의 수행 과정, 수행 흐름, 고객과의 접점관리를 말하며, 물리적 환경은 매장의 분위기, 공간 배치, 사인, 패키지 등의 품질적 요소를 말한다. 마지막으로 사람은 종업원, 소비자, 경영진 등 소비와 관련된 모든 인적 요소를 뜻한다.

오늘날은 마케팅이 조직의 성공에 실질적인 역할을 한다고 많은 사람들이 인식함에 따라 기업 경영이나 기관에서도 절대적으로 필요하게 되었다. 마케팅은 다음과 같은 특성을 가진다.

- 마케팅의 모든 계획 설정과 운용이 고객지향적이어야 한다: 조직과 그 구성원은 고객의 욕구를 밝혀내고 그것을 충족하는 데 초점을 맞추어야 한다.
- 모든 마케팅 활동은 조화를 이루어야 한다: 그러기 위해서는 마케팅 노력, 즉 제품계획, 가격설정, 유통, 촉진 등이 합당하고 지속적인 방법으로 설계·통합되어야 하며, 마케팅 관리자가 마케팅 활동에 대해 전반적인 권한과 책임을 갖도록 해야 한다.

- 조직의 성과목표를 성취하는 것이 고객지향적 통합마케팅의 근본이다: 기업과 같은 영리조직의 일차적 목표는 수익을 낼 수 있는 매출에 있는 반면, 비영리 조직의 목적은 봉사를 받는 사람의 수나 제공되는 서비스의 종류를 다양화하고 서비스의 질을 고양하는 데 있다. 그리고 통합마케팅은 제품 계획, 가격, 유통, 촉진과 같은 마케팅 요소들의 가장 효과적인 통합을 통해 고객을 만족시키는 데 그 목적이 있다.

2) 평생교육기관의 마케팅

(1) 평생교육기관 마케팅의 의미

오늘날 마케팅에 대한 인식이 달라지고 그 영역이 확대되면서 비영리기관에서도 마케팅에 대해서 적극적인 관심을 보이고 있다. 최근에는 교육관련 기관에서도 마케팅에 관심을 보이고 전담부서를 두어 적극적인 활동을 펼치기도 한다. 예를 들면, 소극적으로는 대학 내에서 운영하는 프로그램의 각종 안내문을 제작하여 홍보하기도 하고, 좀 더 적극적으로는 지역사회 및 전국적으로 학생 모집과 대학의 이미지 제고를 위해 마케팅 활동을 펼치기도 한다.

권인탁 등(2017)은 평생교육기관에서 마케팅 활동을 활성화해야 할 이유를 다음과 같이 들고 있다. 첫째, 평생교육기관의 급증으로 치열한 경쟁관계가 형성되고 있다. 둘째, 대부분의 평생교육기관이 어려운 재정적 환경에 놓여 있다. 셋째, 평생교육기관 경영의 방향이 시장논리에 의해 이루어지는 추세에 있다. 넷째, 학습권에 대한 시민의식이 고조되었다.

이러한 이유 때문에 평생교육기관에서도 마케팅 개념을 도입하여 실행해야 할 것이다. 물론 평생교육기관 자체를 위한 마케팅이기도 하겠지만, 이러한 마케팅을 통해서 우리 사회의 모든 구성원들이 평생교육에 대해서 관심을 가지고 평생학습 문화를 조성하기 위한 국민의 인식 제고도 필요할 것이다.

특히, 평생교육기관에서는 기관에서 개발하고 운영하는 다양한 교육프로그램을 사회의 구성원들에게 더 좋은 이미지로 인식시켜 이들이 관심을 가지고 적극적으로 교육프로그램에 참여할 수 있도록 유도할 필요가 있다. 이에 평생교육기관에서도 마케팅이 필요하다. 평생교육기관에서의 마케팅이란 사회의 다양한 구성원 중 잠재적인 학습자들을 발굴하고, 이들에게 있어서 교육프로그램의 참여 혹은 만족 요인을 찾아내고 경영상의 이익을 실현할 수 있는 다양한 아이디어를 내고, 교육프로그램을 개발하며 적극적으로 교육서비스를 제공하고, 이 과정에서 구성원들과 의사소통하면서 지속적으로 이를 유지 · 관리하는 과정이다.

이와 같은 것을 통해서 보았을 때, 평생교육기관은 적극적인 마케팅을 통하여 고객(학습자)의 요구를 파악하고, 그 요구를 충족시키기 위해 사회문화적 요인과 개인적 특성을 고려한 필요(wants)를 개발하고 제공함으로써 궁극적으로 고객(학습자) 가치를 높여 평생교육기관 목표를 달성해야 한다. 여기서 요구는 학습자들의 기본적인 욕구를 말하며 필요는 요구를 충족시키기 위해 문화와 개성이 체화된 형태로 나타난다. 즉 개개인이나 조직의 요구+문화/개성=교육상품이다(계도원, 2012).

오늘날 대부분의 기업들은 마케팅의 중요성을 매우 잘 알고 이를 적극적으로 활용하고 있다. 평생교육기관도 마케팅의 중요성을 인식하고 이를 수용해야 할 것이다. 마케팅을 하려면 무엇보다도 먼저 충분한 시장조사를 통하여 마케팅 기회를 결정해야 한다. 여기서 마케팅 기회란 아직 충족되지 않은 잠재적 학습자의 욕구를 파악하여 이의 충족을 통해 이익을 얻고자 하는 것을 말한다. 실제 이들에 대한 설문조사, 인터뷰, 포커스 그룹 등의 방법을 통해 잠재적 학습자들의 욕구를 세밀하게 파악해야 할 것이다.

이와 같이 평생교육기관이 집중적으로 공략하게 될 잠재적 수요자를 조사함으로써 표적시장의 탐색과 선정이 이루어지게 된다. 다음 단계로 교육프로그램을 계획하고 이미지를 결정해야 한다. 이 프로그램이 특정인을 대상으로 하는 프로그램인지 아니면 보편적으로 보다 많은 학습자가 들을 수 있는 것인지에 대해 결정하는 것이다. 이렇게 프로그램의 종류와 이미지가 결정된 후 프로그램을 설계하여 세부적인 내용까지 개발을 완료하면, 프로그램의 참가비용이나 촉진방법, 그리고 모집 및 광고방법 등도 결정하게 된다. 마지막으로 평생교육기관은 평생교육 프로그램을 직 · 간접적으로 전달활동을 수행할 마케팅 조직을 설계 · 구성해야 한다. 학습자들이 평생교육 프로그램에 참여함으로써 프로그램이 진행되고, 그 프로그램으로 인하여 고객 만족이 이루어지고 나면 비로소 마케팅 프로세스가 끝나게 되는 것이다. 물론 프로그램에 대한 분석, 평가, 만족도 조사 등을 통해서 그 결과를 프로그램 개발 및 재설계에 반영하는 과정도 포함하면 좋을 것이다.

이처럼 평생교육기관에 마케팅의 개념을 도입하여 적극적으로 적용했을 때의 이점을 남정걸(2007)은 다음과 같이 제시한다. 첫째, 평생교육기관에 대한 진정한 이미지 형성이 가능하다. 사실 평생교육기관의 경우는 정규교육기관에 비하여 좋지 않게 인식되는 경우가 종종 있다. 마케팅을 통하여 이미지 수정이 충분히 가능하다. 기업의 경우 좋은 이미지는 판매량을 늘리고 이익을 크게 하듯이 평생교육기관에 대한 좋은 이미지 형성은 국가나 지방자치단체로부터의 더 많은 신임과 지원을 얻어내는 결과도 있고 또한 국민들의 적극적인 참여를 유도하는 성과를 낼 수도 있다.

둘째, 시장에서의 경쟁력 강화가 가능하다. 기업이 살아남고 이윤을 추구하려면 고객을 찾아 나서고 그들의 수요에 맞는 제품을 생산하여 공급해야 한다. 소비자인 고객의 수요가 생산자의 의사결정에 결정적인 영향을 준다. 그러나 교육기관에서는 이러한 논리가 통하지 않았다. 학교는 수요자인 학생들을 위한 별다른 노력을 하지 않아도 늘 학생들이 있었기 때문이다. 하지만 평생교육기관은 설립 자체가 자유롭고, 누구나 다양한 프로그램을 개발하여 제공 가능하기 때문에 학교와는 상황이 다르다. 최근에는 평생교육이 하나의 교육산업으로 인식되어 평생교육 프로그램을 제공하는 기관의 수는 양적으로 엄청나게 증대하여 치열한 경쟁구도를 보이고 있다. 이러한 상황에서는 철저한 마케팅을 통해 잠재적 학습자가 원하는 교육프로그램을 설계하고 제공해야 학습자로부터 호응을 얻을 수 있다. 동시에 각 평생교육기관마다 나름대로 마케팅 전략을 세워 프로그램을 개발하고 홍보하며, 시행하게 될 때 보다 경쟁력 있는 기관으로 성장할 수 있을 것이다.

셋째, 특성화된 교육프로그램의 개발과 보급이 가능하다. 평생교육기관에서는 평생교육에 대한 이미지 제고뿐만 아니라 시장에서의 경쟁력을 강화하기 위하여 대상별로 특성화된 다양한 종류의 평생교육 프로그램을 개발하고 보급해야 한다. 이를 통해서 결국은 평생교육의 학습성과를 증진할 수 있게 된다. 평생교육기관을 지역사회를 대상으로 활동하는 만큼, 지역사회 안에서 다양한 집단 및 공동체의 욕구를 구별하고 그에 맞는 평생교육 프로그램을 개발하여 제공한다면 훨씬 많은 지역사회 주민들이 참여하게 될 것이다. 이것이 평생교육 참여 잠재집단의 세부화와 표적집단의 선정, 그리고 표적집단을 대상으로 한 특성화된 프로그램의 개발과 보급인 것이다. 갈수록 치열해지는 경쟁 속에서 운영해야 하는 평생교육기관의 입장에서는 대상별 특화된 마케팅을 통해 프로그램의 차별화는 물론 잠재적 고객에게 전략적으로 접근하는 방법을 찾아야 할 것이다.

(2) 평생교육기관 마케팅의 핵심

① 특성

평생교육기관의 마케팅은 이익 추구를 목적으로 하는 영리기관과는 다른 성격을 띠고 있다. 이에 대한 이해를 통하여 평생교육기관의 특성에 부합하는 마케팅 전략을 펼칠 수 있다. 김신일 등(2007)은 평생교육기관이 가지는 마케팅의 특성을 다음과 같이 정리한다.

- 물적 상품보다는 서비스 상품의 제공: 평생교육기관에서의 마케팅 대상은 무형의 교육서비스이다. 평생교육기관의 고객인 학습자들로부터 양질의 교육서비스를 제공받고 있다는 평을 받기 위해서는 광고나 홍보를 통해 무형의 교육서비스를 유형화하는 과정이 필요하다.
- 여러 가지 목표를 동시에 추구: 평생교육기관은 비영리를 목적으로 하지만 운영을 위한 이윤도 필요하고, 동시에 학습자의 성장, 지역공동체 형성, 시민의식 함양 등 다양한 목표를 가지고 있다. 또한 제공하는 프로그램이 각각 다른 다양한 목표를 추구하기 때문에 평가도 어렵다.
- 다양한 마케팅 대상: 평생교육기관은 다양한 계층의 학습자에 대한 홍보와 관리도 필요하고, 재정 후원자인 국가, 지방자치단체, 시민사회단체, 민간기업 등 다양한 이해관계 집단을 대상으로 한 각기 다른 차원의 마케팅 전략을 구사해야 한다.

이 외에 일반기업에서 적용하는 마케팅 중 평생교육기관에서 효율적인 마케팅을 위해 관심을 가져야 할 것으로 김진화(2002)가 제안한 여덟 가지를 아래의 5가지 키워드로 정리하여 제시하면 다음과 같다.

- 단순한 광고나 홍보를 뛰어넘는 마케팅 : 광고나 홍보는 마케팅 목적을 성취하기 위한 기술이다. 평생교육기관의 마케팅이란 평생교육 프로그램을 가지고 학습고객들에게 가장 잘 봉사하기 위한 연구, 분석, 결정의 종합적인 과정이며 평생교육기관의 요구뿐만 아니라 학습고객의 필요, 행동, 가치 등을 강조한다.
- 환경에 대한 검토와 분석을 통한 마케팅 : 환경에 대한 검토와 분석은 프로그램 개발자가 기관과 프로그램 및 서비스의 성공을 위한 결정적인 현안에 대한 정보를 획득할 수 있도록 한다. 따라서 평생교육기관에서 변화를 따르고 주변 환경에 적용하기 위해서 끊임없이 환경을 관찰하고 분석하는 등의 현안을 이해해야 한다.
- 잠재적 학습자의 교육체제 마련을 위한 마케팅 : 평생교육기관은 기관과 관련된 학습고객을 항상 고려하고 있어야 한다. 학습고객이 평생교육기관의 가장 중요한 자산으로 인식해야만 이들을 위한 정책들을 개발할 것이고, 잠재적 학습자들을 위한 교육체제를 마련해 나갈 수 있기 때문이다.
- 심리적 · 문화적 관점에서의 마케팅 : 평생교육기관에서는 잠재적 학습자들의 심리적이고 문화적인 관점도 고려해야 한다. 예를 들어, 라이프 스타일에 따라 어떤 상품이나 서비스를 원하는지, 소비행동에 영향을 미치는 요인은 무엇인지, 어떤 매체를 가장 좋아하는지, 주로 언제 소비를 하는지 등은 학습자들의 심리 · 문화를 이해하는 기초자료가 된다.
- 효과분석 및 계속적인 과정으로서의 마케팅 : 마케팅 효과에 대한 추적은 전체적인 마케팅 계획에서 필수적인 단계이므로 마케팅의 효과를 평가하기 위하여 마케팅 결과를 추적하는 일은 필요하다. 마케팅은 일회적이 아니라 계속적이며 순환적인 과정이므로 이러한 추적과 더불어 새로운 환경을 토대로 다양한 마케팅 행동들을 재구성하고 지속적으로 방향을 보완해 나가야 한다.

② 시장

평생교육기관에서 효율적으로 마케팅을 수행하려면 학습자 집단을 특성에 따라 나누는 일이 필요한데, 이를 평생교육시장의 세분화라고 한다. 평생교육시장을 세분화하기 위해 사용할 수 있는 기준을 확인함으로써 평생교육시장을 세분화할 수 있다. 타르(Tarr, 1989)와 김진화(2002)는 평생교육기관에서 프로그램의 특성에 따라 학습자 집단을 효율적으로 관리하고 기관경영의 효율성을 높일 수 있는 세분화 기준을 제시하고 적용하도록 한다.

- 지리적 자료(Geographie Data) : 지리적 자료는 평생교육시장을 세분화하기 위한 가장 기본적인 자료이다. 세부 기준으로는 다음과 같다.
  - 학습자 거주지역의 특성에 따라 구분하는 것으로 행정구역에 따른 세분이 가장 일반적임
  - 주요 산업이나 기후에 따라 세분화도 가능
  - 학습자 거주지역과 평생교육기관까지의 통학 소요시간 및 거리
  - 학습자 거주지역 내 접근 가능한 평생교육기관의 수
- 인구통계학적 자료(Demographic Data) : 시장 세분화에서 지리적 자료와 함께 가장 많이 적용되는 기준이 인구통계학적 자료이다. 인구통계학적 변인들은 소비욕구, 선호도 등을 예측하는 매우 중요한 변수이며, 자료를 수집하거나 측정하기도 매우 용이하다. 세부 기준으로는 다음과 같다.
  - 연령, 성별, 장애인/비장애인, 인종, 민족 등 자연적 특징
  - 가족 수, 가족관계, 가정생활주기(신혼, 중년, 노년 가정 등) 등의 가정적 특성
  - 수입, 직업, 교육수준과 같은 사회경제적 지위
  - 종교, 국적 등
- 심리적 자료(Psychographic Data) : 학습자의 성격, 태도, 신념, 동기, 욕구, 기대 등에 관한 자료이다. 특히 평생학습시대에는 연령이나 직업 등 전통적인 기준보다 가치관, 태도, 신념 등이 학습자 집단을 구성하는 데 더 큰 의미가 있다. 세부 기준으로는 다음과 같다.

- 학습자의 성격, 학습자의 참여동기
- 학습자 스스로 학습능력에 대한 태도와 이전의 학습경험에 대한 인식 등

- 행동적 자료(Behavioristic Data) : 평생학습에 참여하려는 학습자의 행태와 관련된 기준이다. 세부 기준으로는 다음과 같다.
  - 학습자가 참여하는 프로그램 수
  - 해당 프로그램에 대한 학습자의 학습경험 정도
  - 해당 평생교육기관에 대한 학습자의 지속적인 참여 정도
  - 해당 평생교육기관에 대한 학습자의 충성도 등

오늘날은 평생교육에 대한 관심이 늘어나고 평생교육기관이 늘어남으로써 평생교육 시장이 크게 존재한다. 사실 평생교육 시장은 학습자의 관심과 참여에 의해서 형성된다. 평생교육 시장의 규모를 결정하는 가장 중요한 요인이 바로 평생교육에 관심을 가지는 학습자들에게 있다. 따라서 시장의 요구를 잘 파악하여 요구에 부합하는 맞춤형 마케팅을 실현해야 한다. 이것이 학습자의 관심을 높일 수 있는 방법이기 때문이다. 또한 관심을 가진 학습자들의 참여를 높이기 위하여 사회적 관계, 지적 흥미, 직업적 향상, 재교육의 기회 등과 같은 참여동기를 높일 수 있는 측면을 최대한 고려할 필요가 있다. 물론 참여 장애요인을 제거하는 적절한 마케팅 전략도 구상해야 할 것이다.

③ 과정

마케팅 경영관리의 과정은 일반적으로 5단계로 제시하고 있다. 권두승 등(2016)에 따르면 효과적인 마케팅은 조사(R)부터 출발한다. 시장을 조사하면 각기 다른 요구를 가진 학습자들로 구성된, 서로 다른 세분시장들(S)이 드러나게 된다. 평생교육기관은 자신들이 경쟁기관보다 탁월하게 충족시킬 수 있는 세분시장을 표적으로 설정(T)하는 것이 현명하다. 평생교육기관은 각 표적시장별로 프로그램을 포지셔닝(P)하여, 자기 기관의 프로그램이 타 기관의 경쟁프로그램과 어떻게 다른지를 알려야 한다. STP는 평생교육기관의 전략적 마케팅 사고를 대표한다. 이제 평생교육기관은 프로그램, 학

습비, 유통, 촉진결정들의 믹스로 구성된 전술적 마케팅 믹스인 MM을 개발한다. 그런 후 평생교육기관은 마케팅 믹스를 실행(I)하게 된다. 마지막으로 통계측정치(C)를 사용하여, 결과를 모니터링 및 평가하고, STP전략과 MM전술을 전개한다.

표 7-1 마케팅 단계

단계	추진내용	구체적 내용
	R → STP → MM → I → C	
1단계	R	• 조사(Research) : 요구조사, 시장조사
2단계	ST	• 시장 세분화(Segmentation) • 표적시장 설정(Targeting)
3단계	P	• 포지셔닝(Positioning)
4단계	MM	• 마케팅 믹스(Marketing Mix) • 4P(Program, Price, Place, Promotion)
5단계	IC	• 실행(Implementation) • 통제(Control) : 피드백, 결과 평가, ST, P전략이나 마케팅 믹스 전술 수정, 개선

출처: 권두승 외(2016)의 자료를 재구조화

- 1단계 R단계: 이 단계는 잠재적 학습자들에 대한 요구조사와 시장조사를 통하여 정보를 수집하고 분석하는 단계이다. 김용현 등(2018)은 이 단계를 정보수집 및 학습자 행동 분석으로 명명하였다. 평생교육기관은 학습자의 요구를 정확히 파악하여 그에 적합한 프로그램을 개발하고 제공하는 데 있다. 마케팅의 초점에 이에 맞춰져야 한다. 이를 위해서는 학습자들이 다양한 평생교육 프로그램에 어떻게 반응하고 어떤 과정을 거쳐서 프로그램에 참여하는지를 알아야 한다. 평생교육기관은 잠재적 학습자들을 대상으로 평생교육기관이나 프로그램을 선택하는 기준, 프로그램 선택의 경향 등을 분석하고 이와 동시에 기존의 프로그램에 대해서도 학습자 유형별로 어떻게 반응하고 평가하고 있는지에 대한 정밀한 조사가 필요하다.

- 2단계 ST단계: 마케팅 활동에서 가중 중요한 개념은 시장 세분화(Market Segmentation)와 표적시장(Targeting Market) 선정이다(김용현 외, 2018). 평생교육기관을 효율적으로 운영하기 위해서는 세분화된 시장의 특성에 맞게 해당 시장의 학습자를 파악하고 이에 부합하는 프로그램을 개발해야 한다. 평생교육기관의 숫자가 늘어남에 따라 대부분의 기관에서 비슷한 프로그램을 제공하게 되면 평생교육의 질적인 발전을 위해서도 좋지 않다. 따라서 단위기간에서는 시장 세분화가 중요하고 이를 토대로 표적시장을 선정해야 할 것이다. 정익준(2006)은 세분화된 평생교육시장을 분석한 후 진입할 가치가 있는 시장 및 그 범위를 결정하는 표적시장 선정의 세 가지 전략을 소개한다.

- 차별적 마케팅으로 시장을 여러 개로 세분화한 후 모든 세분시장을 표적시장으로 선정하여 각각의 세분시장에 대해 상이한 프로그램과 마케팅 믹스를 가지고 접근하는 전략
- 비차별적 마케팅으로 세분시장의 차이를 무시하고 시장을 하나의 통합체로 간주하여 단일 프로그램과 단일 마케팅 믹스를 가지고 전체 시장을 다루고자 하는 전략
- 집중화 마케팅으로 시장을 세분화한 뒤 모든 세분시장에 진출하지 않고 일부의 세분시장에 하나 또는 그 이상의 프로그램을 운영하는 전략

- **3단계 P단계**: 이 단계는 평생교육기관 및 프로그램을 포지셔닝하는 단계이다. 권두승 등(2016)은 평생교육기관의 포지셔닝이란 학습자에게 경쟁기관 및 다른 해당 평생교육기관의 프로그램과 서비스의 차별적 특성을 인식시키는 활동이라고 말한다. 성공적인 포지셔닝으로 생기는 기관이나 프로그램의 포지션은 경쟁기관과 비교하여 학습자가 느끼는 기관 또는 프로그램의 상대적 위치이다. 다시 말해 포지셔닝은 평생교육기관이나 프로그램의 특성화와 차별화 과정이다. 이런 맥락에서 평생교육기관이 성공적인 포지셔닝을 하기 위해서는 현재 주변의 경쟁기관과 비교하여 일반인들에게 어떻게 인식되고 있는지를 이해하는 일이 필요하다. 이것이 바로 기관의 이미지이다. 기업에서도 이 이미지 제고를 위해서 많은 투자를 하듯이 평생교육기관에서도 이미지 제고를 위하여

많은 시간과 노력을 투자할 필요가 있다.

- 4단계 MM단계: 마케팅 믹스 활동은 고객을 위한 가치창출 활동으로 의사소통 활동과 장애요인 제거활동을 담당하는 마케팅 조직, 그리고 이를 지원하는 하위부서 등이 전체적으로 그 활동을 수행해야 한다(Kotler & Pox, 1995). 평생교육기관에서의 마케팅 믹스 전략이란 고객에게 제공될 교육프로그램이나 서비스의 창조를 위해 교육프로그램, 가격, 촉진, 유통 등 마케팅 믹스 제반 요소를 조화롭게 결합하여 시너지 효과를 극대화하는 것을 말한다. 말하자면, 마케팅 믹스 전략은 표적시장을 선정한 후 마케팅 목표의 달성을 위해 마케팅을 구성하는 구성요소의 종류와 그 중요도를 적절히 고려한 구체적인 전략을 수립하는 것을 의미한다(권두승 외, 2016). 계도원(2012)은 커피를 통하여 마케팅 믹스를 소개하고 있다. 커피를 구성하고 있는 커피, 설탕, 프림의 구성 비율에 따라 우리는 블랙커피, 설탕커피, 일반커피로 부른다. 이처럼 마케팅 개념에서 살펴본 4P인 프로그램, 비용, 마케팅 경로, 촉진전략 등을 표적시장의 특징에 맞도록 적절히 믹스하여 전략을 구상하고 시행해야 한다.
- 5단계 IC단계: 이 단계는 실행과 통제단계이다. 마케팅 실행이란 기관에서 계획한 대로 다양한 활동을 전개하며 마케팅을 효과적으로 수행하는 것이다. 성공적인 마케팅 실행을 위해서는 미리 설정한 전략을 계획대로 실천해야 하는데 이때는 관련 조직, 구성원, 조직의 문화, 보상 등이 체계적으로 실행될 수 있도록 해야 한다. 마케팅 전문부서 혹은 전담자는 기관 내 다양한 부서 및 담당자와 협조하며 마케팅을 실행하고, 실행과정에서 나타나는 문제점, 실행 성과 등을 명확하게 분석하고 그 결과를 적절히 피드백하면서 마케팅 전략을 수정 · 보완해 가는 등의 통제기능 역할도 수행해야 한다.

④ 홍보

평생교육기관 홍보의 목적은 무엇보다도 기관의 설립목적을 비롯해 비전과 사명을 널리 알리고, 동시에 기관이 개발한 다양한 프로그램을 학습자들에게 알림으로써 일차적으로는 학습자들에게 학습동기를 고취시키는 데 있다. 이 밖에도 남정걸(2007)은 평생교육기관 홍보의 목적을 다음과 같이 정리한다.

첫째, 잠재 학습자의 유인 및 확보에 있다. 평생교육기관은 외래의 고객에게 서비스를 제공하는 조직이기 때문에 그 고객을 어떻게 유지하느냐가 가장 큰 과제이다. 홍보에 의한 학습참여자의 확보는 평생교육 프로그램의 질은 물론이고 그 기관의 사활과도 관계있다.

둘째, 평생교육기관의 정신적 및 재정적 후원자를 확보하는 것이다. 홍보를 통하여 기관의 목적, 기능, 활동, 업적, 자원 등을 지역사회에 제공함으로써 이해를 도모하는 후원자를 확보할 수 있다. 바른 이념과 목적을 지닌 평생교육기관으로 지역사회에 널리 알려질수록 전문적인 자문이나 재정적인 후원을 얻을 수 있다.

셋째, 자원봉사자의 유치와 그들 상호 간의 이해를 증진하는 것이다. 평생교육기관 가운에 청소년기관, 여성단체, 문화원, 여성회관 등은 자원봉사자에 의존하는 경우가 많다. 그러므로 자원봉사자의 확보와 그들과 기관의 목적과 이념 등을 공유하고 알리기 위해서 홍보는 필요하다.

넷째, 구성원들의 일체감을 형성하는 것이다. 홍보는 외부 대중만을 대상으로 하는 것이 아니라 대내적으로는 평생교육기관 종사자들의 지지와 이해, 공감대와 단합심을 제공하고 참여자들의 기관에 대한 일체감을 형성하는 데 있어서 반드시 필요하다.

다섯째, 잘못된 오해를 바로 잡을 수 있다. 평생교육기관의 비전과 철학, 기관의 역할과 의미, 교육프로그램, 인적 · 물적 자원 등을 일반인에게 알림으로써 잠재적 학습자를 실제 학습자로 유인할 수도 있고, 동시에 잘못된 오해를 줄일 수 있는 기회가 되기도 한다.

이렇듯 홍보는 여러 가지 측면에서 기관의 발전과 운영에 도움이 된다. 따라서 최은수 등(2011)은 홍보물을 제작할 때 있는 그대로 정확한 내용을 진실되게 전달해야 하는 진실성의 원칙, 제공자의 일방적인 정보 제공에 그치는 것이 아니라 서로 공감하고 상호작용해야 하는 상호작용의 원칙, 계몽적 성격을 바탕으로 대중을 의식하고 그들의 이익과 공공의 이익을 실현하는 공공이익 합치의 원칙, 사람을 상대로 하기 때문에 인간적 관계를 중요하게 생각하는 인간적 접촉의 원칙을 지킴으로써 대중에게 기관이나 프로그램의 진실된 모습을 홍보할 수 있다고 말한다.

2. 평생교육기관의 서비스

모든 기관은 고객을 대상으로 조직이 추구하는 목표를 달성하고자 노력한다. 조직이 추구하는 목표를 달성하기 위해서는 우선 고객을 만족시키는 것이 중요하다. 평생교육기관도 예외는 아닐 것이다. 기업이 제품을 생산하고 판매하는 과정에서 고객의 눈높이에 맞추어 다양한 서비스를 제공하여 만족도를 높이듯이 평생교육기관도 교육프로그램을 제공하는 과정에서 학습자인 고객의 눈높이에 맞추어 다양한 서비스를 제공할 필요가 있다.

1) 평생교육기관과 서비스

(1) 평생교육기관 서비스의 의미

홍금순(2005)에 따르면, 서비스란, 고객에게 만족을 주는 무형의 활동으로 소유권 이전을 수반하지 않고 제공되며, 일반적으로 저장하고 운반할 수 없고, 주로 사람에 의해 결정되는 것으로 무형성, 비분리성, 이질성, 소멸성의 네 가지 특성을 갖는다고 정의한다.

이와 같은 서비스의 개념을 전제로 하였을 때, 평생교육기관에서의 서비스란 교·강사, 교직원 등 공급자인 기관측이 수요자인 프로그램 참가자에게 교육적 목적 달성에 관련된 유·무형의 서비스를 제공함으로써 참가자에게 물절적·정신적 만족을 실현시켜 주는 일체의 활동이라고 할 수 있다. 이러한 교육서비스는 교육기관의 관점에서 보면 제공활동이며, 학습자의 관점에서 보면 경험의 총체로서 혜택의 묶음이라고 할 수 있다(박주성 외, 2002).

홍금순(2005)은 일반적으로 평생교육기관을 포함한 교육기관도 하나의 서비스 기관, 즉 유형의 제품을 판매하기보다는 무형적 서비스를 제공하고 그에 따른 대가를 보상받는 조직으로 보고, 평생교육기관의 교육서비스가 가지는 네 가지 특징을 제시한다.

첫째, 무형성으로서 교육기관에 교육이 이루어지는 것은 무형성 특성을 잘 반영하고 있다. 교육내용이 어떤 것인지 보거나 만질 수 없고 실제 교육을 받기 전에는 그 어떤 것인지 상상하기 어렵다. 그런데, 교육서비스는 제품에 비해 보다 무형적이며 제품은 서비스에 비해 보다 유형적일 따름이다.

둘째, 비분리성으로 교육기관에서 제공되는 교육서비스는 교수자가 강의하는 것과 학습자가 학습에 참여하는 것은 동시에 이루어져야 한다. 교수자는 강의하면서 교육 프로그램의 내용을 학습자의 참여 정도에 따라서 적시적소에 맞추어 갈 수 있다.

셋째, 이질성으로 교육기관에서 교육프로그램이 전개될 때 동일한 프로그램이라고 하더라도 기간에 따라 다른 내용으로 프로그램이 전개될 수 있으며, 학습자들의 수준에 따라 그 효과도 달라질 수 있다.

넷째, 소멸성으로 오프라인으로 면대면으로 운영하는 교육프로그램의 경우에는 프로그램에 직접 참석하지 못하면 다시 동일한 조건의 학습을 들을 수 없다는 것이다.

이와 같이 평생교육기관에서 실시하는 교육프로그램은 앞서 언급한 서비스의 기본적인 특성인 무형성, 비분리성, 이질성, 소멸성을 모두 지니고 있다. 따라서 평생교육기관은 하나의 서비스기관이며 평생교육기관의 경영에 이러한 서비스기관의 특성을 충분히 반영하여 경영활동을 해야 한다.

교육서비스 산업은 다른 서비스 산업과 차이가 있다. 예를 들어, 교육서비스 산업은 서비스를 받는 학습자가 기업이나 공공기관에 들어가 다른 산출물을 생산하는 역할을 한다는 점이다. 따라서 평생교육기관에서도 새로운 교육프로그램을 만들 때 해당 프로그램의 학습자가 기업이나 기관에서도 소속되어 모종의 역할을 수행하기 때문에 양쪽 모두를 고려한 프로그램을 개발하고 경영활동에도 이 점을 충분히 고려해야 한다.

(2) 평생교육기관 서비스의 주요 요소

평생교육기관도 교육프로그램을 제공하는 서비스 기관이다. 서비스 기관은 서비스 품질에도 관심을 가져야 한다. 홍금순(2005)은 서비스 품질을 서비스의 우수성에 대한 고객의 전반적인 판단 및 태도 혹은 고객의 서비스에 대한 사전기대와 서비스를 접한 이후 지각의 차이 정도 및 방향이라고 정의한다.

평생교육기관에서의 서비스에 대해 박주성 등(2002)은 서비스의 품질은 학습자에 의해 주관적으로 인식되는 품질이며 객관적인 품질과 구분하기 위해 이러한 주관적인 품질을 지각된 서비스 품질이라 하고, 지각된 서비스 품질을 높이기 위해서 유형성, 신뢰성, 응답성, 확신성, 공감성, 결과의 질 차원에서 관리해야 한다고 강조한다.

- **유형성**(tangibles) : 유형성은 물리적 시설, 장비 등의 외형적으로 형태가 있는 서비스의 요인을 의미한다. 이 모든 것은 학습자, 특히 새로운 학습자가 품질을 평가할 때 사용하는 서비스의 물리적 표현과 이미지를 제공한다.
- **신뢰성**(reliability) : 신뢰성은 약속한 서비스를 정확히 제공하는 능력을 의미한다. 교육기관이 서비스를 제공할 때 프로그램 제공, 문제해결 등에서 직접적으로 한 약속이나 교육기관의 목적 및 이념이나 정책을 직·간접적으로 한 약속을 제대로 제공하는 것이다. 학습자들은 약속을 지키는 교육기관과 관계를 맺기 원하며 특히 핵심서비스와 관련된 약속일 경우는 더욱 그러하다.
- **응답성**(responsiveness) : 응답성이란 고객을 도와주려는 의지와 신속히 서비스를 제공하고자 하는 의지를 의미한다. 이 차원은 학습자의 요구, 질문, 불만, 문제 등을 처리하려는 배려와 신속성을 강조한다. 응답성은 도움, 질문에 대한 대답 및 문제해결을 하는 데 기다리는 시간 등으로 학습자에게 전달된다.
- **확신성**(assurance) : 확신성은 교육기관 당국과 학습자의 지식, 정중함, 믿음직함을 느끼게 하는 능력을 의미한다. 이 차원은 고객에 의해 위험이 높다고 지각되는 서비스나 은행, 보험, 증권업, 의료, 법률 서비스 등의 서비스와 같이 결과를 평가할 능력에 대해 자신이 없을 때 중요하다. 믿음과 확신은 증권중개인, 보험대리인, 변호사, 컨설턴트 등과 같이 고객에게 기관의 서비스를 연결하는 사람에게서 구현된다. 평생교육기관은 교육을 담당하는 교육자나 학습자의 편의를 위해 도움을 주는 직원에 의해서 구현된다.
- **공감성**(empathy) : 공감성은 교육기관이 학습자 개개인에게 제공하는 주의와 보살핌이다. 공감성의 핵심은 개인화되고, 주문화된 서비스로 고객이 독특하고

특별하다는 것을 전달하는 것이다. 고객은 서비스를 제공하는 기관이 자신을 이해하고 중요하게 느끼길 원한다. 평생교육기관의 교직원들은 학습자들의 욕구 성향을 알고, 학습자들의 개별적인 욕구와 기호까지 알아 이를 감안하고 관계를 구축해야 할 필요가 있다.

- **결과의 질**(quality of consequence) : 결과의 질은 평생교육기관의 교육서비스에 대한 학습자들의 욕구충족도와 만족도, 그리고 과정 이수 후 진로 및 취업의 용이성을 의미한다. 단순히 교육프로그램에 대한 만족도뿐만 아니라 교육프로그램을 제공하는 기관의 전체적인 운영과정이 결과의 질과 직접적인 연관이 있다.

2) 평생교육기관의 서비스 전략

(1) 서비스 차별화 전략

오늘날 평생교육의 중요성이 대두됨에 따라 수많은 평생교육기관이 등장하고 있다. 이에 따라 학습자들의 선택권이 넓어짐에 따라 학습자의 요구에 얼마나 충족시키는가 하는 문제가 기관의 성장과 관계가 있다. 따라서 평생교육기관은 학습자들의 요구를 철저히 파악하여 이에 부합하는 교육프로그램을 기획 · 개발하여 운영하는 것이 필요하다. 여기에는 마케팅 전략이 가미되어야 할 것이며, 특히 교육서비스의 차별화에 대한 부분도 관심을 가져야 한다.

서비스는 기본적으로 고객에게 공급되는 총체적인 서비스를 의미한다. 평생교육기관에서의 고객이란 평생교육기관에서 제공하는 교육프로그램과 교육서비스를 제공받는 프로그램 참가자 혹은 학습자로 볼 수 있다. 그리고 서비스는 다양한 의미를 가진 다의적인 개념으로 고객의 가치와 혜택의 창조와 관련되는 모든 행위를 포함한다. 즉, 서비스 조직과 고객 사이에 일어나는 모든 거래를 포함한다. 여기에서 서비스의 네 가지 특징을 살펴본다(유영옥, 2012). 이러한 특징을 이해함으로써 우리는 평생교육기관의 서비스 차별화 전략을 펼칠 수 있다.

첫째, 서비스는 공급자와 고객 간의 일정한 상호작용을 의미한다. 서비스의 본질은 상호작용이다. 사실 고객에 대한 어떠한 정의도 고객과 서비스 조직 간의 관계의 모든 국면을 포함하기는 어렵지만 그래도 고객과의 상호작용을 위해서 다양한 방법을 강구해야 한다.

둘째, 서비스는 일반적으로 주관적인 성격을 띠고 있다. 이는 서비스가 무형적인 성격에 기인한다. 이러한 서비스의 무형성은 고객이 서비스의 평가를 어렵게 하며 혹자는 서비스를 유형화할 수 있는 방법을 모색하고 있다.

셋째, 서비스는 일련의 활동이며 과정이다. 제품의 생산과 소비를 분리하여 설명할 수는 없다. 이는 서비스가 판매되고 소비되기 전에는 정해진 품질이 없기 때문이다.

넷째, 고객이 서비스의 혜택자일 뿐만 아니라 서비스의 생산에 참여한다. 고객은 기관에서 제공하는 서비스의 혜택을 받는다. 하지만 고객은 기관이 만들어 놓은 서비스에 수동적으로 혜택을 받는 것이 아니라, 기관은 또한 고객의 상황을 적극적으로 살펴서 새로운 서비스를 지속적으로 생산하기 때문이다.

서비스의 이러한 성격으로 인해 상품과 같이 쌓아둘 수 없다는 특징을 가진다. 서비스는 하나의 행위, 업적 또는 한쪽에서 다른 쪽으로 행하는 노력이다. 따라서 평생교육기관은 서비스 중심의 전략을 선택하고, 서비스 경쟁에서 의사결정과 관리행태의 방향을 제시하는 관리의 원칙을 의미하는 '서비스 관리' 전략을 개발하여 운영할 필요가 있다. 서비스 관리의 개념에는 두 가지 요소를 포함하고 있다. 하나는 평생교육기관이 제공하는 서비스를 소비하고 이용함으로써 학습자인 고객이 느끼는 효용성을 이해하는 것이다. 다른 하나는 기관이 의도한 고객의 효용성과 서비스의 질을 달성할 수 있는 방법을 이해하는 것이다.

효과적인 서비스를 위하여 권두승 등(2016)은 투입관리, 정보관리, 대응관리, 접점개선관리를 위한 체계를 만들 필요가 있다고 말한다. 효과적인 고객서비스 추진체계를 수립하고 유지하기 위해서 가장 중요한 것은 경영자의 리더십과 조직구조이다. 어떤 조직구조를 선택하느냐에 따라 고객관계 형성 및 지속 여부가 결정된다. 서비스를 전담하는 기구 혹은 담당자를 두는 것도 필요하다. 이런 점에서 고객서비스 추진체계의 선택은 조직구조의 선택이라 할 수 있다. 또한 서비스 직원의 인식이 제고되고, 서비스 생산과 공급에 필요한 자원을 확보할 수 있다고 하더라도 이를 제도화할 필요가 있다. 제도화를 통해 효과적인 고객관계를 지속해야 하기 때문이다. 이를 위한 조직 체계로서는 고객들에 대한 정보를 수집할 수 있는 투입관리체계, 고객들의 정보를 관리할 수 있는 정보관리체계, 그리고 고객들의 요구와 반응에 대한 대응관리체계를 추구하는 것이 필요하다. 이러한 제반 활동과 관련하여 고객과의 접점 부문에서의 활동을 끊임없이 개선해 나갈 필요가 있다.

(2) 서비스 향상을 위한 질 관리

평생교육기관에서 교육프로그램을 제공하는 서비스 기관이다. 서비스 기관으로서 교육프로그램에 대한 질 향상은 변화하는 교육현장에 발맞추기 위해서도 반드시 필요하다. 오늘날 교육서비스의 질적 향상은 고객의 요구에 초점을 맞추는 것부터 출발해야 한다. 고객의 요구에 맞춤으로써 고객의 만족을 이끌어 내는 것은 성공을 위한 중요한 요인이 된다. 이를 위해 기업에서는 TQM(Total Quality Management: 전사적 품질관리) 경영방식을 실행하고 있다. TQM을 실행하는 기관들은 품질, 생산성, 고객만족, 공급된 물건의 품질 등이 향상되는 추세를 보인다. 교육기관에서 TQM을 적용한 사례를 보면 다음과 같다.

표 7-2 교육기관에서의 TQM 적용 분야

교육기관에서의 TQM 적용 분야
• 고객 중심, 총체적 참여, 질적 측정, 구성원의 헌신, 체제적 관심, 지속적 개선 • 목적과 방침, 자원 투입, 과정, 만족도, 공익성, 문제의 결핍, 조직적 학습 • 수요자 중심, 총체적 참여, 헌신 및 리더십, 교육과 훈련, 평가 및 측정 • 학교장의 이미지와 지지, 내부고객의 품질 평가와 보상, 구성원의 품질 문화 구축 의지, 권한 위임, 총체적 참여

출처: 차주항(2011)의 자료에서 재구성

주영숙 등(2006)의 자료를 토대로 보면, TQM을 언급하는 학자들마다 품질에 대한 정의가 모두 다르다. 예를 들어, 데밍(Deming, 1986)의 경우 품질이란 제품이나 서비스에 대한 고객의 니즈를 충족하는 것이라고 정의내린 반면, 크로스비(Crosby, 1984)는 생산자의 요구사항을 준수하는 것이 품질이라고 보았다. 또 주란(Juran, 1992)은 고객이 활용하기에 적합한 것이 품질이라고 정의내렸으며, 다구찌와 클라우싱(Taguchi & Clasuing, 1990)은 제품이 고객에게 피해를 주지 않고 의도된 대로 기능할 때 품질이 좋다고 말할 수 있다고 하였다(Cardy & Selvarajan, 2001). 정리하자면, TQM은 조직 전체를 바라보는 총체적 시각을 가지고, 단기적 목표보다는 장기적 목표를 추구하며, 조직 구성원 전체의 참여를 통해서 조직의 지속적인 질 향상을 추구하는 경영기법이라고 할 수 있다. 이러한 조직의 질 향상은 궁극적으로 조직의 전 구성원과 사회 전체의 이득을 가져와야 한다.

TQM의 구성요소는 핵심가치와 그것을 구현하기 위한 활동들, 그리고 조직의 질 향

그림 7-2 TQM의 구성요소

출처: 주영숙 외(2006)의 자료

상을 평가하는 도구들로 이루어져 있다. Heilsten과 Klefsjo(2000)는 TQM의 핵심가치로서 최고경영층의 헌신, 과정 중심적 사고, 모든 구성원의 참여, 지속적인 향상, 고객우선, 사실에 근거한 결정 등을 들었다. 이러한 가치들을 구현하기 위한 활동 즉 구체적인 테크닉들로는 과정관리, 벤치마킹, 자체평가, 데밍(Deming)의 계획(plan), 실행(do), 검토(check or study), 실행(act) 단계를 도입한 방침관리(Policy Deployment) 등이 있다. 핵심가치와 그것을 뒷받침해 줄 수 있는 활동들을 평가하는 도구들은 주로 조직 내부의 의사결정을 돕거나 통계적인 데이터 수집을 돕는 목적을 가지고 있다. 이러한 도구들 중에서 특이한 것은 말콤 볼드리지 품질상(Malcom Baldrige National Quality Award)이나 ISO 9000과 같은 국제적인 품질상들이다. 이러한 외부평가제도들이 TQM의 구성요소에 포함된다는 것은 자체 평가를 중심으로 질 향상을 강조하고 있는 TQM이 성공적으로 이루어지기 위해서 외부평가가 필요함을 의미한다. 이러한 TQM의 속성을 그림으로 표현하면 [그림 7-2]와 같다. [그림 7-2]의 구성요소를 잘 살펴보면서 평생교육기관의 경영관리에도 관심을 가져야 한다.

TQM의 사례로서 사회서비스 기관인 OOO재단의 총체적품질경영체계를 살펴보면 아래의 <표 7-3>과 같이 다양한 차원에서 세부적인 구성요소를 두고 서비스 개선을 위한 질을 개선하고 있다.

표 7-3 사회서비스 재단의 총체적품질경영 관리(TQM)

차원	세부 차원
리더십	사회적 리더십
	거버넌스와 사회적 책임
전략계획	전략수립
	전략체계 및 목표
고객 초점	고객과 시장
	고객관계와 고객만족
프로세스 관리	공동간병 협력체계 구축 및 프로세스 디자인
	공동간병서비스 계약 프로세스 혁신
	간병서비스 업무 표준화
	교육모듈 개발 프로세스

차원	세부 차원
인적자원 관리	간병인 고용 프로세스의 체계화
	인적자원관리체계
	인적자원 개발 및 교육체계
	간병사 직무만족도 관리
측정, 분석 및 지식경영	정보활용체계
	정보관리시스템의 구성
	측정, 분석 및 지식관리 개선방안
경영성과	서비스 및 프로세스 성과
	고객 중시 성과
	인적자원 관리 성과
	리더십과 거버넌스 성과
	재무적 성과
	사회적 성과

출처: 라준영(2013)의 자료

이에 더하여 권두승 등(2016)은 평생교육기관에서는 경험품질관리(EQM: Experience Quality Management)를 제안한다. 왜냐하면, 평생교육 프로그램은 그 전개과정상에 있어서 학습자와 학습자 간, 교육자와 학습자 간, 기관과 학습자 간, 그리고 기관과 교육자 간 여러 형태의 경험의 질이 중요하다. 따라서 경험품질관리가 필요하다는 것이다.

그에 따르면, 제품이라든가 프로그램 그 자체에 초점을 두는 TQM 방식은 프로그램의 품질을 관리하기 위하여 변동상황을 제거해야 한다. 그러나 교육기관에 있어서의 서비스는 동일성을 보장하기가 상대적으로 어렵다. 예를 들면, 맥도날드 햄버거는 전 세계적으로 동일한 과정에 의하여 동일한 방법으로 동일한 맛을 낼 수 있도록 모든 과정이 표준화되어 있다. 그러나 평생교육기관에 있어서 학습자들의 경험은 매우 다양하고, 그러한 경험의 양과 질에 따라서 학습자들의 반응도 다를 수밖에 없는 실정이다. TQM과 EQM의 차이는 다음과 같다.

표 7-4 경험품질관리의 새로운 변경

구분	TQM	EQM
품질에 대한 시각	• 품질은 제품, 서비스 프로세스와 관련이 있음	• 품질은 개인의 공동창출 경험에 관련이 있음. 경험을 가능하게 하는 인프라스트럭처의 품질과 관련이 있음. 프로그램, 서비스, 프로세스의 품질은 필요하기는 하나, 경험의 품질을 결정짓는 충분한 요소가 아님
목표	• 프로세스상의 변동성을 제거함, 같은 프로그램과 서비스의 품질을 일정하게 유지함	• 학습자 경험의 다양성을 도모함. 같은 프로그램과 서비스라 하더라도 다양한 경험이 가능하도록 함
방법론	• 내부적인 원칙과 프로세스, 고객만족도 조사	• 공동가치 창출 프로토콜, 훈련, 참여의 원칙, 가치창출 및 경험의 평가를 위한 원칙
결과	• 예측 가능성, 표준에 비교하여 평가	• 콘텍스트별로 학습자 개인과 경험환경 사이의 상호작용에 따른 고유한 결과

출처: 프라할라드(2004)의 자료

평생교육기관은 경험품질관리의 철학으로 조직과 평생교육 프로그램의 질을 관리하며 서비스를 철저히 하여 현재 프로그램에 참여하는 학습자들에게 만족을 주어야 한다. 조직의 경영자는 이처럼 학습자 만족에 관심을 가져야 한다. 뿐만 아니라 서비스를 위하여 학습자와 가장 가까이 있는 교직원과 같은 구성원들을 중요시하고 그들을 보살피는 정책도 펼쳐야 할 것이다.

지속적인 질관리를 통한 서비스의 품질 향상이 기업의 이미지를 제고하고 매출 신장을 가져올 것이라는 생각은 누구나 쉽게 할 수 있다. 교육에 있어서도 예외는 아니다. 교육기관 혹은 교육프로그램을 적극적인 방법으로 마케팅하고, 제공한 프로그램의 보다 나은 서비스 및 질관리를 위하여 다양한 노력을 펼쳐는 과정만으로도 교육수혜자의 학습만족도는 높아질 것이다. 사실 교육서비스 품질이 학습자의 몰입과 학습자의 행동에 긍정적인 영향을 끼친다는 연구는 많이 소개된 바 있다. 따라서 평생교육 또한 경영의 관점에서 마케팅과 서비스, 그리고 지속적인 품질관리에 관심을 가지고 다양한 방법을 적용해야 할 것이다.

요 약 및 시사점

본 장에서는 평생교육기관에서 마케팅과 차별화된 서비스를 어떻게 갖출 수 있을 것인지에 대해서 알아보고자 한다.

마케팅이란 본질적으로 고객이 원하는 욕구를 충족시킴으로써 삶의 질을 향상시키고, 궁극적으로는 인간의 행복을 증진시키는 데 목적이 있다. 그러므로 단순한 광고나 판매의 개념을 훨씬 뛰어넘는 개념이다. 최근에는 교육 관련 기관에서도 마케팅에 관심을 보이고 전담부서를 두어 적극적인 활동을 펼치기도 한다. 평생교육기관에서 마케팅 활동을 활성화해야 할 이유는 첫째, 평생교육기관의 급증으로 치열한 경쟁관계가 형성되고 있다. 둘째, 대부분의 평생교육기관이 어려운 재정적 환경에 놓여 있다. 셋째, 평생교육기관 경영의 방향이 시장논리에 의해 이루어지는 추세에 있다. 넷째, 학습권에 대한 시민의식이 고조되었기 때문이다.

평생교육기관의 마케팅은 이익 추구를 목적으로 하는 영리기관과는 다른 성격을 띠고 있다. 이에 대한 이해를 통하여 평생교육기관의 특성에 부합하는 마케팅 전략을 펼칠 수 있다. 예를 들어, 평생교육기관에서의 마케팅 대상은 무형의 교육서비스라는 점, 평생교육기관은 비영리를 목적으로 하지만 운영을 위한 이윤도 필요하고, 동시에 학습자의 성장, 지역공동체 형성, 시민의식 함양 등 다양한 목표를 가진다는 점, 평생교육기관은 다양한 계층의 학습자에 대한 홍보와 관리도 필요하고, 재정 후원자인 국가, 지방자치단체, 시민사회단체, 민간기업 등 다양한 이해관계 집단을 대상으로 한 각기 다른 차원의 마케팅 전략을 구사해야 한다는 점이다.

평생교육기관 마케팅의 핵심은 평생교육기관의 특성을 파악해야 한다. 이에 대한 이해를 통하여 평생교육기관의 특성에 부합하는 마케팅 전략을 펼칠 수 있다. 그리고 효율적으로 마케팅을 수행하려면 학습자 집단을 특성에 따라 나누는 일이 필요한데, 이를 평생교육시장의 세분화라고 한다. 평생교육시장을 세분화하기 위해 사용할 수 있는 기준을 확인함으로써 평생교육시장을 세분화할 수 있을 것이다. 실제로 평생교육기관의 마케팅 과정은 조사(R)부터 출발한다. 시장을 조사하면 각기 다른 요구를 가진 학습자들로 구성된, 서로 다른 세분시장들(S)이 드러나게 된다. 평생교육기관은 자신들이 경쟁 기관보다 탁월하게 충족시킬 수 있는 세분시장을 표적으로 설정(T)하는 것이 현명하다. 평생교육기관은 각 표적시장별로 프로그램을 포지셔닝(P)하여, 자기 기관의 프로그램이 타 기관의 경쟁 프로그램과 어떻게 다른지를 알려야 한다. STP는 평생교육기관의 전략적 마케팅 사고를 대표한다. 이제 평생교육기관은 프로그램, 학습비, 유통, 촉진결정들의 믹스로 구성된 전술적 마케팅 믹스인 MM을 개발한다. 그런 후 평생교육기관은 마케팅 믹스를 실행(I)하게 된다. 마지막으로 통계측정치(C)를 사용하여, 결과를 모니터링 및 평가한다. 이 외에 평생교육기관의 홍보에도 관심을 가져야 한다.

평생교육기관은 교육프로그램을 제공하는 서비스 기관이며 서비스 품질에도 관심을 가져야 한다. 서비스의 품질은 학습자에 의해 주관적으로 인식되는 품질이며 객관적인 품질과 구분하기 위해 이러한 주관적인 품질을 지각된 서비스 품질이라고 하고, 지각된 서비스 품질을 높이기 위해서 유형성, 신뢰성, 응답성, 확신성, 공감성, 결과의 질 차원에서 관리해야 한다. 또한 서비스의 질을 관리하기 위하여 평생교육기관에서는 경험품질관리(EQM: Experience Quality Management)이 필요하다. 평생교육 프로그램은 그 전개과정상에 있어서 학습자와 학습자 간, 교육자와 학습자 간, 기관과 학습자 간, 그리고 기관과 교육자 간 여러 형태의 경험의 질이 중요하기 때문이다.

이처럼 평생교육기관은 경험품질관리의 철학으로 조직과 평생교육 프로그램의 질을 관리하며 서비스를 철저히 하여 현재 프로그램에 참여하는 학습자들에게 만족을 주어야 한다. 조직의 경영자는 이처럼 학습자 만족에 관심을 가져야 한다. 뿐만 아니라 서비스를 위하여 학습자와 가장 가까이 있는 교직원과 같은 구성원들을 중요시하고 그들을 보살피는 정책도 펼쳐야 할 것이다.

연습 문제

1. 동료들과 팀을 이루어 평생교육 프로그램을 기획해서 개괄적으로 한 개 만들고, 이 프로그램에 대해서 아래 7P의 관점에서 마케팅 전략을 설계해 보자.

- 제품(Product) : 어떤 제품을 만들거나 팔 것인가?
- 가격(Price) : 어떤 가격으로 팔 것인가?
- 장소(Place) : 어디에서 만들며 어느 장소에서 팔 것인가?
- 판매촉진(Promotion) : 어떻게 홍보하며 판매촉진을 시킬 것인가?
- 사람(People) : 누가 판매할 것이며 누구에게 팔 것인가?
- 절차(Process) : 그 순서나 방법론은 무엇인가?
- 물리적인 증빙(Physical Evidence) : 판매를 위한 생산시설, 판매시설, 물류시설 등은 무엇이 있는가?

○ 평생교육 프로그램 개관
- 개발 목적, 프로그램 주제, 주요 내용, 운영 방법 등

○ 7P 관점에 따른 마케팅 전략

2. 본문에서는 넓은 의미에서의 평생교육기관 마케팅의 개념에 대해서 다루었다. 이를 참고하여 넓은 의미에서 평생교육기관 마케팅의 의미를 자신의 글로 다시 한 번 동료들과 함께 정의내려 보자.

2-1. 만약, 평생교육기관 마케팅의 의미를 좁은 의미에서 정의내린다면 어떻게 내릴 수 있을지 동료들과 함께 논의해 보자.

3. 평소 생각하는 평생교육기관을 구상해 보자. 그리고 연습문제 1번에서 만든 평생교육 프로그램(새롭게 만들어도 됩니다)을 토대로 아래의 마케팅 단계에 따라, 각 단계에서 어떤 내용을 고민하고, 어떻게 실행에 옮겨야 하는지 등을 팀원과 함께 논의해 보자.

단계	내용	구체적 내용
1단계	R	• 조사(Research)
2단계	ST	• 시장 세분화(Segmentation), 표적시장 설정(Targeting)
3단계	P	• 포지셔닝(Positioning)
4단계	MM	• 마케팅 믹스(Marketing Mix), 4P(Program, Price, Place, Promotion)
5단계	IC	• 실행(Implementation) 및 통제(Control)

○ 우리가 만든 평생교육기관 및 프로그램

평생교육기관 개관	
교육프로그램 개요	

단계	내용	각 단계에서 고민해야 할 내용, 구체적인 접근방법 등
1단계	R	
2단계	ST	
3단계	P	
4단계	MM	
5단계	IC	

4. 평생교육기관과 프로그램을 홍보할 수 있는 매체와 그 매체가 가지는 장단점을 동료와 논의해 보자.

매체	장점	단점
(예)인쇄물	• 적은 비용 • 많은 사람에게 홍보 가능	• 너무 많은 기관이 사용 • 홍보 효과 높다고 보기 어려움
블로그	· ·	· ·
	· ·	· ·
	· ·	· ·
	· ·	· ·
	· ·	· ·
	· ·	· ·

5. 평생교육경영에서 평생교육기관의 서비스를 위하여 가장 초점을 두어야 할 부분은 무엇이며, 이를 어떻게 서비스 할 수 있는지 서비스 전략에 대해서 동료들과 논의해 보자.

참고 문헌

계도원(2012). **고객만족마케팅 전략: 고객마인드 고객가치 향상을 통한 기업가치 혁신**. 서울: 좋은책만들기.

권두승, 최인실(2016). **평생교육경영론**. 파주: 교육과학사.

권인탁, 임영희(2017). **평생교육경영론**. 서울: 학지사.

김신일, 김재웅(2007). **평생교육경영학**. 서울: 한국방송통신대학 출판부.

김용현, 성낙돈, 윤여각, 이상오, 정기수, 강무섭, 송병국, 양병찬, 김진한, 김노마, 이정희, 심의보, 하광호, 정찬남(2018). **평생교육경영론**. 파주: 양서원.

김진화(2002). **평생교육 프로그램 개발론**. 파주: 교육과학사.

남정걸(2007). **평생교육경영학**. 파주: 교육과학사.

라준영(2013). 사회서비스 제공형 사회적 기업의 품질경영(TQM) (재)다솜이재단. **서비스경영학회지**, 14(4), 27-51.

박주성, 김종호, 신용섭(2002). 대학교육 서비스 품질요인이 학생 만족, 재입학 의도 및 구전효과에 미치는 영향. **한국마케팅 저널**, 4(4), 51-74.

임형식(2016). **자존감을 높이는 제약영업 마케팅**. 서울: 내하출판사.

오세조, 박충환(2002). **고객중심과 시너지 극대화를 위한 마케팅**. 파주: 박영사.

유영옥(2012). **경영조직론**. 서울: 학문사.

정익준(2006). **비영리마케팅**. 서울: 형설출판사.

주영숙, 이화숙(2006). 대학교육에서의 TQM 적용 가능성 탐색. **교육과학연구**, 37(3), 257-278.

차주항, 김연성, 최강화, 이동원(2011). 교육서비스 품질개선을 위한 TQM 전략 연구. **서비스경영학회지**, 12(1), 279-305.

최은수, 배석영(2011). **평생교육경영론**. 파주: 양서원.

홍금순(2005). 교육서비스 품질의 각 차원이 고객만족과 고객충성도에 미치는 영향에 관한 연구: 대학 교육서비스 품질을 중심으로. 명지대학교 대학원 박사학위논문.

Cardy, R. L., & Selvarajan, T.T.(2001). Management interventions. In N. Anderson, et al.(Eds.), *Handbook of Industrial, Work & Organizational Psychology*. Vol. 2, Ch. 18.

Crosby, P. B.(1984). *Quality without tears: The art of hassle free management.* Milwaukee, WI: Quality Press.

Deming, E. W.(1986). *Out of the crisis*. Cambridge, MA, MIT center for advanced engineering study.

Juran, J. M.(1992). *Juran on quality by design*. New York: Free Press.

Kotler, P., & Fox, A. (1995). *Strategic marketing for non-porfit organization.* N.J.: Prentice Hall.

Kotler, P., 김정구 역(2001). **미래형 마케팅**. 서울: 세종연구원.

Prahalad, C. K., 김성수 역(2004). **경쟁의 미래**. 서울: 세종서적.

Taguchi, G., & Clausing, D.(1990). Robust quality. *Harvard Business Review*, 68(1), 65-75.

Tarr, D.L.(1989). *Learning More About Your Market: Sources and Uses of Data. Handbook of Marketing for Continuing Education*(Simerly, R. G. & Associates). San Francisco: Jossey-Bass Publishers.

Chapter **08**

평생교육 프로그램 개발과 운영

본 장에서는 효율적인 평생교육 프로그램 개발을 위한 분석, 설계, 개발, 실행, 평가의 5단계 ADDIE 모형에 대하여 알아보고자 한다. 특히 ADDIE 모형 중 분석, 설계, 개발, 실행 단계에 초점을 두고 논의하고자 한다. 평생교육 프로그램 개발은 교육 대상, 학습자의 개인 비용 지불 유무 등에 따라 평생교육 프로그램의 내용이 다르게 개발될 수 있다. 본 장에서는 교육 대상과 개인 비용 지불 유무 등과는 무관하게 전반적인 평생교육 프로그램 개발에 대하여 논의하고자 한다.

그림 8-1 ADDIE 모형

현재 평생교육 이슈를 해결할 수 있는 기존의 평생교육 프로그램이 있다면 기존의 평생교육 프로그램을 이용한다. 하지만 기존의 평생교육 프로그램을 통해 평생교육 이슈를 해결할 수 없다면 평생교육 프로그램을 내·외부에서 개발해야 한다. 평생교육 프로그램의 개발은 신규 평생교육 프로그램의 개발 또는 기존의 평생교육 프로그램의 수정 및 보완이 필요할 경우 실시하며, 현업에서는 교수체제개발(ISD: Instructional Systems Development) 모형에 기반한 분석(Analysis), 설계(Design), 개발(Development), 운영(Implementation), 평가(Evaluation)의 5단계에 따라 평생교육 프로그램을 개발한다. 이 5단계의 평생교육 프로그램 개발 모형은 각 단계의 앞글자를 따 ADDIE 모형이라고 하기도 하며 [그림 8-1]은 ADDIE 모형을 보여준다.

그러나 현실적으로 현업에서 ADDIE 모형의 전체 과정을 그대로 적용하여 평생교육 프로그램을 개발하는 것은 매우 어렵다. 평생교육 담당자의 직무가 교수 요원이나 프로그램 개발 직무만을 100%로 수행하는 경우가 아니라면 ADDIE 모형의 전체 과정에 따라 평생교육 프로그램을 개발하기 위해서는 평생교육 담당자의 많은 시간 투자가 필요하기 때문이다. 따라서, 최근에는 상황에 따라 기존의 ADDIE 모형의 전체 과정을 따르지 않고 핵심 부분을 중심으로 ADDIE 모형의 과정을 단축하거나 상황에 맞게 변형하여 사용하고 있는 추세이다. 또한 상황에 따라서는 평생교육 프로그램의 개발을 외부 교수, 전문가, 전문 업체에게 맡기거나, 외부에서 사용되고 있는 상용 평생교육 프로그램을 직접 도입 또는 일부 개선하여 사용하는 경우도 있다. 본 장에서는 ADDIE 모형 중 분석, 설계, 개발, 운영 단계에 대하여 보다 구체적으로 논의하고자 한다. 평가 단계에 대한 구체적인 내용은 다른 장에서 좀 더 구체적으로 논의가 된다.

1. 분석 단계

그림 8-2 ADDIE 모형 중 분석 단계

ADDIE 모형 중 첫 번째 단계인 분석 단계는 평생교육 프로그램 개발의 기초가 되는 내용을 구성하기 위해 조직 내·외부를 분석하는 단계로 환경, 학습자 등을 분석하는 단계이다. [그림 8-2]는 ADDIE 모형 중 분석 단계의 위치를 보여준다.

1) 환경 분석

환경 분석은 평생교육 프로그램 개발에 도움이 되거나 장애가 될 수 있는 조직 내·외부의 환경 요인을 분석하여 평생교육 프로그램 개발을 위한 기초 자료를 구하는 단계이며, 확인할 수 있는 조직의 인적·물적 요인을 포함한 다양한 강점과 약점을 파악해야 한다. 특히, 개발하려고 하는 평생교육 프로그램과 관련된 조직 내·외부의 기존 평생교육 프로그램과 연관된 자료를 수집하고, 평생교육 담당 부서와 담당자의 활용 가능한 자원을 분석한다. 또한 조직에서 신규 또는 수정하고자 하는 평생교육 프로그램과 관련된 모든 평생교육 프로그램을 파악하여, 기존 평생교육 프로그램과 신규 또는 수정하는 평생교육 프로그램의 위계와 위치를 파악한다. 동시에 평생교육 프로그램 개발에 도움을 줄 수 있는 사내·외 전문가 풀을 확보하고, 해당 전문가의 전문 영역과 투입 가능 여부, 비용 등을 파악한다.

2) 학습자 분석

학습자 분석은 평생교육 프로그램 개발에 요구되는 학습자의 특성을 분석하기 위해 학습자에 대한 기초 정보를 찾는 단계이다. 조직 내 개인을 대상으로 하는 경우 직급별, 직무별, 직책별, 핵심인재별, 리더별, 후보자별 등에 따라 평생교육 프로그램 참여 예상 인원과 특성을 파악하고, 조직 상황에 따라 인사 부서와의 협업을 통해 필요시 학습자에 대한 정보를 사전에 파악할 필요가 있다. 조직 외 개인을 대상으로 하는 경우 연령별, 성별, 직업별, 학력별, 지역별, 직무별 등에 따라 평생교육 프로그램 참여 예상 인원과 특성을 파악한다.

조직 내 개인을 대상으로 하는 경우 조직의 해당 학습자 전체 인원을 파악한 후 최고경영층의 의견, 현업의 여건, 평생교육 담당 부서의 연간 평생교육 계획, 예산, 교육시설 수용력, 학습자 요구 등을 전반적으로 고려하여 평생교육 대상자 수를 파악한다. 조직 외 개인을 대상으로 하는 경우 현장의 담당자 및 기존 교육생 등을 대상으로 의견을 파악한 후, 현업의 여건, 평생교육 담당 부서의 연간 평생교육 계획, 예산, 교육시설 수용력 등을 전반적으로 고려하여 평생교육 대상자 수를 예상한다. 또한, 평생교육 프로그램을 개발하기 위해 평생교육 대상자의 동기수준, 선행학습 수준, 현재 역량, 선호하는 교육방법, 업무 일정 등을 사전에 파악할 필요가 있다. 학습자 분석은 평생교육 담당자가 평생교육 대상자를 직접 인터뷰하는 것이 가장 좋으나 어려울 경우 상황에 따라 전화 인터뷰와 이메일 설문 등 다양한 기법을 사용하여 필요한 정보를 사전에 획득하는 것이 좋다.

인터뷰와 설문 결과를 바탕으로 평생교육 프로그램에 대한 요구 분석을 실시한 후 평생교육 프로그램의 개발 우선순위를 선정하기 위해 다양한 분석 도구가 사용된다. 본 장에서는 평생교육 프로그램의 개발 우선순위 선정을 위해 애펄과 밍크(Appel & Mink, 1977)가 개발한 로커스 포 포커스 모형(The Locus for Focus Model)에 대하여 설명하고자 한다(Lee, 2005; Mink, Shultz & Mink, 1991). 밍크, 슐츠, 밍크(Mink, Shultz & Mink, 1991)는 애펄과 밍크(1977)가 피터슨과 울(Peterson & Uhl, 1972)의 대학조직 목표 목록(IGI: Institutional Goas Inventory)의 데이터를 이용하여 목표 영역을 보다 정확히 찾아내는 체계적인 절차로 로커스 포 포커스 모형을 개발했다고 주장한다(Lee, 2005).

밍크, 슐츠, 밍크(1991)의 로커스 포 포커스 모형은 [그림 8-3]와 같이 우선순위를 결정하기 위해 산포도를 사용하며, X축은 "미래(should be)의 중요도", Y축은 "현재(Is)와 미래(Should be)의 차이"를 나타낸다고 설명한다(Lee, 2005). "미래의 중요도"는 응답자가 가치가 높다고 생각하는 이상적인 점수이며, "현재와 미래의 차이"는 긴장의 지수로 차이가 클수록 미래의 평생교육 요구가 크다고 볼 수 있다(Lee, 2005; Mink, Shultz & Mink, 1991). 따라서, 두 세트의 점수는 산포도에 표시되며, 산포도는 4개의 섹터를 구성하기 위해 X축과 Y축은 각각의 평균으로 이등분되어, 섹터 1은 "큰 차이/작은 중요도(High Discrepancy/Low Importance)", 섹터 2는 "큰 차이/큰 중요도(High Discrepancy/High Importance)", 섹터 3은 "작은 차이/큰 중요도(Low Discrepancy/High Importance)", 섹터 4는 "작은 차이/작은 중요도(Low Discrepancy/Low Importance)"를 의미하게 된다(Lee, 2005, Mink, Shultz and Mink, 1991).

밍크, 슐츠, 밍크(1991)는 섹터 2에 위치한 두 세트의 점수가 중요도와 차이도(긴장도)가 모두 높아 가장 중요한 미래의 평생교육 요구도라고 주장한다. 추가로 밍크는 섹터 2에 위치한 다수의 점수 간의 우선순위는 연구자와 조직의 여건에 따라 해석이 달라질 수 있으며, 섹터 2에 위치한 점수의 "미래의 중요도"와 "현재와 미래의 차이"의

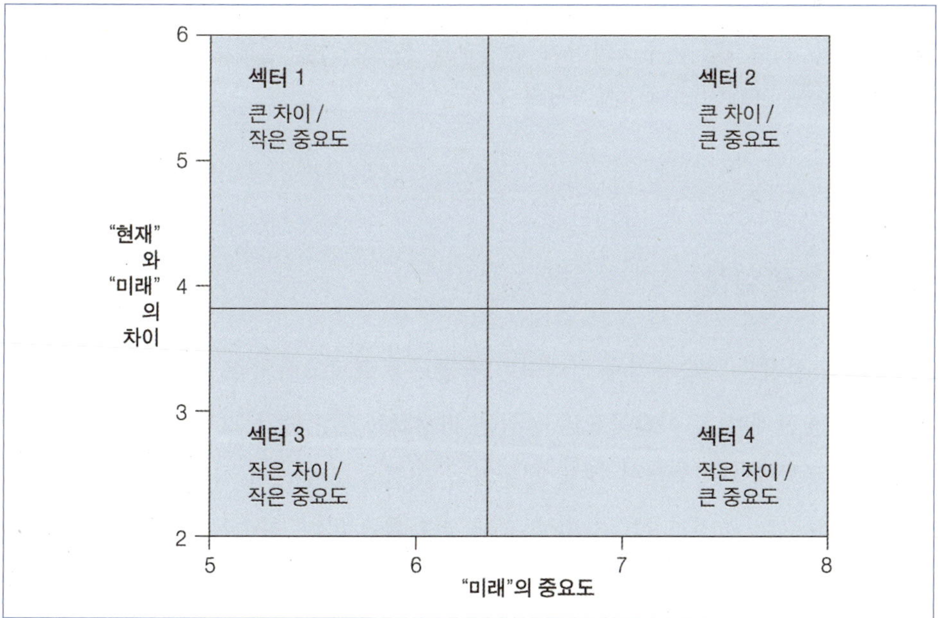

그림 8-3 로커스 더 포커스 모형

출처: Mink, Shultz, & Mink(1991)

점수를 상대적으로 비교하며 우선순위를 두는 것이 필요하다고 주장한다. 밍크의 연구를 국내에 최초로 적용한 Lee(2004, 2005)와 김은성, 리상섭(2019)의 연구에서는 섹트 2의 우선순위 선정에서 "미래의 중요도"보다 "현재와 미래의 차이"에 우선순위를 두어 우선순위를 제시하였다.

2. 설계 단계

그림 8-4 ADDIE 모형 중 설계 단계

ADDIE 모형 중 두 번째 단계인 설계 단계는 분석 단계에서 수집된 자료를 바탕으로 평생교육 프로그램을 구조화하여 평생교육 프로그램을 실제로 제작하는 개발 단계의 초석을 마련하는 단계이다. [그림 8-4]는 ADDIE 모형 중 설계 단계의 위치를 보여준다.

1) 학습목표 설정

학습목표 설정은 학습자에게 기대되는 평생교육 프로그램의 교육목표 수준을 명확히 제시하는 단계이다. 학습목표의 설정은 평생교육 담당자가 교육 대상자의 의견을 참고하고, 동시에 내·외부의 내용 전문가의 의견을 반영하여 학습목표를 설정하게 된다. 학습목표는 조직과 학습자의 목표에 부합해야 하며, 학습목표 달성 시 학습자와 현장의 문제가 해결되는지 확인해야 한다. 또한, 학습목표의 수준은 너무 높거나 낮지 않게 적절한 수준에서 기술해야 한다.

전통적인 교육목표분류학은 교육목표를 인지적 영역(Cognitive Domain), 정의적 영역

(Affective Domain), 심동적 영역(Psychomotor Domain)으로 나누어 제시한다(김대우, 김석우, 2012). 보리치(Borich, 2005: 103-110)는 이러한 기존 학자들의 이론을 정리한 후 교육목표 기술 시 각각 세 가지 영역을 나타내는 동사들을 수준에 따라 다음과 같이 예를 들어 제시하였다.

인지적 영역은 지식, 이해, 적용, 분석, 종합, 평가의 6가지 수준의 순으로 낮은 수준에서 높은 수준 그리고 덜 실제적에서 더 실제적이다. 지식 수준을 나타내는 동사의 예는 정의하여라, 나열하여라, 기억하여라, 묘사하여라, 연결하여라, 암송하여라, 제시하여라, 명명하여라, 선택하여라, 분류하여라, 요점을 정리하여라, 서술하여라 등이다. 이해 수준을 나타내는 동사의 예는 바꾸어 말하여라, 추정하여라, 추론하여라, 정당화하여라, 설명하여라, 번역하여라, 구별하여라, 확장하여라, 예측하여라, 구분하여라, 일반화하여라, 요약하여라 등이다. 적용 수준을 나타내는 동사의 예는 바꾸어라, 수정하여라, 연관시켜라, 계산하여라, 조작하여라, 문제를 풀어라, 보여 주어라, 조직하여라, 변환하여라, 개발하여라, 준비하여라, 사용하여라 등이다. 분석 수준을 나타내는 동사의 예는 분류하여라, 구별하여라, 지적하여라, 추출하여라, 예를 들어라, 관계지어라, 도표로 나타내어라, 추론하여라, 나누어라, 구분하여라, 요점을 말하여라, 세분하여라 등이다. 종합 수준을 나타내는 동사의 예는 범주화하여라, 창조하여라, 공식화하여라, 편집하여라, 디자인하여라, 예측하여라, 구성하여라, 고안하여라, 생산하여라 등이다. 평가 수준을 나타내는 동사의 예는 가치를 평가하여라, 비판하여라, 정의하여라, 비교하여라, 정당화하여라, 지지하여라, 대조하여라, 판단하여라, 실증하여라 등이다.

정의적 영역은 수용, 반응, 가치화, 조직화, 성격화의 5가지 수준의 순으로 낮은 수준에서 높은 수준 그리고 덜 실제적에서 더 실제적이다. 수용 수준을 나타내는 동사의 예는 주의집중하여라, 식별하여라, 보아라, 조심하여라, 들어라, 주목하여라, 조절하여라, 주의 깊게 들어라 등이다. 반응 수준을 나타내는 동사의 예는 박수쳐라, 따르라, 가지고 놀아라, 응하여라, 복종하여라, 연습하여라, 논쟁하여라, 참여하여라, 자원하여라 등이다. 가치화 수준을 나타내는 동사의 예는 행동하여라, 토의하여라, 도와라, 논쟁하여라, 보여 주어라, 조직하여라, 확신하여라, 표현하여라, 선호하는 것을 나타내어라 등이다. 조직화 수준을 나타내는 동사의 예는 요약하여라, 결정하여라, 골라라, 균형을 맞추어라, 정의하여라, 조직화하여라, 비교하여라, 공식화하여라, 이론화하여라 등이다. 성격화 수준을 나타내는 동사의 예는 피하여라, 내면화하여라, 저항하여라, 보여 주어라, 다루어라, 결정하여라, 전시하여라, 요구하여라, 수정하여라 등이다.

심동적 영역은 모방, 조작, 정확, 연합, 숙달의 5가지 수준의 순으로 낮은 수준에서 높은 수준 그리고 덜 실제적에서 더 실제적이다. 모방 수준을 나타내는 동사의 예는 정열하여라, 추적하여라, 반복하여라, 균형을 맞추어라, 쥐어라, 머물러라, 따르라, 위치시켜라, 걸음을 옮겨라 등이다. 조작 수준을 나타내는 표현의 예는 모방을 나타내는 동사의 예와 비슷하다. 정확 수준을 나타내는 동사의 예는 정확하게, 독립적으로, 조절하여, 실수 없이, 능숙하게, 균형을 맞추어서 등이다. 연합 수준을 나타내는 표현의 예는 신뢰감, 통합, 속도, 협응, 배율량, 안정감, 조화, 부드러움, 시간 등이다. 숙달 수준을 나타내는 표현의 예는 자동적으로, 전문적으로, 쉽게, 힘들지 않게, 일상적으로, 완벽하게, 자연스럽게, 즉흥적으로, 안정적으로 등이다.

그러나, 김대우와 김석우(2012)는 세 영역은 서로 경계가 명확하지 않고, 밀접히 연관되어 있어 교육 목표를 단순히 세 가지로 분류하는 것은 매우 인위적인 것이라고 주장하였다. 따라서, 교육목표 설정 시 어느 한 영역만 강조하는 것은 위험하며, 동시에 한 가지 수준의 목표 달성에만 몰입하는 것 또한 지양해야 한다고 주장하였다(김대우, 김석우, 2012).

차갑부(2002: 241)는 다음과 같이 학습목표 진술 원칙을 제시한다.

첫째, 교수자의 행동이 아닌 학습자의 행동으로 진술되어야 한다.

둘째, 구체적이고 명료한 행동용어로 진술되어야 한다.

셋째, 행동영역과 교과내용영역이 함께 포함되어야 한다.

넷째, 수업이 끝났을 때 학습자에게 발생할 수 있는 변화의 과정에 대한 내용이 포함되어야 한다.

다섯째, 실현 가능한 것이어야 한다.

여섯째, 하나의 학습목표 속에는 하나의 개념만 들어가는 단일 문장으로 진술해야 한다.

최근 행동적 목표 진술에 대하여 많은 논란이 있으나 외부에서 볼 수 있는 교육목표의 측정 가능성으로 인해 현재까지도 현업에서 많이 사용되고 있는 목표 진술방법이다. 로버트 F. 메이거(Robert F. Mager)는 행동적 목표 진술을 주장한 대표적인 학자로, 학습자가 학습목표를 달성했다는 것을 알 수 있는 관찰 가능한 행동, 행동이 발생하는 조건, 행동의 도달 수준이 학습목표에 반드시 나타나야 한다고 주장하였다(김대우, 김석우, 2012). 따라서, 학습목표는 관찰 가능한 행동, 조건, 도달 수준에 맞추어 기술해야 한다. 예를 들면 학습목표는 상기 언급된 3가지 요소를 모두 반영하여, '농구 연습에서 동료의 도움 없이(조건) 10번의 자유투 중 5번의 자유투를(도달 수준) 성공할 수 있다(관찰 가능한 행동)'와 같이 기술되어야 한다.

2) 평생교육 프로그램 설계방법

평생교육 프로그램 설계방법은 평생교육 프로그램의 학습목표를 달성하기 위해 학습목표를 기반으로 학습내용, 학습방법, 시간, 평가전략 등을 결정하고 본격적으로 평생교육 프로그램을 개발하기 전 전체 형태를 만드는 단계이다. 학습내용은 내용의 단순성, 복잡성, 구체성, 추상성 등에 따라 효율적으로 계열화한다. 또한 학습내용을 학습자에게 보다 효율적으로 전달할 수 있는 여러 방법을 고민하여 동영상, 게임, 토론, 실습, 강의, 발표 등의 다양한 학습방법을 사용하고 이에 따른 필요 예상시간을 작성한다.

〈표 8-1〉은 평생교육 프로그램 설계 양식의 예를 보여주고 있다. 대단원, 중단원, 소단원에 따라 평생교육 프로그램의 단원을 구성하며, 소단원에 해당하는 학습목표를 작성한다. 학습내용은 학습목표를 이루기 위해 구성되는 교육내용을 작성하고, 학습방법은 학습내용을 효율적으로 전달하기 위한 다양한 방법을 작성한다. 시간은 학습내용과 학습방법을 적절히 학습자에게 전달하기 위해 필요한 시간을 작성하고, 평가전략은 학습내용이 학습자에게 잘 전달되었는지 등에 대한 평가전략을 작성한다.

표 8-1 평생교육 프로그램 설계 양식의 예

평생교육 프로그램 명 : 실시일 :

대단원	중단원	소단원	학습 목표	학습 내용	학습 방법	시간	평가 전략

3) 학습 평가 전략

학습 평가 전략은 평생교육 프로그램이 학습자에게 얼마나 잘 전달되었고, 최종적으로 현업에 적용되어 성과로 창출되었는지에 대한 평가 전략을 개발하는 단계이다. 평가의 기준은 평생교육 프로그램 설계 시 기술된 학습목표이며 따라서 학습목표와 평가 전략은 일치를 이루어야 한다. 구체적인 평가 전략은 평가 단계에서 구체적으로 다루므로 본 장에서는 간단히 도날드 L. 커크패트릭(Donald L. Kirkpatrick)의 레벨(Level) 1, 레벨(Level) 2, 레벨(Level) 3, 레벨(Level) 4 평가 전략과 잭 J. 필립스(Jack J. Phillips)의 투자 회수율(ROI: Return of Investment)에 대하여 간단히 설명한다.

커크패트릭의 레벨 1 평가는 반응에 대한 평가로, 학습자의 교육에 대한 만족도를 측정하며, 레벨 2 평가는 학습에 대한 평가로, 학습자의 실제 학습내용에 대한 습득 정도를 측정한다. 레벨 3 평가는 행동에 대한 평가로, 학습자가 현장에서 학습한 내용의 적용 정도를 측정하고, 레벨 4 평가는 결과에 대한 평가로, 비즈니스에 변화된 산출물로 나타난 성과를 측정한다. 필립스는 여기에 교육 후 금전적 가치 및 비용으로 환산된 성과를 측정하는 투자 회수율을 제시하였다. 〈표 8-2〉는 학습 평가 전략 개요을 보여주고 있다. 레벨 1, 레벨 2, 레벨 3, 레벨 4, 투자 회수율에 대한 각각의 평가 전략을 기준으로 평가내용을 구성하며, 평가를 하기 위한 자료의 수집방법과 수집 시기 및 이를 담당할 담당자를 작성한다.

표 8-2 학습 평가 전략 개요

평가전략	평가내용	수집방법	수집시기	담당자
레벨 1				
레벨 2				
레벨 3				
레벨 4				
투자 회수율				

3. 개발 단계

그림 8-5 ADDIE 모형 중 개발 단계

ADDIE 모형 중 세 번째 단계인 개발 단계는 평생교육 프로그램 설계를 바탕으로 학습자에게 제공할 평생교육 프로그램의 다양한 학습내용과 자원을 구체적으로 개발하는 단계이다. 개발 단계에서 평생교육 담당 부서의 평생교육 담당자가 직접 평생교육 프로그램을 개발할 수도 있으나 조직에 따라 평생교육 프로그램을 외부 교수, 전문가, 전문업체에게 전적으로 맡기거나, 외부의 평생교육 프로그램을 직접 도입 또는 조직에 맞게 주문식으로 수정하여 개발하는 경우도 있다. [그림 8-5]는 ADDIE 모형 중 개발 단계의 위치를 보여준다.

1) 강사용 장표 및 강사용 매뉴얼 개발

강사용 장표 및 강사용 매뉴얼 개발은 학습자에게 강의할 강사용 장표를 구성하고, 강사 양성 교육을 받은 다양한 강사가 교육 대상과 교육 차수가 다르더라도 동일한 교육내용을 학습자에게 제공하기 위해 강의와 관련된 상세한 규칙과 내용 등을 기술한 강사용 매뉴얼을 개발하는 단계이다. 최근 강사용 장표는 일반적으로 파워포인트로 구성되며, 뒤에 논의하게 될 학습자용 교재의 기본 내용과 포맷이 된다.

강사용 매뉴얼의 구성은 강사 양성 교육을 받은 강사가 평생교육 프로그램을 개발한 개발자의 교육내용을 이해하고 개발자의 의도를 크게 벗어나지 않도록 가이드라인을 제시하는 내용으로 구성하면 충분하다. 오히려 강사용 매뉴얼에는 교육내용에 대한 상세 설명보다는 강사가 강의 시 반드시 짚고 넘어가야 할 팁이나 참고사항에

표 8-3 강사용 매뉴얼 포맷 예

학습목표	학습내용	학습방법	시간	비고

초점을 맞추어 제작한다. 따라서, 강사용 매뉴얼은 구성내용과 방식에 따라 다양한 형식으로 제공되나 최근 현업에서는 강사용 매뉴얼의 빠른 제작을 위해 강사용 매뉴얼을 따로 제작하지 않고, 강사용 장표 포맷에 강의와 관련된 내용을 추가 기입하는 형식으로 구성하기도 한다. 또한, 추후 업데이트를 위해 강사용 장표 및 강사용 매뉴얼의 버전 관리를 하는 것이 필요하다. 〈표 8-3〉은 강사용 매뉴얼의 포맷의 예를 보여주고 있다. 학습목표를 작성한 후 학습목표를 달성하기 위한 학습내용과 강사가 유념하거나 참조해야 할 내용을 학습내용에 작성한다. 또한, 학습내용을 효율적으로 전달하기 위한 다양한 학습방법과 이를 전달하기 위해 필요한 시간을 작성한다.

2) 학습자용 교재 개발

학습자용 교재 개발은 학습자가 학습 및 실습할 학습자용 교재를 강사용 장표를 기본 포맷으로 상호 매칭하여 교재를 개발하는 단계이다. 학습자용 교재는 강사용 장표와 마찬가지로 최근에는 파워포인트로 개발이 되며, 강사용 장표에 사례 또는 실습이 있는 경우 학습자가 그 내용을 실습할 수 있도록 적절히 구성하여 학습자용 교재에 반영한다.

학습자용 교재는 강사용 장표의 내용을 기본 포맷으로 하되, 강사용 장표의 모든 내용을 그대로 학습자용 교재에 담는 것이 아니라, 평생교육 프로그램 개발자의 판단에 따라 강사용 장표의 내용 중 꼭 필요한 내용을 적절히 구성하여 학습자용 교재에 반영해야 한다. 또한, 평생교육 프로그램의 내용상 사전에 배포할 학습자용 교재와 교육 중 배포할 자료를 구분하여 개발하는 것이 필요하며, 업데이트를 위해 학습자용 교재의 버전 관리를 하는 것이 필요하다.

3) 교육 매체 개발

교육 매체 개발은 평생교육 프로그램 개발 시 강사용 장표와 학습자용 교재 개발 이외에 학습자에게 효율적으로 교육내용을 전달하기 위한 다양한 교육 매체를 개발하는 단계이다. 신용주(2006, 2012)는 교육 매체란 교수-학습 전달과정에서 단순히 교재나 자료만 의미하는 것이 아닌, 교수-학습 전달방법까지 포함한 개념이라고 이야기한다. 최근에는 학습자에게 학습내용을 보다 효율적으로 전달하기 위해 동영상, 게임, 실습, 토론 등으로 평생교육 프로그램이 구성되어 있어 교육 매체 개발에 동영상 제작, 게임 도구 개발, 실습 도구 개발 등이 포함된다.

최동근 등(1998: 204-205)은 교육 매체의 기능을 다음과 같이 3가지로 제시하였다.

첫째, 정보의 기록, 보존 및 재생의 기능을 지닌다.

둘째, 정보의 조작과 편집의 기능을 지닌다.

셋째, 개념 및 가치의 구체화 기능을 지닌다.

일반적으로 가장 많이 사용되는 교육 매체 중 동영상은 동영상 사용 이유를 명확히 할 필요가 있다. 동영상은 다른 교육 매체도 마찬가지만 학습목표 또는 학습내용과 효과적으로 연동되었을 때 효과가 크다. 따라서 동영상의 길이와 학습자에 따른 적절한 내용 구성도 필요하다. 특히 학습자가 비한국인일 경우 동영상 내용 및 언어 이슈도 반드시 확인해야 한다. 평생교육 프로그램 개발자가 반드시 동영상을 직접 편집할 필요는 없으며 동영상의 내용 구성을 평생교육 프로그램 개발자가 적절히 구성한 후 동영상 촬영 또는 편집은 외부 전문업체에 맡기는 것도 방법이다.

게임과 실습 도구 개발 시 동영상 개발과 마찬가지로 학습목표와 학습내용에 맞는 적절한 게임과 실습 도구의 개발이 필요하다. 최대한 현장과 비슷한 게임과 실습 도구의 개발이 필요하며, 평생교육 프로그램 개발자가 직접 개발을 할 수도 있으나 필요시 외부 전문가나 업체에 개발을 의뢰하거나 기존에 외부 전문가나 업체가 개발한 게임과 실습 도구를 사용하는 것도 방법이다.

이 외에도 학습목표와 학습내용에 맞는 다양한 교육 매체를 개발할 수 있으며, 필요에 따라 내·외부의 전문가 도움을 받아 교육 효과를 증진할 수 있는 효율적인 교육 매체를 개발하는 것이 필요하다. 특히, 적절한 교육 매체 개발을 위해서는 평상시 교육과 관련한 다양한 동영상 시청이나 학술대회 참가를 통해 다양한 교육 매체를 접하는 것도 필요하다.

4) 외부 전문가 또는 업체를 통한 개발

평생교육 담당 부서의 평생교육 담당자가 평생교육 프로그램 개발 시 강사용 장표, 강사용 매뉴얼 개발, 학습자용 교재, 교육 매체 개발 등을 직접 개발할 수 있다. 그러나, 평생교육 담당 부서의 예산과 평생교육 담당자의 업무 여건과 역량 등에 따라 평생교육 프로그램의 개발을 외부 교수, 전문가, 전문업체에게 전적으로 맡기기도 한다. 또한, 외부 평생교육 프로그램을 직접 도입 또는 주문식으로 수정하여 개발하는 경우도 있다.

외부 전문가 또는 업체를 통해 평생교육 프로그램을 개발할 경우 단순히 모든 개발을 외부 전문가 또는 업체에 맡기는 것은 조직 또는 학습자의 요구가 제대로 반영되지 않을 수 있다. 따라서, 모든 개발을 외부 전문가나 업체에 맡기는 것은 평생교육 프로그램 개발 시 조직 내 위험 부담이 클 수 있다. 일반적으로 평생교육 담당자가 학습목표에 맞는 적절한 외부 전문가 또는 업체를 접촉한 후 평생교육 프로그램을 개발하거나 외부 전문가 또는 업체가 기존에 보유하고 있는 평생교육 프로그램을 일부 또는 전체로 구입하게 된다. 따라서 외부 전문가 또는 업체를 통한 평생교육 프로그램 개발의 경우 평생교육 담당자가 지속적인 관심을 갖지 않으면 학습내용이 외부 전문가 또는 업체에 의해 전적으로 결정될 수도 있다. 그러므로 평생교육 담당자는 외부 전문가와 업체에 학습목표, 학습내용, 교육 대상자 등에 대하여 명확한 의사소통을 하고 설계 단계에서 나온 산출물을 공유하여, 조직에 필요한 내용이 평생교육 프로그램에 적절히 반영될 수 있도록 지속적으로 관리해야 한다.

4. 운영 단계

그림 8-6 ADDIE 모형 중 운영 단계

ADDIE 모형 중 네 번째 단계인 운영 단계는 개발된 평생교육 프로그램을 교육 대상자를 대상으로 실제로 강사를 섭외하여 주어진 일정과 시간 내에 운영하는 단계이다. [그림 8-6]은 ADDIE 모형 중 운영 단계의 위치를 보여준다.

5. 평가 단계

그림 8-7 ADDIE 모형 중 평가 단계

ADDIE 모형 중 맨 마지막 단계인 평가 단계는 개발된 평생교육 프로그램을 운영 후 전체 과정에 대한 평가를 통해 평생교육 프로그램과 평생교육 프로그램과 관련된 내용을 평가하는 단계이다. [그림 8-7]은 ADDIE 모형 중 평가 단계의 위치를 보여준다. 평가 단계는 따로 하나의 장으로 구성하여 뒤에 나오는 장에서 보다 구체적으로 설명한다.

요 약 및 시사점

본 장에서는 효율적인 평생교육 프로그램 개발을 위한 분석, 설계, 개발, 실행, 평가의 5단계 ADDIE 모형에 대하여 알아보았다. 평생교육 담당 부서와 담당자는 평생교육 프로그램을 개발하기 위해 교수체제개발(ISD: Instructional Systems Development) 모형에 기반한 분석(Analysis), 설계(Design), 개발(Development), 운영(Implementation), 평가(Evaluation)의 5단계에 따라 평생교육 프로그램을 개발한다. 이 5단계의 평생교육 프로그램 개발 모형은 각 단계의 앞글자를 따서 ADDIE 모형이라고 하기도 한다.

ADDIE 모형 5단계를 좀 더 구체적으로 살펴보면 다음과 같다.

첫 번째 단계인 분석 단계는 평생교육 프로그램 개발의 기초가 되는 내용을 구성하기 위해 조직 내 · 외부를 분석하는 단계로 환경, 학습자 등을 분석하는 단계이다. 환경 분석은 평생교육 프로그램 개발에 도움이 되거나 장애가 될 수 있는 조직 내 · 외부의 환경 요인을 분석하여 평생교육 프로그램 개발을 위한 기초 자료를 구하는 단계이며, 확인할 수 있는 조직의 인적 · 물적 요인을 포함한 다양한 강점과 약점을 파악해야 한다. 학습자 분석은 평생교육 프로그램 개발에 요구되는 학습자의 특성을 분석하기 위해 학습자에 대한 기초 정보를 찾는 단계이다. 로커스 포 포커스 모형은 평생교육 프로그램의 개발 우선 순위를 선정하기 위해 사용하는 다양한 분석 도구 중 하나이다.

두 번째 단계인 설계 단계는 분석 단계에서 수집된 자료를 바탕으로 평생교육 프로그램을 구조화하여 평생교육 프로그램을 실제로 제작하는 개발 단계의 초석을 마련하는 단계이다. 학습목표 설정은 학습자에게 기대되는 평생교육 프로그램의 교육목표 수준을 명확히 제시하는 단계이다. 평생교육 프로그램 설계방법은 평생교육 프로그램의 학습목표를 달성하기 위해 학습목표를 기반으로 학습내용, 학습방법, 시간, 평가 전략 등을 결정하고 본격적으로 평생교육 프로그램을 개발하기 전 전체 형태를 만드는 단계이다. 학습 평가 전략은 평생교육 프로그램이 학습자에게 얼마나 잘 전달되었고, 최종적으로 현업에 적용되어 성과로 창출되었는지에 대한 평가 전략을 개발하는 단계이다.

세 번째 단계인 개발 단계는 평생교육 프로그램 설계를 바탕으로 학습자에게 제공할 평생교육 프로그램의 다양한 학습내용과 자원을 구체적으로 개발하는 단계이다. 강사용 장표 및 강사용 매뉴얼 개발은 학습자에게 강의할 강사용 장표를 구성하고, 강사 양성 교육을 받은 다양한 강사가 교육대상과 교육 차수가 다르더라도 동일한 교육내용을 학습자에게 제공하기 위해 강의와 관련된 상세한 규칙과 내용 등을 기술한 강사용 매뉴얼을 개발하는 단계이다. 학습자용 교재 개발은 학습자가 학습 및 실습할 학습자용 교재를 강사용 장표를 기본 포맷으로 상호 매칭하여 교재를 개발하는 단계이다. 교육 매체 개발은 평생교육 프로그램 개발 시 강사용 장표와 학습자용 교재 개발 이외에 학습자에게 효율적으로 교육내용을 전달하기 위한 다양한 교육 매체를 개발하는 단계이다.

네 번째 단계인 운영 단계는 개발된 평생교육 프로그램을 교육 대상자를 대상으로 실제로 강사를 섭외하여 주어진 일정과 시간 내에 운영하는 단계이다.

다섯 번째 평가 단계는 개발된 평생교육 프로그램을 운영 후 전체 과정에 대한 평가를 통해 평생교육 프로그램과 평생교육 프로그램과 관련된 내용을 평가하는 단계이다.

그러므로 효율적인 평생교육 프로그램 개발과 운영을 위해서는 현장에 실제로 적용 가능한 ADDIE 모형을 사용하여 평생교육 프로그램을 개발하고 운영하는 고민이 필요하다.

연습 문제

1. 평생교육 프로그램 학습자를 대상으로 올해 새롭게 개발되는 평생교육 프로그램의 이슈를 발굴하기 위한 인터뷰를 실시하고자 한다. 기존의 학습자와 미래의 학습자 인터뷰 시 필요한 절차와 준비물은 무엇인지 생각해 보고, 인터뷰지와 설문지에 포함되어야 할 문항과 내용을 구성해 본 후 그 내용을 팀원과 함께 공유해 보자.

2. 평생교육 프로그램 설계를 위해 아래의 양식에 따라 평생교육 프로그램 설계를 작성해 보고 자신이 작성한 평생교육 프로그램 설계를 팀원과 함께 공유해 보자.

〈평생교육 프로그램 설계〉

평생교육 프로그램 명:				실시일:			
대단원	중단원	소단원	학습 목표	학습 내용	학습 방법	시간	평가 전략

참고문헌

김은성, 리상섭(2019). 외식 프랜차이즈 가맹점주의 필요 역량 분석: The Locus for Focus 모형 중심으로. **한국프랜차이즈연구**, 10(4), 31-42.

김대우, 김석우(2012). **교육과정 및 교육평가**. 서울: 학지사.

신용주(2006). **평생교육의 이론과 방법**. 서울: 형설출판사.

신용주(2012). **평생교육 방법론**. 서울: 학지사.

차갑부(2002). **사회교육방법의 탐구: 성인교육방법의 새로운 지평**. 파주: 양서원.

최동근, 양용칠, 박인우(1998). **교육방법의 공학적 접근**. 파주: 교육과학사.

Appel, V. H., & Mink, O. G.(1977, April). High discrepancy/High importance institutional goals: a locus for focus. Paper presented at the meeting of the American College Personnel Association, Denver, Colo.

Borich, G. D.(2006). *Effective Teaching Methods*. 박승배, 부재율, 설양환, 이미자, 조주연 역. **효과적인 교수법**. 서울: 아카데미프레스.

Lee, S. S.(2004). A needs analysis from the perspective of Korean expatriates working for a Korean global corporation. Unpublished dissertation. University of Texas at Austin.

Lee, S. S.(2005). A needs analysis from Korean expatriates with expatriate working experience of 1 year or less in a Korean global corporation. *Andragogy Today: Interdisciplinary Journal of Adult & Continuing Education*, 8(1), 57-93.

Mink, O. G., Shultz, J. M., & Mink, B. P.(1991). *Developing and managing open organizations: A model and method for maximizing organizational potential.* Austin, TX: Somerset Consulting Group, Inc.

Peterson, R. E., & Uhl, N. P.(1972). *Institutional goals inventory, from 1.* Princeton, N.J.: Educational Testing Service.

Chapter **09**

평생교육 프로그램 평가

본 장에서는 효율적인 평생교육 프로그램 개발을 위한 5단계 ADDIE 모형 중 마지막 단계인 평가 단계에 초점을 두고 논의하고자 한다. 평생교육 프로그램 평가는 교육대상, 학습자의 개인 비용 지불 유무 등에 따라 평생교육 프로그램의 평가가 다르게 실행될 수 있다. 본 장에서는 교육대상과 개인 비용 지불 유무 등과는 무관하게 전반적인 평생교육 프로그램 평가에 대하여 논의하고자 한다.

그림 9-1 ADDIE 모형

현업에서는 교수체제개발(ISD) 모형에 기반한 분석, 설계, 개발, 운영, 평가의 5단계에 따라 평생교육 프로그램을 개발한다. 이 5단계의 평생교육 프로그램 개발 모형은 각 단계의 앞글자를 따 ADDIE 모형이라고 하기도 하며 [그림 9-1]은 ADDIE 모형을 보여준다. 본 장에서는 ADDIE 모형 중 평가 단계에 대하여 보다 구체적으로 논의하고자 한다.

평가에 대하여 학자마다 다르게 정의할 수 있으나 평가는 일종의 다양한 교육활동에 대하여 평가자가 가치를 부여하는 과정이라고 할 수 있다(신용주, 2006, 2012). 평가에 대하여 보다 구체적으로 언급하기 전 형성평가(formative evaluation)와 총괄평가(summative evaluation)에 대하여 알아보고자 한다. 형성평가는 평생교육 프로그램의 중간에 평생교육 프로그램 개선을 위해 실행되는 모든 평가이다. 반면 총괄평가는 평생교육 프로그램의 최종 성과를 확인하기 위해 평생교육 프로그램 종료 후 맨 마지막에 실행되는 평가이다. 신용주(2006, 2012)는 〈표 9-1〉과 같이 형성평가와 총괄평가를 실시 시점, 의미, 목적, 평가자 등을 중심으로 비교 분석하였다.

표 9-1 형성평가와 총괄평가

구분	형성평가	총괄평가
실시 시점	프로그램 실행 중 실시	프로그램 최종 단계에 실시
의미	실행 중인 프로그램의 개선, 변화 추구	프로그램 결과에 초점을 둘 때
목적	학습활동의 개선을 위하여	프로그램의 향후 지속 여부에 대한 의사결정을 위하여
평가자	교수자나 프로그램의 조직자	객관적이고 공명정대한 제3자

출처: 신용주(2006, 2012)

형성평가는 프로그램 실행 중 실시하며, 실행 중인 프로그램의 개선과 변화를 추구하기 위해 실시한다. 형성평가의 목적은 학습활동의 개선을 위해서이며, 교수자나 프로그램의 조직자 즉 담당자가 평가를 한다. 총괄평가는 프로그램 최종 단계에 실시하며, 프로그램 결과에 초점을 두고 실시한다. 총괄평가의 목적은 프로그램의 향후 지속 여부에 대한 의사결정을 위해서이며, 객관적이고 공명정대한 제3자가 평가를 실시한다. 부가적으로 신용주는 언급하지 않았지만 조직의 상황에 따라 프로그램 조직자 즉, 담당자가 총괄평가를 실시하기도 하며 프로그램의 성과를 파악하기 위해 총괄평가를 실시하기도 한다.

[그림 9-2]는 ADDIE 모형과 형성평가 및 총괄평가 간의 관계를 개념적으로 보여주고 있다. ADDIE 모형과 형성평가 및 총괄평가와의 관계는 분석, 설계, 개발, 운영 단계에 실행되는 평가를 형성평가라고 할 수 있으며, ADDIE 모형 중 가장 마지막 단계인 평가 단계에 실시되는 평가를 총괄평가라고 할 수 있다.

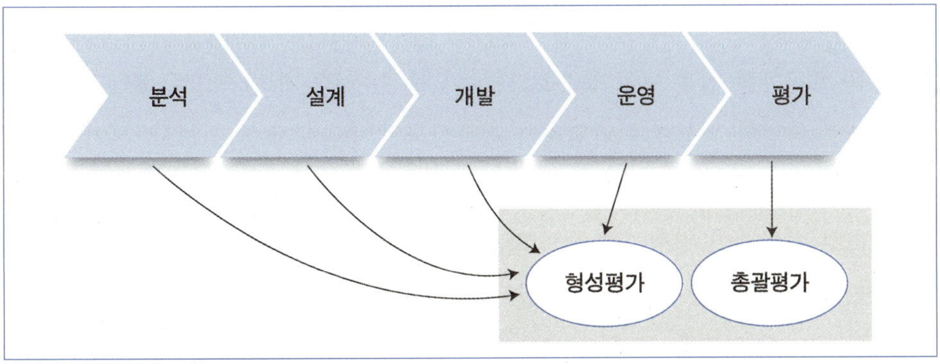

그림 9-2 ADDIE 모형과 형성평가 및 총괄평가 간의 관계

1. 평생교육 프로그램 성과 관리 체계 구축

효율적으로 평생교육 프로그램 성과를 측정하고 분석하기 위해서는 조직 내 평생교육 프로그램 성과 관리 체계를 구축하는 것이 필요하다. 평생교육 프로그램 성과

관리 체계는 단순히 IT와 연동된 평생교육 프로그램 성과 관리 체계를 구축하자는 의미가 아닌 조직 내에서 평생교육 프로그램 성과를 측정하고 분석하기 위해 체계적으로 평생교육 프로그램 성과 관리 과정, 측정 및 분석 시기, 담당자의 역할, 보고 대상 등을 구체화하는 것을 의미한다. 따라서, 평생교육 프로그램 성과 관리 체계를 구축하기 위해서는 다음과 같이 사전에 조직 내에서 구체적으로 정해야 할 내용이 있다.

첫째, 평생교육 프로그램 성과 관리를 측정하고 분석할 핵심성과지표(KPI: Key Performance Indicator)를 결정해야 한다. 평생교육 담당 부서의 성숙도나 조직의 전략에 따라 적절한 KPI를 설정하는 것이 필요하다. 일반적으로는 교육에 참가한 교육 인원 수와 교육생의 평생교육 프로그램 만족도 평가와 같은 단순 지표에서 최종적으로 비즈니스 성과에 대한 평생교육 프로그램 해결 방안의 기여도와 같은 성과 중심의 복잡 지표로 발전하는 것이 좋다.

둘째, 평생교육 프로그램 성과 관리를 측정하고 분석할 시기, 실시할 평생교육 담당자 지정, 보고 대상 등을 결정해야 한다. 평생교육 프로그램 성과 측정 및 분석은 크게 각각의 평생교육 프로그램 결과 보고, 분기별 평생교육 프로그램 실적 보고, 연간 평생교육 프로그램 실적 보고 등으로 나누어 볼 수 있다. 일반적으로 해당 평생교육 프로그램을 담당한 평생교육 담당자가 직속상사인 팀장에게 결과 보고, 분기별 실적 보고, 연간 실적 보고를 실시하며, 팀장은 임원에게 보고를 실시한다.

그러므로 성공적인 평생교육 프로그램 성과 관리 체계를 구축하기 위해서는 우선 측정 가능한 KPI를 잘 선정하고, 평생교육 프로그램을 담당하는 평생교육 담당자가 정기적인 시기에 적절한 실적 보고를 직속 상사와 최고경영층에게 보고하여 지속적인 관심과 지원을 받는 것이 중요하다.

1) 평생교육 기본성과지표

평생교육 프로그램 성과 관리 체계를 구축하기 위해서는 다음과 같은 기본적인 평생교육 프로그램 관련 기본 데이터가 필요하다. 일부 평생교육 담당 조직에서 다음과 같은 평생교육 프로그램 관련 기본성과지표를 최종 평생교육 프로그램 성과 관리 지표로 사용하는 경우도 있으나 조직의 성과와 연동되는 평생교육 프로그램 성과 평가를 위해서는 다음의 평생교육 프로그램 관련 기본성과지표를 바탕으로 고급 지표를 구성한 후 다양한 성과 관리를 실시하는 것이 필요하다.

(1) 교육량 성과지표

현업에서 평생교육 프로그램 교육량을 계산하는 기본적인 성과지표는 교육량을 사람(person)을 일(day)로 계산하는 피디(PD: Person Day), 교육량을 사람(person)을 시간(hour)으로 계산하는 피에이치(PH: Person Hour), 조직 내 임직원당 교육 이수 시간을 계산하는 인당 교육 이수 시간 등이 있다.

첫 번째 피디(PD: Person Day)는 교육량을 '사람(person) × 일(day)'로 계산하는 방법이다. 오프라인 평생교육 프로그램에 참여한 교육 인원 수를 교육 일수로 곱하여 계산하는 방식으로 평생교육 담당 조직의 교육량을 산출하는 대표적인 성과지표이다. 일반적으로 교육 일수는 8시간을 하루 교육 시간으로 구성한다.

두 번째, 피에이치(PH: Person Hour)는 교육량을 '사람(person) × 시간(hour)'으로 계산하는 방법이다. 평생교육 프로그램에 참여한 교육 인원 수를 교육 시간으로 곱하여 계산하는 방식이다. 일반적으로 하루에 8시간 미만인 평생교육 프로그램, 특강, 온라인 평생교육 프로그램의 교육량을 시간으로 나타내는 방법이다.

세 번째, 인당 교육 이수 시간은 '연간 조직 총 교육 실시 시간 ÷ 전체 임직원 수'로 계산하는 방법이다. 실제 조직 내 평생교육 프로그램에 참여하지 않은 임직원도 발생하나 일반적으로 조직의 임직원에 대한 교육 투자 비용 규모를 파악할 때 사용한다.

(2) 교육 이수율 성과지표

교육량 성과지표는 실제로 평생교육 담당 조직이 실시한 교육량의 크기에 대한 계산이지만 교육 이수율 성과지표는 전체 교육 대상 중 평생교육 프로그램을 받은 교육 인원의 이수율로 계산한다. 교육량은 교육 대상으로 하는 모집단의 크기를 알 수 없기 때문에 단순한 교육량으로는 교육 대상 모집단 대비 실제 교육을 받은 교육 인원을 알 수 없다. 따라서, 예를 들면 A시 40대 육성 대상 또는 A구 문해교육 육성 대상

중 몇 명이 실제로 교육을 받았는지 계산하는 것 같이 평생교육 프로그램을 이수한 육성 인원 또는 전체 인원 대비 육성 인원의 이수율을 계산하여 표시한다.

2. 평생교육 프로그램 평가 단계

그림 9-3 ADDIE 모형 중 평가 단계

ADDIE 모형 중 맨 마지막 단계인 평가 단계는 개발된 평생교육 프로그램을 운영 후 전체 과정에 대한 평가를 통해 평생교육 프로그램과 평생교육 프로그램과 관련된 내용을 평가하는 단계이다. [그림 9-3]은 ADDIE 모형 중 평가 단계의 위치를 보여준다.

평생교육 프로그램의 평가는 기본성과지표인 교육량과 이수율의 계산을 넘어 지속적으로 성과를 측정하기 위한 성과 중심의 평생교육 성과지표로 평가 패러다임이 점진적으로 변화하고 있다. 따라서 평생교육 프로그램의 평가는 커크패트릭이 제안한 레벨 1(반응), 레벨 2(학습), 레벨 3(행동), 레벨 4(결과) 평가 전략에서 필립스가 제시한 투자 회수율로 갈수록 성과 창출에 대한 평생교육 프로그램의 파급 효과가 좀 더 명확하게 나타난다. 물론 반응 평가나 학습 평가 또는 행동 평가가 결과 평가 또는 투자 회수율 평가보다 가치가 떨어진다는 의미는 아니며 주어진 조직의 상황과 평생교육 프로그램의 특성에 따라 상황에 맞게 다양한 평가가 적절히 구성되어야 한다.

앞에서 설명된 바와 같이 커크패트릭의 레벨 1 평가는 반응에 대한 평가로, 학습자의 교육에 대한 만족도를 측정하는 평가이며, 레벨 2 평가는 학습에 대한 평가로, 학습자의 실제 학습 내용에 대한 습득 정도를 측정하는 평가이다. 레벨 3 평가는 행동에 대한 평가로, 학습자가 현장에서 학습한 내용의 적용 정도를 측정하는 평가이며, 레벨

4 평가는 결과에 대한 평가로, 비즈니스에 변화된 산출물로 나타난 성과를 측정하는 평가이다. 필립스는 여기에 교육 후 금전적 가치 및 비용으로 환산된 성과를 측정하는 투자 회수율을 제시하였다. 필립스의 투자 회수율은 커크패트릭의 레벨 4 평가의 다음 단계인 레벨 5 평가라고 하기도 하나 커크패트릭은 자신의 레벨 4가 필립스의 투자 회수율의 개념을 포함하고 있다고 주장하기도 한다. 커크패트릭의 레벨 1, 레벨 2, 레벨 3, 레벨 4와 필립스의 투자 회수율을 구체적으로 살펴보면 다음과 같다.

1) 커크패트릭의 4단계 평가

커크패트릭(1998)과 도널드 L. 커크패트릭과 짐 D. 커크패트릭(Donald L. Kirkpatrick & Jim D. Kirkpatrick, 2005)은 다음과 같이 반응 평가인 레벨 1 평가, 학습 평가인 레벨 2 평가, 행동 평가인 레벨 3 평가, 결과 평가인 레벨 4 평가의 4단계 평가모형을 제시하였다.

(1) 레벨 1 평가 : 반응

학습자가 참석한 평생교육 프로그램에 대한 반응, 즉 평생교육 프로그램에 대한 만족도를 평가하는 전략을 레벨 1 평가라고 한다. 평가내용은 크게 평생교육 프로그램 내용에 대한 학습자의 만족도, 강사에 대한 학습자의 만족도, 강사의 교수방법 및 교보재에 대한 만족도, 평생교육 프로그램 담당자의 운영 만족도, 평생교육 프로그램이 실시된 시설에 대한 만족도 등을 평가한다. 평가시기는 일반적으로 평생교육 프로그램이 종료된 이후이나 필요에 따라서는 평생교육 프로그램 운영 중에도 실시하며 평생교육 프로그램의 모듈별 종료 시에 실시하기도 한다. 일반적으로 레벨 1 평가는 설문지를 통해 평가하나 필요에 따라서는 간단한 인터뷰를 통해 평가하기도 한다. 하나의 평생교육 프로그램이 며칠 또는 몇 주에 걸쳐 운영될 경우 다양한 평생교육 프로그램 모듈과 강사로 구성될 수 있다. 따라서 이 경우 앞에서 언급한 바와 같이 상황에 따라 평생교육 프로그램이 모두 종료된 후 레벨 1 평가를 실시하는 것이 아니라 평생교육 프로그램의 모듈 및 개별 강사별로 모듈 또는 하루 단위로 레벨 1 평가를 실행하는 경우도 있다.

① 설문지 구성방법 및 분석 유의사항

다음은 평가를 위한 기본 설문지 구성방법에 대한 설명이다. [그림 9-4]는 설문지 구성 시 설문지 척도 구성방법의 예를 보여주고 있다.

첫째, 리커드(likert) 척도 이용 시 척도를 숫자로 표시하고 양쪽 끝에만 의미를 기술한다. 모든 척도에 의미를 기술하면 오히려 혼란을 줄 수도 있다. 필요시 중간 지점을 표시하는 것도 좋다.

둘째, 리커드 척도 이용 시 작은 숫자를 왼쪽에 기입하고, 큰 숫자를 오른쪽에 기입한다. 왼쪽에서부터 오른쪽으로 점차 증가 또는 커지도록 숫자를 기입한다.

셋째, 리커드 척도 이용 시 짝수가 아닌 홀수 척도로 표시한다. 홀수 척도 이용 시 수학적 중간 지점을 나타낼 수 있다. 상황에 따라 의도적으로 짝수 척도를 사용하여 중간 지점을 표시하지 못하도록 하는 경우도 있으나 홀수 척도를 사용하여 중간 지점을 표시할 수 있도록 하는 것이 좋다.

넷째, 리커드 척도 이용 시 7점 척도 또는 9점 척도를 사용하는 것이 좋다. 5점 척도 사용 시 응답자가 일반적으로 1과 5의 각각의 최저 및 최고점을 잘 표시하지 않는 경향이 있기 때문에 실제로 응답자에게 주어지는 문항은 3점 척도일 수 있다.

다섯째, 필요시 응답자에게 해당 사항이 없을 경우 '해당 없음'을 표시할 수 있는 '해당 없음' 척도를 넣어야 한다. 응답 시 해당 사항이 없음에도 설문지에 척도가 없으면 응답자가 부정확한 응답을 할 수 있다.

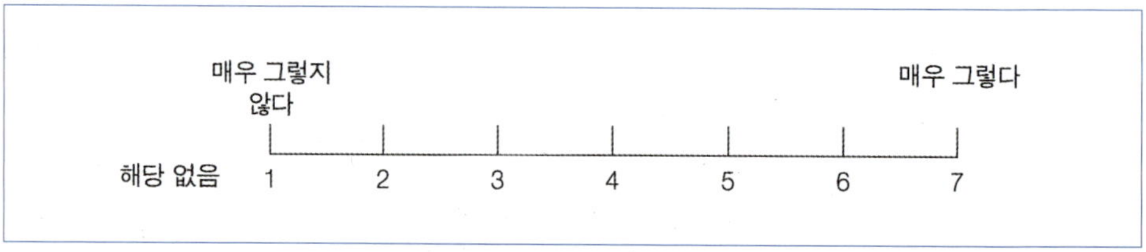

그림 9-4 설문지 척도 구성방법

또한, 설문지 회수 후 설문지 데이터를 분석 시 다음과 같은 내용을 유의할 필요가 있다. 첫째, 개방형 문항 분석 시 소수의 의견이 다수의 의견으로 표현되는 오류를 피하기 위하여 몇 명의 의견인지 명확히 하는 것이 필요하다. 둘째, 개방형 문항 분석 시 응답자가 많은 경우 유사한 내용으로 묶어 질적 데이터를 양적 데이터로 변환하여 제시할 필요가 있다.

(2) 레벨 2 평가 : 학습

평생교육 프로그램 중 또는 종료 후 학습자의 평생교육 프로그램의 학습내용에 대한 이해, 숙달 등의 정도를 평가하는 전략을 레벨 2 평가라고 한다. 쉽게 말해 학습자를 대상으로 평생교육 프로그램 내용에 대해 시험을 보는 것을 말한다. 평가내용은 평생교육 프로그램 종료 후 학습자의 지식(knowledge), 기술(skills), 태도(attitude)의 습득 정도를 다양한 방법으로 평가한다. 평가시기는 평생교육 프로그램 운영 전, 중, 후 및 전과 후, 그리고 평생교육 프로그램 종료 후에 실시하며 일반적으로 시험, 퀴즈, 과제 등을 통해 평가한다. 레벨 2 평가의 경우 말 그대로 학습자를 대상으로 시험을 보는 것이기 때문에 조직 내의 평생교육 담당 부서에서 임직원인 학습자를 대상으로 레벨 2 평가를 실시할 경우 HR과 연계하여 본사의 통제하에 상대적으로 레벨 2 평가를 실시하기 쉽다. 그러나, 학습자가 외부 평생교육 업체의 공개된 평생교육 프로그램을 수강할 경우 현실적으로 외부 평생교육 업체에 학습자가 돈을 지불하거나 중앙정부 또는 지방정부가 예산을 집행하여 평생교육 프로그램을 수강하기 때문에 외부 평생교육 업체에서 고객인 학습자를 대상으로 레벨 2 평가를 실시하는 것은 매우 어렵다.

신용주(2012: 353-354)는 효과적인 시험 시행 지침에 대하여 다음과 같이 제시하고 있다.

첫째, 충분한 시간을 투자하여 시험 문항을 개발한다.

둘째, 가르치는 내용과 시험의 내용을 일치시킨다.

셋째, 타당도와 신뢰도가 높은 시험이 되도록 준비한다.

넷째, 다양한 평가방식을 이용한다.

다섯째, 지식의 기억보다는 지식의 적용을 측정할 수 있는 시험을 고안한다.

(3) 레벨 3 평가 : 행동

학습자가 평생교육 프로그램 수강을 마친 후 현업으로 복귀하여 학습자 본인이 근무하는 현장에서 평생교육 프로그램에서 학습한 내용을 현업에 실제로 적용하여 변화가 일어난 정도를 평가하는 전략을 레벨 3 평가라고 한다. 평가내용은 평생교육 프로그램 내용을 학습자가 현업에 적용하는 정도와 적용의 지속 정도를 평가한다. 평가시기는 평생교육 프로그램 종료 후 3개월 전후에 실시하며 학습자 본인, 직속 상사, 동료, 부하 사원 등을 대상으로 설문지 또는 인터뷰 등을 통해 실시한다.

평생교육 프로그램의 레벨 3 평가의 경우 현실적으로 평가대상이 학습자 본인으로 국한될 가능성이 많기 때문에 학습자 본인에게만 레벨 3 평가를 실시할 수도 있다. 또한, 학습자가 현업 복귀 후 평생교육 프로그램 내용을 개인적 차원에서 조직에 적용하려고 해도 개인이 아닌 조직적인 이슈로 인해 현업 적용이 어려울 수도 있다. 따라서, 평생교육 담당자는 레벨 3 분석 시 전이가 개인적인 문제가 아닌 조직 문제로 인해 현업 적용에 방해받을 수 있음을 인지해야 한다. 따라서, 평생교육 담당자는 중장기적으로 사회 내의 성과를 높이기 위해 개인 문제뿐만 아니라 사회, 조직 등의 문제도 함께 해결할 수 있는 방안을 고민해야 한다.

(4) 레벨 4 평가 : 결과

학습자가 현업으로 복귀 후 본인이 근무하는 현장에서 평생교육 프로그램에서 학습한 내용을 실제로 적용하여 실제 결과로 나타난 정도를 평가하는 전략을 레벨 4 평가라고 한다. 평가시기는 평생교육 프로그램 종료 후 6개월에서 12개월 전후로 실시하며 일반적으로 학습자 본인, 직속 상사, 동료, 부하 사원, 내 · 외부 고객 등을 대상으로 설문지 및 인터뷰를 실시하고, 기타 관련 정보와 데이터를 수집하여 실시한다. 평생교육 프로그램의 레벨 4 평가의 경우 레벨 3 평가와 마찬가지로 현실적으로 평가대상이 학습자 본인으로 국한될 가능성이 많기 때문에 학습자 본인에게만 레벨 4 평가를 실시할 수도 있다. 레벨 4 평가의 경우 데이터의 비교 분석을 위해 평생교육 프로그램 실시 전·중·후의 데이터를 적절한 시기에 수집하는 계획이 필요하며, 현실적으로 적용하기 매우 어렵지만 가능하면 실험군과 대조군을 비교 분석하면 좀 더 확실하게 평생교육 프로그램의 레벨 4 평가를 실시할 수 있다.

이상으로 커크패트릭의 4단계 모형을 레벨 1 평가, 레벨 2 평가, 레벨 3 평가, 레벨 4 평가로 정리해 보았다. 신용주(2006, 2012)는 커크패트릭의 4단계 평가를 〈표 9-2〉와 같이 평가내용과 평가방식으로 정리하여 제시하였다.

표 9-2 커크패트릭의 4단계 모형

	평가내용	평가방식
반응(만족도)	참여자들이 프로그램에 대한 반응을 보고 평가	반응 평가지
학습(성취도)	무엇을 배웠는가를 측정	지필테스트, 기술실습, 직무 시뮬레이션 등
행동(적용도)	직무수행과 관련된 행동의 변화를 측정	프로그램 전·후 비교, 관찰, 통계적 비교, 장기 추적 등
결과(기여도)	조직에 긍정적인 영향을 미쳤는가를 측정	비용 절약, 학습결과 개선, 수월성 향상 등

출처: 신용주(2006, 2012)

레벨 1은 반응(만족도)을 평가하며 학습자를 대상으로 반응 평가지 등을 통해 평가한다. 레벨 2는 학습(성취도)을 평가하며 학습자를 대상으로 지필테스트, 기술실습, 직무 시뮬레이션 등을 통해 평가한다. 레벨 3은 행동(적용도)을 평가하며 학습자와 학습자 주변의 대상을 360도 평가를 통해 프로그램 전·후 비교, 관찰, 통계적 비교, 장기 추적 등을 통해 평가한다. 레벨 4는 결과(기여도)를 평가하며 학습자와 학습자 주변의 대상을 360도 평가를 통해 비용 절약, 학습결과 개선, 수월성 향상 등을 통해 평가한다.

2) 필립스의 투자 회수율

필립스는 커크패트릭의 4단계 평가모형인 반응, 학습, 행동, 결과를 확장하여 레벨

5 평가로 불리는 투자 회수율을 다음과 같이 제시하였다(ASTD, 2001; Phillips & Stone, 2002). 레벨 1 평가는 반응과 계획된 행동(reaction and planned action)으로 학습자의 평생교육 프로그램에 대한 반응과 실행을 위한 구체적인 계획을 평가하고, 평생교육 프로그램 운영 후 100% 정도 실시하는 평가이다. 레벨 2 평가는 학습(learning)으로 기술, 지식, 태도의 변화를 평가하고, 평생교육 프로그램 운영 후 40~70% 정도 실시하는 평가이다. 레벨 3 평가는 적용(application)으로 직무에 대한 행동 변화와 교육 훈련 자료의 구체적인 적용을 평가하고, 평생교육 프로그램 운영 후 30~50% 정도 실시하는 평가이다. 레벨 4 평가는 비즈니스 영향(business impact)으로 평생교육 프로그램의 비즈니스 영향을 평가하고, 평생교육 프로그램 운영 후 10% 정도 실시하는 평가이다. 레벨 5 평가는 투자 회수율로 결과의 금전적 가치와 평생교육 프로그램의 비용을 평가하고, 평생교육 프로그램 운영 후 5% 정도 실시하는 평가이다. 따라서, 학습자가 현업 복귀 후 현업에 평생교육 프로그램에서 학습한 내용을 실제로 적용하여 최종 성과로 창출된 정도를 금전적 가치와 비용으로 환산하는 평가를 투자 회수율이라고 한다.

3. 평생교육 프로그램 품질 인증

커크패트릭과 필립스의 성과지표는 평생교육 프로그램의 효과성에 대하여 초점이 맞추어져 있는 반면, 평생교육 프로그램 품질 인증은 평생교육 프로그램 자체의 질에 대한 평가이다. 따라서, 자체 개발이든 외부 개발이든 평생교육 프로그램이 잘 개발되었는지 확인하기 위해 평생교육 담당 부서에서 자체적으로 평생교육 프로그램 품질에 대한 인증을 실시하기도 한다.

[그림 9-5]는 평생교육 프로그램 품질 인증 과정의 예를 보여주고 있다. HRD 또는 교육훈련 프로그램 품질 인증의 경우 전략적 HRD 기획이 포함된 6단계의 HRD 또는 교육훈련 프로그램 품질 인증을 실시한다. 그러나, 평생교육 프로그램 품질 인증의 경우 내부 보다는 외부의 학습자를 대상으로 하고, 학습자의 자비 또는 중앙정부와 지방정부의 예산을 받아 집행하기 때문에 전략적 평생교육 기획이 생략된 5단계인 분

석, 설계, 개발, 운영, 평가 단계로 구성된다.

	분석	설계	개발	운영	평가
수행 과제	- 환경분석 - 학습자 분석	- 학습목표 설정 - 평생교육 프로그램 설계 - 학습 평가 전략	- 강사용 장표 - 강사용 매뉴얼 - 학습자용 교재 - 교육 매체 - (필요시) 외부 전문가 또는 업체 관리	- 운용 - 레벨 1 자료 수집 - 레벨 2 자료 수집	- 레벨 1 평가 - 레벨 2 평가 - (필요시) 레벨 3 평가 - (필요시) 레벨 4 평가 - (필요시) ROI 평가 - 평생교육 프로그램 수정 및 보완

그림 9-5 교육훈련 프로그램 품질 인증 과정의 예

평생교육 프로그램 품질 인증은 각각의 수행 과제를 확인하고 해당 과정별 수행 과제의 내용과 질을 분석하여 점수를 부여한다. 좀 더 구체적으로 각각의 단계에서 실행해야 할 구체적인 수행 과제는 다음과 같다.

첫째 분석 단계에서는 각각의 환경 분석, 학습자 분석 수행 과제의 내용, 질, 산출물 등을 분석한다.

둘째 설계 단계에서는 각각의 학습목표 설정, 평생교육 프로그램 설계, 학습 평가 전략 수행 과제의 내용, 질, 산출물 등을 분석한다.

셋째 개발 단계에서는 각각의 강사용 장표, 강사용 매뉴얼, 학습자용 교재, 교육 매체, (필요시) 외부 전문가 또는 업체 관리 수행 과제의 내용, 질, 산출물 등을 분석한다.

넷째 운영 단계에서는 각각의 운영, 레벨 1 자료 수집, 레벨 2 자료 수집 수행 과제의 내용, 질, 산출물 등을 분석한다.

다섯째 평가 단계에서는 각각의 레벨 1 평가, 레벨 2 평가, (필요시) 레벨 3 평가, (필요시) 레벨 4 평가, (필요시) 투자 회수율(ROI) 평가, 평생교육 프로그램 수정 및 보완 수행 과제의 내용, 질, 산출물 등을 분석한다.

최종적으로 각각의 5단계를 분석 후 최종 점수를 부여하여 평생교육 프로그램의 품

질을 인증받은 평생교육 프로그램과 그렇지 못한 평생교육 프로그램을 등급화하고 각각의 등급에 따른 적절한 조치를 실시한다. 따라서 평생교육 프로그램 품질 인증을 통한 지속적인 평생교육 프로그램의 관리와 인증을 통해 평생교육 프로그램의 품질을 확보 및 유지할 수 있다.

4. 평생교육 프로그램 균형성과평가제도

평생교육 프로그램 성과지표 설정에 있어 균형성과평가제도(BSC: Balanced Scorecard)의 4가지 관점인 학습과 성장 관점, 내부 프로세스 관점, 고객 관점, 재무적 관점에서 평생교육 프로그램 성과지표를 구축하여 다양한 관점에서 평생교육 프로그램 성과를 확인하는 것이 필요하다. [그림 9-6]은 균형성과평가제도(BSC)의 4가지 관점을 보여주고 있다(Kaplan & Norton, 2007).

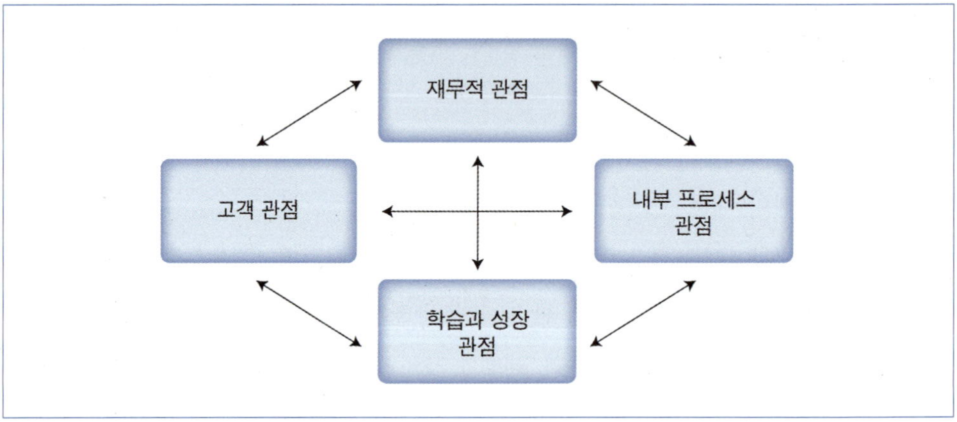

그림 9-6 균형성과평가제도(BSC)의 4가지 관점

첫째, 학습과 성장 관점에서는 조직의 전략을 수행하기 위해 어떠한 역량과 도구가 필요한가 하는 관점에서 성과지표를 구축해야 한다. 둘째, 내부 프로세스 관점에서는 평생교육 조직의 고객을 만족시키기 위하여 어떤 내부 프로세스가 구성되어야 하는가 하는 관점에서 성과지표를 구축해야 한다. 셋째 고객 관점에서는 누가 평생교육 조직의 고객이며, 고객을 위해 평생교육 조직이 어떤 가치를 제공해야 하는가 하는 관점에서 성과지표를 구축해야 한다. 넷째, 재무적 관점에서는 조직의 전략을 수행하기 위해 어떠한 재무적 단계가 필요한가 하는 관점에서 성과지표를 구축해야 한다. 따라서, 평생교육 프로그램 균형성과평가제도(BSC)는 이러한 4가지 관점의 균형성과평가제도(BSC)와 상호 밀접하게 연결하여 이를 바탕으로 평생교육 프로그램 성과 관리 전략 지도를 작성하고 각각의 핵심성과지표(KPI)를 구성해야 한다.

요 약 및 시사점

본 장에서는 효율적인 평생교육 프로그램 개발을 위한 5단계 ADDIE 모형 중 마지막 단계인 평가 단계에 대하여 알아보았다. 평가 단계를 좀 더 구체적으로 살펴보면 다음과 같다.

형성평가는 평생교육 프로그램의 중간에 평생교육 프로그램 개선을 위해 실행되는 모든 평가이다. 총괄평가는 평생교육 프로그램의 최종 성과를 확인하기 위해 평생교육 프로그램 종료 후 맨 마지막에 실행되는 평가이다.

효율적으로 평생교육 프로그램 성과를 측정하고 분석하기 위해서 조직 내 평생교육 프로그램 성과 관리 체계를 구축하는 것이 필요하다. 첫째, 평생교육 프로그램 성과 관리를 측정하고 분석할 핵심성과지표(KPI: Key Performance Indicator)를 결정해야 한다. 둘째, 평생교육 프로그램 성과 관리를 측정하고 분석할 시기, 실시할 평생교육 담당자 지정, 보고 대상 등을 결정해야 한다. 평생교육 기본성과지표에는 교육량 성과지표와 교육 이수율 성과지표가 있다.

평생교육 프로그램 평가 단계는 개발된 평생교육 프로그램을 운영 후 전체 과정에 대한 평가를 통해 평생교육 프로그램과 평생교육 프로그램과 관련된 내용을 평가하는 단계이다. 평생교육 프로그램의 평가는 기본성과지표인 교육량과 이수율의 계산을 넘어 지속적으로 성과를 측정하기 위한 성과 중심의 평생교육 성과지표로 평가 패러다임이 점진적으로 변화하고 있다. 커크패트릭의 레벨 1 평가는 반응에 대한 평가로, 학습자의 교육에 대한 만족도를 측정하는 평가이며, 레벨 2 평가는 학습에 대한 평가로, 학습자의 실제 학습내용에 대한 습득 정도를 측정하는 평가이다. 레벨 3 평가는 행동에 대한 평가로, 학습자가 현장에서 학습한 내용의 적용 정도를 측정하는 평가이며, 레벨 4 평가는 결과에 대한 평가로, 비즈니스에 변화된 산출물로 나타난 성과를 측정하는 평가이다. 필립스는 여기에 교육 후 금전적 가치 및 비용으로 환산된 성과를 측정하는 투자 회수율을 제시하였다. 필립스의 투자 회수율은 커크패트릭의 레벨 4의 다음 단계인 레벨 5라고 하기도 하나 커크패트릭은 자신의 레벨 4가 필립스의 투자 회수율의 개념을 포함하고 있다고 주장하기도 한다.

평생교육 프로그램 품질 인증은 평생교육 프로그램 자체의 질에 대한 평가이다. 평생교육 프로그램이 잘 개발되었는지 확인하기 위해 평생교육 담당 부서에서 자체적으로 평생교육 프로그램 품질에 대한 인증을 실시하기도 한다.

평생교육 프로그램 균형성과평가제도(BSC: Balanced Scorecard)의 4가지 관점인 학습과 성장 관점, 내부 프로세스 관점, 고객 관점, 재무적 관점에서 평생교육 프로그램 성과지표를 구축하면 다양한 관점에서 평생교육 프로그램 성과를 확인할 수 있다.

그러므로 효율적인 평생교육 프로그램 평가를 위해서는 현장에 실제로 적용 가능한 ADDIE 모형을 사용하여 평생교육 프로그램을 평가하는 고민이 필요하다.

사 례

기업 내 교육훈련 평가 개척자 '도널드 커크패트릭'

- 현실적이면서 단순한 4단계, 내가 한건 분류와 의미화뿐

도널드 커크패트릭은 '기업 내 교육훈련(Training Evaluation)'의 개척자이자 세계적인 대가다. 53년 전인 1959년 그가 만든 4단계 트레이닝 평가 모형은 세월을 뛰어넘어 현재까지 널리 활용된다. 그 뒤 오랫동안 다양한 평가 모형들이 만들어졌으나 모두 커크패트릭의 모형을 바탕으로 변화를 준 '아류'일 뿐이었다.

...... (중간 생략)

- 오랫동안 트레이닝을 연구해왔는데 '트레이닝'의 진정한 목적은 무엇인가.

"트레이닝의 목적이 무엇이 있겠는가. 사람들이 자기 할 일을 더욱 효율적으로 할 수 있도록 도와주고 조직에 영향력을 행사할 수 있도록 하는 것이다. 금융업이든 제조업이든 디자인이든 어떤 일에 종사하든 간에 트레이닝은 사람들에게 더 큰 영향력을 발휘할 수 있도록 도와주는 역할을 한다."

...... (중간 생략)

- 평가라는 것은 항상 어떤 과정이 끝난 다음에 이뤄진다. 교육 프로그램의 성패 여부를 알 수 없기 때문에 몇몇 경영자들은 이를 쓸데없는 비용으로 생각한다. 교육 프로그램 기획 단계에서 실패를 줄이는 방법이 있을까.

"...... (중간 생략)...... (다음은 아들인 짐의 답변) 교육 프로그램을 기획할 때는 평가에 대한 기획을 같이 해야 한다. ...... (중간 생략) ...... 우리는 교육 프로그램을 시작하기 전에 4단계 평가를 먼저 생각한다. 경영자들도 이런 것이 필요하다. 가령 교육을 시작하기 전 무엇을 얻고 싶은지, 교육의 성공이 어떤 결과일지를 먼저 묻는 것이다. 그리고 4단계 모형을 거꾸로 생각해 보는 것이 좋다. 목표 성과는 무엇인지, 성과를 달성하기 위해 어떤 행동이 필요한지, 그런 행동을 하기 위해 어떤 태도가 필요한지, 긍정적인 반응을 보여 좋은 태도로 이어지게 하려면 어떻게 해야 하는지를 사전에 생각해 보는 것이다. ...... (중간 생략) ...... 사람들은 4단계 모형에만 집중한 탓에 중요한 부분을 빠뜨렸다. 마지막 단계부터 시작하면 정확하게 원하는 바를 목표로 할 수 있다."

- 많은 기업은 ROI를 매우 중요하게 따진다. 투자 대비 효과에 대해 집중하는 것이 미래를 내다보는 교육 프로그램의 기획이나 평가에 중요하다고 생각하는가.

"ROI는 내 모형의 4단계에 속한다. 하지만 기본적으로 교육 프로그램에서 ROI를 따지는 것을 반대하는 입장이다. 교육 프로그램 자체에 집중해야 하는데 프로그램의 성과에만 집중하다 보면 프로그램의 힘이 떨어지기 때문이다. 뿐만 아니라 교육이라는 것이 수치적으로 계산할 수 있는 문제는 아니라고 생각한다. 내가 말하는 가치는 비용처럼 수치적인 것에 집중되어 있지 않다. ROI뿐만 아니라 여러 가지 무형가치가 있다고 나는 믿는다. 교육은 수치상으로 볼 수 있는 간단한 문제가 아니라 다른 프로세스들과 지식이 더해지는 것이다."

...... (중간 생략)

출처: 매일경제, 2012.1.13.
http://news.mk.co.kr/newsRead.php?year=2012&no=30613

연습 문제

1. 실제 또는 가상의 평생교육 프로그램을 대상으로 커크패트릭의 레벨 1, 레벨 2, 레벨 3, 레벨 4 평가와 필립스의 투자 회수율(ROI) 평가를 위한 설문지를 직접 제작해 본 후 그 내용을 팀원과 함께 공유해 보자.

2. 실제 또는 가상의 평생교육 프로그램을 대상으로 평생교육 프로그램 품질 인증을 위한 5단계인 분석, 설계, 개발, 운영, 평가 단계에 따라 각각의 단계마다 수행해야 할 과제의 구체적인 체크리스트를 작성한 후 그 내용을 팀원과 함께 공유해 보자 .

3. 균형성과평가제도(BSC)의 재무, 고객, 내부프로세스, 학습과 성장의 4가지 관점에서 구체적인 평생교육 프로그램 성과지표를 구성한 후 그 내용을 팀원과 함께 공유해 보자.

참고 문헌

신용주(2006). **평생교육의 이론과 방법**. 서울: 형설출판사.

신용주(2012). **평생교육 방법론**. 서울: 학지사.

Kaplan, R. S., & Norton, D. P.(2007). *Balanced Score Card.* 송경근, 성시중 역. **가치실현을 위한 통합경영지표**. 서울: 한언.

ASTD(2001). *Train the trainer Vol. 4: Measurement and evaluation.* Baltimore, MD: ASTD Press.

Kirkpatrick, D. L.(1998). *Evaluating training programs: The four levels.* San Francisco, CA: Berrett-Koehler Publishers.

Kirkpatrick, D. L., & Kirkpatrick, J. D.(2005). *Transferring learning to behavior: Using the four levels to improve performance.* San Francisco, CA: Berrett-Koehler Publishers.

Phillips, J. J., & Stone, R. D.(2002). *How to measure training results: A practical guide to tracking the six key indicators.* New York, NY: McGraw-Hill.

매일경제(2012). http://news.mk.co.kr/newsRead.php?year=2012&no=30613

Part

03

평생교육경영의 실제

Chapter **10**

평생교육과 인간관계

인간관계에 관한 연구는 심리학, 사회학, 인류학 등 다양한 학문으로 접근하고 있지만, 어느 특정 분야만의 전유물이라기보다는 여러 학문적 개념들이 복합적으로 연결되어 있는 성격을 가지고 있다. 인간관계는 매우 다양한 상황에서 다양한 사람들과 관련되어 이루어진다. 학습도 가르치는 사람과 배우는 사람과의 인간관계가 중요한 역할을 수행하고 있으며, 평생교육의 관점에서는 단기 또는 장기로 이어지는 학습과정에서 인간관계가 중요한 영향을 미치게 된다. 우리가 매일 경험하고 있는 인간관계를 이해한다는 것은 평생학습의 관점에서 반드시 필요한 과정이라고 볼 수 있다.

1. 인간관계의 의미

아리스토텔레스는 "인간은 사회적 동물"이라고 정의하였다. 이는 인간이 다른 사람들과 함께 살아갈 수밖에 없는 존재이기 때문이다. 따라서 인간관계는 다른 사람들에 대한 관심에서 시작된다고 볼 수 있다. 인간이 타인에게 어떤 관심을 보이는가에 따라 긍정적 또는 부정적 인간관계가 형성된다. 인간관계를 어떻게 형성하는가는 여러 가지 측면에서 개인 및 사회에 영향을 주게 된다.

1) 인간관계의 개념

일반적 개념의 인간관계는 사회에서 널리 통용되고 있는 사람과 사람의 심리적 관계, 대인관계, 인화 등의 뜻으로 사용되고 있다(장성화, 2008).

첫째, 사람과 사람의 심리적 관계의 의미로 사용되는 인간관계는 일반적으로 특정 목적의식 없이 사람과 사람 상호 간에 형성되는 일정한 심리적 관계 그 자체를 의미한다. 그러므로 특정한 이데올로기나 가치 비판의 의미는 개재될 수 없다.

둘째, 대인관계라는 의미로 사용되고 있는 인간관계는 사람이 사람을 대면하는 경우에 개인의 언행과 태도에 관심을 갖고 형성되는 상호관계이며, 사람과 사람의 상호관계라고 규정짓기보다는 오히려 개인과 개인의 개성 수준의 정도 및 대인적 교섭과 수용태도에 치중하는 내용이라 할 수 있다.

셋째, 인화라는 의미로 사용되는 인간관계는 공동의 목표의식이 있는 동일집단에서 인간 상호 간에 형성되는 바람직한 심리 상태를 의미한다. 다시 말해, 특정 개인의 대인관계를 형성하는 능력과 목표지향적인 인간관계와 심리적 태도를 조성하고 집단의 효율과 능률을 극대화시키는 의미로 이해할 수 있다.

학문적 개념의 인간관계는 인간관계의 과학과 산업상의 인간관계로 나누어 볼 수 있다(장성화, 2008).

첫째, 인간관계 과학이라고 하면 일반적으로 광의의 개념과 협의의 개념으로 구분되고 있다. 먼저 광의의 인간관계 과학은 사회과학과 동의어로 사용되며 여기에는 경제학, 노동경제학, 정치학 혹은 법학까지도 포함시키고 있다. 반면 협의의 인간관계 과학은 심리학을 기초로 하는 사회심리학과 산업심리학 및 인상심리학, 사회학을 바탕으로 하는 산업사회학과 사회인류학 등의 여러 학문을 포괄하고 있다.

이처럼 인간관계 과학은 여러 인접 학문을 배경으로 하여 인간을 중심으로 인간 행동과 욕구 및 심리 상태의 변화과정 등을 상세하게 분석하고 연구하여 진의를 파악하는 기술적인 학문이다.

둘째, 산업상의 인간관계는 조지 내의 경영관리 측면에 존재하는 현실, 즉 기술적인 면이나 비공식적인 면에서 현실 자체의 인간관계를 지칭하게 된다. 특히 조직은 상호 간에 상이한 개성을 가진 개개인의 집단이며 동시에 상이한 개인 차이와 욕구 및 이에 수반하는 행동양상을 보이고 있기 때문에 조직 내 현실 그대로의 인간관계 양상을 의미한다.

현실 그대로의 인간관계를 조직적인 측면에서 보면 생산 공정상 기술적인 의미에서 상호 의존적, 협동적 관계를 갖고 있는 기술적인 인간관계, 사회규범과 같이 조직상의 규정이나 제도에 의하여 형성되는 직무관계인 공식적 인간관계, 인간 상호 간의 일상적인 인간 접촉을 통해서 확립되는 비공식적 인간관계 등의 형태로 구분된다.

2) 인간관계의 특징

우리가 살고 있는 현대사회는 점점 더 복잡해지고 있기 때문에 인간관계도 더욱 다양해지고 있다. 인간관계는 다음과 같은 여러 가지 특징이 있다(서상택, 2012).

첫째, 독특성이다. 관계하는 두 사람 간의 인간관계는 사람마다 다르다. 즉, 어떠한 인간관계도 사람마다 동일할 수는 없다. 그러므로 특정한 사람과의 인간관계와 다른 사람들과의 인간관계의 구별되는 차이와 독특성에 따라 인간관계의 유형도 달라진다.

둘째, 대체 불가능성이다. 특정의 인간관계 자체가 갖는 독특성 때문에 어떠한 인간관계도 다른 인간관계에 의해 대체될 수는 없다. 그렇기 때문에 사랑하는 사람과 헤어졌을 때 겪는 고통과 외로움은 바로 그 사람과의 관계 자체가 회복되지 않는 한 그대로 남아 있게 된다.

셋째, 상호 의존성이다. 인간관계에서는 관계하는 당사자 간에 서로 연관되어 있다. 관계를 맺고 있는 상대방의 입장과 처지가 바뀜에 따라 자기의 입장과 처지도 달라진다. 이처럼 인간관계는 서로 영향을 주고받는다.

넷째, 노출이다. 인간관계에서는 필연적으로 자기노출이 수반된다. 관계의 종류와 깊이에 따라 자기노출의 차원과 깊이는 다르게 나타나지만 자신의 생각, 감정, 경험에 대한 노출은 자연스럽게 이루어진다.

다섯째, 참 만남의 희소성이다. 사람은 평생을 살면서 온갖 종류의 인간관계를 경험하게 된다. 하지만 수많은 인간관계 속에서 진정한 인간관계는 많지가 않다. 참 만남은 어떤 외적인 목적 때문이 아니라 관계 그 자체가 목적이며 상대방의 성장과 행복을 위하여 그와 함께 행복할 수 있는 경험을 하는 인간관계이다. 그러나 오늘날처럼 이기주의, 경쟁사회, 정보화시대, 물질만능주의가 기승을 부리는 세상에서는 더욱더 어려움을 느끼게 된다. 따라서 참 만남의 인간관계는 더욱 소중한 것이다.

여섯째, 내적 보상이다. 인간관계가 보다 밀접하고 깊을수록 관계 그 자체가 주는 내적 보상은 크게 나타난다. 경우에 따라서는 인간관계를 통하여 자기 이익을 추구하려는 경향이 발생하기도 하지만 진정한 인간관계가 심화될수록 외적 보상보다는 관계 그 자체에서 얻게 되는 기쁨이나 만족이나 행복 같은 내적 보상이 더 커지게 된다. 그러므로 우리는 이러한 인간관계를 많이 맺을수록 만족스럽고 행복한 인생을 영위할 수 있게 된다.

2. 인상형성

인상형성이란 상대방의 겉모습 즉 얼굴, 자세, 행동, 차림새와 같은 비언어적인 행동 단서를 통해 인상을 형성하며, 상대방에 관한 정보들을 종합하고 일관성 있는 특징들을 발굴하고 이해하는 과정이라고 할 수 있다(임숙자 외, 2002). 웨이튼과 로리드(Weiten & Lloyd, 2000)는 지각자와 지각 대상자 간이 상호 의존적이거나 결정과정에서 지각자가 자신에게 관심과 중점을 두게 되면 지각 대상자를 판단하는 기준을 신중하게 책정하려는 동기가 부여되므로 다른 대상자들과 다양한 상황에서 비교하는 시간을 갖는 등의 체계적인 판단을 통해서 인상이 형성된다. 이에 반해 지각 대상자가 타인일 경우 선입견과 적정량의 정보를 기반한 대략적인 판단을 통해서 인상이 형성되기 때문에 의복이나 외모 단서 같은 겉모습을 기준으로 첫인상이 형성된다고 하였다(박은진, 2017).

1) 인상형성

외모에 준하여 타인에 대한 판단과정을 묘사하는 용어로는 대인지각, 사회지각, 사회인지, 인상형성 등이 사용되고 있다(이인자 외, 2001). 지각(perception)이란 인간이 사회환경 속에서 주어진 자극들을 받아들여 조직화하고 해석하는 과정을 말하며(Hilgard et al., 1979), 대인지각(person perception)이란 다른 사람의 심리 상태나 사회적 상태에 대한 지각과 판단으로 그 사람의 인상을 형성하는 과정을 의미한다.

쉬나이더 등(Schneideret al., 1979)의 이론에 의하면 인상형성의 과정은 6단계로 이루어진다고 하였으며, 제1단계는 주목단계, 제2단계는 즉각적 판단단계, 제3단계는 원인귀속단계, 제4단계는 성격특성 추측단계, 제5단계는 인상형성단계, 제6단계는 행동을 예측하는 단계로 설명하였다. 제1단계의 자극은 외모, 행동, 맥락이며 대인지각 결과는 입수된 정보 단서에 대한 선택 및 유목화이다. 제2단계의 자극은 제1단계에서 선택, 유목화된 외모, 행동이며 결과는 즉각적 정서 반응(호감, 매력, 거부감) 또는 고정관념에 따른 판단이다. 제3단계의 자극은 지각 대상자의 행동단위들이며 결과는 지각 대상자의 성격, 특성, 의도, 능력에 대한 원인귀속이다. 제4단계의 자극은 성격 특성에 대한 원인귀속이며 피지각자가 지녔으리라고 생각되는 기타 특성들을 추측하게 된다. 제5단계는 인상형성 단계에서 자극으로 사용되며 지각자는 피지각자에 대해 전반적이며 조직화된 판단 및 평가를 내리게 된다. 제6단계는 제5단계의 대인지각 결과들이 모두 자극으로 사용되어 지각 대상자가 어떠한 상황에서 어떻게 행동하리라는 예측을 하게 된다(남미우, 1992).

이렇듯 외모는 인상형성의 과정 중 제1단계와 제2단계에서 판단되는 것으로서 타인의 첫인상을 결정짓는 중요한 요인으로 작용하게 되며, 외모의 단서로 체격, 체형, 얼굴, 피부색, 화장, 헤어스타일, 의복스타일, 안경, 체취 등이 인상형성에 영향을 주는 중요한 변인이다(김재숙, 송민정, 2007). 따라서 얼굴, 체형, 헤어스타일, 의복스타일의 단서는 인상형성 과정의 제1단계에서 주목되고 제2단계에서 호감이나 매력적인 것으로 판단하게 되므로 외모의 매력, 즉 신체적 매력성은 인상형성의 과정 중 초기 단계에서 이루어진다.

한편, 인상형성의 과정 중에서 상황의 변인에 의해서도 지각의 차이가 나타나는데, 상황적 변인이란 지각이 일어나는 사회적 상황 또는 맥락을 의미한다(Lennon & Davis, 1989). 상황에 대한 연구는 직장 면접 상황, 데이트 상황, 소비자 행동의 상황, 학교 상황, 광고 상황 등에서 이루어지며, 신체적 매력성이 높을수록 이러한 여러 상황에서 우호적인 평가를 받는다.

2) 호감도

호감(好感)은 '좋게 여기는 감정'이라는 사전적인 의미로, '무엇에 대하여 좋아하다'의 내용을 공유하고 있어 '호감성'이 공통으로 부가되며 호감의 원인은 무엇에 대하여 매력을 느끼고, 막연히 좋아하고, 특정인을 좋아하는 마음 등에서 일어나 어떤 행동으로 표출된다(김응모, 2000). 또한 호감은 대인관계에서 증진되는 요인으로 긍정적 대인관계의 기초가 되는 사회적 호의(Socal liking)의 바탕이 된다(배행자, 이인선, 2004).

호감도는 행위자의 행동의 원인에 대한 귀인 시도에 영향을 주는데 좋아하는 사람의 행동은 될 수 있는 대로 긍정적인 특성을 들어 설명하고, 반대로 싫어하는 사람의 행동은 부정적인 특성을 들어 설명한다. 뿐만 아니라 같은 행동을 평가할 때에도 좋아하는 사람의 행동을 싫어하는 사람의 행동보다 더 긍정적으로 평가한다(이희수, 이훈구, 1986).

호감은 슈나이더(Schneider, 1979)가 설명한 인상형성의 과정에서 제1단계의 자극에 의해 제2단계에서 판단되어지는 것으로 신체적 매력성에 따른 호감도와의 관계와 호감에 의해서 어떤 행동으로 이어지는 관계를 분석한 연구들이 이루어지고 있다.

3) 인상형성의 특성

인상형성의 현상을 연구한 학자들의 연구 결과에 따르면, 인상형성의 특징에는 초두효과, 후광효과, 긍정정 편향 등이 있다(박은진, 2017).

(1) 후광효과

후광효과는 대상자에 대해 긍정적인 특징을 인지하고 있을 때 긍정적인 인상형성을 하려고 하는 것을 말한다. 이 효과는 대상에서 느껴지는 하나의 특징이 긍정적인 방향으로 평가되면 다른 특징 역시 좋은 평가를 하게 된다는 것이다. 예컨대 호의를 느끼는 대상에 대해 그 대상의 드러나지 않은 측면에 대한 평가 역시 긍정적으로 하게 된다는 것을 말하며 싫어하는 대상에 대한 일체를 부정적으로 평가하는 것을 말한다.

(2) 초두효과

초두효과는 대상자에 관한 기초 정보가 추가 정보보다 대상에 대한 인상형성에 더 많은 비중을 차지하게 되는 것이다. 첫 대면에서 보여지는 정보가 나중에 얻게 되는 정보보다 마지막 평가에 많은 영향력을 행사한다는 것이다. 이러한 효과의 이유로는 먼저 인식된 정보로 인해 앞으로 접하게 되는 정보에 대한 인식이 변질되기 때문에 서비스 접점에서는 초두효과가 중요한데 이는 고객을 제일 먼저 대면하는 장소로 서비스 접점 종사원에게 느끼는 첫인상이 이후 서비스 평가에 많은 영향을 주기 때문이다.

(3) 긍정적 편향

긍정적 편향은 대상자들을 실제보다 더 좋게 평가하려고 하는 것을 말하는데 이를 다시 말하면 타인을 평가할 때 부정적인 평가보다는 긍정적인 평가를 하려고 한다는 것을 말한다. 매트린과 스탕(Matlin & Stang, 1978)은 낙천주의 원칙으로 이러한 긍정적 편향을 설명하였다. 좋은 환경에서 생활하고 있으며 또는 생활하고 싶어 한다고 가정하고 이를 바탕으로 사람들은 웬만하면 대상을 좋게 평가한다고 하였다.

3. 인간관계의 유형

인간은 누구나 일생동안 다양한 인간관계를 경험한다. 인간관계는 사람들 사이에 역동적이고 계속적인 상호작용이다. 인생의 각 시기마다 새로운 인간관계가 형성되며 그 형성된 인간관계 속에서 다양한 모습이 나타난다(서상택, 2012).

1) 1차적 인간관계와 2차적 인간관계

인간관계는 그 형성 요인과 유지 요인에 따라 1차적 인간관계와 2차적 인간관계로 분류할 수 있다. 1차적 인간관계는 혈연, 지연, 학연 등에 의해 형성되는 인간관계로 부모, 형제자매, 친척, 동문, 동향인들과의 관계가 여기에 해당된다. 1차적 인간관계의 특성은 첫째로, 본인의 선택이나 의사(意思)와는 무관하게 이루어지게 되는 인간관계이다. 둘째는 가입과 탈퇴가 자유롭지 못하며 매우 어렵다. 대체로 한 번 1차적 인간관계에 속하게 되면 일평생 그 관계를 유지하게 된다. 셋째는 공식적이고 집단적인 관계이다. 일가족, 친인척, 종친회, 동문회 등과 같이 다수로 구성된 집단의 구성원으로 관계를 맺게 된다. 그러나 2차적 인간관계는 개인적인 매력이나 직업적 이해관계, 가치의 공유에 의해 형성되는 인간관계이다. 동호회, 직장 동료, 친구, 동종의 종교인 등이 이에 해당된다. 2차적 인간관계는 본인의 의사에 따라 선택이 자유로우며, 가입과 탈퇴도 비교적 자유롭다. 1차적 인간관계에 비하여 그 관계가 일시적일 수도 있다.

2) 수직적 인간관계와 수평적 인간관계

인간관계는 구성원의 연령, 촌수, 학번, 계급, 직위, 권한 등의 동등성 여부에 따라 수직적 인간관계와 수평적 인간관계로 분류할 수 있다. 수직적 인간관계는 상위자와 하위자 간의 불평등한 관계로서 가정에서는 부모-자녀관계, 학교에서는 스승-제자관계 또는 선배-후배관계, 직장에서는 상사-부하관계가 이에 해당된다. 이러한 관계에서 상위자는 하위자에 대한 지휘, 통솔, 명령, 인도, 책임, 보살핌 등의 역할이 기대되며 하위자는 상위자에 대한 순종, 존경, 의존의 역할이 기대된다. 그러나 수평적인 인간관계는 서로 동등한 위치에 있는 사람들 간의 평등관계로서 친구관계, 연인관계, 부부관계 등이 이에 해당된다.

3) 우호적 인간관계와 적대적 인간관계

인간관계는 다른 사람과의 상호작용을 의미한다. 대인관계가 대물(對物)관계와 다른 점은 교호적(交互的) 상호작용을 한다는 점이다. 자기 자신이 다른 사람에게 영향을 주기도 하지만 반대로 영향을 받기도 하는 관계이다. 따라서 상호작용의 내용과 질에 따라 여러 가지 구분이 가능하다.

인간관계에서 상대방에 대하여 느끼는 감정과 태도의 우호성 여부에 따라 우호적 또는 협동적 인간관계와 적대적 또는 경쟁적 인간관계로 나뉠 수 있다. 전자의 인간관계에서는 쌍방 간에 우호적인 감정을 갖고 서로를 도우려는 태도로 공동의 목표를 추구하려고 협동적인 상호작용이 생긴다. 그러나 후자의 인간관계는 쌍방이 적이나 경쟁상대로 인식하여 적대감을 갖고 상대의 성공과 행복은 자신의 실패와 불행으로 여기고 상대방의 일을 방해하거나 비협조적인 태도를 지니게 된다.

4) 애정 중심적 인간관계와 업무 중심적 인간관계

인간관계를 형성하고 유지시키는 핵심 요인에 따라 애정 중심적 인간관계와 업무 중심적 인간관계로 분류할 수 있다. 애정 중심적 인간관계는 상대방에 대한 매력이나 호감에 의해서 관계가 형성된다. 이것은 사랑, 우정, 인정을 주고받는 것이 관계 유지에 중요한 요인이며 목적이 된다. 업무 중심적 인간관계는 어떤 사람이든지 상관없이 업무에 의해 관계가 형성되고 유지된다. 이러한 관계는 상호작용을 통해 얻게 되는 이득과 성과가 인간관계의 주요 목적이 된다.

4. 건강한 인간관계

건강하고 원만한 인간관계를 위해서는 자신에 대한 이해와 자신과의 바른 관계 정립이 필수적이다. 대부분의 사람들은 각자 자신에 대하여 정확하지 않은 인식을 가지고 타인들과 관계를 맺게 됨으로써 많은 인간관계 문제에 부딪친다. 특히 자신의 능력이나 외모, 성격에 대하여 부정적인 태도를 가진 사람들은 타인들에 대해서도 왜곡된 태도를 갖는 경우가 많다. 자신에 대하여 올바른 이해를 가질 때 비로소 열린 마음으로 상대방을 이해할 수 있게 된다. 자신을 존중하고 자신에 대하여 편안히 느낄 때 다른 사람도 존중하게 되고 다른 사람들과 원만한 관계를 유지할 수 있게 된다.

건강한 인간관계란 자기 자신을 잃지 않고 상대방도 자신의 본성을 그대로 지닌 상태에서 서로를 인정하고 존중해 주는 가운데 '우리'라는 영역을 함께 조성해 가는 것이다(박문태 외, 2010). 건강한 인간관계는 상호 간에 성장이 일어나는 관계를 의미한다. 진정한 만남이 일어날 때 건강한 인간관계를 형성하기 위해서는 자기노출, 무조건적 긍정적 존중, 자기이해와 자기수용, 의사소통능력, 사회적 유능성 등이 있다.

1) 자기노출

자기노출(self-disclosure)은 자기개방이라고도 한다. 자기노출은 일반적으로 다른 사람이 알지 못하고 자신에게 중요한 정보를 의도적으로 노출하는 과정이다(Adler & Procter, 2014). 즉, 자기 자신을 있는 그대로 다른 사람들에게 내 보이는 것이다. 진정한 의미에서 자기노출이란 상대방에게 자신의 생각과 느낌을 솔직하게 드러내는 것이다. 자신의 생각이나 느낌을 분명하게 전달하면서도 어느 정도의 노출을 할 것인지에 대해서는 관계가 진전됨에 따라 스스로의 결정에 의해 이루어져야 한다.

인간이 자신을 자기 혹은 다른 사람에게 노출한다는 것은 타인과의 삶을 공유하기도 하고 자신과 타인을 이해하고 수용하는 하나의 과정이며 진실한 자신과의 만남이라고 할 수 있다.

자기노출 또는 자기개방에 관한 이론인 '조해리의 창(Johari window)'의 개념을 살펴보면 다음과 같다. 조해리의 창은 두 명의 심리학자 조셉 러프트(Joseph Luft)와 해리 잉햄(Harry Ingham)의 이름을 따서 조해리 창문이라고 명명하였다.

자기노출은 한 개인이 다른 사람과 정보를 공유할 수 있을 만큼 신뢰 수준이 높아질 때 가능하게 된다. 신뢰 수준이 더 높아지고 어떤 사람이 기꺼이 모험을 감행하려고 하면 할수록, 사람은 더욱더 자아를 공개하게 될 것이다. 피드백은 다른 사람들이 우리를 개방적이고 수용적이라고 지각하고 이해할 때에 나타난다. 따라서 다른 사람들은 '우리'에 대한 자신들의 지각을 말해주고, 우리가 그들에 대해서 어떤 영향을 갖는지를 말해주게 된다. 신뢰수준이 높아진다는 것은 생각을 공유하고 모험을 감행하는 정도가 높다는 것을 의미한다.

[그림 10-1]은 조해리 창에 있어서 네 가지 영역을 나타내 주고 있다. 이를 사분도 또는 유리창이라고 하는데, 네 가지 영역은 공개된 영역(open), 보지 못하는 영역(blind), 숨겨진 영역(hidden), 알려지지 않은 영역(unknown)이다(강문희 외, 2009).

창틀의 크기와 형태는 상호 신뢰의 수준과 피드백 및 자아의 개방을 교환하는 정도에 따라 결정된다.

	자신에게 알려짐 (Known to self)	자신에게 알려지지 않음 (Unknown to self)
타인에게 알려짐 (Known to others)	공개된 영역	보지 못하는 영역
타인에게 알려지지 않음 (Unknown to others)	숨겨진 영역	알려지지 않은 영역

그림 10-1 조해리의 창

첫 번째 '공개된 영역'은 내가 나 자신에 대하여 알고 있는 동시에 타인도 나에 대하여 알고 있는 경우이다. 이 영역은 자기 자신도 자신에 관하여 알고 있을 뿐만 아니라 내가 정보를 노출하였기에 타인도 나에 대하여 알게 된 영역이다. 두 번째 '보지 못하는 영역'은 내가 나에 대하여는 모르지만 타인은 나에 대하여 알고 있는 경우이다. 사람들은 자신이 모르는 맹점(blind spots)을 갖고 있다. 즉, 자신이 알고 있지 못하는 버릇, 습관, 행동양식 등이 이에 속한다. 세 번째 '숨겨진 영역'은 내가 나 자신에 대하여 알고 있으나 타인들은 알지 못하는 경우이다. 여러 가지 이유로 인하여 나에 대한 정보를 상대방에게 숨기므로 상대방이 모르는 경우이다. 이러한 경우는 대체로 아직 상대방을 신뢰하는 단계가 아니므로 또는 자신의 비밀이 탄로나게 되면 위험에 빠질 것을 두려워하여 또는 중요한 정보가 아니라고 여기므로 발생하게 된다. 네 번째 '알려지지 않은 영역'은 자기 자신에 대해서 자신도 타인도 모두 모르는 영역이다. 이 영역은 수많은 정보가 사람이 전혀 알 수 없는 심층부에 숨겨져 있다. 하지만 어떤 사람들은 심리치료, 충격적인 경험, 어떤 우발적인 사건 등을 통하여 예전에 알지 못했던 정보들이 표면화됨으로써 알려지지 않았던 정보들도 극적인 통찰을 통해 알아낼 수가 있게 된다. 자기 자신이 타인에게 자신에 대하여 그들이 어떻게 생각하고 있는지에 대하여 묻고 피드백을 받게 되면 보지 못하는 영역은 점차 줄어들고 공개된 영역은 증가하게 된다. 또한 자기를 타인에게 노출시킴으로써 숨겨진 영역은 줄어들고 공개된 영역은 증가하게 된다. 인간관계를 초기에 맺는 시기에는 공개된 영역이 좁았다. 즉 서로에 대해서 공통적으로 알고 있는 부분이 적었다. 그러나 인간관계가 지속되고 신뢰수준이 증가하면서 자기노출을 더 많이 하였으며, 내 자신이 나에 대하여 보지

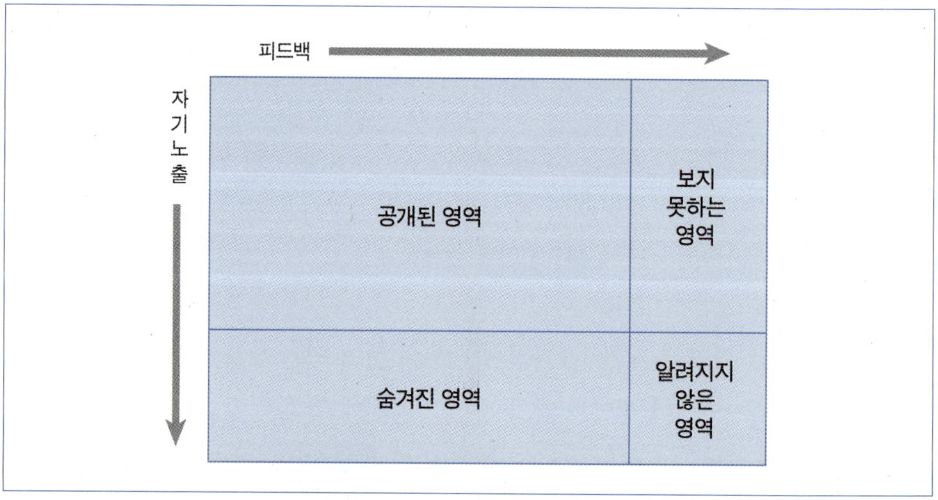

그림 10-2 자기노출과 피드백의 관계

못하던 정보를 타인들로 하여금 피드백을 하게 함으로써 공개된 영역이 증가하게 되었다.

이와 같이 두 사람 사이에 있는 신뢰성, 자기노출, 수용성의 수준은 향후 자기노출과 피드백의 정도를 결정하는 데 매우 중요하다.

2) 무조건적 긍정적 존중

로저스(Carl Rogers)에 의하면 인간은 선천적으로 유기체(organism)가 스스로를 유지 또는 고양시키는 방향과 일치하는 것에 가치를 부여하는 기능을 가지고 태어난다고 하였다. '유기체를 유지 또는 고양'시키는 것으로 지각되는 체험들에는 긍정적 가치가 부여되고, 그에 역행하는 것으로 지각되는 것에는 부정적 가치를 부여하게 된다.

로저스는 인간이 타인들에게 사랑과 인정을 받고 싶은 욕구를 갖고 있는데 이를 '긍정적 존중 욕구(need for positive regard)'라고 하였다. 이 긍정적 존중 욕구는 자기체험들이 긍정적 존중 욕구의 충족 또는 좌절과 연결되면서 자기존중(self-regard)의 욕구가 발달된다. 따라서 조건적 긍정적 존중에 따라 조건적 자기존중이 나타나게 된다.

그러나 인간은 타인으로부터 '무조건적 긍정적 존중(unconditional positive regard)'을 받으려는 욕구를 가지고 태어난다. 이런 긍정적인 존중을 받으려는 욕구는 중요한 타인으로부터 사랑받고, 수용되고, 따스함을 느끼고, 존중받고, 인정받고 싶은 마음, 모두를 포함하는 줄기찬 갈망이다. 이 욕구를 채우고 싶은 마음은 너무나 절박해서 아동은 어떤 희생을 감수하고서라도 이 욕구를 만족시키려는 경향이 있다.

여기서 무엇보다도 중요한 것은 개인의 성장이 일어나기 위해서는 개인의 내적 체험과 접촉이 일어나도록 인간관계에서 어느 정도의 환경 여건을 조성해 주어야 한다. 즉, 서로 간에 있는 그대로를 존중해 주어야 한다는 말이다. 여기서 언급하는 여건이란 개인이 어떤 행동, 사고, 감정을 지니든지 간에 타인으로부터 무조건적 긍정적 존중을 경험하도록 도와주는 것이다. 이러한 여건 속에서 개인은 선천적인 유기체적 가치 부여과정의 기능을 계속 유지시켜 나갈 수 있다.

건강한 관계 속에서는 생긴 그대로의 가치를 서로 간에 인정하고 존중해 주기 때문에 무조건적인 사랑을 느끼게 된다. 즉, 건강한 관계 속에서는 상대가 원하는 모습으로 내가 맞출 때 사랑을 받는다는 조건적인 사랑을 느끼는 것이 아니다. 상대는 내가 부족하면 부족한 대로, 잘났으면 잘난 대로, 있는 그대로의 모습을 인정해 주기 때문에, 나를 거짓으로 포장하거나 방어하려는 노력 없이 마음껏 자신을 키워 나갈 수 있고 그 속에서 편안함과 자유로움을 느끼게 된다(박문태 외, 2010).

3) 자기이해와 자기수용

자기이해란 내가 누구인지에 대해서 알고 있는 것이다. 자기가 누구인지를 마음속으로 그려볼 때 떠오르는 모습을 심리학에서는 자아상(self-image) 또는 자아개념(self-concept)이라고 한다. 자아개념은 어릴 때 부모와의 관계에서부터 시작하여 중요한 타인과의 관계를 통하여 형성된다. 자기에 대한 인식 여하에 따라 긍정적인 자아상 또는 부정적인 자아상이 형성되게 된다.

자기이해와 더불어 건강한 인간관계를 맺기 위해서 중요한 요소는 자기수용이다. 타인과의 관계를 통해 자신에 대한 긍정적인 측면뿐만 아니라 부정적인 측면까지도 깨닫게 된다. 자기 마음에 드는 긍정적인 부분이든지 아니면 마음에 달갑지 않은 부정적인 부분이든지 모두 다 있는 그대로 받아들이는 것이 자기수용이다. 대체로 많은 사람들이 부정적인 부분은 수용하지 않고 부인하거나 은폐하려는 경향이 있다. 이런 상황 속에서 이루어지는 인간관계는 진실하지 못한 거짓된 상태가 되고 만다. 따라서 건강한 인간관계를 형성하기 위해서는 자기이해를 바르게 하고 있는 그대로 자기수용을 한 상태에서 진솔한 만남이 이루어져야 한다.

4) 의사소통 능력

의사소통 능력은 다양한 정의와 하위 구성개념을 갖는 개념으로 하나의 단일한 문장으로 정의할 수 없다. 하지만 다수의 의사소통 능력들은 다음과 같은 속성을 공유한다. 첫째, 의사소통 능력은 개인마다 다른 역량으로 특정 상황에서만 발휘되는 것이 아니라 대부분의 의사소통 상황에서 드러나는 개인의 성향적 속성이다. 둘째, 의사소통 능력은 인지적 차원뿐만 아니라 행동적 차원까지 모두 포함한다. 즉 원활한 의사소통에 대한 지식 및 원활한 의사소통을 위해 필요한 관련 지식을 이해하고 그 내용들을 실행할 수 있는 능력이다. 셋째, 의사소통 능력은 효과적인 의사소통을 가능하게 하는 능력, 즉 개인의 의사소통 목적을 성공적으로 달성할 수 있는 능력이다. 넷째, 의사소통 능력은 상황에 적절하게 의사소통을 할 수 있는 능력이다. 다시 말해 주어진 상황에서 가장 바람직하다고 여겨지는 언행을 취하는 능력이다. 이는 곧 의사소통 능력은 범맥락적인 동시에 맥락에 의해 영향을 받는 능력임을 의미한다(김반야, 2015).

5) 사회적 유능성

사회적 유능성(social competence)이란 "사회적으로 효용성이 높은 행동과 그 행동을 가능하게 하는 인지적, 정서적인 내적 특성"으로(Schneider et al., 1996) 원만하고 건강한 대인관계를 예측할 수 있는 개념이다(최송미, 연문희, 2005). 의사소통 능력과 사회적 유능성은 원만한 대인관계와 관련된 개념이라는 포괄적 차원에서 상호 유사한 개념으로 평가되기도 한다(Carpenter, 1993). 하지만 의사소통 능력과 비교했을 때 사회적 유능성은 일회성 대화에서의 유능성보다는 일상적인 사회생활 전반에 적용되는 개념이라는 점에서 차이가 있다. 사회적으로 효용성이 높다는 것은 주변 사람들과 분쟁 없이 잘 지내며 관계를 지속하는 것을 의미하는 것으로 사회적 유능성이란 대인관계의 상대 또는 상황적 특성에 관계없이 범용적으로 적용 가능한 보편적 능력이라고 할 수 있다(Schneider et al., 1996).

5. 한국형 4-캐릭터 유형론에 따른 인간관계

4가지 유형의 핵심특징과 관련된 경험적 자료 수집은 1994년부터 2001년까지 약

8년에 걸쳐 성인 남녀 약 4만 명의 인원을 대상으로 이루어졌다. 연구결과는 LCSI (Lim's Character Style Inventory) 성격검사로 개발되었다(임승환, 2002). LCSI 검사는 특성론과 유형론이 종합된 검사로 4-유형론을 처음 구성할 때는 융(Jung)의 심리유형 개념을 사용하였으나 나중에 주도, 표출, 우호, 분석이라는 독자적 명칭을 부여하고 [그림 10-3]과 같이 유형론으로서 체계를 갖추어 갔다. 4가지 유형은 전통적 기질(담즙질, 다혈질, 우울질, 점액질)이나 사상체질론(태양, 태음, 소양, 소음)과 맥을 같이 하고 있음을 확인하였고, 기질이라는 표현 대신 캐릭터(Character)라는 용어를 사용하였다(임승환, 2002).

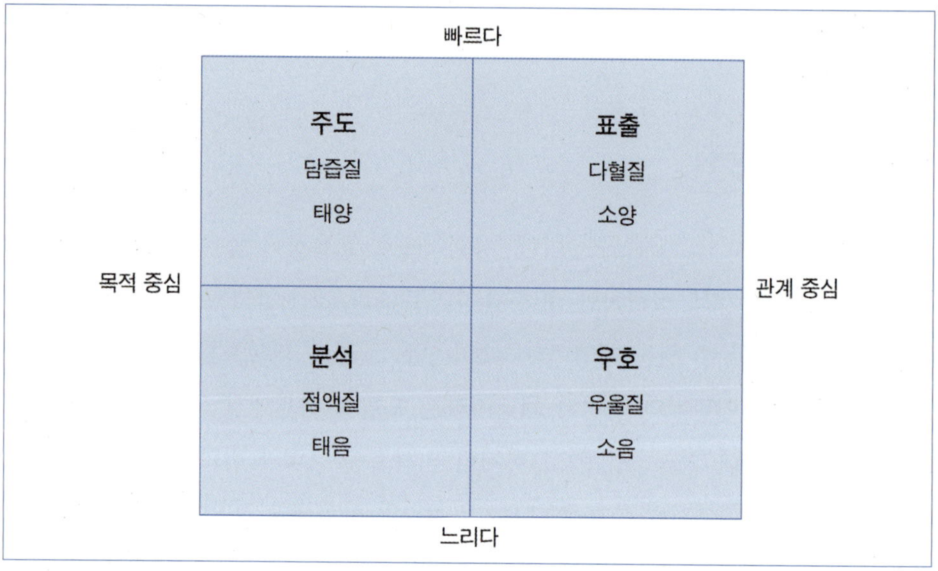

그림 10-3 한국적 4-캐릭터 유형론

출처: 임승환, 박제일(2015).

1) 유형 식별단서

유형론은 비판단적인 이론체계로서, 개인이 타고난 기질의 속성을 잘 수용하고 인식하도록 도와준다. 진정한 유형에 대한 체험과 지식은 효과적으로 진로를 설정하고 바람직하게 환경에 적응할 수 있도록 돕는 수단이 될 수 있다. 그러나 장시간에 걸쳐 경험한 자신의 성격구조와 정체성을 짧은 시간 내에 하나의 유형으로 파악하기란 쉽지 않다. 유형론에서는 타고난 유형을 정확히 찾는 것이 중요하지만 가장 큰 문제는 주관적 왜곡 가능성이다. 환경적 압력이나 기대에 부응하느라 유형적 특징과 무관한 행동을 많이 하고 있는 경우에는 정확한 유형 파악이 어려울 수 있으며, 특히 행위자 자신의 이기적 동기로 인해 유형을 왜곡 판단한 경우에는 대인관계나 환경적응 과정에서 심각한 부작용을 경험할 수도 있다.

유형을 보다 객관적으로 판단하는 데 도움이 되는 식별단서들을 수집하여 체계화하였다. 행위자 자신과 제3의 관찰자들이 특정 유형에 대한 식별단서를 알고 있을 경우에는 객관적 유형판단 가능성이 더 높아질 수 있고, 현실생활에서도 타인들을 관찰하는 데 보다 효과적일 수 있다. 그러나 특정한 개인에게서 현재 관찰되고 있는 행동 특성이 특정한 환경의 지속적 요구를 수용하는 과정에서 훈련된 결과일 수도 있다는 것을 유념해야 한다. 특정 유형 단서가 일시적으로 관찰되었다고 해서 유형을 속단하는 것은 위험하다. 직접관찰 경험과 유형별 집단토론을 통하여 검증한 언어적 특성과 비언어적 특성들을 〈표 10-1〉, 〈표 10-2〉에 제시하였다.

표10-1 4-유형별 언어적 특성 비교

관찰단서 \ 유형	주도	표출	우호	분석
발언 양	특정 주제 중심의 발언이 많고 사교적인 발언은 적다.	대인관계와 분위기 조성을 위한 발언이 많다.	초면에는 발언이 적고 경청형이다. 분위기가 편안해지면 발언한다.	주제가 없으면 발언하기가 어렵고 주제와 관련된 말만 한다.
발언 속도	빠르고 직접적이다.	빠르고 즉흥적이다.	느리고 완만하다.	느리고 정형적이다.
음성 톤	높고 단조롭다.	높고 다양하다.	낮고 부드럽다.	낮고 단조롭다.
언어적 감정표현	안정적이나 감정의 변화가 있을 때는 기복이 크다(격해진다).	언어적 감정표현이 활발하고 분위기를 촉진한다.	정서적 감수성은 좋으나 표현의 순발력이 약하다.	감정 변화가 적고 언어적 감정표현을 힘들어한다.

출처: 임승환, 박제일(2010).

표10-2 4-유형별 비언어적 특성 비교

관찰단서 \ 유형	주도	표출	우호	분석
안면 표정	강하고 남성적인 표정이다. 말이 없을 때는 무겁게 느껴진다.	표정 변화가 다양하다. 경쾌하고 낙천적인 느낌을 준다.	표정 변화가 적고 차분하다. 속마음에 따른 변화가 얼굴에서 감지된다.	표정 변화가 적고 차분하다. 속마음에 따른 변화 감지가 어렵다.
자세 변화	자주 변하지 않으나 역동적이고 동선이 크다.	자주 변하고 과정된 몸짓이 있다.	폭과 동선이 작고 손동작이 많다.	자세 변화가 적고 안정적이다.
시선	직접적이고 한 곳을 응시한다.	주변을 잘 살피고 안정감이 있다.	정면 응시는 피하나 사람을 살핀다.	정면 응시는 피하고 한 곳에 시선을 둔다.
기타 신체언어	직선적이고 박력 있는 손동작	다양한 신체언어 및 자유로운 손동작	긴장이완을 위한 동작과 잔몸짓	긴장조절 능력과 적은 신체언어

출처: 임승환, 박제일(2010).

2) 4-유형의 특징

타고난 기질 유형은 고유한 특성을 가지고 있으므로 쉽게 변하지 않는다. 각자 그 특성들을 수용하고 의식화하여 적극적으로 활용하는 것이 성격발달과 자기발전에 대단히 중요하다. 대인관계나 환경 적응과정에서 타고난 기질에 대한 부정적 인상을 갖게 된 사람들은 그 기질의 부정적 특성을 보완하기 위한 다양한 노력을 시도하는 과정에서 자신의 본래 특성을 왜곡할 수도 있다. 자신의 타고난 유형을 정확하게 찾을 수 있도록, 경험적으로 검증된 유형별 핵심특성을 다음에 제시하였다(임승환, 박제일, 2015).

(1) 주도형

빠르고 외향적이면서 사고기능을 많이 사용한다. 직선적이고 남성적인 담즙질이나 태양인의 특성과 유사하다.

절제력이 있지만 언어표현이 직선적이고 강하다. 목소리 톤이 높고 말의 속도가 비교적 빠르다. 상대방에 대한 공감적 경청보다는 자기중심적 판단이 강하다. 자신의 주장을 펼 때 객관적 자료나 근거를 중요시하며 논리적으로 설득하는 것을 좋아한다. 애매모호하거나 우회적인 표현을 싫어한다. 행동은 활발하고 역동적인 특성을 가지고 있지만 사고기능은 내성적이다.

사교성보다는 과업지향적 목표의식이 강하다. 일거리를 찾아서 하는 편이고, 능동적이고 의욕적이다. 사람과의 관계에서는 일정한 거리를 두는 편이다. 승부욕이 강하고 일을 추진하기 위해서는 집단 앞에 나서는 경향이 있다. 독립적이어서 대중 속에 휩쓸리는 것을 싫어하기 때문에 내향적인 사람으로 오인 받는 수가 있다. 과정보다 결과를 중시하여 빠르고 행동지향적이지만 자료 수집을 게을리하지 않는다.

자극에 대한 반응 속도가 빠르고 냉철한 판단력이 있다. 복잡한 것을 싫어하고 분명하고 간결한 것을 좋아한다. 주변의 눈치를 보지 않으며 흑백논리의 경향도 있다. 자신의 의견을 관철시키기 위하여 강한 주장을 하느라 대인관계에서 강직한 인상을 주기도 한다. 목적달성을 위해서는 누구라도 만날 수 있는 담력과 친화력을 가지고 있다. 집단에 참여하는 것은 목표달성을 위해서이다. 일사불란하고 조직적인 집단을 선호하고, 비능률적인 것을 못 참는다. 자신감이 강하고 과감한 판단력으로 인해 보스 기질이 있다는 평을 듣는다.

(2) 표출형

빠르고 외향적이면 상호작용을 통해 감성적 에너지를 만들어 낸다. 즐거움과 상호작용을 선호하는 다혈질이나 소양인의 성격특성과 유사하다.

감정표현이 풍부하고 어휘구사력이 좋다. 침묵을 싫어하고 사소한 것에도 맞장구치기를 좋아하며 유머감각이 있다. 눈 마주침과 신체언어를 잘 활용한다. 글보다는 말로 표현하는 능력이 훨씬 좋다. 타인에 대한 개방성, 배려, 감정의 솔직성 등으로 인해 주변에 사람이 쉽게 모여든다. 정서적으로 밝은 특성을 가지고 있다.

적극적인 집단활동과 사교적 인간관계를 통해 심리적 에너지를 발달시킨다. 친화적이고 집단에 소속하고자 하는 욕구가 강하다. 인간관계에서 협력하고 격려하는 촉매제 역할을 즐긴다. 집단에서 소외될 경우에는 심리적으로 쉽게 불안정해지며, 마음이 약하고 내성적인 측면이 두드러져 보인다. 자극과 흥분을 좋아하고 정열적이다.

호기심이 강하여 새로운 환경과 변화를 두려워하지 않는다. 전형적인 외향형이다.

목표달성보다는 인간관계의 활성화를 우선시한다. 모임이나 회의에서 적극적이고 분위기를 주도한다. 처음 보는 사람에게도 먼저 말을 건네고 인사한다. 남을 이해하고 여러 사람들에게 베풀기를 좋아한다. 다양한 사람들과의 만남과 대화를 즐긴다. 우호적인 대중들 앞에 나서는 것을 좋아하며 유희적 활동을 선호한다. 타인의 시선을 의식하는 편이며 사소한 것이라도 남으로부터 인정받고 칭찬받는 것을 좋아한다. 즉흥적이고 다혈질적인 속성으로 인해 성급해 보인다는 평을 듣기도 한다.

(3) 우호형

느긋한 내향형이면서 감성적인 부드러움을 내면에 간직하고 있다. 안정과 평화를 선호하는 우울질이나 소음인의 특성과 유사하다.

상대방에게 자신을 잘 드러내지 못하기 때문에 친숙해지기까지 시간이 걸린다. 그러나 한 번 관계가 형성되면 스스럼없이 대하고 깊은 속마음을 나누고 싶어 한다. 분명한 의사표현을 어려워하여 마음에 안 드는 경우에도 싫다는 의사를 직접적으로 표현하지 못할 수 있다. 남의 얘기를 경청하고 심정을 헤아려 주는 섬세한 성격 특성을 가지고 있다. 표현은 적지만 감수성은 높다.

낯익은 대인관계에서는 사교성이 높아지는 수가 있지만 전반적으로 대인관계에서 낯가림과 긴장을 경험한다. 외견상 침착해 보이지만 초면에 만나는 사람들에게 차갑다는 느낌을 주기도 한다. 신경계통의 반응 속도가 완만하고 느려서 정서적으로 긴장이 없는 평화로운 환경을 선호한다. 반추와 몰입을 통한 심리적 에너지 충전방식으로 인해 조용하고 감성적인 활동을 좋아한다. 강한 사회적 자극이나 활동을 많이 하는 것을 좋아하지 않는다. 빠르고 다각적인 대인 상호작용 후에는 일정 시간의 정적인 활동을 필요로 한다. 이완을 즐기는 내향형이다.

자신을 주장하기보다는 상대를 배려한다. 남과 맞서기보다는 자신을 낮추어 조화를 이루는 협조적 성격이다. 남을 위해 봉사하는 것을 좋아하며 팀워크와 동료애를 중시한다. 급격한 변화보다는 안정을 추구하며 익숙한 환경에서는 집중력과 대인적응 능력이 좋다. 대인관계가 넓지는 않지만 친절하고 협조적이라는 평을 듣는다. 새로운 환경에 빠르게 적응해야 할 경우는 심리적으로 어려움을 겪는다. 과업지향성이 강한 환경을 싫어한다.

(4) 분석형

느리고 논리적이면서 생각이 치밀하다. 아정과 자료를 선호하는 점액질이나 태음인의 특성과 유사하다.

말보다는 서면(書面) 의사소통을 좋아한다. 1:1 대화에는 쉽게 응하지만 말수가 적다. 시선 맞추기를 어려워하고 자세 변화가 적다. 남의 얘기를 잘 듣는 편이지만 자기중심이 강하다. 특정 분야에 대한 전문적이고 논리적인 토론에 강하다. 속마음을 털어놓기를 어려워하고 농담이나 사교적 잡담에는 적응하기 어려워한다. 충동 통제가 잘 되고 즉흥적인 감정 표출이 드물다.

이성적이며 특정 주제에 대한 집중력이 좋다. 내적 기준과 원칙을 중요시한다. 성취욕구와 인내력이 강하여 시작한 일을 포기하지 않고 끝까지 마무리하는 성격이다. 완벽함을 추구하는 경향이 있어서 자신의 실수를 용납하지 않는다. 신중하고 논리적이므로 치밀성을 요하는 장기과제에서 두각을 나타낼 수 있다. 차분하게 생각할 수 있는 독립적 공간과 혼자만의 시간을 선호한다. 모든 사안에 대해 꼼꼼하게 살펴봄으로써 안전을 확보하고자 하는 성격이다. 문제해결에 강한 내향형이다.

비사교적이고 남 앞에 나서는 것을 싫어한다. 일부 사람들로부터 가까이하기 어렵고 차갑다는 평을 듣기도 한다. 대인관계의 폭은 좁지만 깊게 사귀고 한 번 마음을 준 친구에게는 무한한 신뢰를 보낸다. 인간관계에서 충돌하는 것을 싫어하여 경쟁하는 것을 좋아하지 않는다. 감정통제와 자기절제가 강하여 자신과의 싸움에 능하다. 규칙을 준수해야 하는 단순 반복적인 상황에서는 안정감이 있지만, 즉흥성과 흥분을 요구하는 사교적 활동에서는 불안정해지고 심한 에너지 소모를 경험한다.

요 약 및 시사점

본 장에서는 삶을 영위해 가는 과정에서 무엇보다도 중요하게 다루어지고 있는 인간관계에 대해서 살펴보았다. 학습은 가르침과 배움이 동시에 발생하는 현상이며, 그 과정 중에서 교수자와 학습자, 교수자와 교수자, 학습자와 학습자라는 인간관계가 형성된다. 학습이 효율적으로 이루어지기 위해서는 학습이라는 환경을 구성하고 있는 인간들 사이에 긍정적인 관계가 형성되어야 함은 당연한 이치이다. 인간관계를 형성하는 과정에서 어떤 현상이 나타나고 있으며, 어떻게 형성되어 가는지에 대한 고찰은 우리의 삶을 돌아보는 기회가 될 수 있다. 특히 이번 장에서는 한국형 4-캐릭터 유형론에 따른 인간관계를 소개하여 나의 캐릭터 유형과 타인의 캐릭터 유형에 따른 인간관계를 추론해 볼 수 있도록 구성하였다. 인간관계가 나의 것을 주장하는 것보다는 타인을 배려함으로써 긍정적인 관계를 형성하기 쉽다는 것을 감안할 때, 타인의 욕구가 무엇인지를 알 수 있다는 것은 중요하게 작용할 수 있다.

사 례

인간관계에 지쳐서 … 직장인 절반, "난 자발적 아싸"

인간관계에 지친 '관태기' 라는 말이 나오고 혼자만의 시간을 중요하게 여기는 세태에 조직적으로 움직이는 회사 안에서의 직장인들은 어떨까.

10일 사람인이 직장인 422명을 대상으로 '회사에서 '인싸' 와 '아싸' 중 어디에 해당되는 지에 대해 조사한 결과에 따르면 10명 중 5명은 '자발적 아웃사이더' 라고 답했다.

스스로를 자발적 아웃사이더로 생각하는 비율은 남성(47%)보다는 여성(50%)의 비율이 근소한 차이로 높았다. 세대별로 보면 30대가 50.3%로 가장 높았고, 이어 40대(49%), 20대(47.7%), 50대 이상(38.1%) 순이었다.

이들이 자발적 아웃사이더의 길을 선택한 이유로 '업무만 제대로 하면 된다고 생각해서' (51.2%, 복수응답)와 '관계나 소속감에 크게 연연해하지 않아서' (51.2%)가 동률로 공동 1위로 꼽혔다.

업무 외의 시간은 개인의 영역이라고 생각하는 경향이 강해진 것이다. 계속해서, '나만의 시간이 더 중요해서' (44.9%), '잡담, 경조사 등 불필요한 일에 시간 뺏기기 싫어서' (41%), '인간관계에 지쳐서' (37.1%), '워라밸을 지키기 위해' (32.7%) 등의 이유가 있었다.

'자발적 아싸' 행동이 실제 직장생활에도 '긍정적이다' (62.9%)라는 의견이 많았다. 그 이유로는 '내 생활시간을 확보할 수 있어서' (66.7%, 복수응답)가 가장 많았다.

이 밖에 '인간관계로 스트레스 받을 일이 없음' (59.7%), '눈치 안 보고 할 일만 하면 됨' (54.3%), '업무성과 및 목표에만 집중할 수 있음' (30.2%), '불필요한 일을 시키지 않음' (27.1%)의 의견이 있었다.

응답자의 69.2%는 요즘 직장에서 '자발적 아싸' 문화가 증가하고 있다고 생각했다. 이러한 현상이 증가하는 이유로는 '개인주의 성향이 강해져서' (59.2%, 복수응답)라고 생각하는 이들이 가장 많았고 다음으로 '인간관계 부담을 줄이고 싶은 사람들이 많아서' (57.5%), '퇴근 후 자기 시간을 갖기 위해서' (52.7%), '평생직장의 개념이 약해 소속감이 희미해져서' (44.9%) 등이 뒤를 이었다.

또 직장인 10명 중 8명은 '자발적 아싸 문화 증가' 현상에 대해서 긍정적으로 평가했다. 한편 직장 내 인싸가 되기 위해 노력(51.4%)하는 직장인들은 그 이유로 '소속감과 관계형성을 중요하게 생각해서' (54.8%, 복수응답), '사내 정보 파악이 쉬워 업무에도 도움이 돼서' (41.5%), '직장생활에 활력소가 되기 때문에' (36.9%), '인맥 확보 등 대인관계를 넓히려고' (36.4%) 등이라고 밝혔다.

출처: http://moneys.mt.co.kr/news/mwView.php?no=2019041008128090117&outlink=1

연습 문제

1. 일상생활 속에서 내가 경험하고 있는 인간관계에는 어떤 것들이 있는지 생각해 보고 팀원들과 토의해 보자.

2. 건강한 인간관계를 형성하기 위해서 내가 무엇을 해야 할지에 대해서 숙고하고 이를 팀원들과 공유해 보자.

3. 나의 성격은 어떤 유형인지 추측해 보고, 내가 가지고 있는 강점과 약점이 대인관계 속에서 어떻게 나타나는지 팀원들에게 발표해 보자.

참고 문헌

강문희, 이광자, 박경(2009). **인간관계의 이해**. 서울: 학지사.

김반아(2015). 관계적 인간의 형성: 부모 자녀 의사소통이 자녀의 대인관계능력에 미치는 영향. 서울대학교 대학원 박사학위논문.

김재숙, 송경자(2002). 체형 및 의복 색이 남자아동의 인상형성에 미치는 영향. **대한가정학회지**, 40(2), 29-37.

남미우(1992). 상황, 의복단서 및 관찰자변인이 남자착용자의 인상에 미치는 영향. 연세대학교 대학원 박사학위논문.

박문태, 박외숙, 정규원, 고원자, 송명자, 김민조(2010). **건강한 인간관계**. 울산: 울산대학교 출판부.

박은진(2017). 상사의 커뮤니케이션 전략이 종업원의 인상형성과 직무몰입에 미치는 영향: 유머와 이모티콘을 중심으로. 조선대학교, 박사학위논문.

배행자, 이인선(2004). 호감(Attraction) 개념분석. **정신간호학회지**, 13(3), 323-333.

서상택(2012). 인간관계 회복을 위한 대화훈련 프로그램 연구. 장로회신학대학교 목회전문 대학원 박사학위논문.

이인자, 신효정(2001), 의복에 따른 외모가 인상형성에 미치는 영향에 관한 연구. **생활문화·예술논집**, 24, 203-220.

이희수, 이훈구(1986). 호감도가 성과귀인에 미치는 영향. **한국심리학회지 사회 및 성격**, 3(1), 95-116.

임숙자, 황선진, 이종남, 이승희, 양윤(2002). **현대 의상사회심리학**. 서울: 수학사.

임승환 (2002). 행동유형론(대인관계 중심의 성격유형론) 정립을 위한 경험적 연구. **한국심리학회지: 상담과 심리치료**, 14(3), 705-723.

임승환, 박제일(2015). **한국형 심리검사 LCSI의 이해와 활용**. 서울: 림스연구소.

장성화(2008). **쉽게 풀어 쓴 인간관계론**. 서울: 동문사.

최송미, 연문희(2005). 한국 대학생의 사회적 유능성 구성요인 탐색과 유용성 연구. **한국심리학회지: 상담 및 심리치료**, 17(1), 131-155.

Adler, R. B. A., & Procter, R. F.(2014). *Looking Out, Looking in*. CA: Wadsworth; 정태연 역(2015). **인간관계와 의사소통의 심리학**. 파주: 교육과학사.

Carpenter, B. N.(1993). Relational competence. In W. H. Jones & D. Perlman(Eds.), *Advances in personal relationships*(vol. 4, pp. 1-28). Philadelphia, PA: Jessica Kingsley Publishers.

Hilgard, E. R., Atkinson, R. L., & Atkinson, R. C.(1979). *Introduction to psychogy*(7th ed.). New York: Harcourt Brace Jovanovich.

Lennon, S. J. Davis, L. L.(1989). Clothing and human behavior from a social cognitive framework Part I: Theoretical perspectives. *Clothing and Textiles Research Journal,* 7(4), 41-48.

Lott, A. J.. Lott, B. E.(1972). *The power of liking: Consequences of interpersonal attitudes derived from a liberalized view of secondary reinforcement.* New York: Advances in experimental social psychology. pp.109-310.

Matlin, M. W., & Stang, D. J.(1978). *The pollyanna principle: Selectivity in language, memory, and thought.* Cambridge, MA: Schenkman.

Schneider, D. J., Hastrof, A. H., & Ellsworth, P. C.(1979). *Person Perception Reading*(2nd ed.), MA: Addison-Wesley.

Schneider, R. J., Ackerman, P. L., & Kanfer, R.(1996). To "act wisely in human relations:" exploring the dimensions of social competence. *Personality and individual Differences,* 21(4), 469-481.

Weiten, W., & Lloyd, M. A. (2000). *Psychology applied to modern life: Adjustment at the turn of the century*(6th ed.). Belmont, CA, US: Wadsworth/Thomson Learning.

Chapter 11

평생교육과 학습상담

현재 우리가 살고 있는 세계는 급격한 변화의 시대라고 말한다. 변화하는 시대에 그동안 학교교육으로 얻은 지식만으로 적응하기 어려운 것이 현실이다. 교육대상은 더 이상 아동 및 청소년으로 국한되지 않는다. 성인교육의 필요성이 제기되고 있으며 교육내용도 학습자를 중심으로 전문화, 다양화되어 가고 있다. 새로운 환경에 맞추어 새로운 교육실천이 필요한 시점이다.

특히 직업세계의 발전은 평생교육의 차원에서 계속적인 교육을 요구하고 있다. 평생교육을 실천하지 않으면 현재 직업환경에서도 도태되게 된다. 환경에 적응하기 위해서는 생존의 차원에서라도 지속적인 학습에 참여해야 한다. 그러나 모든 사람이 학습에 참여하지 못하고 있다. 학습전략 또는 학습방법의 지식이 부족히여 평생힉습에서 자연스럽게 노태되는 사람이 나타나고 있다. 이런 상황에서 학습상담의 관점은 함께 살아가기 위한 해결책으로 적용될 수 있다. 본 장에서는 평생교육의 관점에서 학습능력 향상을 위한 내용과 타인의 학습을 도와주기 위한 학습상담을 다루어 보고자 한다.

1. 학습상담의 개념

학습상담은 학습과 상담의 의미가 결부되어 이루어진 개념이므로, 학습상담의 개념을 이해하기 위해서는 학습과 상담 각각의 용어의 의미에 대한 이해가 선행되어야 할 것이다. 먼저 학습의 정의는 그 관점에 따라 다양할 수 있는데, 일반적인 사전적 정의는 '지식이나 기술을 배워서 익히는 것'이다. 교육학, 심리학, 상담학과 같은 학문분야에서 학습은 일반적으로 '경험에 의해 야기되는 비교적 지속적인 행동의 변화의 과정'을 의미하는 것으로서, 후천적 요인에 의한 변화과정을 지칭하고 있다(이성진 외, 2009).

1) 학습

일반 사전적 정의에서 학습이란 '지식이나 기술을 배워서 익히는 것'이다. 다른 표현으로 보면, 낯선 것을 배워서 알게 되고 서투르게 알고 있는 것을 익혀서 숙달하는 과정인 것이다(Olson & Hergenhahn, 2009). 또한 다양한 학습에 대한 정의 속에서 공통적인 요소는 '학습은 행동에서 또는 주어진 형식대로 반응하기 위한 능력에서 계속되는 변화이며, 그것은 실습 또는 경험의 다른 형태로부터 나온다'(Schunk, 1991)는 것이다. 다른 맥락에서 학습은 보다 좁은 의미를 가지고 있는데, 제도교육이 구하는 교과의 내용을 정해진 기간 동안에 정해진 수준만큼 배우고 익혀야 하는 활동을 말한다. 학습이 이러한 맥락에서 사용될 경우에는 학습이라는 말보다는 '학업'이라는 말이 더 적절하게 표현되기도 한다(김형태, 오익수, 김원중, 김동일, 1996). 학교와 같은 제도적 교육기관에서 실시하는 각종 성취도 평가에서 보다 높은 점수와 등수를 획득하기 위한 수단적 행동이라는 의미를 가지고 있는 것이다. 이러한 학업은 특정 교과나 주제를 연구하여 그 연구결과를 습득하는 작업으로 특히 학교 성적과 관련된 학습행위를 의미할 수 있다(김익진, 2010).

그러나 학습과정에서 실수(error) 혹은 학습실패(academic failure)는 필연적으로 발생한다(김종백, 2010). 예를 들어, 학생들은 수업시간에 주의가 분산되어 교사의 말을 이해하지 못하거나 문제를 잘못 해결하는 경우도 있다. 또 학생들은 새로운 공식이나 개념을 배우는 상황에서 기존의 지식을 잘못 활용하거나, 사전지식이 없어 문제를 해결하지 못하고 어려움을 겪거나 혹은 오답을 산출하곤 한다. 학습이란 현재 가진 지식이나 기술 이상의 능력, 이해를 습득하거나 기존의 지식을 유용한 형태로 수정해 가는 과정을 내포하기 때문에 이런 실수와 실패는 매우 당연한 현상 중 하나이다. 그러나 학습자와 교수자는 모두 도달하고자 하는 목표를 가지고 학습에 임하므로, 결과적으로 학습과정에서 발생하는 실패는 목적을 이루지 못한 미성취 상태로 정의된다. 따라서 실패를 유발하는 과제는 학생들에게 매우 도전적인 것으로 인식되며, 결과적으로 대부분 학습자는 학습실패 상황에 대해 어려움과 스트레스를 느끼게 된다(이성원, 2018).

2) 학습에서 호소하는 문제

우리나라 학생들이 학업문제에서 가장 큰 정신적 부담감을 가지고 스트레스를 받고 있다. 특히 시험에 실패했거나 성적 부진 및 저하로 부모나 교사에게서 야단맞을 때 가장 큰 스트레스를 받는다고 한다. 김계현 등(2009)은 청소년이 호소하는 학습 문제의 유형을 성적 저하로 인한 걱정과 스트레스 유형, 시험불안 유형, 학업능률 저하로 학업동기도 있고 실제로 많은 시간 공부를 하는데 성적이 오르지 않거나 부진한 유형, 공부에 대한 회의와 동기 저하 유형이다. 한국청소년상담원에서는 등교 부담, 수업 부담, 학업 소진, 학업 무의미, 시험불안, 결과 불안, 방법 불안, 학업 외 관심, 학업 무계획, 학업 비효율, 자기이해 부족, 자신감 부족(교우관계), 자신감 부족(학교 적응) 및 학업 자아개념 등 14가지 영역의 학습문제를 설정하였다.

황매향(2008)은 학업문제를 학업성취도와 관련된 능력의 문제, 학업과 관련된 태도의 문제, 실제 학업을 수행하는 행동의 문제로 분류하는 개념적인 틀을 제안하면서, 능력의 문제로 지능, 태도에 해당하는 문제로 학습동기, 행동에 해당하는 문제로 학습전략을 중요하게 다루었다.

김창대 등(1994)은 학생들이 주로 호소하는 학습문제 유형을 12가지로 정리하였는데, 시험불안, 공부 자체에 대한 회의와 의문, 집중력 부족, 성적 저하 및 지조로 인한 걱정과 스트레스, 공부방법을 모르겠음, 공부하는 것에 대한 반감, 노력은 했는데 성적이 오르지 않음, 지적인 능력의 부족, 공부하는 습관이 형성되지 않았음, 공부에 대한 동기 부족, 성적에 대한 집착, 성적으로 인한 인간관계의 문제였다. 이를 자세하게 살펴보면 다음 〈표 11-1〉과 같다.

표 11-1 학업의 호소문제 유형

유형	예
① 시험불안(시험에 따른 불안감과 압박감, 스트레스 등)	**(청소년)** 대학입시가 무섭다. 떨어지면 이 세상이 끝날 것 같다. 시험에 대한 압박감에 싸여 있다. 고입시험으로 인한 압박감을 느낀다. 시험시간에 문제를 다 못 풀까 봐 중압감을 많이 느낀다. **(부모)** 시험 때만 되면 너무 경쟁적이고 예민해진다. 시험이 걱정되어 잠을 못 잔다. 시험을 볼 때마다 아플 때가 많다. 시험기간을 두려워한다.
② 공부 자체에 대한 회의와 의문(공부의 필요성에 대한 근본적인 의문과 회의)	**(청소년)** 공부를 왜 해야 하는지 몰라서 고민을 한다. 왜 공부하는지 잘 모르겠다. **(부모)** 공부를 책임감, 의무감으로 한다.
③ 집중력 부족(주의산만, 잡념 등으로 인해 집중력이 부족해서 공부나 성적에 영향을 주는 경우)	**(청소년)** 공부를 하려 해도 집중이 되지 않는다. 정신이 산만해서 공부 집중도가 떨어진다. 공부할 때 잡생각이 많이 나서 공부가 잘 안 된다.
④ 성적 저하 및 저조로 인한 걱정과 스트레스(성적이 떨어지거나 오르지 않아서 걱정과 스트레스를 겪는 경우)	**(청소년)** 중학교와 비교해서 성적이 많이 떨어졌다. 성적이 떨어지면 내가 장래에 뭐가 될까 걱정하게 된다. 성적이 자꾸 떨어져 걱정이다. **(부모)** 성적이 떨어졌을 때 지나치게 자신감을 잃는다. 성적이 오르지 않아 불안해한다.
⑤ 공부방법 문제(효과적으로 공부하는 방법을 모르거나 부적절한 방법으로 공부함으로써 공부나 성적에 영향이 있는 경우)	**(청소년)** 공부를 해야 하는데 어디서 어떻게 해야 하는지 모르겠다. 공부를 하겠다고 마음은 먹지만 무엇부터 해야 할지 모르겠다. 공부하는 방법을 몰라서 방황한다. **(부모)** 체계적으로 공부하지 않는다.
⑥ 공부에 대한 반감(공부에 대한 근본적인 의문은 별로 없이 공부하는 것 자체에 대한 반감과 반발심을 갖는 경우)	**(청소년)** 공부가 하기 싫다. 모든 일이 대학입시를 위해서만 이루어진다. 공부한다는 것에 대해서 모두 반감을 가지고 있다. **(부모)** 시험을 왜 치러야 하는가 지겨워한다. **(교사)** 공부, 공부하라는 소리에 싫증을 많이 낸다.

⑦ 노력은 했는데 성적이 안 오름(나름대로 공부를 하려고 하고 또 실제로 했음에도 불구하고 뚜렷한 원인을 알 수 없이 결과가 좋지 않아 고민하는 경우)	**(청소년)** 노력을 해도 성적이 오르지 않는다. 내가 노력한 만큼 성적이 안 나온다. 열심히 한다고 하는데 성적이 떨어진다.
⑧ 능력 부족(실제 능력, 즉 지능이나 기억력이 낮거나 부족하여 공부나 성적에 영향을 받는 경우)	**(청소년)** 머리가 나쁜 것 같다. 성적이 떨어질 때면 내 머리를 의심하게 된다. 기억력이 나쁘다.
⑨ 공부습관 미형성(공부를 하고자 하는 마음은 있는데 단지 그것이 체계적인 습관으로 형성되지 않은 경우)	**(청소년)** 공부하는 버릇이 안 들었다. 공부하는 것을 자꾸 미룬다. 계획을 짜놓고 실천을 안하게 된다. 공부 계획을 제대로 실천하지 못한다. **(부모)** 당일치기를 한다. 오랫동안 책상 앞에 앉아 있지를 못한다. 학교 외에는 가정에서 공부하는 시간이 없다.
⑩ 공부에 대한 동기 부족(공부에 대한 반감이나 반발심과 같은 부정적인 감정은 없고 단지 공부하려는 마음이 형성되어 있지 않은 경우)	**(청소년)** 밤에 공부만 하면 잠이 온다. **(부모)** 건성으로 공부한다. 공부는 안하고 놀기만 한다.
⑪ 성적에 대한 집착(공부의 질적인 면에 치중하기보다는 점수와 등수에 얽매여서 경쟁심을 느끼고 심지어는 죽고 싶다는 생각까지 하는 경우)	**(청소년)** 성적, 등수가 자꾸 떨어지니까 다른 사람과 비교를 한다. 성적 때문에 어떤 때는 죽고 싶다는 생각이 든다. **(부모)** 자신에 대한 평가를 성적에 둔다. **(교사)** 점수에 너무 얽매인다.
⑫ 성적으로 인한 관계에서의 문제(위에서 언급된 공부 및 성적에 대한 문제들로 인해 친구나 부모, 교사와의 관계에서 문제를 겪는 경우)	**〈친구와의 관계〉 (청소년)** 성적에 치우치다 보니 친구들을 잃어 항상 외톨이인 친구가 있다. 성적을 속인다. **(부모)** 자기 외에 다른 아이가 공부를 못하게 방해한다. **〈부모와의 관계〉 (청소년)** 어머니나 선생님이 공부하라고 해서 고민이다. 성적이 올랐어도 부모님이 바라는 만큼 못해서 자신 있게 못 보여드린다. 성적이 나빠 부모님께 혼날까 봐 고민이다. 학교 성적이 나빠서 부모님께 꾸중들어 공부가 싫어진다. **〈교사와의 관계〉 (청소년)** 성적이 부진하면 선생님께 듣는 꾸중이나 체벌이 두렵다.

출처: 김창대, 이정윤, 임은미, 김택호, 이영선(1994).

김만권과 한종철(2001)은 학생에게 올바른 학습 지도를 하고자 한다면 우선 학생에 대한 올바른 이해 및 판단이 선행되어야 한다고 보았다. 일반적으로 노력만으로 학습에서도 얼마든지 성공할 수 있다는 선입견을 가지고, 학생의 성적이 오르지 않으면 거의 무의식적으로 노력만을 강조하게 되는데, 노력한다고 해서 누구나 성적이 오르는 것은 아니므로 무턱대고 노력을 강요하기보다는 학생이 처한 상황을 잘 파악하고, 학생의 특성에 부합되는 방법을 찾은 후에 노력을 기울이도록 해주어야 한다고 주장하였다. 즉, 학생 내담자의 성격적 · 심리적 특성에 따라 학습방식이나 선호하는 교수방식이 다를 수 있으므로 이를 고려하여 능동적으로 학습할 수 있도록 하는 것이 학습 효과를 높이는 데 도움이 되는 것이다.

3) 학습상담

상담에 대한 정의 역시 다양하지만 일반적으로 개인이 직면하고 있거나 직면할 수 있는 문제를 해결하도록 상담자가 조력하는 과정을 의미한다(이재규 외, 2013). 일반적으로 상담의 정의는 '도움이 필요한 내담자와 전문적 훈련을 받은 상담자가 상호작용하면서 내담자 스스로 문제를 잘 해결하여 바람직하고 성숙한 인간으로 성장할 수 있도록 도움을 주는 활동 또는 조언기능'(연문희, 강진령, 2002)이라고 볼 수 있다.

이에 따라, 학습상담은 학습과정 중에서 발생하는 문제를 해결할 수 있도록 조력하는 과정으로 볼 수 있다. 즉, 학습상담이란 내담자가 학습의 과정에서 원하는 바를 인식하고 성취할 수 있도록 돕는 과정이라고 할 수 있다. 선행 연구를 살펴보면, 새로운 지식을 습득하고 활용할 수 있도록 도와주는 활동(황매향, 2009), 학습하는 과정에서 겪게 되는 어려움을 돕거나 지식을 보다 효율적으로 습득, 활용, 생산하도록 돕는 예방적, 발달적 차원에서의 상담(권영배, 이종연, 2010), 학습 취약 문제를 분석하고 동기를 유발하여 자신감을 향상시키기 위한 프로그램(임춘배, 오승익, 2008) 등 다양한 관점에서 학습상담을 제시하고 있다. 학습과 상담의 의미를 고려해 볼 때, 학습상담이란 개인이 무엇인가를 배우고 익히는 과정에서 겪는 문제를 보다 체계적이고 통합적으로 해결하여 유능한 학습자가 되도록 조력하는 과정이라고 할 수 있다(이재규 외, 2013).

첫째, 학습상담은 학생들로 하여금 학습과 관련된 자신의 원함을 명확하게 인식하도록 돕는 과정이다.

둘째, 학습상담은 학생들로 하여금 학습과 관련된 자신의 원함을 실현하기 위한 자신의 잠재력을 인식하고 활동하도록 돕는 과정이다.

셋째, 학습상담은 학생들이 학습과 관련하여 자신의 원함을 실현하기 위한 자신의 사고, 행동, 전략을 객관적으로 파악하고, 보다 유익하고 효과적인 사고, 행동 전략을 구성할 수 있도록 돕는 과정이다.

넷째, 학습상담은 학생들이 원함 달성에 보다 유익하고 효과적인 사고, 행동, 전략을 실천하도록 돕는 과정이다.

다섯째, 학습상담은 학생들이 학습과 관련하여 경험하는 좌절에 의연하게 대처하도록 돕는 과정이다.

또한 학습코칭(learning coaching)과 학업상담이라는 용어도 사용되고 있는데, 학습코칭은 교수자가 학습과정 및 전략에 대해 가르치는 과정(Hamman, Berthelot, Saia & Crowley, 2000)이고 학업상담은 보통 학교 성적과 관련되는 학습 행위인 학업을 성공적으로 수행할 수 있도록 학생들의 학습기술을 향상시키고 학생들의 전반적인 학업발달 및 학업적응을 돕는 것(권영배, 이종연, 2010)으로 정의하고 있다. 따라서 학습상담 개념은 학습코칭과 학업상담의 개념을 포함하는 총괄적인 개념으로 사용되고 있음을 알 수 있다.

2. 학습과 학습자 변인

1) 학습동기

동기는 행동을 조작하고 활기 있게 하는 힘이다. 힘이 무엇인가를 움직이게 하는 것처럼 동기는 사람을 움직이게 한다. 동기(motivation)란 움직인다는 의미의 라틴어

(Movere)에서 유래되었으며 인간의 행동을 일으키는 근원적인 힘으로 이해되고 있다.

동기는 학습과 관련하여 일반동기와 특수동기로 구분할 수 있다. 학습에 대한 일반동기(general motivation)란 학습상황에서 지식의 습득과 기능의 숙달을 위해 노력하는 지속적이고 폭넓은 경향을 의미한다. 특수동기(specific motivation)는 특정 영역이나 내용의 학습에 관해서만 동기화되는 것이다. 학습에서의 특수동기는 특정 과목 혹은 수업시간의 학습에서만 학생들의 학습을 촉진시키게 된다. 따라서 특수동기는 교사의 통제 범위 안에 있다고 볼 수 있으며, 특정 전략에 의해 변화될 수 있다.

동기의 범주를 외재적 동기와 내재적 동기로 구분하여 설명할 수 있다. 외재적 동기(extrinsic motivation)란 학습자가 외부에서 받을 수 있는 강화자로서의 동기를 의미한다. 외재적 동기는 학습자의 내적인 면에 긍정적인 영향을 줄 수도 있지만, 대체로 학습자 내부의 동기를 감소시키거나 학습자에게 낮은 자기인식과 편협한 초점을 형성시킬 수 있다는 비판을 받기도 한다. 내재적 동기(intrinsic motivation)는 학습자가 본질적으로 가지고 있는 동기로서 학습자의 흥미나 호기심과 같은 요인에서 유래하는 스스로의 욕구에 대한 반응을 의미한다. 내재적 동기는 학습자가 학습과제에 대한 외부의 보상과는 상관없이 능동적으로 참여할 때 형성된다. 학생들의 성취동기, 자아실현의 욕구 등은 내재적 동기의 대표적인 예다(임규혁, 임웅, 2007).

2) 성취동기

성취동기는 학교에서의 학업성취에 가장 큰 영향을 미치는 동기 요인이다. 성취동기는 머레이(Murray)의 욕구이론 중에 서술된 성취욕구(Need of Achievement)로부터 발전된 것이다. 성취동기란 일반적으로 어떤 훌륭한 과업을 성취하고자 하는 내적 의욕을 말하며 곤란한 과업을 성공적으로 수행하려 하고 경쟁 상태에서 타인보다 우수한 성적을 획득하려는 심리 특성이며, 어떠한 가치에 대하여 자기의 능력을 발휘하여 장애를 극복하고 가급적 성공적으로 그 목표를 달성하려는 동기 또는 요구를 의미한다.

성취동기라는 개념은 맥클레랜드(McClelland)에 의해서 발전되었다. 맥클레랜드(McClelland, 1961)에 의하면 성취동기는 "그 기대수준이 탁월기준(standard of excellence)

에 있는 동기"를 말한다. 여기서 탁월기준이란 높이 평가받을 수 있는 업무 수행의 정도를 일컫는다. 앳킨슨(Atkinson)은 성취동기란 어떠한 우월성의 기준(본인 또는 타인에 의하여 규정된)과의 관계에서 볼 때 성공이나 실패로 평가되는 과제에 대한 강하고 지속적이고 목표지향적인 행동과 통하는 내적 상태라고 했다. 박용헌(1976)은 성취동기를 "어떤 훌륭하고 어려운 일을 열심히 그리고 될 수 있는 대로 신속히 또는 지속적으로 수행하려는 의욕"으로 보았으며, 매슬로우(Maslow)는 성취동기를 자아실현의 욕구에 포함시키고 있다.

맥클레랜드는 성취동기 수준이 높은 사람의 행동을 첫째, 개인의 의견에 도전할 만한 가치가 있는 일들을 탐색하며 그 일을 능률적으로 수행하며, 성취해 낼 수 있을 것이라고 자신감을 갖는다. 둘째, 우연이나 요행만으로 가능한 일에는 별 흥미를 갖지 못한다. 셋째, 자신들의 능력을 해낼 수 있는 일에 보다 더 도전적이고 흥미를 갖는다. 허만(Herman, 1970)은 성취동기 수준이 높은 사람의 행동특성을 첫째, 주어진 과제해결에 자신을 가지며 과제를 해결했을 때 또 다른 과제를 찾아 해결하려고 노력한다. 둘째, 정력적이며 적절한 모험성이 있는 행동을 즐긴다. 셋째, 자기에게 맡겨진 일을 열심히 하고 보다 나은 지위에 오르려고 노력한다. 넷째, 맡겨진 과업해결에 끝까지 노력하는 근성이 있다. 다섯째, 자기가 행한 결과를 빨리 알려고 노력하며 잘못되었을 경우 책임을 남에게 전가하지 않는다. 여섯째, 시간관념이 뚜렷하고 규칙적이며 계획적인 생활을 하려고 노력한다. 일곱째, 자기보다 나은 동료를 선택하고 동료와의 경쟁에서 이기려고 노력한다. 여덟째, 윗사람의 신임을 받으려고 하며 동료의 리더가 되려고 한다. 아홉째, 독창적인 사고와 혁신적인 활동을 찾아 즐긴다.

최근 교육현장에서는 성취동기를 설명하는 데 목표의 개념이 도입되어 성취동기 이론을 보완하고 있다. 수업상황에서 교사는 학생들의 다양한 성취동기를 이해하고 증진시키기 위해서 구체적으로 다음과 같은 역할을 해야 한다(임규혁, 임웅, 2007).

첫째, 과제 수행의 성공에 대한 기대의 가능성을 높여준다. 학생들에게 성공적으로 학습과제를 수행할 수 있다는 기대를 높여주어야 하는 이유는 그들이 학습목적으로 성취할 수 없다고 생각하면 성취하려는 동기도 생기지 않기 때문이다.

둘째, 학습결과를 평가하는 과정에서 학습의 성공과 실패를 내적으로 귀인시켜 주어야 한다.

셋째, 학습과제 수행에서 실패하였을 경우라도 벌을 최소화하고, 할 수 있는 가능성과 시사점을 구체적으로 명시해 줌으로써 성취동기를 북돋아 주어야 한다.

3) 자아효능감

자아효능감은 특정 과제에서 성공할 수 있는지에 대한 개인의 능력을 스스로 사정하거나 평가하는 것을 의미하며, 과제를 수행할 수 있다는 자기 자신에 대한 믿음으로 개인의 특성을 설명하고 예언하는 데 중요한 요인이다. 반두라(Bandura, 1977)는 자아효능감을 개인이 어떤 결과를 산출하기 위해 요구되는 행동을 성공적으로 수행할 수 있다는 개인의 신념으로 정의하였다. 자아효능감은 학습자가 자기 자신을 얼마나 유능한 사람이라고 지각하고 있느냐와 관련이 있다. 즉 개인의 성취 장면에서 자신의 능력에 대해 가지는 기대로 자신의 능력에 대한 개인적 판단 및 신념이라고 할 수 있다(신효정 외, 2016).

일반적으로 자아효능감이 높은 학습자의 경우는 성공에 대한 믿음이 강하기 때문에 보다 도전적인 과제를 선택하고 목표 도달에 실패할 경우 더 노력해서 과제의 성취에 한 발짝 다가서게 된다. 하지만, 자아효능감이 낮은 학생들의 경우, 실패의 원인을 능력 부족이나 외부, 운 등의 요인 등으로 돌림으로써 보다 성공의 기회를 높이기 위해 쉬운 과제를 선택하거나 학습에 실패했을 경우 쉽게 포기하게 된다. 이러한 이유로 자아효능감이 낮은 학생들은 학업성취가 낮아진다.

자아효능감은 상황특수적인 특성을 가지고 있어서 한 개인이 어떤 영역에는 자아효능감이 높은 반면, 다른 영역에는 낮은 자아효능감을 보일 수 있다. 즉, 어떤 사람이 축구는 잘하지만, 외국어는 못한다고 스스로 판단하면, 그 판단이 학업성취뿐만 아니라 학습과제에 투여하는 노력까지도 지속적인 영향을 받게 된다. 이러한 자아효능감의 속성은 적절한 계획이 수반되면 충분히 경험할 수 있고 변화될 수 있으므로 교사는 학생이 자아효능감을 갖는 경험을 할 수 있도록 배려할 필요가 있다(임규혁, 임웅, 2007).

4) 학습된 무력감

학습된 무력감이란 어떤 일에 대해 스스로 통제하는 것이 불가능할 때 나타나는 심리적 상태를 말하며, 개인이 자유나 통제력을 극심하게 상실하거나 연속적으로 실패를 경험하게 되고 자신의 행동반응과는 상관없이 모든 일이 이루어진다면 심리적 혼란과 반응을 포기하는 현상이 생기고, 우울한 감정에 압도당하게 되어 미래에 대한 기대조차 할 수 없는 무력감을 경험하게 된다(변금숙, 1999). 정봉교 등(2003)은 실패 경험 속에서 반응과 결과가 무반응적이고 통제 불가능하다고 지각하며 자신이 이러한 무반응적이고 통제 불가능한 세상을 극복할 능력이 없다고 믿는 상태를 학습된 무력감이라고 하였다. 김진희(2008)는 학습된 무력감이란 일시적인 무력감이 아니라 그동안의 잦은 실패 경험으로부터 누적된 무력감으로서 의지와 의욕이 아무것도 하기 싫은 상태를 가리킨다고 하였다.

학습된 무력감 가설(Seligman, 1975)에 의하면 학습된 무력감은 결과가 반응에 무관하다는 사실에 노출한 후 나타나는 행동장애를 의미하며, 이에 따르는 동기적 · 인지적 · 정서적 장애를 말한다. 동기적 장애란 결과가 통제 불가능할 것이라는 기대를 가짐으로써 유발되는 자발적 반응의 저하를 의미하며, 인지적 장애란 일단 통제 불가능성을 경험하면 후속과제에서도 결과를 통제할 수 있는 반응을 학습하는 것이 곤란해짐을 뜻하고, 정서적 장애란 결과의 통제 가능성에 대해 확신을 갖지 못하기 때문에 나타나는 정서적 변화를 의미하며 주로 우울 정서의 변화를 강조하고 있다(Seligman, 1975).

학습된 무력감은 비단 학습상황이나 학교생활에만 나쁜 영향을 미치는 것이 아니라 인지적 · 정서적 · 동기적인 측면에서 장애를 일으켜 개인의 삶 전체에 영향을 미치게 되며 심지어 삶을 포기하려는 위기상황까지 몰고갈 수 있다. 셀리그만(Seligman, 1975)은 회피할 수 없는 혐오자극을 받게 되면 첫째, 동기 저하로서 환경에 능동적으로 반응하려는 의욕이 저하된다. 둘째, 학습능력의 저하로 유기체의 반응이 강화될 것이라는 사실을 학습하기가 어려워 성공 체험에 대한 인지왜곡이 생긴다. 셋째, 정서적 혼란이나 정서장애 발생으로 정서적 균형이 깨져 우울증과 불안의 감정이 우세하게 된다고 하였다.

5) 불안

일반적으로 불안(anxiety)이란 편안하지 않으며 불길한 예감이 들고 긴장을 느끼는 상태, 또는 어떤 특정한 상황에 대하여 자신이 위협을 받는다고 느낌으로써 야기되는 불쾌한 감정적인 반응을 의미한다. 불안은 걱정(worrying)과 정서성(emotionality)의 두 가지 구성요소로 구분된다. 걱정은 불안의 인지적 측면으로서 어떤 상황을 다룰 수 있는 능력에 대한 당혹스러운 생각과 믿음을 포함하고 있다. 정서성은 불안의 정서적인 측면으로서 근육의 긴장, 심장박동수의 증가와 같은 생리적인 반응을 포함한다(임규혁, 임웅, 2007). 불안 자체는 누구에게나 불쾌한 경험이기 때문에 계속되는 불안은 감내하기 힘들고 행동수정상 여러 가지 부정적인 영향을 미치게 된다.

불안을 일련의 정서적 과정으로 이해하고자 했던 스필버거(Spielberger, 1972)는 불안을 긴장감과 염려, 그리고 증대된 자율신경계통의 활동으로 특징지어지는 정서 상태라고 정의하면서 불안을 상태불안과 특성불안으로 구분하였다. 상태불안은 시간이 경과함에 따라 그 강도가 변하는 일시적인 감정 상태를 의미하며, 위협을 어떻게 받아들이는가에 따라서 불안 정도가 변화될 수 있는 특징이 있다고 하였다. 이 상태불안은 긴장이나 염려가 의식적으로 지각된 감정이며 자율신경계의 활동을 일으킨다. 반대로 특성불안이란 광범위한 여러 종류의 상황들을 위협적인 것으로 지각하고 그와 같은 상황에 대하여 불안 상태로 반응하는 개인 성향이라 볼 수 있다. 즉 특성불안은 개인차를 지닌 동기나 행동성향으로서 광범위한 자극상황을 위험한 것으로 지각하는 성향이 개인에 따라 다르다는 것을 의미한다.

불안의 한 형태인 시험불안은 자신의 능력에 대한 평가를 받는 시험이라고 하는 특수한 상황에서 개인의 경험과 더불어 나타나는 여러 가지 종류의 신체적 또는 행동적 반응이라고 정의할 수 있다(조수철, 1991). 적절한 수준의 불안은 학업에 대한 높은 동기를 불러일으키지만, 높은 수준의 불안은 신체를 지나치게 각성시켜 시험을 볼 때 다른 생각을 하게 한다거나 잠을 자게 하는 등 개인의 능력을 충분히 발휘하지 못하게 한다. 즉, 시험불안은 시험기피, 학업에 대한 무관심, 학업부진, 학습동기 저하, 낮은 자존감 등을 일으킨다(이재규 외, 2013).

6) 흥미

흥미는 내적 동기의 한 형태로 보통 긍정적인 정서는 흥미를 수반한다. 흥미의 유형은 개인적 흥미와 상황적 흥미로 구분된다. 개인적 흥미는 스포츠, 장난감, 곤충에 대한 관심과 같이 상대적으로 안정되어 있는 것으로 개인이 선택하는 데 일관된 패턴을 보인다. 반면에 상황적 흥미는 새롭거나 독특한 것, 놀라운 것과 같은 어떤 상황에 의해 유발되는 것이다.

흥미는 학습에서 가장 중요하게 작용하는 요인 중의 하나라고 할 수 있는데 흥미가 학습에 대한 동기를 일으켜 학습의 능률을 좌우하는 경향이 있기 때문에 학습에 대해 흥미가 없으면 학습이 일어나기 어렵다고 볼 수 있다. 어떤 분야에 대한 개인적 흥미는 그 분야에 대한 보다 많은 학습을 유도하게 되며, 이러한 과정을 통해 증가된 지식은 보다 많은 흥미를 느낄 수 있는 원인이 된다. 즉, 학습자들은 자신이 흥미롭다고 생각하는 활동에 더 많이 몰두하고 시간과 노력을 들인다. 결과적으로 학습자들 스스로 만족스러운 결과를 얻게 될 확률이 높아지고 이것이 반복되면 자신이 흥미로워하는 것에 대해 점점 더 잘할 수 있게 되는 가능성이 커진다.

즉 학습 흥미란 다른 활동에 비교해 더 많이 시간을 투자하는 활동을 말하고, 선택이 가능한 두 가지 이상의 활동 중에 자발적으로 선택한 활동이 이에 해당한다. 흥미는 때때로 동기적인 요소를 갖추고 있기 때문에 학교나 학습환경에서의 학습활동과 밀접한 관계를 갖게 된다. 흥미를 느낀다는 것은 어떠한 것에 관해서 관심과 애정을 가지고 주의를 기울인다는 것을 의미하며 학습활동에도 큰 영향을 끼칠 수 있다.

3. 학습전략

1) 학습전략의 의미

학습전략이란 주의집중, 학습, 기억, 사고의 방법을 선택하고 조절하는 수단으로 사용하는 내적 통제과정으로 학습자의 자기조절정 기술이다. 이와 같이 학업성취를 위해 사용되는 기술 및 전술들을 학습전략이라고 하는데 학습전략은 학습에 필요한 기술로 보는 관점과 학습과제에 관한 정보를 처리하는 과정으로 보는 것이 일반적이다.

학습전략을 보다 포괄적이면서도 체계적으로 연구한 것으로는 단서로우(Dansereau, D. F.)의 정의를 들 수 있다. 학습전략은 효과적인 학습이 이루어질 수 있도록 불안을 제거하는 등의 긴장완화의 방법으로 학습 분위기를 조성하는 전 학습활동, 학습하는 동안 요약하고 암송하는 학습과정활동 그리고 어떠한 지식을 획득한 이후에도 계속해서 학습동기를 유지하기 위한 자기강화와 같은 후기 학습활동 등을 포함하여 학습상황에 직면했을 때 학습자가 학습하고자 하는 정보나 기술 등의 지식을 효과적으로 획득하고 재생할 수 있도록 학습자가 이미 알고 있는 지식이나 자료를 구성하거나 이용하는 방법이라고 할 수 있다.

단서로우는 효과적인 학습전략은 정보의 획득, 저장, 활용을 용이하게 할 수 있는 과정이나 절차라고 하면서 학습전략을 주전략과 보조전략으로 나누었다. 주전략은 학습에 직접적인 영향을 미치는 것으로 이해-파지 전략과 재생-활용 전략으로 나눌 수 있다(임창재, 2005).

(1) 이해-파지 전략

① 이해(understand) : 주어진 학습자료의 주요한 개념을 이해하기 위한 읽기

② 회상(recall) : 학습자료를 읽은 후에 그 내용 회상하기

③ 소화(digest) : 학습자료를 완전하게 이해하기 위하여 관련정보를 확인하고 기억하기

④ 확장(expand) : 스스로에게 질문하여 답을 찾고 송환과정을 통해 지식을 확장하고 중요한 정보 기억하기

⑤ 재음미(review) : 학습한 결과를 평가하여 실수한 내용을 복습하고 정리하기

(2) 재생-활용 전략

① 이해(understand) : 주어진 과제를 정확하게 읽고 이해하기

② 회상(recall) : 과제와 시험문제와 관련된 주요 개념을 회상하기

③ 소화(digest) : 주요 개념과 관련된 세부사항을 회상하기
④ 확장(expand) : 회상과 세부화 단계에서 인출해 낸 정보를 조직하고 확장하기
⑤ 재음미(review) : 최종적인 결과를 재검토하기

(3) 보조 전략

시간을 효율적으로 사용하기 위해서 구체적인 학습목표와 시간계획을 학습 이전에 설정하는 전략, 긍정적인 학습태도를 기르는 전략, 주의력을 향상시키려는 전략, 과제목표에 어느 정도 달성했는지 점검해 보는 진단평가 전략이 포함된다.

2) 학습 전략의 유형

또한 학습 전략이란 학습자가 선택하는 전략으로 부호(encoding)과정에 영향을 주는 사고와 행동이라고 전제하고, 좋은 교수란 학습자에게 학습의 방법, 기억의 방법, 사고의 방법 그리고 동기화 방법을 가르치는 것이며, 따라서 교수목표는 학습하는 과정에 관한 목표로 구분할 수 있다는 것이다. 이들은 학습자 개인이 주로 읽기 자료를 가지고 사용할 수 있는 학습전략을 몇 개의 범주로 구분하고 있다.

(1) 시연 전략(rehearsal strategies)

복합적인 학습과제를 위한 전략으로서 글의 중요한 부분에 관심과 주의를 집중하게 하는 선택(selection)과 자료의 내용을 작동기억(working memory)으로 전이하게 하는 획득을 목표로 한다. 시연 전략의 예로는 원본대로 베끼기, 밑줄긋기, 덧칠하기, 노트하기 등이 있다.

이 전략에는 두 가지 중요한 목표가 있는데 하나는 선택이고 나른 하나는 획득이다. 선택은 학습자가 자료의 중요한 면에 주의를 집중시키도록 도와주는 것이며, 획득은 앞으로 학습을 위해 학습자료가 작동기억으로 전환되는 것을 확고하게 해주는 것이다.

(2) 정교화 전략(elaboration strategies)

학습자료를 의미있게 하기 위하여 새로운 정보를 첨가하거나 관련된 정보들을 연관시키는 등의 부가 또는 덜 중요하거나 중첩되는 내용을 삭제시켜 주요 핵심이 부각되게 하는 전략이다. 주요 목표로는 제시된 학습내용을 학습의 사전지식과 관련시키는 것으로 예로는 자기 나름대로 이역하기, 요약하고, 기존 지식과 연관시키기, 유추하기, 창의적으로 노트하기, 질의응답하기 등이 있다.

정교화 전략의 중요한 인지적 목표는 구성, 즉 학습할 자료에서 둘 혹은 그 이상의 항목 간에 내적 연합관계를 구성하는 일이다. 단어 연쇄학습을 위한 가장 효과적인 정교화 전략 중의 하나는 지적 영상을 사용하는 것이다. 예를 들어, 사과-물고기와 같은 한 쌍의 단어를 기억하기 위해 학습자는 물고기가 사과를 베어 먹는 상상을 할 수 있다.

(3) 조직화 전략(organizational strategies)

조직화 전략에서는 정보를 이해하기에 보다 용이하도록 다른 형태로 전환하는 데 초점을 두고 있다. 즉, 학습해야 할 사항이나 목록들을 유목화하거나 계열화하는 전략이다. 글의 개괄이나 위계화하기 등으로 글을 조직하는 것으로 작동기억으로 전이될 수 있는 정보를 선택하고 작동기억 속에 있는 아이디어들 중에 관계를 구축하는 것이다. 교재의 독서 과제에서 일부는 주개념과 세부사항을 알아내고 인지적 기억과정과 회상을 용이하게 하는 방법으로 서로서로를 관련시키는 것이다. 요지를 파악하고 자료를 조직하는 것은 이러한 목표달성을 위해서 흔히 사용하는 것이다.

(4) 이해점검 전략(comprehension monitoring strategies)

이해점검 전략은 학습한 내용을 정확하게 이해하고 있는지에 대하여 점검하는 전략이다. 글을 읽어가면서 이해되고 있는가를 스스로 점검하면서 필요한 경우 반복해서 읽는다든가, 천천히 읽는다든가 등으로 이해해 가는 전략이다. 예로는, 자기질문이 있다. 주요 목표로는 학습자가 단원의 학습목표를 세우고, 그 목표의 정도를 평가해 보며, 필요시 전략을 수행해 가는 것이다. 미숙한 독해자가 되는 원인은 이해 점검과 능동적 학습전략 활용이 미숙하기 때문이다.

(5) 정의적 전략(affective strategies)

정의적 전략은 학습에 알맞은 내·외적 환경을 조성·유지시키는 데 도움을 주는 전략으로 학습과제에 주의력을 고취시킨다거나, 학습동기를 활성화시킨다거나, 시험 불안을 극복하기 위해 긴장을 완화시키는 전략이다. 주요 목표로는 외부 혼잡을 피해 마음 안정하기, 실패할지도 모른다는 생각을 못하게 하기 등이다. 이 전략이 직접적으로 지식이나 기술 획득에 관여하는 것은 아니라 할지라도 효과적인 학습이 이루어질 수 있는 상황을 조성하는 데 도움을 준다.

이런 정보처리활동으로 인지적 전략 외에도 학습자의 감정 상태의 관리를 위한 정의적 전략, 동기화 수준을 유지하려는 동기화 전략, 학습의 사태를 유지하려는 전략(주의집중 전략, 시간간리 전략 등) 역시 넓은 의미의 학습전략 개념에 포함시킬 수 있다. 즉, 학습 전략은 효율적인 학습 또는 정보를 효율적으로 기억하는 데 필요하거나 도움이 되는 여러 종류의 기능, 능력, 또는 방법을 의미한다(김계현 외, 2009). 학습장애 및 학습부진 학생들을 위한 학습 전략 교수 연구에 노력을 기울이고 있는 캔사스대학 연구팀은 학습 전략이란 학생들이 학교 학습에서 또는 다른 학습 사태에서 과제를 수행할 때 사용할 수 있는 '도구'와 같은 것으로서 개인이 과제를 수행할 때 생각하고 활동하는 방법이라고 정의하고 있다.

4. 자기조절학습

1) 자기조절학습의 개념

자기조절학습(self-regulated learning)에 대한 연구는 1960년대 사회인지론자인 반두라(Bandura)가 제공한 연구 형태 및 경험적인 내용을 제공한 것을 출발점으로 하여 1980년대 이후 짐머맨(Zimmerman) 등을 중심으로 활발히 연구되고 있으나 개념의 규정은 학자에 따라 조금씩 다른 견해를 보이고 있다.

짐머맨(1990)은 일반적 입장에서 자기조절학습이란 학습자가 학습할 때 상위 인지적 · 동기적 · 행동적으로 자신의 학습에 적극 참여하는 것을 의미하며, 자기조절이 학업성취를 촉진하는 실제적인 촉진자라고 하였다. 여기서 상위 인지적으로 학습에 적극 참여한다는 것은 학습자가 학습과정 중에 학습을 계획하고, 목적을 설정하고, 자기점검과 자기평가를 하는 것을 의미하며, 이러한 과정에서 자신의 학습을 자각하고, 자신의 학습에 대해 통찰력과 확신을 갖게 된다. 동기과정에서 보면 자기조절학습자는 자기효능감이 높고 자발적이며 과제에 본질적인 흥미를 가지고 접근한다. 또 행동적으로 학습에 적극 참여한다는 것은 자기조절학습자가 자신의 학습을 성공적으로 이끌기 위해 자신의 가장 적합한 환경을 선택하고, 구조화하며, 창조하는 것을 의미하며 이를 위해 자신의 학습에 도움을 주는 정보와 조언을 구하고 학습하기에 가장 적합한 장소를 찾고, 학습과정 중에 자기교수와 자기강화를 한다. 그러므로 자기조절학습자는 자신의 학업성취를 향상시키기 위해 학습 시 상위 인지적 · 동기적 · 행동적 전략을 체계적으로 사용한다.

코노(Corno, 1986)는 자기조절이란 문제해결을 계획하고 방법을 탐색하고 목표를 조정하는 통제 · 관리된 학습자의 학습방법이라고 하였다. 또한 그는 자기조절학습자들은 그들의 학습과정을 연속적으로 계획하고 조직하며 모니터하여 평가한다고 밝히고 있다.

베이너트(Weinert, 1987)는 자기조절학습이라는 용어를 말할 때 적용되는 기준을 다음과 같이 제시하고 있다. 첫째, 학습상황 속에서 목적, 시간 그리고 학습의 방법들을 자율적으로 결정하는 실제적이거나 잠재적인 영역이 반드시 있다. 둘째, 학습자는 그 영역을 지각하고 그 자신의 학습과 관련된 진지한 결정을 하며 적어도 학습과정 속에서 그러한 결정들을 적용한다. 셋째, 위의 과정에서 학습자는 그 자신이 교사가 된다. 즉 학습과정의 계획, 적합한 방법의 선택, 비판적으로 그 자신의 과정을 검토하는 것이다. 넷째, 학습 중 계속되는 의사결정은 행동과 결과에 의하여 스스로 경험한다. 때문에 자신의 학습에 대한 자기과제 수행의 요소를 포함하고 있다.

핀트리치와 드고르트(Pintrich & De Groot, 1990) 역시 일반적 입장에서 자기조절학습에는 다양한 정의가 존재하지만 학교 교실 상황에서 학업성취에 특히 중요하다고 간주되는 세 가지가 있다고 본다. 첫째, 학생들의 인지를 계획, 점검 그리고 조절하기 위한 상위인지전략이다. 둘째, 교실의 학업적 과제에 대한 학생들의 노력을 관리하고 통제하는 요인이다. 셋째, 학습자가 학습하고, 기억하고, 이해하기 위해 사용하는 인지 전략 요인이다.

2) 이론적 관점

자기조절학습에 대한 이러한 개념은 학자들에 따라 다르기 때문에 짐머맨과 쉥크(Schunk)는 자기조절학습의 대표적인 이론들로서 조작적 관점, 현상학적 관점, 사회인지적 관점, 의지적 관점, 비고츠키적 관점, 구성주의적 관점 등의 다양한 이론적 관점들을 제시하여 자기조절 학습방법의 공통된 특징들을 분명히 하였다(전성연, 김영상, 이차선, 2000).

(1) 조작적 관점

자기조절학습의 조작적 관점으로서 이것은 스키너(Skinner)의 조건적 조작원리에 기초를 둔 것이다. 학습활동을 하는 데 있어서 자기조절의 동기를 외부의 강한 자극으로 보고 있다. 자기조절 과정에는 자기점검, 자기교수, 자기강화를 포함한다. 자기점검을 통해 학습자는 환경과 그들 행위의 연관성을 더 잘 인식하게 된다. 자기교수와 자기강화 기술은 환경을 알맞게 조성하도록 유도하는 행위에 대해 즉각적으로 보상을 제공함으로써 자기조절을 증진시킨다. 자기조절이란 용어 대신 자기통제라는 용어를 많이 사용하며 자기통제의 행동은 대부분 다른 행동과 같이 궁극적으로 환경에 의해 통제된다고 보았다. 즉 자기조절학습을 학습자 자신이 환경에 영향을 받는다는 사실을 알기 때문에 먼저 주변 환경을 조작해 놓고 그것에 의해 영향을 받는 것이라고 설명을 하는 것이다.

(2) 현상학적 관점

현상학적 관점은 자기지각의 중요성을 가정하는 현상학자들로부터 비롯된 것으로 학습활동에 스스로 참여하도록 동기를 유발하는 것을 강조한다. 이때 자기조절을 위한 동기를 자아실현에 있다고 보았다. 중요한 자기조절과정은 자기평가, 계획, 목표설정, 자기점검, 부호화, 인출전략 같은 것이 있으며 자기조절 기술이 발달한다고 생각하기 때문에 자기조절학습능력의 발달을 이해하는 데 도움을 준다. 대부분의 학생들은 자기조절학습능력의 발달을 위해 자기조절훈련 등의 특정한 중재를 필요로 하며 (McCombs, 1989) 자기조절 기술의 발달은 자기지각, 자기점검, 자기평가의 과정과 자기체계 구조의 발달에 의존한다고 본다. 자신을 집행자로 깨달을 때 자아효능감, 학습의 내면화된 목표 등이 나타나며, 자기조절을 위해 타고난 능력은 초인지 자기지각을 통해 현실화된다고 한다(Zimmerman, 1990). 학습방법과 전략의 효과를 감시하는 과정에서 자아개념, 자아존중 등의 자각과정을 강조하기도 한다.

(3) 사회인지적 관점

사회인지적 관점은 학습결과에 대한 성취 기대와 자기효능감을 자기조절학습의 기본 동기로 본다. 반두라(1986)는 자기조절의 하위과정으로 자기관찰, 자기판단, 자기반응을 확인하고, 이들이 상호작용함을 가정하였다. 짐머맨과 쉥크는 반두라의 이론을 자기조절학습 연구에 응용한 대표적인 연구자이다. 특히 쉥크는 자기효능감과 목표 설정이라는 개인적 요인이 과제선택, 지속성, 노력, 수행획득과 같은 자기조절의 행동에 어떠한 영향을 미치는지에 대한 집중적인 연구를 수행하였으며 모델링, 목표설정, 사회적 비교, 귀인, 피드백, 전략훈련 등이 자기조절에 중요한 역할을 수행한다고 주장하였다. 사회학습이론은 고전적 조건화와 조작적 조건화의 원리만으로 해결하기 힘들었던 현상에 대하여 설명하고 있다. 즉 아동은 자극이나 보상이 없는 상황에서도 학습이 가능하다는 것을 관찰학습을 통하여 설명하였으며 스키너의 조작적 조건화와 피아제(Piaget)의 인지발달이론 간을 연계시켜 주의, 파지, 조정, 대리적 강화, 자기강화 등의 개념을 사용하여 인간의 내부적이고 인지적인 학습과정을 설명해 주었다.

(4) 의지적 관점

자기조절에 대한 의지적 관점으로 독일 심리학자인 쿨(Kuhl)의 이론에서 나온 것이다. 자기조절학습은 아동의 의지로서 관심, 동기, 정서를 통제한다는 것이다. 중요한 하위 과정으로는 주의 통제, 부호화 통제, 정보처리과정의 통제, 정서 통제, 동기 통제, 환경 통제 등이 있다.

(5) 비고츠키적 관점

비고츠키적 관점은 소련(현재 러시아)의 심리학자 비고츠키(Vggotsky)의 이론으로부터 나온 것이다. 비고츠키는 자기조절적 기능에 있어서 사회적 상호작용을 중요시하였고 자기조절적 기능의 근원과 발달에 관심을 갖고 있었다. 그러한 관심을 가장 잘 나타낸 개념이 근접발달영역이다. 근접발달영역이란 아동이 독립적으로 문제를 해결하는 실제적 발달수준과 성인의 지도를 받거나 유능한 동료의 협력을 통하여 문제를 해결해 나감으로써 발달할 수 있는 잠재적 발달수준 간의 거리를 뜻한다. 이는 아동이 사회적 상호작용을 함으로써 외적 상호작용이 내면화되어 잠재적 발달 수준에 도달하게 됨을 말해주고 있다. 또한 비고츠키는 성인과 아동 간의 의사소통적 상호작용과 문제해결과 정 중에 성인이 아동에게 타인조절을 제공하며 이 상호작용에서 자기조절의 근원을 추적해 볼 수 있다고 하였다. 자기조절의 방법은 어른과 아동 간 사회적 상호작용을 통해서도 이루어질 수 있다. 어른과의 접촉을 하면서 아동은 스스로 자신을 통제하는 것을 배우기 시작하며 이때 내부언어는 매개체의 역할을 수행하게 된다.

(6) 구성주의적 관점

자기조절에 관한 구성주의적 관점이다. 파리스와 바이네스(Paris & Byrnes, 1989)는 구성주의의 관점에서 자기조절을 자아유능감, 노력, 지적 과제, 도구직 전략의 4가지 요소로 구성되어 있다고 본다. 자기자신의 지적 능력에 대한 지각과 이해, 그리고 자신의 행위와 자기통제에 대한 믿음인 자아유능감과 지적과제의 구조와 목표를 다루는 방법, 지적 과제의 특성에 따라 자신의 노력을 관리하는 것, 노력의 성공과 실패에 대한 이해, 특정 목표를 달성하기 위해 전략을 선택, 수정하는 것이 자기조절의 구성요소인 것이다. 자기조절학습은 유년기의 계획적인 행동에서부터 찾아볼 수 있으며 연령이 증가할수록 그 과정은 명확히 규정되고 더 많이 사용되어진다고 본다. 또한 자기조절학습은 자신의 행동을 환경이나 지적 과제에 적합하게 바꾸면서 발달하게 되는 것이다.

3) 자기조절학습 전략

자기조절학습자는 학습목표의 성취를 위해 다양한 자기조절학습 전략들을 적극적으로 사용하는 성향을 가지고 있다. 이들이 학습 전략을 사용하는 이유는 학습목표에 성공적으로 도달하기 위해 필수적인 지식이나 기술이 부족한 경우 이를 보완하기 위해서이다. 자기조절학습자는 학습자로서 약점을 가지고 있다 하더라도 그것이 무엇인지 파악하여 학습목표에 성공적으로 도달하기 위한 방법을 찾아낸다. 이러한 목적을 위하여 자기조절학습자가 사용하는 것이 바로 자기조절학습 전략이다(신민희, 1998). 학습전략은 '학습을 보다 효과적으로 하기 위하여 학습자 자신이 취하는 모든 방법적 사고 또는 행동'이라고 정의할 수 있다. 다시 말하면 학습자 자신이 자기의 공부를 효과적인 것으로 할 수 있기 위하여 취하는 전략을 통칭하는 것이다(김영채, 1992). 즉, 학습자는 학습 시 어떠한 학습전략을 사용하느냐에 따라서 학업성취와 자기조절학습의 수행 정도가 달라질 수 있을 것이다. 자기조절학습 이론가와 연구자들 역시 자기조절 학습자는 자신의 학습목적을 달성하기 위해 적절한 학습전략을 적용하며(Zimmerman, 1989), 학습전략을 보다 많이 사용하고 학업성취가 높다(Zimmerman, & Martinez-Pons, 1986, 1990)고 주장하였다.

짐머맨(1986)의 연구와 짐머맨과 마틴즈-폰즈(Zimmerman & Martinez-Pons, 1986)의 연구는 자기조절학습의 각 영역에서 자기조절학습자들이 주로 이용하는 전략들을 동기적 측면을 제외하고 초인지적, 행동적 측면에서 14가지 요소를 밝히고 있다. 그러나 핀트리치와 드고르트(1990)는 자기조절학습 전략의 중심요소로서 학생들이 자료를 학습하고 기억하고 이해하는 인지적인 요소, 학생들이 자신의 인지를 계획하고 조종하며 수정하는 초인지적인 요소, 학습과제에 대한 학생들의 노력을 관리하고 통제 및 조절하는 자원 관리적 요소 및 자기효능감, 내재적 가치, 시험불안 등을 포함한 동기적인 요소를 꼽았다. 인지와 행동의 자기조절은 학습과 학문적인 수행에 중요하다(Corno & Mandinach, 1983). 유능한 학습자는 자신의 지적인 기능을 발달시키기 위하여 다양한 인지 전략을 사용하며, 자신의 학습과정을 점검하고 평가하기 위하여 초인지 전략을 적극적으로 사용한다.

짐머맨과 마틴즈-폰즈(1986)의 자기조절학습 전략의 각 영역에서 자기조절학습자들이 주로 이용하는 전략의 초인지적, 행동적 측면에서 14가지 요소들을 사회인지적 측면에서 보면 개인적 영향력, 행동적 영향력, 환경적 영향력 요소로 다시 분류할 수도 있다. 여기에 동기적 영역이 추가된 이들 각 요소들을 간단하게 요약하여 제시하면 다음 〈표 11-2〉와 같다.

표 11-2 자기조절학습 전략의 요소

영역	초인지적 영역	행동적 영역	동기적 영역
범주내용	자기평가 조직과 변형 목표설정과 계획 기록유지와 점검 시연과 기억 시험복습 노트 복습하기 교과서 복습	성인의 도움 구하기 교사의 도움 구하기 친구의 도움 구하기 정보탐색 자기강화 물리적 환경의 구조화	자기효능감 내적 흥미 자기귀인

출처: Zimmerman과 Martinez-Pons(1986)

위의 표에서 알 수 있듯이 자기조절학습자는 자신이 문제해결 과정에서 초인지적·행동적·동기적으로 적극 참여한다. 자기조절학습의 초인지적인 면을 짐머맨(1986)은 조직과 변형, 시연과 기억, 목표설정 및 계획, 자기평가, 기록 유지 및 자기점검, 시험지 복습, 노트 복습, 교과서 복습의 8가지 범주로 구분하였는데 이 중에서 자기평가와 목표설정 및 계획 전략은 사회학습이론과 상당히 관련되어 있다. 행동적인 측면에서 자기조절학습자는 학습의 최적화하는 환경을 선택·구조화·창조한다(Zimmerman &

표 11-3 자기조절학습 전략의 종류 및 정의

번호	전략	정의	예
1	자기평가	학습의 질이나 진보 정도를 학생 자신이 주도적으로 평가한 것에 대한 진술	나는 내가 그것이 옳았다는 것을 확신하기 우해 나의 일을 체크한다.
2	조직과 변형	학습을 증진하기 위해 학생 자신이 주도적으로 학습내용을 내현적으로 재배열하거나 변경한 것에 대한 진술	나는 글을 쓰기 전에 대체적인 윤곽을 잡는다. 교과서의 중요한 부분을 표시하며 요약한다.
3	목표설정과 계획	교육적인 목표나 하위 목표를 설정하는 것과 목표에 관련된 활동의 순서를 계획하고 시간을 정하고 완성하는 것에 대한 진술	나는 시험 보기 몇 주 전에 공부할 계획을 세우고 계획한다.
4	정보탐색	학습을 수행할 때, 비사회적 자원으로부터 과제정보를 찾기 위한 노력에 대한 진술	나는 글을 쓰기 전에 많은 자료를 얻기 위해 도서관에 간다.
5	기록유지와 점검	사건이나 결과에 대한 노력의 진술	나는 토론의 내용을 공책에 기록한다. 모르는 단어를 선정하여 카드를 만든다.
6	환경의 구조화	보다 쉬운 학습을 위해 물리적 상황을 선택하거나 재배열하기 위한 노력을 진술	나는 공부가 잘되는 곳에 가서 공부한다.
7	자기 결론화	성공과 실패에 대한 보상이나 벌에 대한 심상을 진술	만약 시험을 잘 친다면 영화를 보러 갈 것이다.
8	시연과 기억	학생이 주도적으로 학습내용을 내적, 외적으로 암기하고 반복하는 방법 및 노력에 대한 진술	나는 수학 시험을 위해 공식을 기억할 때까지 써본다.
9-10	사회적 도움 구하기	친구, 선생님, 그리고 어른들에게 학생 주도적으로 도움을 요청하는 노력에 대한 진술	모르는 문제가 있으면 친구에게 물어본다.
11-12	기록, 복습	수업이나 다음 학습을 준비하기 위해 내용 시험지, 교과서 등을 다시 읽고 복습하려는 노력에 대한 진술	시험을 위해 교과서를 복습하였다. 모든 숙제를 철저히 한다.

출처: Zimmerman & Martinez-Pons(1988)

Martinez-Pons, 1986). 이것은 환경에 의해 지배받지 않고 학습자 자신의 의지로써 선택한 환경에 의해 지배된다는 것이다. 사회적 환경의 조성으로서는 교사, 성인, 친구로부터 도움 구하기, 물리적 환경의 구조화 전략, 정보탐색, 자기강화 전략이 있다.

짐머맨과 마틴즈-폰즈(1986)가 제시한 14가지 전략의 정의와 예는 <표 11-3>과 같다.

신민희(1989)는 자기조절학습 전략을 크게 상위인지 전략, 자기관리 전략, 인지 전략의 세 가지 범주로 구분하였다. 상위인지 전략의 하위 전략으로 계획수립, 목표설정, 점검 및 교정을 포함하고, 자기관리 전략의 하위 전략으로 정보 추구, 도움 요청, 시간 배분, 환경 설정 등을 그리고 인지 전략의 하위 전략으로 암기, 주된 개념 규명, 연습으로 분류하고 있다.

요 약 및 시사점

학습상담은 특히 우리나라에서 활성화되고 있는 상담 영역으로, 학부모의 뜨거운 교육열로 인한 것으로 볼 수 있다. 우리나라의 경우 세대를 이어가며 교육열이 가열되고, 교육은 기회이기보다는 압박으로 하여 높은 학력을 갖게 된 세대가 자신들의 부모들보다 더한 열정으로 자녀들의 교육을 독려하게 된다고 보았다. 학벌에 대한 학부모의 왜곡된 의식은 자녀들의 학습문화를 비정상적인 일탈학습문화로 규정할 정도로 영향을 미치고 있는 것이다.

학습에서의 성취와 성과는 부모, 교사 및 친구로부터 자신의 가치를 인정받는 중요한 근거가 되기 때문에, 학습에서 경험하는 문제나 어려움은 자신의 가치가 저하되고 인정받지 못하는 것으로 받아들이게 되면서 심한 좌절감과 열등감을 초래할 수도 있다고 보고되고 있다. 학습자가 호소하는 학습문제의 해결을 효과적으로 돕기 위해서는 학습문제의 원인이 되는 여러 원인에 대해서 균형 있게 접근해야 한다. 본 장에서는 학습과 학습문제에서부터 학습에 영향을 미치는 학습자 변인, 학습 전략 그리고 자기조절학습을 제시하여 학습과 관련된 개념을 이해하도록 구성하였다.

사 례

'잘 살아남으려고' 오늘도 배웁니다

배움에는 끝이 없다. 더없이 옳은 말 같지만 생존경쟁을 위한 입시교육과 스펙 쌓기에 지친 직장인 이현지 씨(29)에겐 진저리나는 말이기도 했다. "재수까지 해서 대학에 들어가고, 취업 때문에 대학 4년 동안 토익학원에, 자기소개서 · 면접특강까지 내내 시달리다 보니 '학원' 말만 들어도 거부감이 들었다"던 이씨였다. 그래서 취직 후 5년이 넘었지만 직장인들에게 유행처럼 지나가는 '전화영어'도 수강한 적이 없었다. '생존능력'을 키우기 위해 평생을 공부하고 역량을 키워야 한다는 사실에 의도적으로 눈을 감고 지나쳤던 것이다.
"그런데 '생존'이라는 말을 어느 날 한 번 곰곰이 되새겨보니 그 자체가 나쁜 말은 아니더라고요. 누구나 살아남아야 하니까. 경쟁에서 남을 밟고 올라서서 살아남는 거야 문제지만, 누구보다 내 인생 만족하며 잘 살려면 뭘 좀 알아야 할 것 같아서…."

주 52시간 근무제로 늘어난 저녁시간

그래서 이씨는 '인생'을 배우러 가기로 마음먹었다. 아예 '인생학교'라는 이름을 건 성인교육기관도 있었고, 크고 작은 인문학 연구모임에서 여는 특강이나 소모임도 있었다. 주 52시간 근무제 도입 이후 늘어난 저녁시간을 인사 · 노무관리나 비즈니스 영어 수업으로 채우는 동료들은 많았지만 회사에서 이씨와 같은 수강과목에 관심을 갖는 동료는 드물었다. 그에 비해 철학사를 배우고 심리학과 인간관계에 대해 공부하는 모임은 같은 관심사를 나눌 구성원들이 있어 더욱 즐거웠다.
노동시간 단축과 함께 성인을 대상으로 하는 사교육시장이 확대되면서 배움에도 새로운 바람이 불고 있다. 여전히 업무 연관성이 높은 과목들이 직장인들로부터 가장 많은 관심을 받는 모습은 변함없지만, '생존능력'을 강조하는 사교육 흐름 속에서 생존을 보다 폭넓고 다양하게 정의하는 움직임들이 나타나고 있는 것이다. 지금의 직장이나 업종을 벗어날 수 없으니 경쟁력을 키워 살아남아야 한다는 인식 대신, 퇴사를 하거나 휴직을 해도 좋으니 어떻게든 인생을 잘 살아갈 수 있는 현실적 방법부터 찾자는 쪽으로 이동하는 모양새다.

출처: http://news.khan.co.kr/kh_news/khan_art_view.html?art_id=201905181327011

연 습
문 제

1. 학습과정에서 경험하는 어려움이 무엇인지 생각해 보고 팀원들과 공유해 보자.

2. 주위에서 학습문제로 고민하고 있는 사람이 있는지 찾아보고, 어떤 문제로 고민하고 있는지 경청한 후 어떻게 도움을 줄 수 있는지 팀원들과 토의해 보자.

3. 앞으로 나의 인생에서 무엇을 학습해야 할 필요성이 있는지 생각해 보고 팀원들과 공유해 보자.

참고문헌

권영배, 이종연(2011). 초등학생의 학업발달을 위한 학급단위 학업상담 프로그램 개발. **상담학연구**, 12(6), 2177-2199.

김계현, 김동일, 김봉환, 김창대, 김혜숙, 남상인, 천성문(2009). **학교상담과 생활지도**(제2판). 서울: 학지사.

김만권, 한종철(2001). **학습문제 전문가 자료집**. 서울: 연우심리연구소.

김영숙(2006). 자기조절 학습상담 프로그램이 초등학생의 자기조절학습 전략사용, 자기효능감 및 학업성취도에 미치는 영향. 성균관대학교 석사학위논문.

김영채(1992). **사고력 교육을 위한 학습전략**. 파주: 교육과학사.

김종백(2010). 실수-기반 학습의 의미와 교육적 시사점. **교육심리연구**, 24, 895-913.

김창대, 이정윤, 임은미, 김택호, 이영선(1994). **성적이 떨어지는 아이들. 청소년 상담문제 연구보고서**, 9. 서울: 청소년대화의 광장.

송미라(2018). 상담자의 청소년 학습상담 체험의 의미와 본질. 숙명여자대학교 대학원 박사학위논문.

신민희(1989). 자기조절 학습이론: 의미, 구성요소, 설계원리. **교육공학연구**, 14(1).

신효정, 송미경, 오인수, 이은경, 이상민, 천성문(2016). **생활지도와 상담**. 서울: 박영스토리.

연문희, 강진령(2002). **학교상담_21세기의 학생생활지도**. 파주: 양서원.

윤경숙(2014). 학습지속의향 관련 변수 간의 구조적 관계 규명. 경기대학교 대학원 박사학위논문.

이성원(2018). **학습실패개방척도 개발**. 홍익대학교, 박사학위논문.

이재규, 김종운, 김현진, 박혜숙, 백미숙, 송재홍, 신을진, 유형근, 이명경, 이자영, 전영남(2013). **학습상담**, 서울: 학지사.

임규혁, 임웅(2007). **교육심리학**(제2판). 서울: 학지사.

임창재(2005). **교육심리학**. 서울: 학지사.

임춘배, 오승익(2008). 초등미술교육에서 미술클리닉을 통한 창의성 향상에 관한 연구: 그림문자 단계별 프로그램(클리닉) 중심으로. **미술교육연구논총**, 23, 191-220.

전성연, 김영상, 이차선(2000). **자기조절학습**. 서울: 원미사.

조수철(1991). 시험불안의 개념과 이론. **소아·청소년 정신의학**, 2(1), 3-10.

조외현(2012). 평생교육사의 평생학습상담 역량모형 개발에 관한 연구. 동의대학교 박사학위논문.

하영자, 임연욱(2010). 이러닝 성인학습자의 내재적 가치와 학업적 자기효능감에 따른 학습지속의향, 만족도, 학업성취도의 예측. **한국HRD연구**, 5(4).

황매향 (2008). **학업상담**. 서울: 학지사.

Bandura, A.(1977). Self-efficacy: Toward a unified theory of behavioral change. *Psychological Review, 84*, 191-215.

Corno, L.(1986). The meta cognitive control components of self-regulated learning. *Contemporary Educational Psychology, 11*, 333-335.

Corno, S., & Mandinach, E. B.(1983). The role of cognitive engagement in classroom learning and motivation. *Educationa Psychologist, 18*, 88-108.

Hamman, D., Berthelot, J., Saia, J., & Crowley, E.(2000). Teachers' coaching of learning and its relation to students' strategic learning. *Journal of Educational Psychology, 92*(2), 342-348.

Herman, H. T. M.(1970). A Questionnaire measure of achievement motivation. *Journal of Applied Psychology, 54*, 353-363.

Levy, Y.(2007). Comparing dropouts and persistence in e-learning courses. *Computers & Education, 48*(2), 185-204.

McClelland, D. C.(1961). *The Achieving Society*. Princeton: Van Nostrand.

McCombs, B. L.(1989). A phenomenological view In B. J. Zimmerman & D. H. Schunk(Eds.), *Self-regulated learning and academic achievement: Theory, research and practice*(pp. 51-82). NY: Springer-Verlag.

Muller, T.(2008), Persistence of women in online degree completion programs. *International Review of Research in Open and Distance Learning*, 9(2). Retrieved December 10.

Olson, M. H., & Hergenhahn, B. R.(2009). *An introduction to the theories of learning*. 김효창, 이지연 역. 학습심리학. 서울: 학지사.

Pintrich, P. R., & De Groot, E. V.(1990). Motivational and self-regulated learning components of classroom academic performance. *Journal of Educational Psychology, 82*(1), 33-40.

Schunk, D. H.(1991). Self-efficacy and Academic Motivation. *Educational Psychologist,* 26, 207-231.

Seligman, M. E. P.(1975). *A Helplessness: On Depression Development and Death*. SanFrancisco: W. H. Freeman.

Spielberger, C. D.(1972). *Anxiety as Emotional State in Anxiety Current Trend in Theory and Research*, Ed. New York: Academic Press. 23-49.

Weinert, F.(1987). Metacognition and motivation as determinants of effective learning and understanding. In F. Weinert & R. Kluwe(Eds.), *Metacognition, motivation, and understanding*(pp. 1-15). Hillsdale, NJ: Erlbaum.

Zimmerman, B. J.(1989). A social-cognitive view of self regulated academic learning. *Journal of Educational Psychology, 81,* 329-339.

Zimmerman, B. J.(1990). Self-regulated learning and academi achievement: An overview. *Educational Psychologist, 25*, 3-17.

Zimmerman, B. J., & Martinez-Pons, M.(1986). Development of a structured interview for assessing student use self-regulated learning strategies. *American Educational Research Journal, 23*, 614-628.

Chapter 12

생애경력개발과 평생교육경영

평생학습 시대의 경력개발은 일이나 직업과 관련되는 활동으로 보는 협의의 의미와 한 개인의 전 생애에 걸쳐 이루어지는 활동으로 보는 광의의 의미를 모두 포함한다. 본 장에서 살펴볼 생애경력개발과 성인발달 관련 이론을 근거로 볼 때 생애경력개발은 각 생애 발달 단계가 시간적으로 구성되어 있고 개인의 전 생애에 걸친 전반적 삶의 관점에서 연령범위별 일련의 발달과업에 따라 사회적 · 직업적 환경 변화에 따라 그에 맞게 변화하고 진화해 나가고 있음을 알 수 있다. 이에 따라 생애경력개발과 평생교육경영이라는 포괄적 의미에서 본다면 경력개발의 주체가 조직에서 개인으로 변화함에 따라 개인은 지역사회 평생교육 네트워크를 활용하여 다양한 생애경력개발 프로그램을 통한 평생학습으로 변화하는 환경에 적응할 수 있는 준비를 해 나가야 한다.

본 장에서는 생애경력개발과 평생교육경영을 경력개발, 성인발달, 사회변화 등에 기초하여 생애경력개발 관련 주요 법령 및 제도와 생애경력개발을 촉진하는 지역사회 평생학습에 기초하여 살펴보고자 한다.

1. 생애경력개발의 개요

1) 경력개발 이론과 생애경력개발

경력개발은 개인 관점(individual perspective)과 조직 관점(organization perspective)의 접근으로 구분된다. 개인 관점의 경력개발이론은 크게 내용이론(content theory)과 과정이론(process theory)으로 나눌 수 있다. 개인 관점의 경력개발 내용이론은 개인이 가진 특성(characteristic) 및 성격(personality)이 경력개발에 결정적 영향을 미친다는 점에 주목한 것이다. 대표 이론으로는 경력선택사회학습이론, 여성경력개발이론, 직무적응이론, 직업선택이론, 직업선택 조기결정론, 특성 · 요인이론 등이 있다.

개인 관점의 경력개발 내용이론은 자기진단을 기초로 경력관련 정보를 탐색하여 스스로가 원하는 방향으로 생애를 설계하는 데 중점을 두기 때문에 직업과 조직을 선택하는 문제가 주요 관심사에 해당한다. 그러므로 개인 관점의 경력개발에서는 경력관리보다 경력설계에 초점을 둔다. 개인 관점의 경력개발 목표는 자기개발을 통해 심리적 만족을 얻는 데 있으며, 개인의 성장배경, 능력, 가치관, 일에 대한 태도, 성격 등이 중요한 변수가 된다. 개인 관점의 경력개발 과정이론은 개인의 경력개발이 단계에 따라 이루어진다는 점에 주목한 것으로 경력단계이론, 경력의사결정이론, 경험학습이론, 생애 발달 단계이론 등이 있다.

표 12-1 개인 관점의 경력개발이론

구분	주요 이론	내용
내용이론	경력선택사회학습이론 Krumboltz, Mitchell & Jones (1976)	개인의 직업선택은 유전적 특성과 능력, 환경적 여건과 사건, 학습경험, 그리고 문제 접근 스킬의 네 가지 영향요인이 상호작용하여 이루어짐
	여성경력개발이론 Hackett & Betz(1981)	전통적 성역할 사회화 결과, 여성은 남성에 비해 경력 관련 자신감이 결여되어 있음
	직무적응이론 Dawis, England & Lofquist(1964)	개인의 능력 · 욕구와 직무 관련 능력 요건 및 강화시스템의 합치도가 높을 때 직무성과와 직무만족 향상을 가져옴

구분	주요 이론	내용
내용이론	직업선택이론 Holland(1973)	개인의 직업 흥미와 직업 환경의 합치도가 높을 때 높은 수준의 직무성과와 직무만족을 얻음
	직업선택 조기결정론 Roe(1957)	부모의 가정교육 스타일에 따라 어릴 때 형성된 대인지향성이 미래에 개인의 직업선택으로 이어짐
	특성 · 요인 이론 Cattell 등	개인은 능력 · 흥미 등에서 고유한 특성이 있으며 특성과 직무 · 환경 요건의 합치도가 높을 때 긍정적 경력결과가 나타남
과정이론	경력열망 발달이론 Gottfredson(1981)	경력이란 개인의 자아개념 및 직업에 대한 선호가 4단계(규모 및 권력지향, 성역할 지향, 사회적 평가 지향, 내적 고유자아 지향)에 걸쳐 발달해 가는 과정임
	경력의사결정이론 Tiedman & O'Hara(1963)	개인의 경력과 관계된 의사결정은 7단계(준비과정 4단계와 시행과정 3단계)의 연속적 과정임
	경험학습이론 Kolb & Plovnick(1977)	성인의 학습은 4단계의 과정으로 이루어지며 학습스타일의 차이가 경력개발의 차이를 가져옴
	생애 발달 단계이론 Erikson(1950), Super(1957), Levinson(1986)	개인의 생애는 연속적인 단계를 통해 발달해 가며 단계별 심리적 과제를 해결해 가면서 각 단계를 거침

출처: 김흥국(2000)의 자료 재구성.

조직 관점의 경력개발 이론은 주로 인적자원의 효율적 관리과 구성원의 능력을 개발하는 데 목표를 두고 있어서 인사관리의 기능과 연결되어 있다. 조직 관점의 경력개발에서는 인적자원의 효율적 관리와 목표달성을 위해 필요한 능력을 갖춘 인적자원으로 구성원을 개발하려는 데 목적이 있고 인사관리의 모든 기능과 관련이 있다. 따라서 조직의 요구와 개인의 경력 요구를 조화시키는 방법에 초점을 두고 있다. 조직은 개인이 능력을 발휘할 수 있도록 경력개발 계획을 세우고, 조직 구성원 개개인의 직무와 경력 경로를 연결시켜 주는 역할을 한다.

조직 관점의 경력개발 대표 내용이론으로는 경력유형론, 경력시스템유형론, 경력지향 인적자원관리모형, 관계적 접근 모형 등이 있다. 조직 관점의 경력개발 대표 과정이론으로는 조직사회화 단계 모형, 경력성공 순환이론, 직무경험학습이론, 개인-조직 욕구 연계 모형 등이 있다.

표 12-2 조직 관점의 경력개발이론

구분	주요 이론	내용
내용이론	경력유형론 Driver(1979)	경력을 직선형, 전문가형, 나선형, 전이형의 네 가지로 유형화하고, 조직구조 및 경영전략과 연결함
	경력시스템유형론 Sonnenfeld(1989)	조직의 경력시스템을 아카데미, 클럽, 팀 및 요새형의 네 가지로 유형화함
	경력지향 인적자원관리모형 Von Glinow et al.(1983) Holland(1973)	경력지향적 관점에서 인적자원관리 시스템의 구조와 과정에 대한 분석과 평가방법을 제시함
	관계적 접근 모형 Kram(1996)	조직 구성원 간 인간관계가 개인 개발과 성장을 통해 개인 및 팀의 성과를 높임
과정이론	조직사회화 단계 모형 Feldman(1976)	조직 구성원의 조직사회화는 진입, 침투, 정착의 3단계를 거침
	경력성공 순환이론 Hall(1971)	개인의 경력 성공은 직무 도전감과 자율성이 주어질 때 가능하며 자긍심-직무만족-직무몰입-동기의 연속 순환과정을 거침
	직무경험학습이론 Morrison & Hock(1986)	조직 속의 개인은 직무경험에 따라 지식, 스킬, 개인 특성의 변화를 통해 역할개발과 개인개발이 이루어짐
	개인-조직욕구 연계 모형 Schein(1978)	조직의 인적자원 계획 및 개발활동은 개인욕구와 조직욕구를 연결시키는 과정임

출처: 김흥국(2000)의 자료 재구성.

이상의 개인 관점과 조직 관점의 경력개발 내용을 종합해 보면, 개인의 경력개발과 조직의 경력개발은 각각 독립적인 것이 아니다. 즉, 조직은 구성원의 개별 역량을 조직의 목적에 맞도록 개인 차원의 경력개발과의 조화를 기반으로 개발한다.

2) 성인발달이론과 생애경력개발

생애경력개발은 개인 관점의 경력개발 과정이론 중 생애 발달 단계이론에 근거해서 살펴볼 수 있다. 생애 발달이론에서 개인의 생애는 연속적인 단계를 통해 발달하며 단계별로 심리적 과제를 해결해 가면서 각 단계를 거친다는 것이다. 성인기는 대체로 성년기(20~40세), 중년기(40~60세), 노년기(60세 이상)의 세 단계로 나누어진다(정옥분, 2013). 성년기는 신체적 · 지적으로 최고 수준에 있는 시기로 직업을 선택하고 친밀한 인간관계를 형성한다. 중년기는 신체적 능력이나 건강 측면에서 점차 감퇴되는 시기로 직업적 면에서 성공과 좌절을 경험하는 시기이기도 하다. 노년기는 신체적 능력, 지적 능력, 기억력 등이 급격히 감퇴되나 양육 부담이나 직장 부담에서 벗어나 개인적 관계에 많은 시간을 할애할 수 있는 시기이다.

생애경력개발의 기본이 되는 성인발달이론은 인간발달을 연령에 따른 사회적 · 정서적 변화와 같은 일정한 단계로 설명한 규범적 위기모델과 성인발달이 연령보다는 개인이 경험하는 사건과 그 사건이 언제 일어나는지에 초점을 둔 사건 발생시기 모델이 대표적이다.

규범적 위기 모델은 인간발달을 사회적 · 정서적 변화에 따른 일정한 단계로 정리한 에릭슨(Erikson)의 사회심리적 발달 8단계가 대표적이다. 에릭슨의 사회심리적 발달 8단계의 단계별 발달과업과 위기는 영아기(신뢰감 대 불신감), 유아기(자율감 대 수치감), 아동 초기(주도성 대 죄책감), 아동 후기(근면성 대 열등감), 청년기(정체감 대 역할 혼돈), 성년기(친밀감 대 고립감), 중년기(생산성 대 침체성), 노년기(자아통합 대 절망)로 구분된다(Erikson, Erikson, & Kivnick, 1994). 이러한 발달단계에서는 각 단계별로 나름의 갈등이 있으며 그 갈등은 양극의 결과를 초래할 수 있다. 그러나 개인은 이러한 갈등을 해결하기 위한 잠재력(personal strength)과 생명력(vital strength)을 통해 긍정적인 측면과 부정적인 측면의 균형을 이루어 최상의 해결책으로 성공적인 해결을 할 수 있다고 보는 것이다.

로에빙거(Loevinger)의 자아발달이론은 자아(self)를 개인이 세상을 관찰하고 이해하고 반응하는 방식으로 결정되는 특성으로 보았다. 이러한 자아는 인간의 성격이며, 자아발달을 통해 개인은 점점 더 세련된 수준의 인간으로 성숙한다는 것이다. 자아발달 단계는 출생에서 성인기까지 10단계로 구성되며, 자아발달의 각 단계에서 다음 단계로의 이동은 개인 차원에서 현재 단계의 발달이 완전히 이루어져야 다음 단계로의 이동이 가능하다(Hy & Loevinger, 2014). 다만 각 발달단계들은 특정 연령과는 관련되어 있지 않다는 것이 특징이다. 자아발달 단계의 첫 세 개 단계는 모든 성인들이 무난하게 통과하고, 개인별로 4단계인 자기보호적 단계에서 멈추는 경우나, 6단계인 자기인식적 단계에서 멈추는 경우도 있지만 대부분의 성인들은 7단계인 양심적 단계까지 도달할 수 있다고 본다. 성인발달에서는 특히 7단계에서 10단계까지의 네 단계가 중요하나 최대한 도달할 수 있는 단계가 자율적 단계이며, 마지막 단계에 도달하는 사람은 매우 드물기 때문에 통합적 단계는 보다 높은 수준의 자아발달에 대한 가능성을 보여준 것으로 볼 수 있다.

자아발달이론의 각 단계와 단계별 주요 특징은 〈표 12-3〉과 같다.

표 12-3 로에빙거(Loevinger)의 자아발달 단계

단계	발달단계	특징
1단계	전사회적 단계	세상과 구별되지 않음
2단계	공생적 단계	어머니에 대한 공생적 의존이 생겨 자아와 어머니 사이를 구분하지 못함
3단계	충동적 단계	억제, 보상 및 처벌에 의해 꾸짖어지고 자기충족을 위한 현재 중심적 판단이 이루어짐
4단계	자기보호적 단계	보상 및 처벌을 예상하고 처음으로 자기통제가 이루어짐
5단계	순응적 단계	집단 규칙을 수용하고 소속감을 통해 안정을 느낌
6단계	자기인식적 단계	규범 및 기대로부터 자신을 구별하고 처음으로 개인의 내적 가치에 관심을 갖게 됨
7단계	양심적 단계	자기선택과 자기평가의 규칙이 생기고 내적 자아의식이 더욱 분명해짐
8단계	개인적 단계	개인의 독특성을 인정하고 개별성에 대한 존중과 타인에 대한 관용이 생기나 독립과 의존 사이에서 새로운 갈등이 시작됨
9단계	자율적 단계	내부지향적 행동을 보이며 타인의 개성을 존중하고 다른 사람과의 관계에서 풍요함을 발견함
10단계	통합적 단계	내적 갈등을 관리하는 능력이 생기며 자아정체감을 확립하고 개인적 욕구와 사회적 현실과 통합하여 현명하게 내적 갈등을 해결함

출처: Hy, L. X., & Loevinger, J.(2014)의 자료 재구성.

베일런트(Vaillent)의 성인기 적응이론은 생활사건에 적응하는 방식인 4가지 유형의 방어기제를 성인기 적응의 주요 형태로 표현한 것이다. 성인기 적응의 수준별 방어기제는 현실을 왜곡하는 정신병적 기제(1수준), 신체적 근거 없이 아픔이나 고통을 호소하는 미성숙 기제(2수준), 불안을 억누르거나 비합리적인 두려움을 표현하는 신경증적 기제(3수준), 유머를 사용하거나 남을 돕는 성숙 기제(4수준)로 구분된다(Vaillant, 1977).

성인기 적응이론에 의하면 성숙한 적응기제를 사용하는 모든 면에서 보다 더 적응을 잘하며 신체나 정신적으로 건강하고 자신의 일에 더 만족하고 대인관계나 직업 측면에서 성공적이며, 보다 행복감을 느끼는 것으로 보았다.

레빈슨(Revinson)의 인생구조이론은 인생을 4개 국면으로 크게 성인 이전기와 전환기, 성인기와 전환기, 중년기와 전환기, 노년기와 전환기로 나누어진다. 인생의 각 국면은 20년의 발달단계와 5년의 전환기로 이루어져 전환기인 5년의 과도기 동안 개인은 자신의 인생구조를 돌아보고 다음 발달단계의 인생을 재구성하기 위한 가능성을 탐색한다는 것이다(Levinson, 1978). 각각의 단계는 다음 단계보다 덜 발달한 것으로 보는 것이 아니라 각각의 단계를 시기별로 보고 개인은 시기별 고유한 과업에 따라 인생의 구조를 형성하며 인생구조 설계의 만족도에 따라 성공의 정도가 다를 수 있다. 인생구조를 설계할 때 인생의 주요 구성요소는 배우자, 자녀, 직장 상사와 동료, 사회적으로 의미 있는 집단을 포함한 사회구조 등이 포함된다.

이상의 규범적 위기 모델에서 로에빙거(Loevinger)는 특정 단계의 과업, 갈등이나 위기를 완전히 해결해야 다음 단계로 진행할 수 있다고 보는 반면에 에릭슨(Erikson)은 갈등과 위기의 해결 여부에 관계없이 일정 연령이 되면 생물학적 성숙이나 사회 · 문화적 압력에 의해 다음 단계로 진행한다고 본다. 즉, 새로운 발달단계에서는 새로운 윤리와 새로운 갈등이 있다는 것이다. 다만 노년기가 되었을 때 이전 단계에서 해결하지 못한 과업, 갈등이나 위기로 인해 자아통합감을 이루는 데 장애가 될 수 있다고 보았다.

사건 발생시기 모델에 의하면 성인발달에서 성격발달은 연령이나 시기보다는 개인이 어떤 사건을 경험하는지, 언제 그 사건이 일어나는지에 의해 더 많은 영향을 받는다고 본다. 사건 발생시기 모델은 규범적 위기 모델과는 달리 예견된 시기에 일어나는 사건들 중 규범적 사건들은 일반적으로 무난히 해결하며 지나가지만 문제가 되는 것은 인생에서 예견하지 못한 사건들이다.

사건 발생시기 모델에서는 개인적 사건과 문화적 사건을 구분하고 있으며 20세기 후반에 우리 사회는 어떤 일을 하는 데에 적절한 시기가 있다고 생각하는 전통적인 인생 시기들이 희미해지고 있지만 대부분의 개인은 주요 인생사건들에 대해서는 사회 · 문화적 시간대에 맞추려는 성향을 보인다는 것이다(Neugarten & Neugarten, 1986). 사건 발생시기 모델에서는 인생사건이 어떤 형태이든 개인이 각각의 인생사건에 대해 반응하는 양식이 중요하다고 본다. 또한, 이러한 인생사건에 반응하는 양식은 개인을 둘러싼 여러 가지 내적 · 외적 요인에 따라 개인적으로 다른 영향을 미친다.

3) 고령화사회와 생애경력개발

인구 고령화의 충격은 노동시장에서 가장 직접적이고 가시적으로 드러날 것으로 예상된다(한요셉, 2019). 통계청의 장래인구추계에 의하면 생산가능인구(15~64세) 인구 추계는 2017년 3,756만 명에서 2027년 3,508만 명으로 점점 감소하기 시작해서 2037년에는 3,024만 명, 2067년 1,784만 명으로 예측하고 있다.

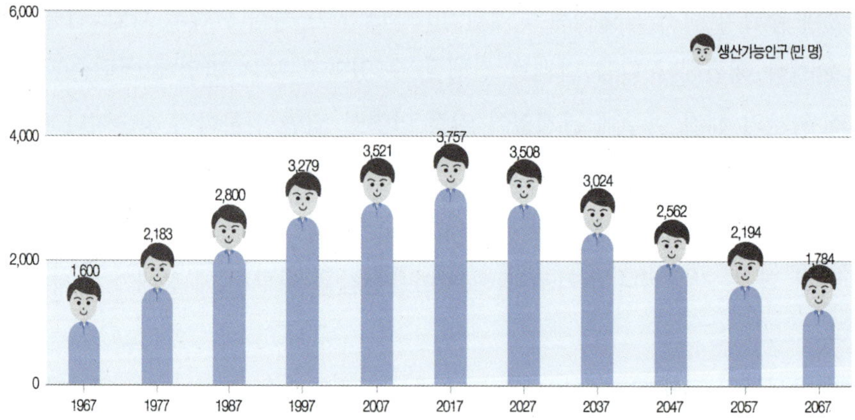

※ 15~64세 생산가능인구는 2017년 3,757만 명에서 2030년 3,395만 명으로 감소, 2067년에는 1,784만 명으로 2017년의 47.5% 수준일 전망입니다. 이처럼 빠른 속도로 생산가능인구가 감소하는 이유는 연령별 인구구조의 고령화로 유소년 인구가 줄어들어 생산가능인구로 진입하는 인구는 감소하고, 65세 이상 고령인구로 진입하는 인구는 증가하기 때문입니다. 특히 베이비붐 세대(1955~1963년생)가 고령인구로 진입하는 2020년대에는 연평균 33만 명 감소, 2030년대에는 연평균 522만 명까지 감소할 것으로 예측됩니다.

출처: 통계청, 장래인구추계.

그림 12-1 생산가능인구 인구추계

출처: 통계청 공식 포스트(2020. 05. 29)

인구 감소에 따른 생산가능인구 감소 현상은 고령화로 인한 노동 부족 문제로 연결되며, 인구절벽과 소비절벽 시대로 이어질 수 있다. 인구절벽은 국가 인구통계 그래프에서 급격하게 하락세를 보이는 구간이며, 소비절벽은 경기 불황에 대한 불안한 심리로 인해 소비를 하지 않는 현상이다. 고령화에 따른 고용시장의 커다란 변화, 그리고 이로 인한 경기침체가 지속된다면 소비자들은 소비를 하지 않게 될 가능성이 크다. 또한, 소비가 줄어들면 자연스럽게 다시 경기불황으로 이어지는 악순환이 될 수 있다. 이러한 인구구조 변화에 따른 고령화, 인구절벽 및 소비절벽으로 이어지는 악순환을 대비하기 위해서는 그에 맞는 경제정책 및 고용정책 마련이 중요하다.

OECD 국가 남성 근로자의 평균 연금수급개시연령은 2002년 63.6세에서 2016년에 64.3세로 늦춰졌으며, 40~50년 뒤에는 평균 66세까지 늦추어지게 될 것이다. 미국, 영국, 캐나다 등의 영어권 국가와 폴란드, 덴마크와 같은 유럽 일부 국가에서는 법정 의무정년을 폐지하였다. 또한, 프랑스, 포르투갈, 아이슬란드는 정년이 70세 이상으로 고령층의 노동시장 참여를 위한 사회적 여건이 조성되고 있다(OECD, 2017). 우리나라에서도 현행 60세인 정년을 국민연금 수급개시연령에 맞추어 연장하기 위한 논의가 본격적으로 이루어지고 있는 실정이다. 대법원에서는 2019년 2월 "육체노동 경험칙상 가동연한을 만 60세로 봐 온 견해는 더 이상 유지하기 어렵고, 이제는 특별한 사정이 없는 한 만 60세를 넘어 만 65세까지도 가동할 수 있다고 보는 것이 경험칙에 합당하다"고 판단했다(매경이코노미, 2019). 대법원에서 일반육체노동자의 가동연한을 65세로 상향한 것에 이어 의사, 변호사와 같은 일부 전문직의 가동연한을 70세로 보는 판결도 나오고 있는 실정이다.

육체노동자의 가동연한과 정년연장은 고령자의 일자리 및 소득제고 측면에서 중요하다. 2019년 기준으로 55세에서 64세 인구의 주된 일자리 퇴직연령은 남자 평균 51.4세, 여자 평균 47.6세로 적지 않은 수가 50세 이전에 주된 일자리에서 퇴직하는 것으로 나타났다(통계청, 2019). 반면, 실질은퇴연령은 2017년 기준으로 남성 72.9세, 여성 73.1세로 OECD 국가 중 가장 높다(OECD, 2019). 이러한 주된 일자리 퇴직연령과 실질은퇴연령 간의 차이는 주된 일자리에서의 조기퇴직 혹은 정규 은퇴 이후에도 충분한 노후 소득을 확보하지 못하여 일하는 고령자들이 많은 현실을 반영한다(한요셉, 2019).

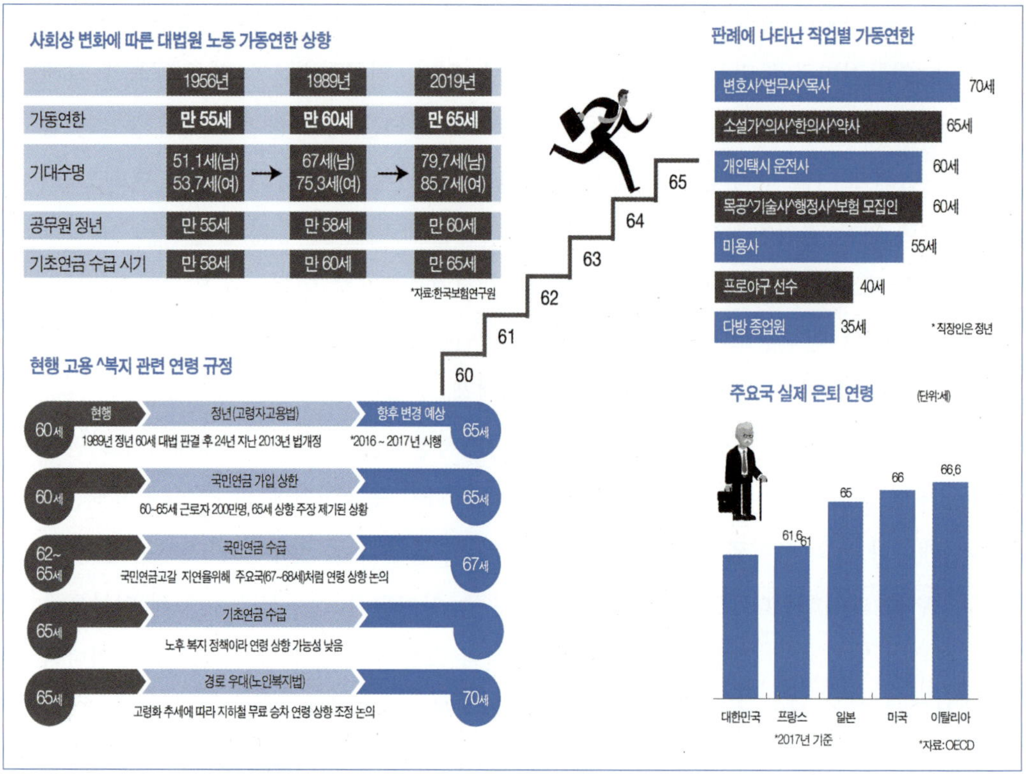

그림 12-2 노동 가동연한, 고용복지 관련 연령 규정과 은퇴연령

출처: 매경이코노미 (2019)
http://news.mk.co.kr/v2/economy/view.php?year=2019&no=140738

이처럼 사회 전반의 변화에 따라 고령인구의 노동참여는 점차 늘어날 것으로 전망되고 있으며, 이에 따른 고령층의 소득 보장을 위한 정년 연장 및 고령 노동자의 노동정책 실효성 확보는 중요하다.

이상과 같이 기대수명 증가, 실질은퇴연령 상승으로 인해 고령층의 노동시장 참여하는 기간은 점차 늘어날 것이다. 이러한 상황에 따라 개인은 전 생애에 걸쳐 증가하는 불확실성에 대비하고 변화하는 노동시장 수요에 맞는 전 생애주기에 따른 역량개발이 요구된다. 이에 따라 고령화사회에 평생교육을 통한 생애경력개발은 미래의 불확실성에 대비한 사회안전망으로서 근로자의 경력개발 측면에서나 개인의 노후 대비 측면에서도 선택이 아닌 필수가 되고 있다.

2. 생애경력개발 관련 주요 법령 및 제도

1) 청소년 및 청년 관련 법령

청소년과 청년을 대상으로 하는 경력개발 관련 주요 법은 초·중등교육법, 청소년 기본법, 학교 밖 청소년 지원에 관한 법률, 청년고용촉진특별법, 직업교육훈련촉진법 등이 있다(김은석 외, 2017). 청소년 및 청년 관련 법령 중 대표적으로 진로교육법은 학생에게 다양한 진로교육 기회의 제공을 통해 변화하는 직업세계에 능동적으로 대처하고, 학생이 자신의 소질과 적성을 최대한 실현하는 것을 주요한 목적으로 진로교육, 진로심리검사, 진로상담, 진로체험, 진로교육 집중학년·학기제와 같이 학생의 생애경력개발의 주된 활동과 지원을 위한 방안을 제시하는 데 주로 초점이 맞춰져 있다.

진로교육법을 포함한 청소년 및 청년 생애경력개발 지원 관련 법령의 주요 내용 및 특징은 〈표 12-4〉와 같다.

표 12-4 청소년 및 청년 경력개발 지원 관련 법령 주요 내용

주요 법령	주요 내용	특징
진로교육법	• 학생들에게 다양한 진로교육 기회 제공 • 소질과 적성 실현을 위한 관련 활동 제시 • 초·중등학교 및 대학 진로교육 관련 목표, 성취기준, 담당 인력, 편성 및 운영에 관한 사항 등 제시	• 초등학생, 중학생, 고등학생, 대학생 등의 학생을 대상으로 생애 경력개발의 주된 활동과 지원을 위한 방안과 법적 근거 제시
초·중등 교육법	• 초·중등 단위학교에 따라 각각의 행정체계와 수업 및 학습활동 제시 • 학생 교육에 필요한 활동에 따른 경비 지원, 교원 지원 등 포괄적 내용 제시	• 학생의 개인적 필요나 적성 및 능력에 따라 진로를 선택할 수 있는 교과와 교육과정 제공, 각 주체별 활동내용 정비, 예산과 인력을 배분하도록 법적 근거 제시
청소년 기본법	• 학교 밖 청소년을 지원하기 위한 포괄적 내용 제시 • 학교 밖 청소년이 생애 진로 과업을 달성할 수 있도록 하는 자립 지원 내용, 직업체험 및 취업 지원에 관한 내용 제시	• 학교교육 외의 지원이 필요한 청소년을 대상으로 경력개발을 체계적으로 지원할 수 있도록 세부적인 제도 및 운영방안의 근거 제공

주요 법령	주요 내용	특징
학교 밖 청소년 지원에 관한 법률	• 청년 미취업자 대상의 국내·외 직업능력개발훈련 등의 지원내용 제시	• 각종 상담, 교육, 직업체험, 취업 및 자립 등을 위한 프로그램 지원 시에 학교 밖 청소년의 고유한 특성과 수요를 고려한 직업의 체험과 훈련을 위해 국가 및 지자체에 책임을 부과하는 근거 제공
직업교육훈련 촉진법	• 소질과 적성에 맞는 직업교육훈련 기회를 제공하고 직업교육훈련 효율성과 질을 향상시키기 위한 포괄적 내용 제시	• 현장실습에서 현장실습의 운영기준과 지도, 프로그램 등의 내실화를 위한 가이드라인 제시 및 지자체 수준에서 직업교육훈련이 촉진 강조의 근거 제공
청년고용촉진 특별법	• 청년 미취업자 대상의 내외 직업능력개발훈련 등의 지원내용 제시	• 청년 미취업자의 고용 확대 및 직업지도, 청년미취업자 등을 위한 직업능력개발훈련이 실효성 있는 성과를 위한 근거 제공

출처: 김은석 외(2017) 자료 재구성

2) 재직자 및 중장년 관련 법령

재직자 및 중장년을 대상으로 경력개발을 지원하는 것과 관련된 주요 법은 근로자직업능력개발법, 직업안정법, 여성과학기술인 육성 및 지원에 관한 법률, 경력단절 여성 등의 경제활동 촉진법, 중소기업 인력지원 특별법 등이 있다(김은석 외, 2017). 근로자직업능력개발법은 근로자의 생애에 걸친 직업능력개발을 촉진·지원하여 근로자의 고용촉진·고용안정과 사회·경제적 지위 향상을 목적으로 하며, 생애경력개발의 관점에서 직업능력개발훈련의 기본원칙으로 근로자 개인의 희망·적성·능력에 맞게 근로자의 생애에 걸쳐 체계적으로 실시되어야 함을 강조하고 있다. 근로자직업능력개발법을 포함한 재직자 및 중장년 경력개발 지원 법령은 〈표 12-5〉와 같다.

표 12-5 근로자직업능력개발법을 포함한 재직자 및 중장년 경력개발 지원 법령

주요 법령	주요 내용	특징
근로자직업능력개발법	근로자의 생애에 걸친 직업능력개발을 촉진·지원하고 산업현장에서 필요한 기술·기능 인력을 양성하며 산학협력 등에 관한 사업 수행 관련 내용 등	경력을 개발하고 촉진하기 위한 정부의 제도 및 사업 활성화, 사업주의 책무, 직업능력개발훈련의 관리 등에 대한 법적 근거 제시
직업안정법	모든 근로자가 각자의 능력을 계발·발휘할 수 있는 직업에 취업할 기회를 제공하고, 정부와 민간 부문이 협력하여 각 산업에서 필요한 노동력이 원활하게 수급되도록 지원하기 위한 내용 등	근로자 및 실업자의 재취업을 통한 경력관리가 용이하도록 지원하는 정부 및 지자체의 역할 명문화
여성과학기술인 육성 및 지원에 관한 법률	여성과학기술인의 양성·활용 및 그들에 대한 지원 관련 내용 등	부진한 분야 진출 확대를 위해 합리적 범위에서 채용목표 및 직급별 승진목표 비율을 일정 수준으로 설정하는 등 적극적 조치 위한 법적 근거 제시
중소기업 인력지원 특별법	중소기업의 인력수급 원활화와 인력구조 고도화 및 인식 개선 사업 지원, 인력의 고용을 촉진 하는 데 필요한 내용 등	각종 상담, 교육, 직업체험, 취업 및 자립 등을 위한 프로그램 지원 시 학교 밖 청소년의 고유한 특성과 수요를 고려한 직업 체험과 훈련을 위해 국가 및 지자체에 책임을 부과하는 근거 제공

출처: 김은석 외(2017) 자료 재구성

3) 생애경력개발 지원 관련 제도

생애경력개발 지원 관련 제도는 대상별로 청소년 및 청년 경력개발을 촉진하는 제도, 재직자 및 중장년 생애경력개발 관련 제도, 퇴직예정자 생애경력개발 관련 제도, 취약계층의 생애경력개발 관련 제도로 구분해 볼 수 있다. 생애경력개발 지원 관련 제도는 〈표 12-6〉과 같다.

표 12-6 생애경력개발 지원 관련 제도

구분	주요 내용
청소년 및 청년 관련 제도	• 일·학습병행제: 기업이 청년취업자를 채용하여 현장에서 실무경험을 통해 훈련비, 현장교사 비용 등을 지원하는 제도 • 청년인턴제, 청년내일채움공제 및 취업성공패키지: 사업체에서 청년 인턴을 고용하고, 참여한 청년들이 근속할 수 있도록 지원하는 제도 • 청년취업아카데미: 사업체 등이 대학과 협력하여 대학 재학생을 대상으로 산업수요에 적합한 교육훈련과정 제공 • 청년해외취업사업: 해외 취업을 희망하는 청년을 대상으로 수요맞춤형 연수 등을 제공하고, 해외일자리 매칭 등을 통해 해외 취업으로 연계하는 제도
취업 연계 재직자 및 중장년 관련 제도	• 내일배움카드제도: 중소기업 근로자, 비정규직 등의 직업훈련 기회 확대를 통한 평생고용가능성을 제고하고자 일정 금액 한도 내에서 경력개발을 지원 • 국가인적자원개발 컨소시엄: 중소기업 재직근로자의 직업훈련 수혜 확대와 우수 인력 공급, 신성장동력 분야 등 전략산업 인력육성, 지역산업별 인력양성 기반 조성을 통한 현장수요맞춤형 직업훈련체계를 구축할 수 있도록 지원 • 사업주 직업능력개발 지원: 사업주가 소속 근로자 등에게 직업능력 개발훈련 시 소요되는 비용의 일부를 지원하는 제도 • 기술혁신형 중소기업 연구인력지원: 기업부설연구소 및 연구전담부서를 보유한 중소·중견기업들을 대상으로 우수 연구인력을 공급하여 기업의 기술경쟁력 강화 및 신규 일자리를 창출하는 제도
퇴직(예정)자 관련 제도	• 고용연장지원금, 임금피크제 지원금, 장년고용지원금 등: 경제적으로 사업주를 지원하여 장년의 경력을 유지 또는 경력전환을 준비할 수 있도록 지원 • 중장년 일자리희망센터, 생애경력설계서비스, 고령자인재은행 등: 퇴직(예정)자인 장년층에게 직접적인 취업 기회를 제공하여 재취업으로 연결될 수 있도록 지원 • 장년나침반 생애설계 프로그램 및 전직스쿨 프로그램 등: 장년층이 스스로 경력관리와 직업능력개발계획을 수립하여 경력전환을 준비할 수 있도록 지원 • 60세+정년 서포터스 지원, 근로시간 단축 지원제도 등: 생애주기별로 장년층의 고용안정과 인사제도 개편을 지원하기 위한 제도로 감소된 임금을 보전할 수 있도록 경제적으로 지원하는 제도
취약계층 관련 제도	• 장애인고용네트워크, 장애인직업생활상담원, 장애인취업성공패키지, 중증장애인지원고용, 중증장애인 인턴제, 시험고용제도, 장애학생 취업지원, 지원고용형 기업연수제, 온라인취업준비 등: 장애인의 구직 역량을 강화하고 장애특성을 고려한 전문적이고 차별화된 취업지원 서비스를 단계적으로 제공하는 제도. 장애인을 대상으로 일자리를 제공하는 동시에 생애 경력개발이 원활하게 이루어질 수 있도록 경제적으로 지원 • 건강가정지원센터 제도: 가족돌봄나눔, 가족교육, 지역사회연계, 가족상담, 가족문화 등의 프로그램 진행 • 노숙인 자활사업: 일시보호시설, 노숙인재활시설 등 각종 시설지원 및 전문적인 직업상담과 훈련 등의 서비스 제공

출처: 김은석 외(2017) 자료 재구성

이상의 대상별 생애경력개발을 촉진하는 제도는 관련 법령에 근거한 기본계획, 국정과제, 각종 정부 대책 등에서 제시된 제도를 포함한다. 또한, 이러한 제도들은 주로 고용노동부 등 정부를 중심으로 이루어지기도 하지만 지방자치단체 등에서 이루어지는 제도들도 있다.

3. 생애경력개발과 지역사회 평생학습 사례

1) 학습동아리

평생학습은 생애 발달 단계에 따른 전체 주기에 걸쳐 지속적인 학습이 중요하다. 급격하게 변화하는 사회환경 속에서는 조직의 일원 또는 사회 속 개인으로 새로운 것에 대한 수용적 자세로 지속적으로 학습의 기회를 탐색하고 언제, 어디서나 능동적인 참여를 통한 학습이 필요하다. 평생학습은 모든 환경을 포괄해서 경험되는 모든 형태의 경험이 일어나는 전 생애적 과정으로 여기에는 일회적이고 우연적인 우연학습(incidental learning), 형식적인 체계 없이 이루어지는 무형식학습(informal learning), 공식적인 교육기관에서 이루어지는 형식학습(formal learning), 개인에게 일어나는 개인학습(individual learning), 조직 및 집단에서 이루어지는 체계적 학습(organizational learning) 등이 포함된다. 평생학습을 위한 조직은 집단 전체의 가치가 최우선인 학습조직(learning organization) 또는 학습공동체(learning community)가 있다. 이러한 조직의 차원을 벗어나 도시 전체가 학습을 계획, 관리, 촉진하는 곳이 바로 평생학습 도시(lifelong learning city)이다.

평생학습 도시를 중심으로 지역사회 평생학습은 여러 가시 형태로 진행되고 있다. 대표적인 형태가 교육 전문가에 의한 교육 프로그램 제공 형태와 학습자 중심의 학습 경험 구성 형태이다. 교육 전문가에 의한 교육 프로그램 제공 형태는 교육 전문가 집단에 의해 학습 요구 및 필요 분석을 통해 학습 대상자에게 적합한 교육 프로그램으로 학습 경험을 제공하는 것으로 대부분 다양한 교육기관 및 교육주체에 의한 형식학습으로 이루어진다. 학습자 중심의 학습경험 구성 형태는 공동의 학습 관심과 목적을 가진 개인들이 모여 학습동아리를 이뤄 적절한 학습경험을 자발적으로 구성해 나가는 형태로 무형식학습이 주를 이룬다. 최근에는 평생학습 도시를 중심으로 지방자치단체나 평생교육 관련 기관에 의한 지원과 관리 속에서 형식학습으로 연계하여 운영되기도 한다.

학습동아리는 지역사회의 가장 작은 단위의 학습공동체로서 학습을 주된 목적으로 일정한 인원이 자발적으로 참여하는 학습 모임으로 15명 정도의 학습자들이 관심 있는 주제에 따라 스스로 배우고 토론하는 학습과정이며, 회원 간 평등한 관계 속에 정기적인 대화와 실천을 통하여 개인과 공동체가 함께 성장하고 발전하기를 추구하는 지역 학습공동체를 말한다(서울시평생교육원, 2017). 학습동아리의 주요 특징은 자발적으로 모임을 구성하고 참여하는 학습자 자발성, 학습의 초점이 참여자들에 의해 선택되는 학습자 중심, 참여자의 상황에 따라 교수자와 학습자 역할을 수행하는 순환적 의사소통 형태이다.

다음 〈표 12-7〉은 서울시에서 지원 및 운영하는 학습동아리 유형 사례이다.

표 12-7 서울시 학습동아리 유형 사례

	심화학습형	전문 탐구형	문제해결형	지역사회 봉사형
학습목적	지속학습	분야별 탐구	사회 이슈에 대한 대응	학습의 실천
학습 주제	교양, 인문, 직업능력, 시민교육, 문해 등 세부 분류 가능			
운영 방식	주 1회 학습 월 1회 전체회의 연 1회 총회	주 1회 학습 월 1회 전체회의 월 1회 현장 탐방 연 1회 총회	주 1회 학습 월 1회 전체회의 사안별 현장 탐방 및 토론 연 1회 총회	주 1회 학습 월 1회 전체회의 연 4회 지역 봉사 연 1회 총회
리더 역할	퍼실리데이터	퍼실리데이터	퍼실리데이터	퍼실리데이터

출처: 서울시평생교육진흥원(2017). 학습동아리운영매뉴얼.

지역사회 학습동아리의 효과적 활동을 위해 지역사회 차원에서는 컨설팅 등 다양한 지원이 이루어진다. 다음의 그림은 서울시 학습동아리 컨설팅 지원 우수사례이다.

학습동아리를 표현하는 키워드	웃 웃음의 공주님들이 모이셨습니다. 음 음악을 서로 사랑할 수 있고. 행 행복한 시간을 나누며, 복 복!복!복!을 선물하는 단 단 하나! 최고 글로벌 웃음행복단입니다.
웃음행복단 소개	2015년 6월 웃음치료사 2급 이수 후 웃음행복단 결성 2016년 2월 강동구 길동 큰나무요양원 월 1회 공연 봉사 2016년 10월부터 강동구 둔촌동 더어르신요양원 월 1회 공연 봉사 2016년 12월 강동구의회 표창장 수여(웃음행복단) 2017년 4월 서울시 자원봉사센터 소모임 지원사업 2017년 6월 강동구청장 표창장 수여(웃음행복단) 2017년 9월 6일 웃음행복단 심화교육(평생학습관 3층 9동 동아리방 1)
컨설팅 내용	01 | 회원의 적극적 참여 유도 및 회원 역량강화 프로그램을 통한 동아리 지속적 활동 방안 마련 02 | 타 조직과 네트워킹을 통해 역량 개발과 사회 공헌 확산
컨설팅을 통한 변화 인식의 변화 결과 실행 계획	01 | 동아리 비전에 맞는 역할별 핵심 역량개발 02 | 타 조직과 협업을 통한 역량 극대화 및 사회공헌 확대 03 | 동아리 활동 및 성과의 지역사회 공유와 사회공헌 확산
컨설팅을 통한 변화 키워드	역량개발 / 네트워킹(협약식) / SNS 홍보시작

그림 12-3 네트워킹을 통한 회원역량개발과 사회공헌 확산 사례(웃음행복단-강동구)

출처: 서울시평생교육진흥원(2017). 학습동아리운영매뉴얼.

이상과 같은 지역사회에서의 학습동아리 활동은 개인의 능력과 지식 함양과 함께 지역사회의 주체적 학습 자원으로 활동하며 생애경력개발을 통해 사회참여를 가능하게 한다.

2) 중장년 생애경력개발 프로그램

2018년도 우리나라 성인의 평생학습 참여율은 42.8%로 만 25~64세 성인 10명 중 4.2명의 성인이 평생학습에 참여하고 있으며, 여성(42.9%)의 평생학습 참여율이 높고, 중장년층(55~64세)은 34.8%의 참여율을 보였다(국가평생교육진흥원, 2018). 이러한 시점에서 지방자치단체 차원에서 중장년을 위한 맞춤형 평생학습 프로그램을 운영하는 사례가 늘어나고 있다.

인천시평생교육진흥원은 중장년층이 고령화사회에 대처하고, 인생 후반기 직업능력 유지와 일과 삶을 통합할 수 있도록 직장인 및 중장년층 맞춤형 프로그램으로 중장년 평생학습을 지원하였다. 인천시평생교육진흥원의 직장인 및 중장년층 맞춤형 프로그램은 평생교육시설, 사회적기업, 직업훈련기관, 도서관 등 총 14개 기관과의 협업을 통해 직업능력개발 및 평생고용 가능성 증진에 기여하고 있다. 세부 프로그램 운영 현황은 다음의 〈표 12-8〉과 같다.

표 12-8 인천 직장인 · 중장년 맞춤형 프로그램 운영 현황

구분	직장인 맞춤형 프로그램	중장년 맞춤형 프로그램
교육기관	• 6개소 평생교육시설(2), 사회적기업(2) 직업훈련기관(1), 도서관(1)	• 8개소 평생교육시설(2), 도서관(2), 사회적기업(1), 주민센터(1), 직업훈련기관(1), 사회단체(1)
교육인원	963명	979명
프로그램	• 총 33개 - 직업능력개발 : 빅데이터 구축과 활용 외 9개 - 일과 삶의 균형 : 직장인학부모아카데미 외 22개 〈프로그램 종류〉 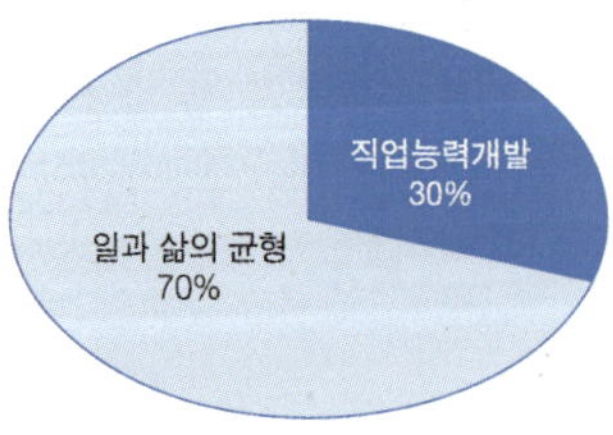	• 총 16개 - 직업능력개발 : 창의영재지도사 양성과정 외 9개 - 일과 삶의 균형 : 송도's Bee Garden 외 5개 〈프로그램 종류〉 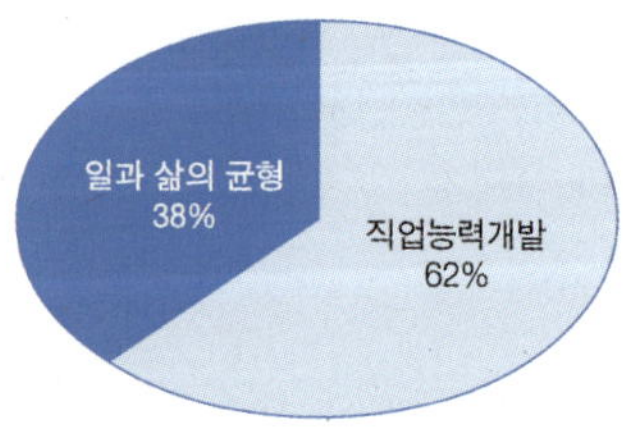

출처: 국가평생교육진흥원(2018). 평생교육백서.

경기도는 중장년 세대의 은퇴 후 자립 지원을 목적으로 2017년부터 생활기술학교 사업을 시작하였다. 사업의 주요 지원내용은 '은퇴 · 노후 설계 소양교육', '생활기술교

육', '사회공헌 연계 현장실습' 등으로 전문교육기관 공모를 통해 파트너십을 구축하여 운영하였다. 이러한 경기도의 생활기술학교 사업은 중장년층의 생애경력개발에 기여하고 있다. 주요 교육 운영기관 현황은 다음의 [그림 12-4]와 같다.

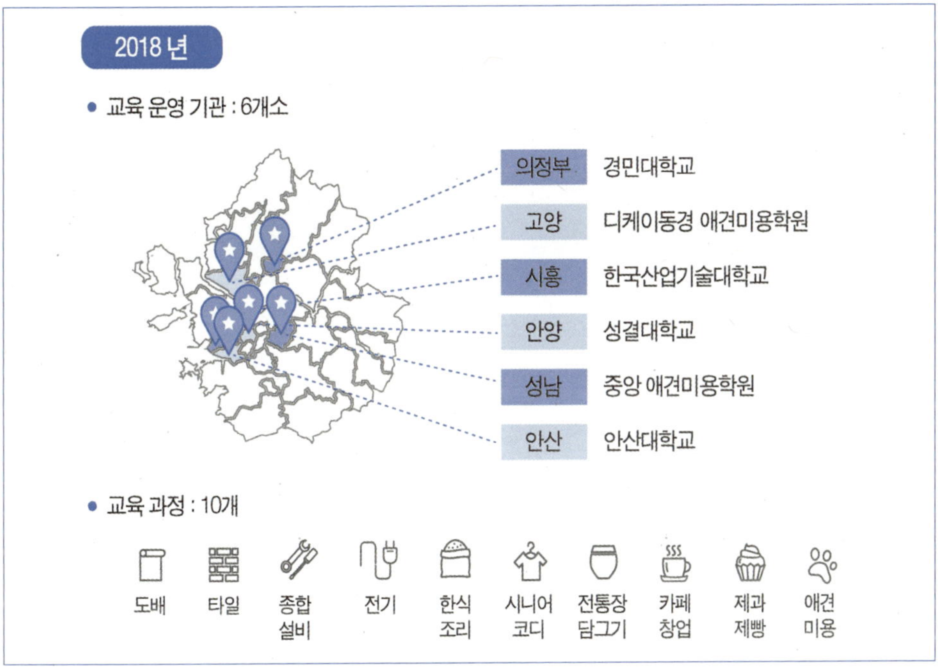

그림 12-4 경기도 생활기술학교 교육 운영기관 현황

출처: 국가평생교육진흥원(2018). 평생교육백서.

울산광역시는 지역사회가 안고 있는 문제를 해결하기 위해 베이비부머 세대의 제2의 인생 설계를 통한 삶의 질 향상 및 지역 활력화를 목표로 베이비부머 세대 평생학습 모델을 구축하여 퇴직 전후 인생 설계의 지원, 지역사회 활동 장려, 은퇴자 역외 유출 방지 사업을 추진하고 있다. 울산광역시 관내 대학과의 협업을 통해 대학컨소시엄 전문과정, 베이부머세대의 다양한 요구를 충족시켜 주는 맞춤형 과정, 지역 내 은퇴자의 역외 유출을 방지하고 고급인력의 지역사회 활동 장려를 위한 장기 교육프로그램인 울산 시민학사 과정을 운영하고 있다. 울산광역시의 베이비부머 세대 평생학습 모델 운영은 지역 대학과 유관기관 협력으로 교육대상 발굴 및 지원체제 구축에 기여하였다. 주요 울산 베이비부머 세대 평생학습 모델은 다음의 [그림 12-5]와 같다.

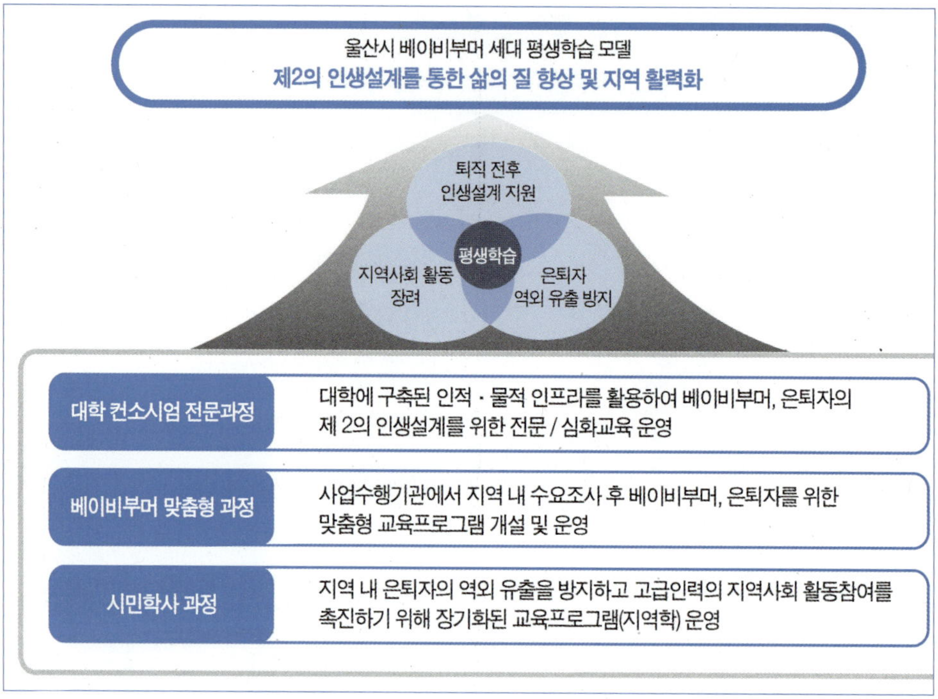

그림 12-5 울산 베이비부머 세대 평생학습 모델

출처: 국가평생교육진흥원(2018). 평생교육백서.

이상과 같은 지역사회 기반의 중장년 생애경력개발을 위한 평생학습은 지역의 대학 및 기관과의 협업체제를 통해 이루어질 필요가 있으며, 기존의 사업성과를 바탕으로 교육대상 확대 및 평생학습 결과의 지역사회 연계활동 방안을 마련할 필요가 있다.

요약 및 시사점

본 장에서는 생애경력개발과 평생교육경영을 경력개발, 성인발달, 사회변화 등에 기초하여 생애경력개발 관련 주요 법령 및 제도와 생애경력개발을 촉진하는 지역사회 평생학습에 기초하여 살펴보았다. 특히, 생애경력개발은 개인 관점과 조직 관점의 경력개발을 내용 및 과정 이론과 인간발달을 연령에 따른 사회적·정서적 변화와 같은 일정한 단계로 설명한 규범적 위기모델과 성인발달이 연령보다는 개인이 경험하는 사건과 그 사건이 언제 일어나는지에 초점을 둔 사건발생 시기 모델을 통해 살펴보았다. 평생학습은 생애 발달 단계에 따른 전체 주기에 걸쳐 지속적인 학습이 중요하다. 급격하게 변화하는 사회환경 속에서는 조직의 일원 또는 사회 속 개인으로 새로운 것에 대한 수용적 자세로 지속적으로 학습의 기회를 탐색하고 언제, 어디서나 능동적인 참여를 통한 학습이 필요하다. 이러한 평생학습을 위한 조직은 집단 전체의 가치가 최우선인 학습조직(learning organization) 또는 학습공동체(learning community)가 있다. 지역사회 생애경력개발을 위한 평생학습은 여러 가지 형태로 진행되고 있다. 평생학습의 기회 측면에서 대표적인 형태는 교육전문가에 의한 교육 프로그램 제공 유형과 학습자 중심의 학습경험 구성 유형이다. 지역사회에서 학습자 중심의 학습동아리 활동은 개인의 능력과 지식 함양과 함께 지역사회의 주체적 학습 자원으로 활동하며 생애경력개발을 통해 사회 참여를 가능하게 한다. 특히 평생학습은 모든 환경을 포괄해서 경험되는 모든 형태의 경험이 일어나는 전 생애적 과정이므로 학습자 중심의 다양한 지역사회 평생학습 지원 제도를 활용하여 생애경력개발이 이루어진다면 지역사회 변화 및 발전에 공헌하는 지역사회, 개인과 조직의 선순환적 평생교육을 기대할 수 있다. 또한, 우리나라 노동시장에서 어려움을 겪고 있는 중장년 재직근로자 및 구직자를 위한 지역 차원의 생애경력개발 지원은 프로틴 경력 관점에서 중장년의 자기주도적 생애경력개발을 통한 사회적 자본 형성에 기여할 것으로 기대된다.

• 강동구 생애주기별 평생학습 최우선 영역 선정

대분류	01 기초문해교육	02 학력보완교육			03 직업능력교육			04 문화예술교육			05 인문교양교육			06 시민참여교육		
중분류 생애주기/대상	문해 및 기초생활 프로그램	초등 학력 보완 프로그램	중등 학력 보완 프로그램	고등 학력 보완 프로그램	직업 준비 프로그램	자격 인증 프로그램	현직 직무 역량 프로그램	레저 스포츠 프로그램	생활 문화 프로그램	문화 예술 향상 프로그램	건강 심신 프로그램	현대인 기능직 소양 프로그램	인문 교양 프로그램	시민 의식 고취 프로그램	시민 리더 역량 프로그램	시민 참여 활동 프로그램
유아기 [0~6]																
아동기 [6~11]																
청소년기 [10대]																
청년기 [20~30대]																
성인 전기 [40대]																
성인 중기 [50대]																
성인 후기 [60세 이후]																
프로그램 운영자																

03 직업능력프로그램, 04 문화예술교육, 05 인문교양교육 프로그램은 주민과 운영자 간 우선순위에 의견 차이를 보임

06 시민참여교육에 대한 지역 주민과 운영자의 요구 우선순위가 공통적으로 높으므로 이에 대한 보완이 필요함

범례: 관심영역 / 시급영역(최우선 영역) / 만족영역 / 무시가능영역

• 강동구 생애주기별 경력개발을 위한 평생학습 최우선 과제 실행 모델

강동구 평생학습 최우선 과제 활성화 전략 : 3C			핵심 추진 사업
01 Community Competency	지역사회 시민역량개발 시민교육	성숙한 지역사회 구성원으로 자신의 역할 발견과 주체적이고 자율적인 삶을 살아 가도록 책임 있는 시민 양성	1. 시민교육과 콘텐츠 개발 2. 지역 시민교육 토론회 개최 3. 생애주기별 맞춤형 평생학습
02 Career Competency	직업역량개발 인적자원개발	학습을 통한 전문역량 개발과 지역의 인적자원 발굴 활용으로 지속가능한 학습형 일자리 창출	1. 지역사회전문강사단 육성 2. 학습콜링제 확대 운영 3. 강동평생학습아카데미 4. 학습형 일자리 특화 사업 운영
03 Contribution Competency	사회공헌 참여 지역사회통합	개인의 성장을 넘어 지역 사회로 학습 성과를 공유 확산하는 평생학습 공동체 문화 형성	1. 지혜나눔학교 2. 학습동아리 육성 및 지원 3. 지역 네트워크 활성화 사업

• 강동구 생애주기별 세대별 맞춤 평생학습 프로그램

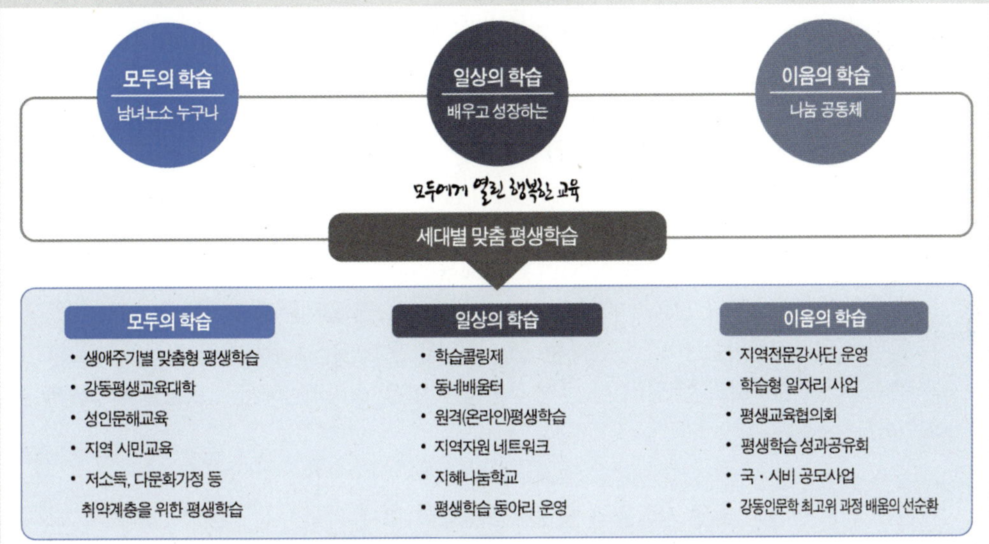

출처: 서울시평생교육진흥원(2018). 2018 서울 평생교육 컨설팅 스토리북.

사 례 학습동아리 활동 수기공모전 대상

"학습동아리를 통한 봉사 여정과 성장 기적"

조금옥 (강동구 웃음행복단 대표)

관심과 배우고 싶은 마음만으로 시작한 웃음 교육

나이 상관없이 누구나 관심과 배우고 싶은 마음만 있으면 언제든지 가깝게 다가갈 수 있는 공간이 강동평생학습관이다. 2015년 6월, 지인을 통해 웃음치료사 2급 교육을 수료한 후 학습동아리 기수끼리 한 달에 한 번씩 강동평생학습관 동아리방에서 소모임을 시작하게 되었다. - 중략 -

사람이 좋고 만남이 좋은 사람들의 모임과 웃음행복 봉사

마음이 모여 모임이 무르익고부터 회원들끼리 의기투합해 10월쯤 강동구 큰나무요양원에서 첫 봉사를 시작하게 되었다. - 중략 - 웃음치료 교육 때 배운 전체 멋진 율동, 건강박수, 풍선놀이, 우쿨렐레와 오카리나 연주, 마술 등 다양한 프로그램으로 어르신과 함께 노래 부르면서 율동하고 웃음과 즐거움을 나누다 보니 열린음악회보다 훨씬 멋진 무대, 최고의 감동을 주는 공연이 되었다. - 중략 - 암울하고 힘든 표정, 무표정의 어르신들도 계셨지만 만남이 지속될수록 점점 표정과 모습에서 변화가 나타났다. 몸이 불편해서 못 움직이시는 분들도 귀로는 모든 것을 들을 수 있으니 표정으로 미소를 보내 주었고, 손을 움직이면서 즐거움과 행복을 표현하시는 분들도 많아졌다. - 중략 -

학습을 통한 배움, 나눔, 성장을 통한 변화

어르신들은 모두 부모님 같고 가족 같은 분들이다. - 중략 - 우리는 매일 학습을 통해서 표정도 바뀌고 밝은 미래를 꿈꾸며 이 세상에서 가장 아름다운 기쁨인 웃음행복 봉사를 통해 사회에 기여할 수 있다. 또한 나눔을 통한 성장과 변화를 경험하면서 큰 기쁨과 삶의 가치를 느끼고 있다.

너무나 특별한 감사의 기적들

동아리 대표인 나는 개인적으로 이 모든 일들을 "감사의 기적"이라고 표현하고 싶다. 2017년 8월, 유방암 2기 수술을 받았고 다행히 현재는 3차 항암치료를 받고 있다. 아직도 다섯 번이 남아 있지만 기적적으로 잘 이겨내며 치료를 받으면서도 한 달에 한 번 봉사는 꼭 참석한다. 웃음행복단 동아리 활동을 하면서 웃음을 통해서 세포가 살아나며 에너지가 더 솟아오르는 것을 실감했기 때문이다. 음악과 봉사, 웃음이 있었기 때문에 잘 이겨내고 있으며 그로 인해 또 봉사할 수 있는 기적에 감사한다. - 중략 - 웃음행복단을 성장에서 성숙으로 이끌어 낸 가장 큰 변화의 원동력은 학습동아리 컨설팅이었다. 컨설팅의 효과는 첫째, 2020 비전과 슬로건을 만들어 새로운 도약의 마음을 다진 것이다. 둘째, 개별 회원들의 특기와 장점을 살린 역량개발이다. 셋째, 웃음행복을 우리 동아리에만 머무르게 하지 않고 조금 더 확장하기 위해 타 조직과 네트워킹하여 사회공헌을 공유하고 확산한 것이다. 이를 위해 업무협약식도 했고, 네이버 "웃음행복단" 등록과 SNS 홍보도 하였다. 웃음행복단을 통해 삶이 바뀌는 개인의 변화와 성장하는 우리들의 모습, 또 이로 인한 주변 사회의 변화에 감사하고 있다. - 중략

출처: https://webzine.smile.seoul.kr/28102/

연습 문제

1. 평생교육 차원에서 생애경력개발 활동의 구체적인 사례를 찾아 함께 공유해 보자.

2. 생애경력개발 지원 제도를 활용한 평생교육 활성화 방안에 대해 함께 논의해 보자.

3. 지역사회 평생학습 차원에서 국가 차원, 지역사회 및 조직 차원, 개인 차원에서 생애경력개발 정책 지원 및 제도 활용에 대해서 논의해 보자.

참고 문헌

김은석 외(2017). 생애 경력개발을 위한 정책 지원 방안 연구. 한국고용정보원.

김홍국(2000). 경력개발 이론의 평가와 연구방향. **인적자원개발연구**, 2(2), 1-41.

매경이코노미(2019). 가동연한 65세 시대 뭐가 달라지나. 2019.03.08.

문한나 외(2018). 4차 산업혁명 시대의 근로자 경력개발 지원방안. 한국직업능력개발원.

서울시평생교육진흥원(2018). 2018 서울 평생교육 컨설팅 스토리북. 서울시평생교육진흥원.

서울시평생교육진흥원(2018). 2018. 서울동네배움터. 서울시평생교육진흥원.

서울시평생교육진흥원(2017). 2017. 학습동아리컨설팅 운영매뉴얼. 서울시평생교육진흥원.

서울시평생교육진흥원(2017). 2017. 학습동아리컨설팅 운영사업사례집. 서울시평생교육진흥원.

정옥분(2013). **성인노인심리학**. 서울: 학지사.

통계청 공식 포스트(2020). **생활 속 통계이야기**. 통계청.

한요셉(2019). 60세 정년 의무화의 영향: 청년 고용에 미치는 영향을 중심으로. KDI.

Erikson, E. H., Erikson, J. M., & Kivnick, H. Q.(1994). *Vital involvement in old age*. WW Norton & Company.

Hy, L. X., & Loevinger, J.(2014). *Measuring ego development*. Psychology Press.

Levinson, D. J.(1978). *The seasons of a man's life*. Random House Digital, Inc.

Neugarten, B. L., & Neugarten, D. A. (1986). *Changing meanings of age in the aging society*. Our aging society: Paradox and promise, 33-51.

OECD(2019). Statistics on Average Effective Age of Retirement(1970~2018).

OECD(2017). Preventing Aginging Unequally.

Vaillant, G.E. (1977). *Adaptation to life: How the best and brightest come of age*. Boston: Linde Brown.

https://m.post.naver.com/viewer/postView.nhn?volumeNo=16650348&memberNo=608322&vType=VERTICAL

http://kosis.kr/visual/populationKorea/PopulationByNumber/PopulationByNumberMain.do?mb=N&menuId=M_1_4&themaId=D02

https://webzine.smile.seoul.kr/28102/

http://news.mk.co.kr/v2/economy/view.php?year=2019&no=140738

https://post.naver.com/my.nhn?memberNo=608322

Chapter 13

평생학습 네트워크와 평생교육경영

평생학습은 국가 차원에서 국가평생교육진흥원이 시 · 군 · 구 평생교육 유관기관과 연계하고, 시 · 도 평생교육진흥원은 지방자체단체, 지방교육자치단체 및 유관기관과 함께 네트워크를 구축하여 운영해야 한다. 또한, 시 · 도 행정구역 내의 단체는 국가나 지방자체단체 관련 평생교육 단체 및 평생교육시설 간의 연계를 통해 기관별, 지역별, 생애주기별 네트워크를 구축하여 인력, 사업, 정보, 공간 등의 협력 네트워크 지원체제로 운영해야 한다.

국가 차원에서 이루어진 '시 · 도 평생학습 네트워크 구축사업'은 「평생교육법」 제20조에 따라 국가–시 · 도–시 · 군 · 구–읍 · 면 · 동으로 이어지는 평생교육 추진체제의 구축을 목적으로 17개 시 · 도를 대상으로 이루어졌다. 이러한 국가 차원 평생학습 네트워크는 시 · 도 평생교육진흥원이 현장에서 안정적으로 정착되고 운영의 활성화는 네트워크의 기반을 구축하였다. 이 사업을 통해 국가 차원에서는 국가평생교육진흥원을 중심으로 시 · 도 평생교육진흥원 간 네트워크를 구축하고, 정례협의회를 통해 중앙과 시 · 도 간 연계 강화를 위한 협의체를 구축하고 운영하였다. 시 · 도 평생교육진흥원은 시 · 도 평생학습 네트워크의 구심점인 전국 시 · 도 평생교육진흥원협의회와 공동으로 포럼을 운영하는 등 국가–시 · 도 평생교육진흥원 간 협력체계 강화를 위해 노력하였다.

지방자치단체는 지방교육단체 및 유관기관 네트워크를 통해 기관 · 시설 · 단체 간의 연계 강화, 시설 공유화 촉진을 통한 교육기능 확산과 효율화, 생애주기별 대상 중심의 시설 복합화를 이룸으로써 지역 주민의 평생교육 요구에 부응하고, 교육서비스의 질적 향상을 기대할 수 있다. 따라서 본 장에서는 평생학습 네트워크를 지역사회 평생학습과 평생교육경영에 기초하여 살펴보고자 한다.

1. 평생교육과 평생학습 네트워크

1) 평생교육 네트워크

4차 산업혁명 시대의 도래와 함께 사회환경 변화에 따라 미래사회를 주도할 핵심 키워드로 연결, 매개, 커뮤니티, 네트워크, 협력, 협업과 같은 키워드가 주목되고 있다. 이러한 트렌드는 평생교육 분야에서도 예외가 아니다. 국내·외를 막론하고 평생교육의 질 제고를 위한 핵심 주제로 지역사회 참여(community engagement)에 주목하고 있으며 지역사회의 범위에 이웃, 비정부기구, 종교단체, 사립재단, 사회적 서비스 등 지역사회 주민의 생애 발달을 지원하는 서비스를 포함하고 있다.

평생교육 선진화 정책 일환으로 지역교육청 내 인적·물적 협력을 도모하는 교육협력 네트워크를 추진하는 등 평생교육에도 지역사회 협력 네트워크 개념을 도입하였다(서울특별시 교육청, 2017). 평생학습 네트워크는 평생교육기관과 같은 사업조직이 평생교육 관련 사업, 인력, 정보, 공간 등의 공유를 통해 중복을 피하고 전반적인 경쟁력을 강화함으로써 운영의 효율성을 높이는 데 유용한 연계체제이다. 「평생교육법」 제19조에 "국가는 평생교육진흥과 관련된 업무를 지원하기 위하여 국가평생교육진흥원(이하 "진흥원"이라 한다)을 설립한다"〈개정 2013.12.30.〉는 내용이 명시되어 있고, 제5항에 "평생교육기관 간 연계체제의 구축"이 명시되어 있다. 이에 따라 시·도 평생교육진흥원은 지역공동체 구축을 통해 지역 특색에 맞는 평생교육 시스템을 개발하고 정착시켜야 한다. 이와 함께 전체적으로는 국가 평생교육진흥원과 시·군·구 평생교육기관의 연계, 지역의 각종 평생교육 관련 기관의 네트워크 구축이 이루어져야 한다.

2) 지역사회 평생교육과 평생학습 네트워크

지역사회 교육은 지역사회를 기반으로 한 평생교육이다. 즉, 지역에서 이루어지는 여러 형태의 교육을 총칭하는 것이다. 지역사회 교육은 지역 여건에 기반을 둔 실천적 교육이므로 지역의 환경을 개선하려는 의도를 내포하고 있다. 따라서 지역사회 평생교육은 지역 주민의 상호 연대와 참여가 바탕이 되어 이루어진다. 이러한 자발적 참여의 과정에서 주민들은 지역의 과제를 지역 주민 공동체의 문제로 인식하고 함께 해결해 나가기 때문에 지역에 대한 애착과 공동체의식을 형성할 수 있다.

지역사회 평생학습은 형식적 학습, 무형식적 학습, 비형식적인 학습을 망라하는 다양한 학습조직이 지역 네트워크로 상호 연계되어 협력을 이루어 나간다. 따라서 이러한 지역 네트워크가 성공적으로 이루어지기 위해서는 지역사회 문화적 영역, 정치적 영역, 재정적 지원 등이 뒷받침되어야 한다.

정부의 재정지원 사업의 대표적인 사례로 지역 평생교육 활성화 지원 사업은 제4차 산업혁명 및 기대수명의 증가 등 사회 변화에 대응한 지역 평생학습체제 구축으로 국민 개인과 지역사회의 삶의 질 향상을 위한 평생학습 활성화를 목적으로 한다(국가평생교육진흥원, 2018). 지역 평생교육 활성화 지원 사업은 2011년부터 시작되어 2013년 이후부터는 저출산·고령화, 청년실업 증가, 도시 쇠퇴 등 지역 현안에 대한 정책적 대응의 필요성이 대두되면서 농어촌 및 고령인구 밀집지역 등 교육시설이 부족한 지역을 중심으로 한 평생학습의 접근성 강화, 경력단절여성·은퇴자 등의 '제2의 경력창출' 학습형 일자리 확대를 중점과제로 추진하였다. 최근 중점과제는 고령자, 경력단절여성, 퇴직 중·장년 등을 위한 '제2의 경력창출' 지원 및 시·군·구 단위 '학습공동체' 형성, '학습형 일자리' 확대는 물론 지역 주민의 평생학습 접근성 강화를 위해 지역사회 시설을 활용한 학습 공간 확보 등 지역 주민의 평생학습 기회 확대를 위한 지원체제를 강화하는 것으로 확대되었다.

출범 이후 시·도와 시·군·구를 사업의 시행주체로 한 지역 평생교육 활성화 지원 사업은 시·도 평생학습 네트워크 구축을 첫 번째 과제로 하여 「평생교육법」 제20조에 따라 시·도 평생교육의 정책총괄기구로 시·도 평생교육진흥원의 안정적 현장착근과 운영 활성화를 지원하였다. 두 번째로 다모아 평생교육정보망 구축사업을 통해서 시·도 평생교육정보망의 구축 및 운영 활성화, 지역 평생교육 정보의 공유·유통·활용을 위한 네트워크 안정화를 추진하였다. 세 번째로 평생학습도시 조성사업은 주민이 언제, 어디서나, 원하는 학습에 참여할 수 있도록 지자체가 평생학습 인프라를 구축하여 주민 수요를 반영한 지역 특성화 교육서비스를 제공할 수 있도록 지원하였다. 평생학습도시 조성사업은 2001년 시작하여 현재까지 꾸준히 추진되고 있다. 네 번째로 행복학습센터 운영사업은 「평생교육법」 제21조의3에 따라 주민의 근거리 학습권 보장을 위해 지역의 유휴시설을 발굴하여 읍 · 면 · 동 평생학습센터로 지정 · 운영하고 전담인력 배치, 조례 제 · 개정, 특성화콘텐츠 개발, 학습동아리 활동 지원 등의 수요자 맞춤형 학습서비스를 제공하였다. 행복학습센터 운영사업은 2017년을 끝으로 종료되었으며, 현재는 기초자치단체 수준에서 평생학습센터로 시 · 군 · 구 자치단체, 교육지원청 및 평생학습관과 상호 협력적으로 평생교육진흥을 위해 존재한다.

이상과 같이 평생교육 유관 기관에서는 다양한 주체의 폭넓은 지원을 기초로 적극적인 네트워크 경영을 통해 지역 평생교육의 질적 성장을 위한 노력이 필요하다.

3) 지역 평생학습 네트워크와 지역공동체 구현

지역사회 평생학습을 통해 지역 주민들은 자발적 참여과정에서 지역사회의 다양한 문제들을 지역 주민 공동체의 문제로 인식하고 함께 해결하고자 하는 동기가 생기고 지역에 대한 애착과 공동체 의식을 형성할 수 있다. 이러한 평생학습 과정을 통해 자연스럽게 구축된 지역공동체는 지역사회 네트워킹을 통해 지역사회를 구성하고 있는 여러 집단이 공동으로 지역사회의 문제를 해결하고 지역사회의 성장을 위한 활동들을 이어나가는 선순환으로 지역의 균형적 발전에 기여할 수 있다.

지역 평생학습 네트워크를 활성화하기 위해서는 제도적 네트워킹과 디지털 네트워킹으로 구분해서 제도적 네트워킹 기반 위에 디지털 네트워킹을 구축할 필요가 있다. 제도적 네트워킹은 전반적인 평생교육 청사진 기획, 프로그램 계획, 다양한 협의를 위한 회의나 행사 등의 교류를 의미하고, 디지털 네트워킹은 디지털 도구를 통해 기관, 각종 행사, 프로그램 정보, 교 · 강사 정보 등의 공유를 지원하는 것이다.

지역사회 성장의 중심이 되는 지역공동체의 평생학습 네트워크는 인적 네트워크, 사업 네트워크, 정보 네트워크, 시설 네트워크를 통해 주민 학습 기회 확대가 필수적이다. 지역공동체의 효과적인 평생학습 네트워킹을 위해서는 무엇보다 리더십과 제도적 기반 위에 지역 공동체가 주도하여 지역사회 변화를 촉진하고 지속하여 지역사회

성장을 추진하는 원동력이 될 수 있어야 한다.

지역사회 평생학습을 촉진하는 인적 네트워크는 인적자원 요소 간의 교류를 통한 시너지를 위해 지역의 공공기관, 유관 단체, 법인, 학교 등의 평생교육 시설 및 단체의 담당자, 지역 평생교육 전문가, 봉사자 등의 협업체계 구축을 의미한다. 인적 네트워크 구축은 다양한 교류 행사나 협의회 등을 통해 제도적 네트워킹을 기반으로 디지털 도구를 통한 정보 공유 서비스가 이루어질 수 있다.

지역사회 평생학습을 위한 사업 네트워크는 지역별 평생교육 유관 기관 및 단체 간의 사업을 서로 연계하고 협업하여 중복된 사업을 줄이고, 지역 주민의 평생학습 기회를 확대하고, 학습 효과를 극대화할 수 있다. 이러한 사업 네트워크는 지역 내 다양한 문화행사, 교육 관련 행사와 이벤트 사업 등을 계획하고 운영할 때 유관 기관 상호 간의 협력지원체제를 통해 평생학습의 효율성을 극대화할 수 있다.

지역사회 평생학습의 디지털 네트워킹의 기반이 되는 정보 네트워크는 지역 평생학습에 도움이 되는 정보 공유 및 확산 체제의 구축을 의미한다. 시 · 도의 평생교육진흥원, 시 · 군 · 구의 평생학습센터, 지역 내 공공기관 및 유관 기관은 물론 국가 차원의 데이터베이스와 연결하여 정보를 수집할 수 있는 정보 네트워크를 통해 데이터베이스화된 정보는 평생학습의 기회 확대와 질 확보에 기여할 수 있다.

지역사회 평생학습 시설 네트워크는 지역 내 평생교육 관련 시설과 같은 물적 자원의 교류를 의미한다. 이러한 지역 내 평생학습을 위한 물적 자원에는 평생교육 관련 공간과 같은 시설, 설비, 교재나 교구 등이 포함된다. 지역사회 평생학습 시설 네트워킹을 위해서는 지역 내 공공기관이나 공립학교와 같은 공공의 교육시설을 넘어 지역사회 사립대학이나 민간 교육시설 간의 유기적인 연계체계를 구축하여 인적 · 물적 자원의 협업체계 구축 및 공유를 통해 평생학습 관련 사업 및 활동의 효과를 극대화 할 수 있다.

이상과 같은 지역평생 평생학습 네트워크는 지역주민의 평생학습 기회를 확대하고, 지역사회에 대한 자발적 관심과 실천적 참여 연대의 형성과 지역공동체 구현을 통해 실천형 주민 학습 확대의 선순환적 고리를 형성하는 데 기반이 될 수 있다. 더 나아가 지역평생 평생학습 네트워크를 통해 지역주민은 자발성과 자기결정성을 기반으로 평생교육의 주체가 되는 시민으로서 사회적 연대를 이루어 지역사회 발전에 기여할 수 있다. 시민이란 사회적 · 정치적 · 경제적 차원에서 기본적인 자유와 권리를 스스로 행사할 수 있는 자유롭고 평등한 존재로 서로 밀접한 관계를 가지며 공동의 문제를 스스로 해결하는 사람들이다(신진욱, 2018). 이와 같은 지역주민의 시민성 발현을 촉진하는 지역사회 평생학습은 지역사회의 자생적 평생교육 실천의 토대가 될 수 있다.

2. 지역 평생학습 네트워크와 평생교육경영

1) 지역 평생학습 네트워크

국가 차원에서 진행한 지역 평생교육 활성화 지원사업의 시 · 도 평생학습 네트워크 구축사업에서는 광역자치단체를 시행주체로 하여 2011년 대전, 경기를 시작으로 매년 3~5개 시 · 도를 선정하였다. 선정된 시 · 도는 지원 1년차에 시 · 도 내 관할 시 · 군 · 구 담당자, 평생교육기관, 교육청 등 관계기관 협의체 지역 평생교육 네트워크 구축, 시 · 도 평생교육진흥원 설립을 추진하였다. 지원 2년차에는 시 · 도 평생교육진흥원 설립 직후 시 · 도 정책개발을 위한 조사 · 분석, 중장기 발전계획 수립 등을 통해 지역 평생교육 총괄기구로서의 수행역량 제고 및 운영 안정화를 중점 추진하였다. 지원 3년차에는 시 · 도 평생교육진흥원을 중심으로 시책사업 발굴, 전문인력 양성, 시 · 군 · 구 컨설팅 등 지원, 학습공동체 육성 등의 특화사업을 적극 추진하였다.

시 · 도 평생학습 네트워크 구축사업은 2011년 대전평생교육진흥원을 시작으로 2016년 전북평생교육진흥원까지 전국 17개 시 · 도에 평생교육진흥원 설립이 완료되었으며, 해당 사업은 2015년 선정된 경상남도, 세종특별자치시, 전라북도의 3년 계속 지원이 종료된 2017년까지 지속되었다. 2018년에는 부산인재평생교육진흥원, 세종특별자치시인재육성평생교육진흥원, 제주평생교육장학진흥원 3개의 시 · 도 평생교육진흥원이 법인으로 전환되었다. 다음의 〈표 13-1〉은 시 · 도 평생교육진흥원 현황이다.

표 13-1 시 · 도 평생교육진흥원 현황('18.12 기준)

- 8개 법인 설립 : 단독형 5(서울, 광주, 대전, 경기, 충남), 융합형 3(부산, 세종, 제주)
- 9개 지정위탁 : 연구원 지정 5(대구, 강원, 충북, 전북, 경남), 인재육성재단 지정 3(인천, 울산, 전남), 도립대학 1(경북)

	시 · 도	설립/지정시기	형태	지정(위탁)기관
1	서울특별시평생교육진흥원	'14. 04. 03	지정	서울연구원
		'15. 03. 12	법인	-
2	부산인재평생교육진흥원	'11. 03. 01	지정	부산인적자원개발원
		'16. 12. 27	법인	-
3	대구평생교육진흥원	'12. 05. 10	지정	대구경북연구원
4	인천평생교육진흥원	'13. 05. 09	법인	-
5	광주평생교육진흥원	'13. 02. 08	지정	-
		'15. 02. 27	법인	-
6	대전평생교육진흥원	'11. 07. 28	법인	-
7	울산광역시평생교육진흥원	'12. 07. 01	지정	울산발전연구원
		'18. 01. 01	지정	울산인재육성재단
8	세종특별자치시인재육성 평생교육진흥원	'16. 02. 05	지정	세종인재육성재단
		'18. 04. 16	법인	-
9	경기도평생교육진흥원	'11. 12. 28	법인	-
10	강원도평생교육진흥원	'14. 03. 25	지정	강원발전연구원
		'17. 01. 01	지정	강원연구원
11	충청북도평생교육진흥원	'11. 04. 20	지정	충북연구원
12	충청남도평생교육진흥원	'12. 01. 01	지정	충남인재육성재단
		'16. 05. 27	법인	-
13	전라북도평생교육진흥원	'16. 08. 01	지정	전북연구원
14	전라남도평생교육진흥원	'14. 03. 19	지정	전남발전연구원
		'17. 01. 22	지정	전남인재육성재단
15	경상북도평생교육진흥원	'13. 06. 27	지정	대구대학교
		'18. 01. 01	지정	경북도립대학
16	경상남도평생교육진흥원	'15. 01. 01	지정	경남발전연구원
17	제주평생교육장학진흥원	'12. 07. 19	지정	제주발전연구원
		'18. 02. 28	법인	

※ 법인등기일, 개원식 일자 등 기준에 따라 설립/지정일이 상이할 수 있음

출처: 국가평생교육진흥원(2018). 평생교육백서.

2) 평생학습도시 조성

평생학습도시 조성사업은 평생학습도시 신규 지정, 평생학습도시 특성화 지원, 일반도시 지원의 3개 과제로 구분하여 운영되었다. 신규 지정과 관련하여 2011년 6개, 2012년 8개 시 · 군 · 구를 지정한 데 이어 2013년 28개 시 · 군 · 구가 선정되었다. 이후 2014년 11개, 2015년 7개, 2016년 7개, 2017년 10개 시 · 군 · 구가 선정되어 양적인 증가 추세를 이어갔다. 평생학습도시는 2018년 12월 기준으로 전국 226개 기초자치단체 중 70.8%인 160개 시 · 군 · 구가 지정되어 있다(국가평생교육진흥원, 2018).

평생학습도시로 선정된 지자체는 선정 이듬해부터 '평생학습도시 특성화 지원'에 대한 공모를 통해 특성화 프로그램 운영을 위한 국고지원을 받았다. 평생학습도시 특성화 지원은 지자체 평생교육사업을 추진할 수 있는 인프라를 갖춘 지자체가 학습형 일자리 창출, 학습-고용-복지 연계, 학습공동체 육성, 청소년을 위한 진로 · 체험활동 등 지역 현안 해결과 국가시책 등과 연계 관련하여 지역 특성에 맞는 특성화 프로그램을 발굴하는 데 역점을 두었다. 이를 위해 교육부는 '평생학습도시 특성화 지원'을 통해 매년 20여 개 평생학습 도시에 총 5억 원가량의 국고보조금을 지원하고 있다. 이와 함께 2013년부터 2016년까지 평생학습도시로 지정되지 않은 일반도시에 대한 특성화 지원 사업을 추진하였다. 평생학습도시를 준비하는 지자체 혹은 평생학습도시가 아니더라도 지역의 특성화 프로그램 운영 등을 통해 평생교육사업을 추진하고자 하는 지자체는 공모를 통해 선정하여 총 3억여 원의 사업비를 지원하였다. 2001년부터 2018년까지 평생학습도시 지정 현황은 다음의 〈표 13-2〉와 같다.

표 13-2 평생학습도시 지정 현황

광역	기초자치단체	평생학습도시	지정연도														
			2001	2002	2003	2004	2005	2006	2007	2011	2012	2013	2014	2015	2016	2017	20
서울	25	17	-	-	-	관악구	성북구 양천구	영등포구	강동구 강서구 마포구	-	은평구	강남구 금천구 노원구 도봉구 서대문구 송파구	-	-	용산구	-	구로 중랑

부산	16	14	-	해운대구	–	–	–	연제구	사상구	영도구	부산진구	금정구 남구 사하구 서구	기장군	-	동구	북구 중구	수영구
대구	8	4	–	–	–	–	달서구 동구	–	–	수성구	–	북구	–	–	–	–	–
인천	10	6	–	–	연수구	–	부평구	미추홀구	–	남동구	–	–	서구	–	–	계양구	–
경주	5	5	–	–	–	–	남구	광산구 동구	–	북구	–	–	–	서구	–	–	–
대전	5	4	유성구	–	–	–	–	–	대덕구	–	동구	서구	–	–	–	–	–
울산	5	5	–	–	–	–	–	울주군	중구	–	북구	–	–	–	동구	–	남구
경기	31	27	광명시	부천시	–	이천시	구리시 수원시	시흥시 안산시 용인시 평택시	과천시 안양시	남양주시	포천시	가평군 군포시 김포시 성남시 양주시 의왕시 의정부시 화성시	고양시 양평군 연천군	오산시	–	여주시	파주시
강원	18	11	–	–	–	–	–	삼척시 화천군	강릉시 횡성군	–	동해시	인제군 평창군	홍천군	철원군	영월군	–	춘천시
충북	11	5	–	–	–	청주시	단양군 제천시	진천군	–	–	–	옥천군 음성군	증평군	충주시	–	–	–
충남	15	13	–	–	–	금산군	부여군	서산시 아산시 태안군	서천군 천안시	–	당진시	홍성군	예산군	논산시	공주시	–	보령시
전북	14	9	진안군	–	–	전주시	익산시	김제시 남원시 정읍시	군산시	완주군	–	–	–	–	–	부안군	–
전남	22	12	–	–	순천시	목포시 (신안· 무안)	–	곡성군 광양시 여주시	강진군 영암군	–	–	–	담양군	화순군	고흥군	영광군 완도군	–
경북	23	10	–	–	안동시	칠곡군	–	–	경산시 구미시	–	포항시	경주시 영주시	청도군	김천시	–	의성군	–
경남	18	13	–	–	거창군	창원시	김해시 남해군	양산시 하동군	진주시 통영시	–	–	창녕군	합천군	–	함안군	밀양시 산청군	–
제주	0	2	–	제주시	서귀포시	–	–	–	–	–	–	–	–	–	–	–	–
계	226	160	3	3	5	8	14	24	19	6	8	28	11	7	7	10	7

출처: 국가평생교육진흥원(2018). 평생교육백서.

교육부의 「평생학습 도시 재지정평가 추진계획(안)」에 따르면 평생학습도시 선정, 특성화 지속 지원 및 재지정평가 제도는 평생학습 진흥을 통한 공공 가치 실현, 지역 주민 중심의 평생학습 제공, 평생교육 관련 지방행정의 효율적 투자 유도를 도모하고자 진행한 것이다. 평생학습 도시 재지정 평가는 "지속가능한 평생학습도시로의 발전"을 비전으로 하여 지역 여건, 주민 수요에 맞춘 평생학습 활성화를 정책목표로 도입한 것이다. 2001년부터 2018년까지 160개 기초자치단체가 평생학습도시로 지정되었으나 운영에 대한 지속적인 점검 제도가 부재하여 성과 창출 및 확산에 대한 한계를 극복하기 위해 2019년 시범평가를 시작으로 2020년부터 본 평가를 시작하였다.

이상과 같은 평생학습도시 조성 사업은 시 · 군 · 구 기초자치단체를 대상으로 주민이 언제, 어디서나 평생학습 접근이 가능하고, 주민이 원하는 교육서비스를 제공하는 것을 목적으로 지방자치단체가 평생학습 인프라 및 네트워크를 구축할 수 있도록 지원하는 것이다.

3) 지역과 공동체 학습

「평생교육법」 제21조의3에 따라 2014년부터 읍 · 면 · 동 평생학습센터를 설치하여 운영하였다. '행복학습센터 운영'으로 추진된 사업에서는 선정된 지자체에 3년간 국고보조금을 지속적으로 지원하며, 해마다 지원금의 50% 이상 대응투자를 확보 · 편성하여 운영하도록 하였다. 2014년에 60개 시 · 군 · 구를 3년 계속지원을 위한 보조사업자로 선정한 데 이어 2015년에는 32개 시 · 군 · 구를 추가 선정하여 92개 시 · 군 · 구를 지원하였다. 2016년에는 별도의 신규 선정 없이 92개 시 · 군 · 구가 보조사업자로 참여하여 사업을 운영하였으며, 2017년에는 전국적인 확산을 위한 단년도 지원 형태로 37개 시 · 군 · 구를 신규 보조사업자로 선정하여 추가적으로 지원하고 사업을 종료하였다(국가평생교육진흥원, 2018).

서울시에서는 동단위 평생학습센터 지역화를 위해 2014년부터 4년간 총 202개(거점센터 포함)의 행복학습센터를 운영해 왔으나 지원적 한계로 인해 사업을 종료하였다. 다층적 협의회를 통해 2017년에는 시민 누구나 근거리 생활권에서 평생학습에 참여할 수 있는 '서울형 동단위 평생학습센터 동네배움터 운영 사업'을 시작하였다. 2017년 시범사업을 시작으로 2018년에는 15개 자치구, 53개 동네배움터로 확대되었다.

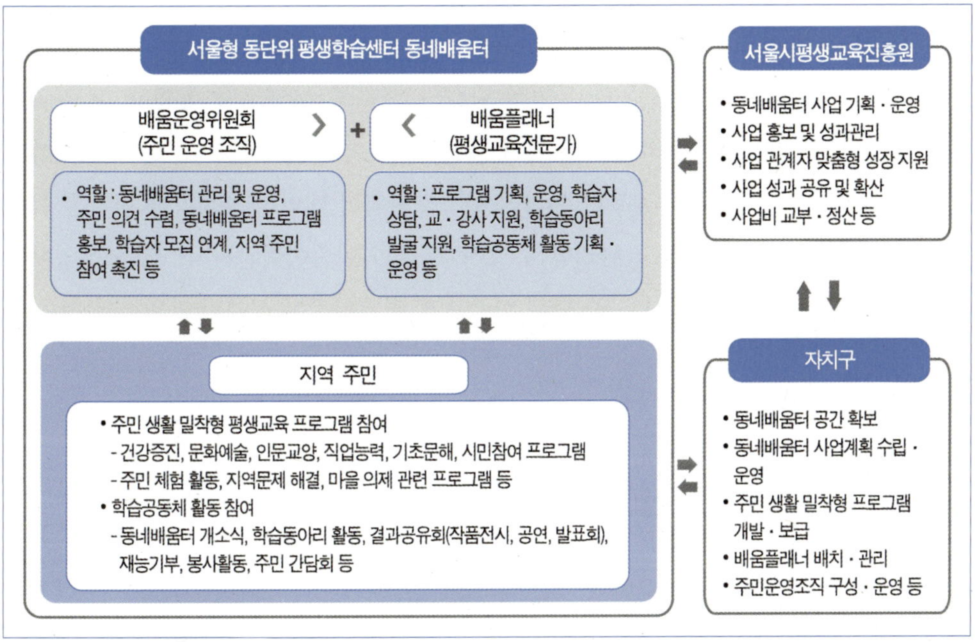

그림 13-1 서울형 동단위 평생학습센터 동네배움터 운영 사업 추진 모형

출처: 국가평생교육진흥원(2018). 평생교육백서.

서울형 동단위 평생학습센터 동네배움터 운영 사업은 추진모형에서 보는 바와 같이 지역 공동체 학습은 평생교육진흥원, 자치구, 동네배움터 및 주민의 협력적 관계 속에서 동 주민센터나 지역내 주민의 참여가 핵심 요소임을 알 수 있다.

3. 국가 평생학습 네트워크와 평생교육경영

1) 평생학습계좌제

국가 평생학습 네트워크 측면에서 도입된 평생학습계좌제는 개인의 다양한 학습경험(예: 학력, 경력, 자격사항, 평생학습 이력 등)을 온라인 학습계좌에 누적 및 관리하고 그 결과를 학력이나 자격인정과 연계하거나 고용정보로 활용하는 제도이다(www.all.go.kr). 평생학습계좌제는 1995년 「5 · 31 교육개혁안」에서 교육구좌제(Education account)라는 이름으로 처음 제안되었으며 본격적인 추진은 2008년 이후에 이루어졌다. 학교교육의 결과뿐만 아니라 비형식 교육과 무형식 학습의 가시성(visibility)을 높이고 그 결과를 사회적으로 폭넓게 인정하려는 취지에서 제안되었다. 2008년 9월부터 2010년 2월까지 시범사업을 거쳐, 2010년 3월부터 본격적으로 추진되어 개인의 평생학습 결과를 학습계좌에 체계적으로 등록하고 관리할 수 있도록 국가 학습이력관리시스템을 운영하고 있다. 이에 따라 2010년부터 전국 단위 학습과정 평가인정이 실시되고 있는 실정이다.

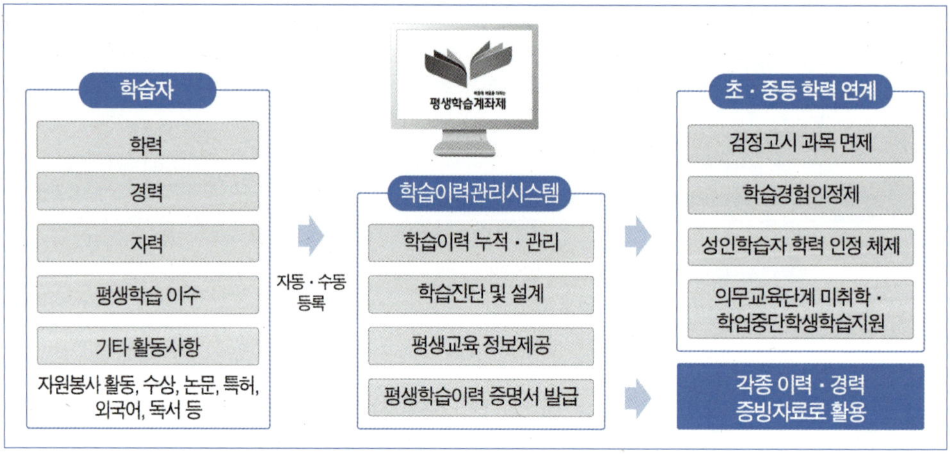

그림 13-2 평생학습계좌제 개념도

출처 : www.all.go.kr

평생학습계좌제 학습이력 관리시스템에서는 학력, 경력, 자격, 평가인정 학습과정의 자동 연계를 포함한 평생학습이수 경험, 기타 활동 사항 등과 같은 평생학습 이력이 누적되고 관리된다. 다음의 그림은 평생학습계좌제 개인의 학습이력 누적 · 관리 프로세스이다.

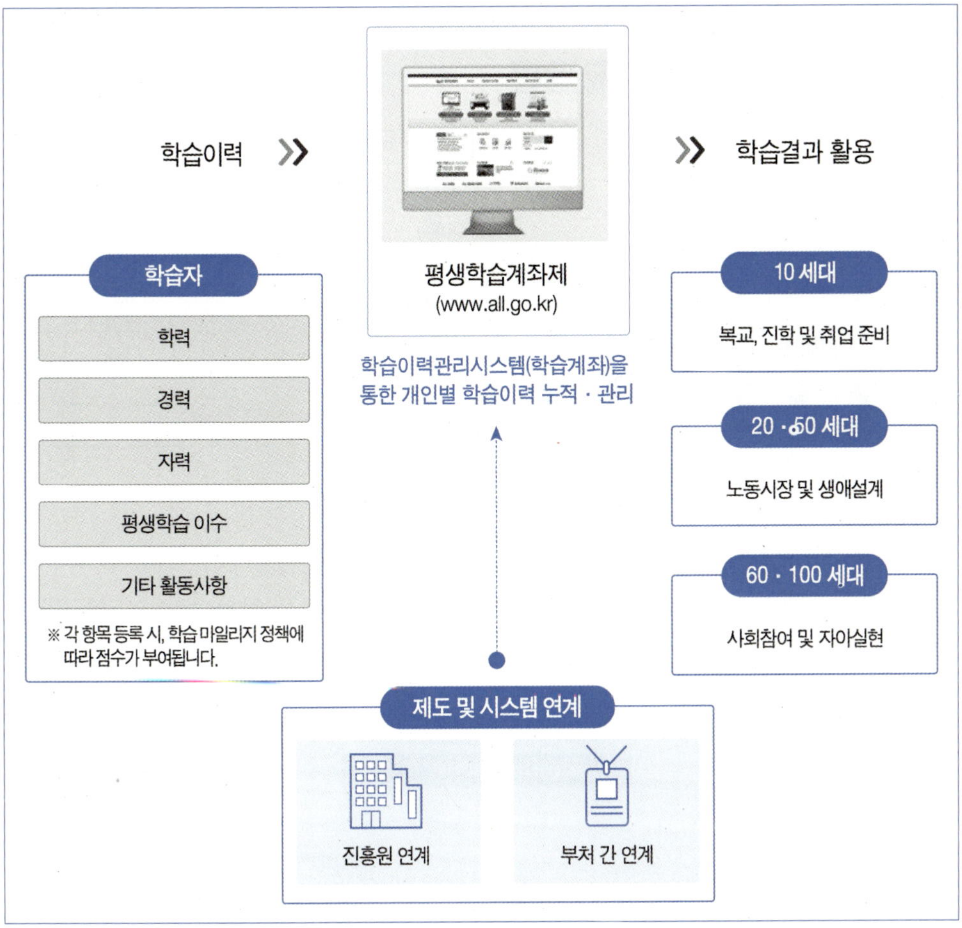

그림 13-3 평생학습계좌제 개인별 학습이력 누적·관리 프로세스

출처: www.all.go.kr

평생학습계좌제는 시행 첫해인 2010년에는 977명이 개설하였으며, 2013년에는 15,709명이 개설하였고, 2019년 12월 31일 누적 개설자 수는 99,027명으로 약 101배 증가하였다. 2010년부터 2019년까지 연평균 개설자는 9,402명으로 집계되었다. 다음의 표는 2010년부터 2019년까지의 평생학습계좌 개설 현황을 집계한 것이다.

표 13-3 평생학습계좌 개설 현황 (2020. 05. 30)

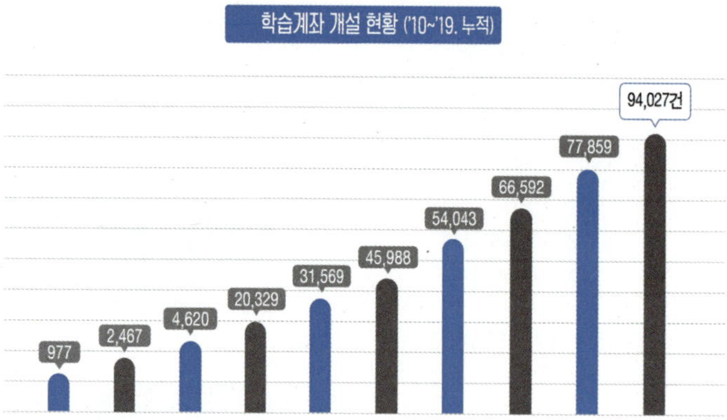

연도	평생학습계좌 개설자 수 (명)
2010년	977
2011년	1,490
2012년	2,153
2013년	15,709
2014년	11,240
2015년	14,419
2016년	8,055
2017년	12,549
2018년	11,267
2019년	16,168
누적 개설자 수	94,027
연평균 개설자 수	9,402

출처: 평생학습계좌제 홈페이지(www.all.go.kr)

평생학습계좌에 학습이력을 등록한 건수는 평생학습계좌 개설자가 학력, 경력, 자격, 평생학습이수 및 기타 활동을 평생학습이력관리시스템에 등록한 개수를 의미한다. 2019년 평생학습계좌에 등록된 학습이력 유형별 등록건수 현황은 [그림 13-4]와 같다.

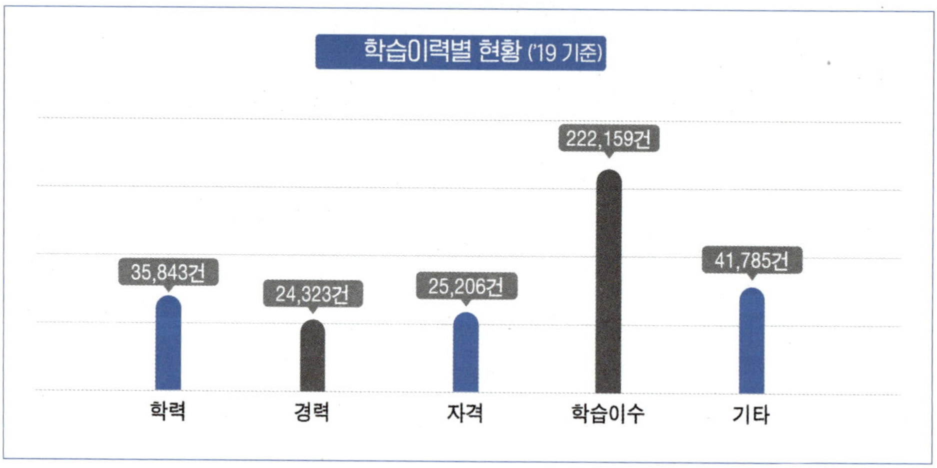

그림 13-4 학습이력 유형별 평생학습 계좌 등록 현황

출처: 평생학습계좌제 홈페이지(www.all.go.kr)

이상과 같은 학습이력관리를 통한 평생학습 계좌 운영은 타 부처 및 유관 기관사업과의 학습이력 네트워크의 지속적 추진이 필수 요소임을 알 수 있다.

2) 평생학습이력관리시스템

평생학습이력관리시스템은 온라인상에 개설하는 학습계좌인 평생학습계좌제를 운영하기 위한 시스템이다. 평생학습이력관리시스템에서는 개인별 학습이력의 누적 · 관리기능 및 증명서 발급과 학습자 상담, 평가인정 학습과정 정보 등을 제공한다. 평생학습이력관리시스템을 이용하기 위해서 사용자는 개인별 학습계좌를 개설하여야 한다. 또한, 개인별 학습계좌를 개설한 후에는 학력, 자격증 취득 실적, 분야별 평생교육 이수 실적 등을 기재할 수 있으며 그 외 교육 및 연수 · 자원봉사 · 외국어 · 취미 및 동아리 · 수상 · 독서활동 · 저술실적 · 특허출원 등 각종 특기 사항 등도 추가 등록 및 관리를 할 수 있다.

다음의 [그림 13-5]는 온라인상에 개설하는 학습계좌인 평생학습계좌를 운영하는 평생학습이력관리시스템의 첫 화면이다.

그림 13-5 평생학습이력관리시스템 메인 화면

출처: www.all.go.kr

국가 평생학습이력관리시스템은 학습계좌 개설자의 학습이력 통합관리 편의성을 제고하기 위해 타 기관 · 제도와의 학습이력 자동연계 시스템을 구축 · 운영하고 있다. 학습이력관리시스템의 연계동의 메뉴에서 연계하고자 하는 기관을 체크하면 자동으로 입력 및 승인 처리가 된다. 다음의 [그림 13-6]은 평생학습이력관리시스템의 이용 절차를 나타낸 것이다.

그림 13-6 평생학습이력관리시스템 이용절차

출처: www.all.go.kr

평생학습이력관리시스템의 이용을 위해서는 먼저, 시스템 홈페이지(www.all.go.kr) 접속을 통한 회원가입이 필요하며, 다음으로 회원 로그인 후 학습이력등록을 통해 학습이력관리가 가능하다. 다음 그림은 시스템 로그인 첫 화면이다.

그림 13-7 평생학습이력관리시스템 로그인 화면

출처: www.all.go.kr

국가 평생학습이력관리시스템에서 타 기관 시스템 자동연계의 대표적 사례는 고용노동부 HRD-NET(직업훈련정보) 자동연계와 국방부 나라사랑포털 자동연계를 들 수 있다. 평생학습계좌제의 타 기관 · 제도 네트워크 시스템 연계 현황은 다음 [그림 13-8]과 같다.

그림 13-8 평생학습계좌제 타 기관 · 제도 네트워크 시스템 연계 현황

출처: www.all.go.kr

평생학습계좌제의 타 기관 제도 · 네트워크 시스템 연계 현황은 국가 평생학습이력관리시스템 로그인 화면에서 학습이력관리 메뉴에서 연계 동의를 해야 한다. 다음의 그림은 평생학습계좌제에 다른 기관의 제도 및 시스템 연계 동의 화면이다.

그림 13-9 평생학습계좌제 타 기관 · 제도 연계 동의 화면

출처: www.all.go.kr

이상의 국가 차원 학습이력관리시스템을 통한 평생학습계좌제 운영은 평생학습계좌 학습자 참여 확대, 타 기관 · 제도 등의 네트워크를 통한 통합적인 학습이력관리 기능 강화, 학습이력의 사회적 활용 방안 마련 등의 성과를 냈다. 이러한 성과를 바탕으로 향후 국가 차원의 평생학습계좌제의 사회적 활동도를 높이기 위해 다양한 분야의 학습지원제도와 연계하고 학력 · 자격과의 연계를 확대하고 학습이력의 지역별 활용을 위한 협력 네트워크의 구축이 필요할 것이다.

요 약 및 시사점

본 장에서는 평생학습 네트워크를 지역사회 평생학습과 평생교육경영에 기초하여 살펴보았다. 지역에서 이루어지는 여러 형태의 교육을 총칭하는 지역사회 교육은 지역 여건에 기반을 둔 실천적 교육이므로 지역의 환경을 개선하려는 의도를 내포하고 있다. 따라서 지역사회 평생교육은 지역 주민의 상호 연대와 참여가 바탕이 되어 이루어진다. 이러한 자발적 참여의 과정에서 주민들은 지역의 과제를 지역 주민 공동체의 문제로 인식하고 함께 해결해 나가기 때문에 지역에 대한 애착과 공동체 의식을 형성할 수 있다. 이에 지역사회 평생학습은 형식적 학습, 무형식적 학습, 비형식적인 학습을 망라하는 다양한 학습조직이 지역 네트워크로 상호 연계되어 협력을 이루어 나간다. 따라서 이러한 지역 네트워크가 성공적으로 이루어지기 위해서는 지역사회 문화적 영역, 정치적 영역, 재정적 지원 등이 뒷받침되어야 한다. 또한, 평생교육 네트워크를 기반으로 기관 · 시설 · 단체 간의 연계 강화, 시설 공유화 촉진을 통한 교육 기능 확산과 효율화, 생애주기별 대상 중심의 시설 복합화를 통해 지역주민의 자발성과 자기 결정성을 근간으로 지역사회의 자생적 평생교육을 기대할 수 있다.

사 례 강동구 평생학습 네트워크 구축 사례

강동구는 구 전체의 평생학습기관을 시스템 기반 네트워크를 구축하여 지역사회 주민들이 평생학습기관에서 진행하는 평생교육 프로그램을 손쉽게 찾고 이용할 수 있도록 서비스하고 있다. 다음의 그림에서 보는 바와 같이 지역과 각 지역별 관심 있는 평생학습기관을 선택하면 해당 교육 프로그램을 확인하고 신청도 가능하도록 구현되어 있다.

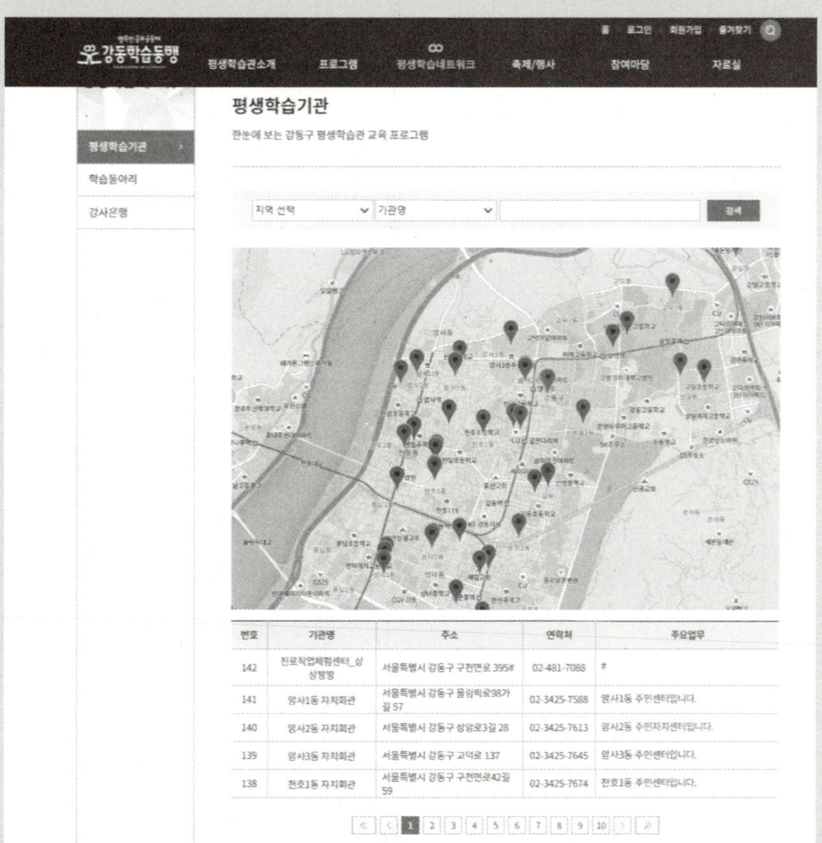

〈강동구 평생학습 네트워크〉

출처: http://lll.gangdong.go.kr/network

〈강동구 평생학습 네트워크 내 평생교육 프로그램〉

출처: https://lll.gangdong.go.kr

연습 문제

1. 지역사회 평생학습의 질적 향상을 위한 평생학습 네트워크 활성화 방안에 대해 함께 논의해 보자.

2. 지역사회 평생학습의 네트워크를 인적 네트워크, 사업 네트워크, 정보 네트워크, 공간 네트워크로 구분하여 구체적인 사례를 찾아 함께 공유해 보자.

3. 4차 산업혁명시대에 변화하는 평생교육정책에 기반하여 평생학습 네트워크의 방향에 대해 논의해 봅시다.

참고문헌

국가평생교육진흥원(2018). 2018 평생교육백서. 서울: 국가평생교육진흥원.
교육부(2017). 2017년 지역 평생교육 활성화 지원사업 기본계획. 서울: 교육부.
서울특별시 교육청 (2017). 2017 지역교육 협력네트워크 운영계획. 서울: 서울특별시 교육청.
신진욱(2018). 시민. 서울: 책세상.
www.all.go.kr

INDEX

찾아보기

저자소개

김인숙 한양대학교 교육공학과 체제설계 및 산업교육 박사

연세대학교 의과대학 의학교육학과, 서강대학교 공학교육연구센터에서 근무하였으며, 매일경제와 GS칼텍스에서 HRD, e-Learning 등의 업무를 수행하였다.

주요 관심 분야는 교육 성과평가, 교육 CQI, e-Learning, 진로교육, 자기개발, 셀프 리더십 등이다.

현재) 국립 한국교통대학교

E-mail : sunlook1@naver.com

리상섭 The University of Texas at Austin 성인 및 조직학습 박사

LG전자 본사 인재육성팀 차장과 동덕여자대학교 리더십센터 센터장을 역임했으며, 연구 관심분야는 성인학습, 글로벌 인적자원개발, 리더십 개발, 이문화 이해와 다양성 관리 증진 등이다.

국가평생교육진흥원, 서울시, 서울시 평생교육진흥원 등 국내 평생교육 기관의 다양한 평생교육 관련 프로젝트, 강의, 심사 등을 수행해 왔으며, 삼성전자, 현대자동차, LG전자 등 국내외 대기업 임직원의 리더십 개발과 인재육성 관련 프로젝트, 강의, 자문 등을 수행해 왔다.

동덕여자대학교 캠퍼스타운사업단 단장, 창업교육센터 센터장, 평생교육사 과정 주임 교수를 담당하고 있으며, 서울시 평생교육진흥원 초대 및 2대 사외이사로 봉사하고 있다.

현재) 동덕여자대학교 일반대학원 교육컨설팅학과 겸 교양대학 교직과정/평생교육사과정 부교수

E-mail : sangseub@dongduk.ac.kr

박제일 세종대학교 교육심리 및 상담 박사
GS칼텍스 인재개발팀에서 근무했으며, 연구 관심분야는 성격과 행동에 관한 심리검사 개발, 심리교육 프로그램 개발 및 평가 등이다. (사)한국상담심리학회, (사)한국상담학회 총무이사를 역임했으며, 현재 대학상담학회 회장, 한국상담학회 총무이사, 대학상담학회 회장, (사)한국상담심리학회 총무이사, 전국대학교학생상담센터협의회 회장을 역임하였다. 상담 관련 학회 및 기관에서 상담자양성교육에 참여하고 있다.
현재) 용인대학교 교양교육원 교수 및 원장
E-mail : firstpark@yongin.ac.kr

최손환 영남대학교 교육학과 교육학 박사
대구가톨릭대학교 의과대학 의학교육학교실 연구조교수로 근무하였으며, 대구한의대학교 CORE(대학인문역량강화사업)사업단 부단장, 인문학진흥센터장, 창의융합교육센터장을 역임했다.
관심분야는 고등교육정책, 학생참여중심교수법, 수업분석 등이다.
현재) 대구한의대학교 바이오산업대학 화장품제약자율전공 조교수
E-mail : shchoi@dhu.ac.kr

김창환 한양대학교 교육공학과 석사 수료
대학생 인턴십프로그램인 브레인리그 총괄업무를 수행했으며, 노사발전재단에서 노사관계교육사업과 중장년 생애경력설계와 전직지원서비스, 취업아카데미 사업을 수행했다.
현재) 노사발전재단 운영지원팀장
E-mail : chkim@nosa.or.kr

평생교육경영론

1판 1쇄 인쇄 2020년 9월 1일
1판 1쇄 발행 2020년 9월 5일

저 자 | 김인숙 리상섭 박제일 최손환 김창환
발 행 인 | 박철용
발 행 처 | 양서원
주 소 | 경기도 파주시 직지길 522 파주출판도시
전 화 | 031-955-8000(代)
팩 스 | 031-955-8005
홈 페 이 지 | www.yswpub.co.kr
이 메 일 | yswpub@chol.com
출 판 등 록 | 1987년 11월 24일 제 406-2003-037 호

ISBN 978-89-994-1050-5

정가 20,000원